L'Oracle BELLINE

Ouvrages du même auteur :

- ***Manuel complet du Tarot de Marseille*** (éditions Exclusif)

- ***Guide pratique du Jeu La Voyante*** (éditions Exclusif)

- ***L'Oracle de la Pyramide*** (éditions Exclusif)

Éditions **Exclusif**
60, avenue Charles-de-Gaulle
92200 Neuilly-sur-Seine.
Tél. et Fax. : 01.46.43.09.24.
E-mail : exclusif.edit@wanadoo.fr

Imprimé en CEE

I.S.B.N. : 978-2-8489-1122-9

STEPHANIE BELLECOURT

L'Oracle BELLINE

Editions EXCLUSIF

INTRODUCTION

TOUT le monde ou presque connaît l'oracle Belline. Cet oracle qui fut dessiné au XIXe siècle par un voyant nommé Edmond. Il échut un siècle plus tard dans des conditions mystérieuses au très célèbre voyant Belline, qui le fit éditer, et, finalement, lui donna son nom. La signature d'Edmond figure sur la carte de **La nativité.**

Cet oracle, aux images choc, ne fait pas de cadeaux. Il a besoin d'un certain doigté pour être utilisé. Aussi, nombreux sont les voyants et les auteurs qui ont ressenti le besoin de l'analyser et de faire partager leur savoir auprès du public, pour aider les futurs utilisateurs amateurs et même professionnels.

Mais on n'a jamais fini de tout analyser. Aussi, l'éditeur a-t-il demandé à l'auteur un nouvel ouvrage afin de compléter les autres analyses.

En effet, bien que les images soient à première vue extrêmement faciles à interpréter une par une, les difficultés apparaissent dès qu'il faut les manipuler ensemble et en tirer des conclusions divinatoires.

Cet ouvrage est un guide qui va vous aider à utiliser l'oracle, soit pour vous diriger dans la vie au jour le jour, soit pour prendre les décisions qui s'imposent lors des crises qui traversent obligatoirement la vie de tout un chacun, ou, plus simplement, lorsqu'il s'agit de décisions, moins, a priori, déterminantes pour le futur.

Nous allons, pour commencer, rappeler brièvement la signification de chaque carte, puis nous vous donnerons un certain nombre de tirages et vous indiquerons comment associer les différentes cartes entre elles.

Mais d'abord faisons un inventaire de ce jeu.

Il comporte 52 cartes numérotées, soit, une par semaine. Cela, peut-être, pourra servir pour la divination, en particulier pour la datation.

Ensuite, comme vous l'avez sans doute déjà remarqué, nous trouvons :

1°) Trois cartes à part qui sont les trois premières :

1 : La destinée
2 : L'étoile de l'homme
3 : L'étoile de la femme.

2°) Ensuite nous trouvons 49 cartes soit :
7 séries de 7 cartes.

Si nous regardons de plus près, nous découvrons, grâce au petit symbole astrologique placé en haut à droite de chacune de ces 49 cartes, que chaque groupe de 7 est consacré à une des sept planètes traditionnelles.

Les 7 premières cartes, (après les trois cartes à part), appartiennent au Soleil, soit : celles numérotées de 4 à 10.

Les 7 cartes suivantes, numérotées 11 à 17, appartiennent à la Lune.
Les 7 cartes suivantes, 18 à 24 à Mercure.
Les 7 cartes suivantes, 25 à 31 à Vénus.
Les 7 cartes suivantes, 32 à 38 à Mars
Les 7 cartes suivantes, 39 à 45 à Jupiter.
Et les 7 dernières cartes, 46 à 52 à Saturne.

Intéressant lorsque l'on sait que chaque jour de la semaine est consacré à une planète.
Dimanche au Soleil,
Lundi à la Lune,
Mardi à Mars,
Mercredi à Mercure,
Jeudi à Jupiter,
Vendredi à Vénus,
et Samedi à Saturne.

On comprend bien que tout cela n'est pas anodin et que l'on va pouvoir utiliser le découpage de l'oracle pour, non seulement déterminer les événements à venir, mais que l'on pourra aussi les dater, au niveau de la semaine, mais aussi du jour.

Quant à l'ordre des séries planétaires, il suit celui que l'on utilise en astrologie.

L'importance de l'astrologie, dans ce jeu, est d'ailleurs bien marquée par la première carte des séries planétaires, puisque cette carte représente une carte du ciel.

3°) Enfin il reste une carte sans nom et non numérotée : la belle carte bleu ciel qui est à part.

Commençons donc par le commencement, autrement dit par les trois premières cartes.

L'ÉTOILE DE L'HOMME

La carte 2 : **L'étoile de l'homme** représente le consultant s'il s'agit d'un homme. **Elle va être posée sur la table avant toute question.** Elle servira de starter en quelque sorte à la consultation, **mais n'interviendra pas dans l'interprétation**, sauf exceptionnellement.

L'ÉTOILE DE LA FEMME

La carte 3 : **L'étoile de la femme** représente le consultant s'il s'agit d'une femme. Comme pour la carte 2, elle servira de starter au jeu et **n'interviendra pas dans l'interprétation**, sauf cas exceptionnel.

LA DESTINÉE

La carte 1 : La clé de **La destinée** interviendra dans certains tirages. **Elle indiquera alors une chance à saisir sous certaines conditions**, car une clef ne peut marcher que si l'on trouve la porte qui s'y adapte. La carte sans nom et sans numérotation est une carte de liberté qui intervient aussi sous certaines conditions.

Nous pouvons maintenant rappeler les principales significations des 49 cartes planétaires.

CHAPITRE I

Principales significations des cartes traitées une à une

SIGNIFICATION DES 7 CARTES SOLAIRES

D'UNE façon générale, les cartes solaires sont en rapport avec **le succès, l'éclat, la vie.** Le Soleil n'est-il pas chaud, éclatant, lumineux et donneur de vie ?

On comprend sans peine le nom de chaque carte et leur signification.

4 LA NATIVITÉ

C'est la première carte planétaire du jeu et la première carte solaire. Aussi cela vaut-il le coup d'en comprendre brièvement le symbolisme.

En regardant la carte de près, vous voyez que le Soleil est dans le Capricorne soit au solstice d'hiver, et, la Lune en face dans le Cancer.

Autrement dit, la carte du ciel indique la Pleine Lune du solstice d'hiver, ou de Noël, si vous préférez. Elle fait allusion à la naissance du nouveau Soleil, celle d'Osiris autrefois, celle de Jésus pour les chrétiens.

La Pleine Lune dans le Cancer en domicile symbolise la naissance. Elle rappelle que Jésus est né dans une crèche (allusion à la constellation de la Crèche qui se trouve dans celle du Cancer, avec les étoiles des ânons). Le Soleil, au plus bas de sa course, commence sa remontée sur le zodiaque. Autrement dit, il renaît.

L'interprétation est donc évidente : **elle indique une naissance, un commencement.** En clair, le commencement ou l'apparition d'un nouveau projet. Elle positionne le sujet par rapport à son thème astral, par rapport à son potentiel encore intact. Il lui appartient de s'en servir pour accéder à la réussite.

5 RÉUSSITE

C'est le soleil et sa couronne. Par sa couronne de laurier à laquelle pend une croix honorifique, **cette carte indique un succès,** des honneurs, la possibilité d'une médiatisation, car le sujet est considéré comme le meilleur dans son domaine. Il reçoit une couronne, un diplôme, une décoration, une récompense comme un Sept d'or, un Oscar, un prix Nobel, un titre de Miss France...

6 ÉLÉVATION

C'est le soleil qui émet ses rayons, c'est le soleil, considéré comme l'âme du monde, vers laquelle tous aspirent à retourner. La pyramide étant considérée comme la représentation d'un rayon de soleil. L'échelle, comme la pyramide, indique la possibilité d'atteindre un sommet, qu'il s'agisse de la hiérarchie socioprofessionnelle ou d'un sommet intellectuel. **Elle indique une réussite bien assise sur ses bases carrées** à l'image de la large base de la pyramide. Elle peut aussi indiquer, sur le plan amoureux, l'accès au septième ciel ; une élévation dans l'espace : un voyage en avion ; ou encore une élévation spirituelle.

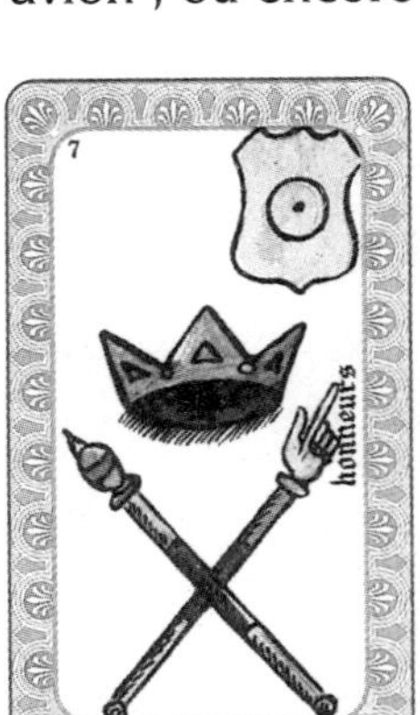

7 HONNEURS

C'est le soleil considéré comme le roi. On lui remet les insignes du pouvoir. **La carte indique une distinction honorifique,** comme la légion d'honneur, un couronnement, une consécration. Cette carte ressemble à la carte Réussite, mais elle n'indique pas forcément que l'on est le meilleur ou le plus beau.

8 PENSÉE-AMITIÉ

C'est le soleil rayonnant, c'est le soleil en analogie avec le cœur.

La carte indique un rayonnement chaleureux que chacun peut percevoir qu'il s'agisse d'une plante (sens de la fleur) ou d'un animal (sens du chien) ou encore des êtres humains.

On aime le sujet pour son charisme, sa générosité. Il sait aussi aider les petits.

9 CAMPAGNE-SANTÉ

C'est le soleil donneur de vie qui permet aux plantes de vivre et de nous faire vivre à notre tour. La fleur est immense et l'arbre épanoui.

Cette carte indique la reprise de la vitalité mais aussi un moment de solitude nécessaire pour faire le point.

10 PRÉSENTS

C'est le soleil en analogie avec l'or.

Cette carte indique la richesse. Une amélioration financière. Ou, encore, des cadeaux, un gain au loto. L'argent tombe du ciel.

SIGNIFICATION DES 7 CARTES LUNAIRES

LA Lune, comme chacun sait, a de nombreux visages : de la Nouvelle Lune, *invisible*, à la Pleine Lune ronde, en passant par les croissants, les demi-lunes et les lunes gibbeuses. Ceci donne lieu à différentes interprétations en astrologie que nous allons retrouver bien évidemment sur les sept cartes lunaires.

11 TRAHISON

Le chat noir évoque la Lune noire et tous ses maléfices. **Ici c'est la trahison.** L'interprétation est toute simple. La carte met en garde le consultant vis-à-vis de quelqu'un, sur le plan professionnel ou sentimental. Cela peut aller de la médisance à quelque chose de plus grave. Un coup tordu du genre promesse non tenue, actes contraires aux paroles et ainsi de suite.

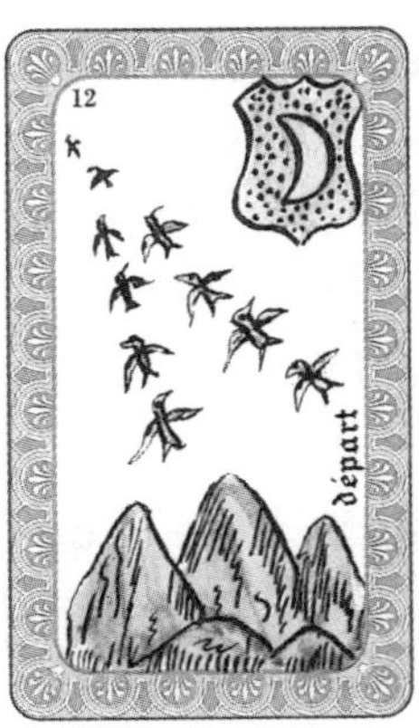

12 DÉPART

La Lune, la planète qui court la plus vite à travers les étoiles, a, de tout temps, été en rapport avec les voyages. Les Anciens d'ailleurs, y voyaient une barque. Aujourd'hui on peut y voir un avion. **Cette carte annonce donc un départ.** Il peut s'agir d'un déménagement, d'un départ à l'étranger, d'un voyage professionnel ou d'agrément, ou encore, du départ de quelqu'un qui s'en va de chez vous (soit un enfant devenu grand, soit un compagnon qui vous abandonne.)

13 INCONSTANCE

La Lune avec ses différents visages, symbolise bien l'inconstance.

La carte annonce donc une valse hésitation, des changements d'idées ou de directions.

La difficulté de s'en tenir à une décision.

Il ne faudra pas se fier à la parole de celui ou celle concerné(e) par cette carte.

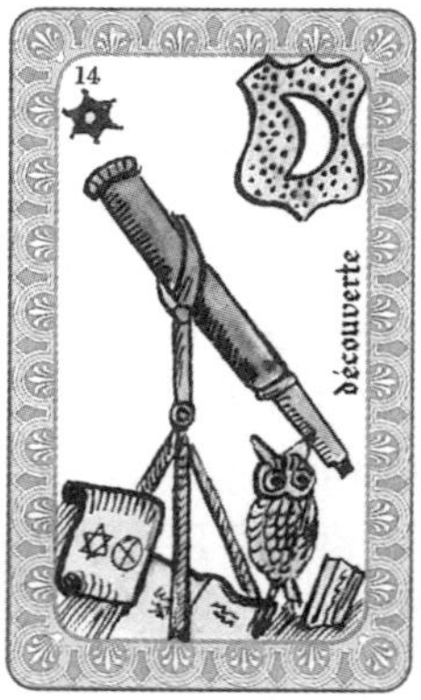

14 DÉCOUVERTE

La Lune est la planète de l'intuition, de l'intelligence intuitive.

Elle amène à réfléchir et à rêver.

Elle favorise la méditation lorsqu'elle est pleine. Par les tracés qu'elle présente successivement dans le ciel elle enseigne la géométrie.

Autrefois, à Babylone, le même mot désignait le croissant de lune et l'arc de cercle la Lune.

Thot, en égyptien était le maître de la géométrie.

La carte indique donc une compréhension soudaine, une découverte intellectuelle, la compréhension d'une situation ou la découverte d'une bonne ou d'une mauvaise chose.

En positif, par exemple, la découverte d'une idée géniale qui rapportera de l'argent.

En négatif, la découverte d'une trahison. **Mais dans l'ensemble, elle est positive.**

Elle indique en tout cas que le consultant a les yeux bien ouverts et qu'on ne la lui fait pas. En négatif que quelqu'un vous observe, vous espionne.

15 L'EAU

La Lune a toujours été en rapport avec l'eau. On disait, dans le temps, qu'elle faisait pleuvoir. Aujourd'hui, on sait qu'elle règle les marées.
La carte annonce soit **un voyage en bateau soit un voyage au-delà des mers.** En négatif, des larmes, une inondation, un dégât d'eau.

16 LES PÉNATES

La Lune est symbole du foyer, de la maison. C'est ici ce que symbolise la tour. La carte indique soit l'acquisition d'une maison, d'un appartement. Soit une installation ou encore **la création d'un foyer.**

17 MALADIE

La Lune est en astrologie en rapport avec la santé. Ici la carte indique **un problème de santé,** une maladie, qui fond sur la personne comme l'aigle sur sa proie, qui emporte entre ses serres le pauvre crapaud, animal lunaire. On en est à la phase de début de la maladie. Elle peut aussi indiquer un enlèvement, une prise d'otages.

SIGNIFICATION DES 7 CARTES DE MERCURE

MERCURE, en astrologie, est symbolisée par le Dieu Mercure, dieu des voleurs et du commerce. Il est aussi le messager des dieux. Il est toujours en mouvement comme en témoignent ses deux paires d'ailes : l'une aux pieds, l'autre à son casque. Il est malin et inventif. Nous allons évidemment retrouver ces différentes fonctions à travers les sept cartes de Mercure.

18 CHANGEMENT

La carte nous montre une éclipse faisant passer la terre de l'ombre à la lumière. Du passé à l'avenir. La carte indique **un changement important**, une nouvelle étape dans le destin. Après cette étape décisive, il y aura eu un avant et un après. Positive, et en général elle l'est, elle indique que le consultant passe d'une période noire à une période claire. Due, soit à un tournant professionnel, un recyclage, un changement de vie personnel.

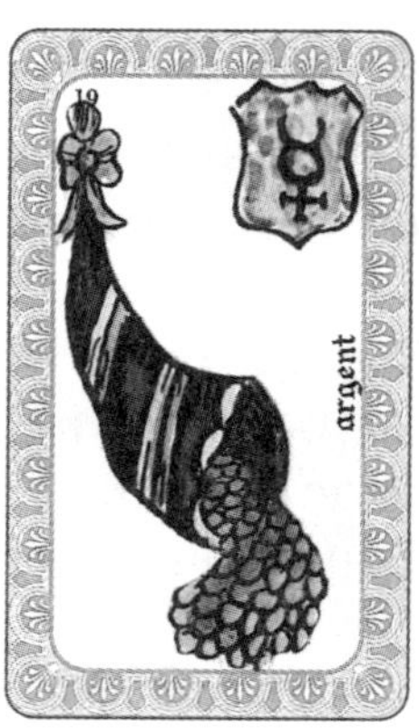

19 ARGENT

La corne d'abondance annonce **une belle réussite professionnelle**, donc, de bonnes affaires. Augmentation du capital ou apport extérieur d'un nouveau capital. Vente très intéressante. Gain aux jeux de hasard ou encore, grosse promotion avec augmentation substantielle de salaire. Signature d'un gros contrat rapportant de l'argent. Bonnes récoltes. Crédit bancaire accordé.

20 L'INTELLIGENCE

Le chandelier à sept branches et le livre ouvert, indiquent une intelligence sur plusieurs niveaux. Le chandelier indique une intelligence plus spirituelle ou ésotérique. Le livre, une belle compréhension, soit au niveau des études, soit au niveau des affaires ou tout simplement une belle intelligence permettant de se diriger intelligemment dans la vie. Dans le cas d'une affaire à démêler, d'un problème à résoudre, **le consultant aura l'intelligence nécessaire pour en venir à bout.**

21 VOL-PERTE

La chauve-souris ricanante, emportant une pauvre petite souris, fait un peu désordre. Elle indique que le consultant, **soit s'est fait voler quelque chose,** soit que par sa négligence ou sa mauvaise gestion **il est en train de se faire plumer.** La carte peut aussi indiquer un cambriolage, un vol à l'arraché. Dans le cas d'un divorce, l'un des deux parents kidnappe un enfant dont il veut la garde.

22 ENTREPRISES

Le plan, l'équerre, le compas, le marteau, indiquent un projet en préparation.

Qu'il s'agisse d'une affaire, d'une œuvre ou de la préparation à une nouvelle vie. Bien sûr il peut s'agir également de la construction d'une maison.

Quoi qu'il en soit, **le projet se fait avec soin. Tout est bien pesé et mesuré.**

23 TRAFIC

Le caducée surmonté du casque ailé du dieu Mercure, les deux serpents qui se croisent en montant le long du bâton. Tout ceci symbolise le mouvement, les croisements de routes, les rencontres, les contacts, les échanges, **une grande activité au niveau de la communication** par le net, le fax, les rencontres physiques.

24 NOUVELLE

La comète et le pigeon voyageur **indiquent une nouvelle.** Cette nouvelle a toutes les chances de venir de loin et d'être plutôt inattendue. Il peut y avoir plusieurs nouvelles. Des visites de personnes venant parfois de très loin. Certaines nouvelles venant de proches, d'autres de gens perdus de vue depuis longtemps.

SIGNIFICATION DES 7 CARTES DE VÉNUS

VÉNUS est la planète de l'amour et de la fécondité, des plaisirs, des arts, de la beauté, de la paix. Nous allons donc retrouver ces différentes fonctions de Vénus à travers les sept cartes qui lui sont consacrées.

25 PLAISIRS

La lyre est en rapport avec la musique. On pense à la musique et aux danseuses qui, autrefois, accompagnaient les banquets et égayaient les convives.

La carte indique **l'arrivée de plaisirs pour le consultant.** Plaisirs divers, qu'ils soient mondains ou d'ordre esthétique : invitations dans de beaux endroits à des soirées éblouissantes, soirées au concert, au théâtre. Elle peut indiquer aussi une occupation artistique de la part du consultant.

26 LA PAIX

La hache enfoncée dans les piquets liés fait penser à l'expression « enterrer la hache de guerre ».

La carte indique donc, sinon une paix, du moins une trêve durable.

La fin des disputes, la fin d'une guerre.

L'harmonie retrouvée, le calme à la maison ou au dehors.

La paix avec soi-même, avec sa conscience.

27 UNION

Les deux cœurs qui brûlent ensemble, sur un autel décoré de fleurs, indiquent **une union ou une association.** Union amoureuse, début d'une vie en commun, voire un mariage. Si la question porte sur les affaires, il peut y avoir association avec un partenaire, lequel est en sympathie avec vous.

28 FAMILLE

La poule (ou le pélican) avec ses petits poussins, indique **la création d'une famille, l'arrivée d'enfants.** C'est une carte de fécondité. En cas de problème de stérilité, la carte indique que celle-ci va être vaincue. Plus généralement, la carte indique l'importance de la famille pour le consultant, le resserrement des liens familiaux avec les proches, père, mère, frères, sœurs, enfants. Les uns protègent les autres.
La carte peut aussi signifier que le consultant entre, ou va entrer, dans une société fraternelle.

29 AMOR

Les deux cœurs, tenus par une colombe et reliés par une couronne de fleurs, indiquent **la naissance d'un amour harmonieux** entre deux personnes. Ce qui ne veut pas dire pour autant mariage ou officialisation.
Le consultant vit en harmonie avec ses proches.

30 LA TABLE

L'amphore et les coupes, mentionnent les plaisirs de la table, ceux aussi du vin. Plaisirs pris avec d'autres convives. Cette carte indique donc de joyeux repas, des invitations. Mais elle peut aussi mettre en garde contre les excès et ses conséquences. D'une façon générale, **c'est une carte heureuse** signalant l'arrivée de moments plaisants. Les coupes peuvent aussi sous-entendre une certaine ivresse ou une extase amoureuse.

31 PASSIONS

Avec les deux cœurs percés d'une flèche, c'est la Vénus brûlante qui se manifeste, prête à tout pour réaliser ses passions. **La carte indique des blessures.** Blessures de l'amour, certes, mais aussi des passions impossibles à assouvir, un amour impossible qui rend le consultant malade, ou encore un amour qui se réalise en l'entraînant dans des situations dégradantes et qui le font mal agir.

SIGNIFICATION DES 7 CARTES DE MARS

JUSQU'ICI nous avons surtout traité de bonnes cartes. Avec les cartes de Mars, cela va un peu changer. Le dieu Mars est le dieu de la guerre. Ses attributs sont le fer, les épées et le feu. Bref c'est un dieu agressif. Mais Mars est aussi une planète d'énergie, **c'est celle qui nous permet de nous battre pour survivre**. Donc, pas de panique.

32 MÉCHANCETÉ

La lanterne sourde des malfaiteurs, posée à côté d'un glaive n'est pas très sympathique. Elle indique **que le consultant va avoir à faire face à des gens**, qui, en douce, vont essayer de lui faire du mal. Par exemple en faisant courir de faux bruits sur lui, sans qu'il en soit averti. Dans les cas extrêmes, la carte peut indiquer une agression nocturne.

33 PROCÈS

Les deux épées croisées indiquent que les avocats vont croiser le fer.
Le consultant doit s'attendre à un procès s'il n'y est pas déjà engagé. Mais, l'image peut tout aussi bien n'être que symbolique, dans ce cas, elle indique un litige, des discussions quelque peu féroces, mais on s'arrête aux mots.

34 DÉSPOTISME

Le pauvre homme enchaîné à un poteau signale que **le consultant ne se sent pas libre.** Soit, il est prisonnier des circonstances qui l'empêchent d'agir comme il le souhaite. Soit, il est prisonnier du fait d'un manque d'argent, ce qui l'empêche de faire aboutir ses projets. Ou encore, de se rendre là où il voudrait aller. Son destin semble bloqué de toutes parts, et, son cerveau a du mal à trouver une issue. Soit, il travaille dans un lieu où on le brime. Soit, il est sous la dépendance d'une personne qui ne lui laisse prendre aucune initiative. Enfin il peut être puni injustement par la loi.

35 ENNEMIS

Le serpent, enroulé autour d'une épée et projetant sa langue venimeuse vers le ciel, **indique l'imminence d'une attaque**. Agression verbale, accusations. Mais il peut s'agir également d'agressions physiques.

36 POURPARLERS

Quatre oiseaux jacassent à qui mieux mieux. Trois d'entre-eux sont posés sur les hautes branches dénudées d'un arbre ; le quatrième jaillit du ciel en piqué vers l'un d'eux.
La carte indique des discussions agitées qui doivent conduire à une prise de décision. Le consultant doit prendre l'avis de ses confrères ou de ses partenaires avant de se prononcer.

37 FEU

Un combat de coqs et une torche enflammée. **C'est le symbole même de la lutte pour la vie.** Le meilleur gagnera. La carte pousse donc à l'excellence, au passage à l'acte, à l'audace, à la dépense d'énergie maximum pour arriver à ses fins. Elle indique qu'on n'a rien sans rien.

38 ACCIDENT

La tour foudroyée **indique vraiment un accident.** L'événement imprévisible qui va casser quelque chose. Un concours de circonstances inattendu qui va briser une affaire, bouleverser une vie. Ce peut être la destruction d'un bâtiment par incendie, explosion, ou encore un accident concernant la vitalité du sujet. Chute ou blessure dans la pratique d'un sport ou dans la conduite automobile.

SIGNIFICATION DES 7 CARTES DE JUPITER

JUPITER est la planète de la chance. Les cartes de Jupiter vont donc être particulièrement bénéfiques.

39 APPUI

L'aigle couronné est sans ambiguïté. **La carte indique l'aide d'un personnage puissant.** Le consultant peut compter sur ses relations ou demander de l'aide au plus haut niveau, soit au sein de la hiérarchie dans laquelle il est intégré, soit en dehors.

40 BEAUTÉ

La fleur d'or, surmontée d'un cœur couronné, met l'accent sur les arts, la beauté, l'amour.

La carte indique **que la chance, ici, passe par la séduction** ou par l'intermédiaire d'un personnage lié affectivement au consultant. En cas de recherche d'un travail, le consultant devra faire jouer son charme et son charisme. D'une façon générale, la carte annonce un épanouissement, soit, grâce à un travail avec lequel il se réalise, soit grâce à un travail artistique, soit encore, grâce à une liaison heureuse.

41 HÉRITAGE

Un crâne, un testament, un sablier, sont des symboles bien parlants.

La carte **indique sans problème un héritage.** Cet héritage peut être d'ordre financier. Il peut s'agir de dons, de legs. Mais il peut être plus symbolique : le sujet peut prendre conscience de ses dons héréditaires.

42 SAGESSE

La chouette couronnée met en vedette **l'intelligence et l'équilibre du consultant.**

Ce sont ces qualités qui lui permettront de réussir dans ses projets qu'ils soient d'ordre spirituel ou matériel.

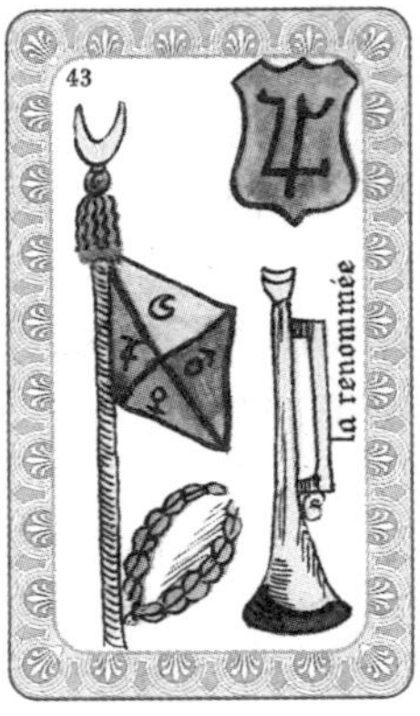

43 LA RENOMMÉE

La trompette de la renommée, la couronne de laurier, l'oriflamme marquée du croissant et des quatre éléments : feu, terre, air, eau, indiqués par les planètes Mars, Lune, Jupiter et Vénus, indiquent **une réussite parfaite.** Le succès est total et la renommée peut être internationale.

44 LE HAZARD

La roue ailée couronnée indique **un coup de chance** qui peut être mérité ou non. Par exemple, un gain au loto, une sélection due au hasard et qui va porter le sujet vers la réussite. Ou même une rencontre inattendue au cours d'un voyage, qui ouvrira la voie vers le succès.

45 BONHEUR

L'étoile couronnée, portée par la main divine sortant du ciel, **annonce un vrai bonheur.** Ce bonheur peut être matériel, psychique, ou spirituel. Réalisation d'une vocation, installation dans un lieu de rêve. Bonheur du corps, santé retrouvée, forme au top. Bonheur amoureux ou épanouissement spirituel.

SIGNIFICATION DES 7 CARTES DE SATURNE

SATURNE, a priori, n'est pas une planète réconfortante. C'est la planète qui nous apprend à vivre à coups de trique, celle qui nous oblige à réfléchir, à être patient. Elle nous donne des idées sombres, ne nous faisant percevoir que la bouteille est à moitié vide et non à moitié pleine.

46 INFORTUNE

La pauvre mendiante cheminant pieds nus, appuyée sur une béquille, n'est pas vraiment engageante. La carte annonce en effet **un revers de fortune,** au sens propre du terme. Mais elle peut indiquer, aussi, un manque de chance dans n'importe quel domaine ou une période difficile, qu'elle soit morale, psychique ou physique. En tout cas ressenti comme tel par le sujet.

47 STÉRILITÉ

Les rochers nus, battus par les flots et sur lesquels rien ne pousse, symbolisent **la stérilité, aussi bien que la solitude.**

La carte annonce donc une impasse, un échec dans n'importe quel domaine. Idées qui ne débouchent sur rien, projet utopique et qui n'auront pas de suite. Difficulté à avoir un enfant. Ou encore, manque d'idées, manque d'imagination, manque d'argent, travail improductif qui ne rapporte rien.

48 FATALITÉ

Le vieillard à la faux symbolise le temps qui finit toujours par venir faucher les vivants comme on fauche les épis. **La carte indique une fin inéluctable.** Fin d'un travail, d'une œuvre, d'une liaison. Cette fin n'est pas forcément négative. Elle peut indiquer une fatalité qui coupe un destin, en raison d'un concours de circonstances, comme la fin nécessaire d'une étape indiquant que l'on est arrivé au bout d'un travail et qu'il est inutile de vouloir encore l'améliorer. Ou bien qu'une liaison, une relation ou un travail n'est plus intéressant et qu'il est temps de couper les ponts.

49 LA GRÂCE

La colombe descendant du ciel les ailes déployées dans un triangle de feu, évoque **un don céleste, une grâce divine.** L'interprétation se fait surtout sur le plan spirituel, mais elle peut aussi indiquer une révélation soudaine. Compréhension d'une situation, révélation d'une vocation, chance inespérée renversant une situation.

50 RUINE

La tour qui s'écroule et qui perd sa couronne, les pierres qui tombent, lancent un avertissement. La carte indique **la destruction d'une affaire** ou d'objets matériels. L'écroulement d'un bâtiment, soit pour cause de vétusté, de manque d'entretien. Elle peut indiquer que cette affaire a besoin d'être renouvelée, modernisée. Il peut aussi s'agir de la dégradation d'une situation affective.

51 RETARD

En voyant la roue coincée dans une gorge rocheuse, on se demande comment on va pouvoir la sortir de là.

La carte indique, en effet, un beau blocage. **Projets retardés,** mais non annulés, car la roue est intacte. Toutefois, il va falloir de l'aide et de gros efforts pour faire remonter la roue et la remettre sur le chemin. Cependant, cette halte peut être bénéfique. Les circonstances qui retardent la réalisation des espoirs peuvent très bien indiquer que le projet n'est pas mûr, contrairement à ce que croit le consultant. Il doit peut-être revoir sa copie. **La réflexion et le recul s'imposent.**

52 CLOÎTRE

La grille fermée à la porte du cloître, symbolise **l'enfermement voulu ou imposé par le destin.**

L'enfermement peut être physique : prison, hospitalisation, kidnapping. Mais il peut s'agir aussi d'une profession s'exerçant dans un lieu clos : laboratoire, hôpital, prison, secret défense, etc. L'enfermement peut être moral : difficulté à communiquer, repliement sur soi, solitude ou tout au moins sentiment de solitude. Il peut évidemment aussi s'agir d'une retraite spirituelle.

LES TIRAGES :

CHAPITRE II

TIRAGE EN SEPT

PUISQU'IL s'agit de cartes en rapport avec les sept planètes, il serait dommage de se priver des avantages que nous offre ce classement.

Or, nous savons que notre thème repose d'abord sur les sept planètes traditionnelles, qui, en se combinant, nous donnent notre destin.

Nous pouvons donc analogiquement construire notre thème du moment, pour savoir où nous en sommes dans notre vie, ou, construire celui du moment pour notre consultant.

Mais d'abord, plaçons sur la table de façon visible **l'étoile de l'homme** s'il s'agit d'un sujet masculin ou **l'étoile de la femme** s'il s'agit d'un sujet féminin.

Maintenant nous allons classer nos cartes en sept tas, chacun correspondant à une série planétaire.

Après avoir trié nos cartes et après les avoir groupées dans leur série planétaire, nous les plaçons, côté face, sur la table, afin de voir de quelle série planétaire il s'agit.

Prenons le paquet des cartes solaires et retournons-le.
Mélangeons les cartes de cette série et tirons une carte au hasard.
Plaçons cette carte à gauche sur la table face cachée et rangeons le paquet restant composé des six cartes solaires non choisies.

Recommençons le même procédé avec les cartes lunaires.
Retournons le paquet, mélangeons les cartes et tirons en une au hasard.
Plaçons la carte lunaire à droite de la carte solaire, face cachée et rangeons les cartes lunaires restantes avec les cartes solaires non utilisées.

Recommençons la même manœuvre avec les cartes de Mercure
Plaçons une carte de Mercure à droite de la carte de la série Lune.

Faisons de même avec les cartes de Vénus puis avec celles de Mars, de Jupiter et enfin de Saturne.

Nous nous trouvons donc avec sept cartes faces cachées, placées de gauche à droite de la façon suivante : une carte Soleil ; une carte Lune ; une carte Mercure ; une carte Vénus ; une carte Mars ; une carte Jupiter et une carte Saturne.

Retournons les sept cartes.

Exemple nous trouvons :

Soleil : 9	Lune : 13	Mercure : 23	Vénus : 29	Mars : 36	Jupiter : 44	Saturne : 51

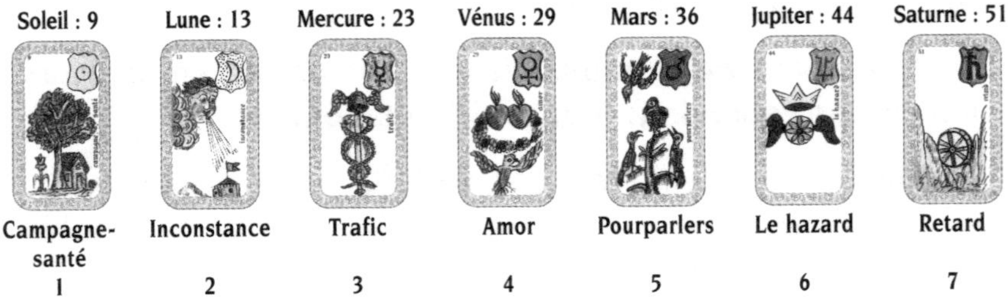

Campagne-santé	Inconstance	Trafic	Amor	Pourparlers	Le hazard	Retard
1	2	3	4	5	6	7

Interprétation :

Globalement, nous observons que, mis à part un retard occasionné par Saturne, l'ensemble des cartes est plutôt favorable.

La carte Soleil qui nous donne le centre de la situation (le soleil est le cœur du système solaire) est la 9 : Campagne-Santé.

Elle indique que le consultant se porte bien, qu'il a une bonne vitalité et qu'il se trouve, pour le moins, dans un lieu qui lui convient. En poussant l'interprétation, qu'il peut se trouver aussi dans une maison à la campagne. En tout cas, dans un endroit avec un jardin ou un balcon fleuri.

La carte Lune qui nous donne son état psychique est la 13 : Inconstance.

Elle indique que le consultant a du mal à savoir exactement ce qu'il veut.

Il est sans doute à la croisée des chemins.

Elle est encadrée d'une carte qui donne une stabilité et le calme (la carte solaire) et d'une carte qui donne beaucoup de mouvements (la carte Mercure).

On peut dire que le sujet oscille entre l'envie d'être au calme et celle de voir du monde pour échanger des idées.

La carte Mercure qui nous donne le point sur l'état mental du sujet, son intellect et ses actions au niveau de la communication, des échanges avec les autres est la 23 : Trafic.

Elle indique que le consultant a une vie très active au niveau des contacts et des mouvements.

Il ne cesse de mouliner des idées dans sa tête, et, sans doute, a-t-il une activité intense au niveau de ses contacts par le net ou par téléphone. Peut-être aussi va-t-il effectuer un déplacement prochain pour ses affaires.

La carte Vénus qui nous donne son état affectif est la 29 : Amor.

Elle indique une stabilité affective. Donc pas de changement immédiat dans ce domaine.

La carte de Mars qui nous donne le point sur l'activité du sujet est la 36 : Pourparlers.

Elle va dans le même sens que la carte de Mercure : 23, Trafic.

On peut dire qu'elle précise les activités mentales indiquées par Mercure. Apparemment, le sujet est en pourparlers avec une ou plusieurs personnes, sans doute pour affaires, pour faire accepter un projet.

La carte de Jupiter qui donne les chances du sujet est la 44 : Le hazard.

Elle indique que le hasard va aider le sujet.

Le quatrième oiseau qui arrive soudainement sur l'arbre de la carte Mercure, peut indiquer qu'une personne se trouvant là, par hasard, va faire pencher la balance favorablement pour le sujet.

La carte de Saturne. Celle qui fait le point sur nos ennuis ou ce qui ne fait pas plaisir est la 51 : Retard.

On peut en conclure que le sujet n'a pas fini de réfléchir et de retourner dans sa tête ses différents projets, que les choses se débloqueront lorsque les pourparlers auront abouti mais que cela va prendre du temps.

L'interprétation de ce tirage est facile car les cartes ne sont pas contradictoires. Mais comment faire si d'un côté, Jupiter nous donne la chance et Saturne nous annonce la catastrophe ? Ces planètes forment un couple et sont utilisées en divination, principalement au niveau du travail et de l'argent.

Nous allons maintenant les associer entre elles afin de voir comment les interpréter et affiner l'interprétation avec les cartes Mars et Mercure et éventuellement Lune. Ces trois cartes vont en effet nous indiquer les autres obstacles, comment les contourner, et aussi comment utiliser les atouts.

CHAPITRE III

TIRAGES TRAVAIL, ARGENT

26 cartes et 1715 combinaisons

LES 35 combinaisons des cartes de JUPITER avec celles de SATURNE sont traitées. Chacune de ces 35 combinaisons, à leur tour, combinées avec les 7 cartes de MARS et recombinées avec les 7 cartes de MERCURE. Ce travail important nous amène à 1715 combinaisons possibles. **Il vous permet d'accéder à des tirages « tout prêts », et vous évite ainsi toute erreur dans leur interprétation.**

Les tirages qui suivent concernent les affaires, le travail, l'argent en général. **Ils nécessitent que vous utilisiez les cartes : Jupiter, Saturne, Mars et Mercure.**

Pour effectuer les tirages Travail, Argent, (les affaires en général), vous allez utiliser les cartes suivantes :

5 cartes Jupiter : 39 Appui ; 40 Beauté ; 41 Héritage ; 43 La renommée ; 44 Le hazard.

7 cartes Saturne : 46 Infortune ; 47 Stérilité ; 48 Fatalité ; 49 La grâce ; 50 Ruine ; 51 Retard ; 52 Cloître.

7 cartes Mars : 32 Méchanceté ; 33 Procès ; 34 Déspotisme ; 35 Ennemis ; 36 Pourparlers ; 37 Feu ; 38 Accident.

7 cartes Mercure : 18 Changement ; 19 Argent ; 20 L'intelligence ; 21 Vol-Perte ; 22 Entreprises ; 23 Trafic ; 24 Nouvelle.

JUPITER avec SATURNE

39 APPUI — **46 INFORTUNE**

Vous ne manquez pas de relations importantes ni de personnes disposées à vous aider, mais cela ne suffira pas à vous sortir de l'impasse.

Vous devez faire appel à vos propres atouts. Voyez les autres cartes sur lesquelles vous pouvez compter.

Vous devez aussi veiller à tout ce qui cause problème. Regardez la carte de Mars, presque toujours négative car excessive. Elle a sa part de responsabilité dans l'action de la carte Saturne.

Avec les cartes de Mars combinées avec Mercure

Avec Mars : 32 MÉCHANCETÉ

Il s'agit d'une carte d'hostilité, de crispation. Avant d'en vouloir aux autres, voyez si vous n'avez pas une part de responsabilité. Détendez-vous et devenez plus diplomate.
Voyons maintenant l'atout Mercure.

- **Mercure : 18 CHANGEMENT** – tirez un trait sur le projet et partez dans une nouvelle direction. Ou, alors, changez complètement.
- **Mercure : 19 ARGENT** – votre infortune ne vient pas vraiment des finances. Vous pouvez très bien trouver une somme d'argent, un crédit ou un prêt, pour vous aider à réussir. N'hésitez pas à prendre sur vos propres fonds ou à emprunter gros.
- **Mercure : 20 L'INTELLIGENCE** – faites marcher votre intelligence et votre imagination. Réétudiez votre projet. Vous devez réussir malgré l'hostilité régnante.
- **Mercure : 21 VOL-PERTE** – là, c'est plus grave. Vous avez été victime d'une malhonnêteté ou vous avez bêtement perdu une affaire : vous l'avez laissé filer. Passez à autre chose.
- **Mercure : 22 ENTREPRISES** – faites un business plan ou revoyez votre projet. Faites marcher vos appuis après seulement. Ils pourront alors vous sortir de l'infortune.
- **Mercure : 23 TRAFIC** – les appuis marcheront si vous faites les démarches appropriées. N'hésitez pas à recommencer et à chercher d'autres appuis que ceux envisagés au départ. Reprenez contact avec tous ceux que vous avez négligés. Ils ne demandent qu'à vous aider.
- **Mercure : 24 NOUVELLE** – donnez de vos nouvelles, même si la dernière fois que vous vous êtes manifesté, c'était il y a bien longtemps. Quelqu'un pourrait aussi vous appeler après un long silence : surtout donnez suite.

Avec Mars : 33 PROCÈS

Il s'agit d'un litige. Vous croisez le fer un peu trop violemment ; vous pourriez peut-être faire quelques concessions. Si vous engagez un procès il risque d'être défavorable tel qu'il se présente. Voyons les 7 atouts Mercure qui serviront à faire fonctionner les appuis :

- **Mercure : 18 CHANGEMENT** – si le procès n'est pas engagé, changez votre fusil d'épaule, adoptez une autre tactique. S'il ne s'agit que de batailles pour arriver à vos fins, vous vous battrez en vain. Allez ailleurs, ou changez de projet. Ou encore, abandonnez votre position et adoptez celle que l'on vous propose et contre laquelle vous vous battez.
- **Mercure : 19 ARGENT** – s'il s'agit d'une œuvre ou d'une entreprise, faites miroiter l'argument financier de votre projet pour trouver des appuis et cessez de prendre les gens de front. Vous pouvez aussi chercher des crédits ou délier les cordons de votre bourse. Faites des concessions, montrez vos trésors intellectuels ou autres et souriez.
- **Mercure : 20 L'INTELLIGENCE** – par la guerre vous vous enfoncerez dans l'échec. Utilisez votre intelligence, votre diplomatie. Faites des concessions en ce qui concerne votre projet et écoutez les avis. Les appuis alors joueront.
- **Mercure : 21 VOL-PERTE** – là, pas vraiment d'atout. En tout cas, s'il est encore temps, ne faites pas de procès et n'entrez pas en bataille. Vous risquez de perdre vos appuis ou de vous les faire piquer par votre adversaire.
- **Mercure : 22 ENTREPRISES** – pour faire marcher vos appuis, présentez un projet bien conçu. C'est là le point fort. Il doit être au point et tout à fait terminé.
- **Mercure : 23 TRAFIC** – remplacez la grosse confrontation agressive par des démarches en souplesse. Prenez de nombreux contacts ; vous finirez par trouver l'appui qui vous fera sortir de l'impasse.
- **Mercure : 24 NOUVELLE** – une nouvelle donne viendra à votre secours et, grâce à vos appuis, vous pourrez sortir de l'impasse et laisser tomber votre épée.

Avec Mars : 34 DESPOTISME

Vous ne vous sentez pas libre de vos mouvements et vous croyez que c'est dû au manque d'argent. Mais réfléchissez : n'êtes-vous pas empêtré dans vos a priori ? Au lieu de penser par vous-même, n'avez-vous pas peur du qu'en dira-t-on, de ce que dira votre conjoint ou tout autre membre de votre famille, auquel, sans même vous en rendre compte, vous êtes inféodé. Libérez-vous ; le succès est au bout de la chaîne. Utilisez votre atout Mercure :

- **Mercure : 18 CHANGEMENT** – c'est le moment de changer. Quittez les gens qui vous empêchent d'agir librement. Vous vous êtes laissé entraîner dans une direction qui ne vous convenait pas. Changez de travail, recyclez-vous et faites vous aider. Le succès dépendra de votre aptitude à changer. Vous ne pouvez pas réussir dans une voie qui ne vous convient pas.
- **Mercure : 19 ARGENT** – vous pouvez très bien obtenir une grosse somme d'argent par vous-même. Osez disposer à votre guise de votre argent propre. Empruntez sans demander l'avis de ceux qui se mêlent de vos affaires malgré vous, qu'il s'agisse de quelqu'un parmi vos proches ou d'un conseiller trop collant.
- **Mercure : 20 L'INTELLIGENCE** – servez-vous de votre intelligence et cessez de voir à travers l'opinion des autres. Prenez votre liberté intellectuelle ; pensez par vous-même et vous trouverez les arguments pour faire jouer vos appuis.
- **Mercure : 21 VOL-PERTE** – vous vous faites plumer ou exploiter par les autres. Prenez du large, sinon vous continuerez à tout perdre et à tout rater.
- **Mercure : 22 ENTREPRISES** – c'est votre affaire. Pourquoi laissez-vous les proches ou d'autres s'en mêler ? Reprenez les rennes ou refaites votre projet à votre convenance et vous réussirez. Vous obtiendrez soit votre contrat, soit des fonds.
- **Mercure : 23 TRAFIC** – c'est en prenant l'air que vous sortirez de l'impasse dans laquelle vous vous êtes laissé

enfermer. Reprenez des contacts avec ceux que vous avez plus ou moins laissé tomber; allez leur parler de vos problèmes. Vous pourrez alors sortir de l'emprise exercée sur vous par votre patron ou par des proches qui vous exploitent. Vous pourrez alors voler de vos propres ailes et trouver de nouveaux et puissants appuis disposés à aider quelqu'un de libre.

- **Mercure : 24 NOUVELLE** – quelqu'un viendra ou vous donnera des nouvelles. Cela orientera vos idées. Vous pourrez sortir du travail auquel vous vous sentez enchaîné et changer d'horizon.

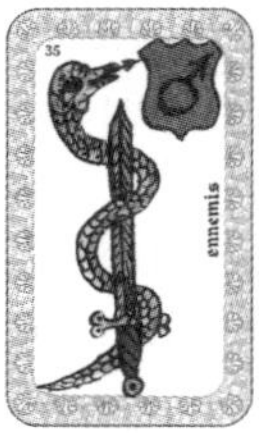

Avec Mars : 35 ENNEMIS

L'infortune vous vient de vos ennemis. Une personne (ou plusieurs) vous met des bâtons dans les roues et s'oppose à vos projets. Faites-en part aux personnes influentes qui sont disposées à vous aider et utilisez votre atout : Mercure.

- **Mercure : 18 CHANGEMENT** – pour contrecarrer l'action de vos ennemis, il vous faut changer de tactique, changer d'orientation ou encore faire table rase de certains objectifs. En tout cas il vous faut laisser le passé derrière vous et vous tourner résolument vers le futur. Peut-être aussi vous mettre à la page et agir de façon plus contemporaine.
- **Mercure : 19 ARGENT** – les appuis peuvent être financiers. Recherchez donc, pour commencer, des gens d'avantage axés sur les finances que sur les idées. Faites-vous aider pour élaborer un business plan. Le vôtre n'est pas au point. Vous devez vous occuper d'avantage des répercussions financières de vos affaires que de la beauté du projet. Pour neutraliser ceux qui s'opposent à vos projets, faites leur valoir les avantages financiers de votre projet.
- **Mercure : 20 L'INTELLIGENCE** – montrez à vos ennemis que vous êtes plus malins qu'eux. Étudiez leur tactique et contrez-les. Les aides suivront ; vous les entraînerez par votre intelligence. L'infortune sera passagère.
- **Mercure : 21 VOL-PERTE** – vos adversaires risquent de retourner contre vous les relations sur lesquelles vous

comptiez. Ce n'est pas le moment de faire appel à elles. Vous manquez actuellement d'arguments ou de savoir-faire.

- **Mercure : 22 ENTREPRISES** – les ennemis peuvent toujours siffler, votre projet est bien conçu. Vous sortirez de la situation pénible dans laquelle vous vous trouvez. Ne changez pas vos plans.
- **Mercure : 23 TRAFIC** – deux serpents entrelacés contre un seul. Servez-vous de votre sens de la communication. Faites appel à vos relations, n'hésitez pas à vous déplacer au besoin. Vous l'emporterez !
- **Mercure : 24 NOUVELLE** – quelqu'un que vous aviez perdu de vue se rappelle à votre bon souvenir. Faites appel à lui, exposez-lui votre problème. Il sera à même de vous aider.

Mars : 36 POURPARLERS

L'infortune vient d'une personne qui se mêle de vos tractations. Éloignez-la ou neutralisez-la en utilisant votre atout Mercure et tout ira bien.

- **Mercure : 18 CHANGEMENT** – si la personne perturbatrice ne peut être évincée, partez et allez chercher de l'aide ailleurs. Les personnes auprès desquelles vous avez demandé de l'aide sont trop liées avec vos ennemis.
- **Mercure : 19 ARGENT** – l'argent est un argument de poids. Parlez finances. Cela fera taire ou fuir l'importun.
- **Mercure : 20 L'INTELLIGENCE** – votre vivacité d'esprit vous permettra d'avoir le dernier mot. N'ayez pas peur de participer à la confrontation et aux pourparlers avec le nouvel arrivant.
- **Mercure : 21 VOL-PERTE** – le nouvel arrivant risque de vous voler votre idée. Déposez votre projet et allez voir un homme de loi avant de le présenter. Soyez très vigilant ; tâchez de faire neutraliser l'un des participants de façon détournée.
- **Mercure : 22 ENTREPRISES** – montrez votre détermination et mettez en valeur votre projet. Repensez sa présentation.

Faites vous aider par quelqu'un qui a l'habitude de présenter les CV, les business plan ou autres, afin de clouer le bec au perturbateur.

- **Mercure : 23 TRAFIC** – les pourparlers sont en votre faveur ; vous retournerez vos adversaires comme une crêpe. Mais agissez, ne restez pas passif.
- **Mercure : 24 NOUVELLE** – le nouvel arrivant perturbateur sera neutralisé. D'autres arrivants tombant du ciel vont voler à votre secours.

Avec Mars : 37 FEU

L'échec risque de venir de votre impétuosité lors des discussions. Vous vous trouverez face à quelqu'un d'aussi agressif que vous. Si vous ne vous calmez pas, personne n'aura le dernier mot. Vous n'aboutirez à rien. Il vous faut de l'ardeur pour vaincre l'adversité, mais tempérez-la avec l'atout Mercure.

- **Mercure : 18 CHANGEMENT** – c'est par votre sens de l'adaptation que vous sortirez d'une lutte sans issue. Effectuez un virage à 90°. Renouvelez votre entreprise, rajeunissez-la ou délocalisez-la. S'il s'agit d'une œuvre, remaniez-la ; s'il s'agit d'obtenir un nouveau poste, recyclez-vous afin d'ajouter un nouvel atout à votre CV, ou, encore, revoyez votre look.
- **Mercure : 19 ARGENT** – vous obtiendrez, grâce à vos appuis, de l'avancement ou un poste mieux rémunéré. Le combat n'aura pas été vain.
- **Mercure : 20 L'INTELLIGENCE** – juste un chouïa d'astuce et vous gagnerez le combat. Mettez en avant vos capacités intellectuelles, plutôt que votre caractère pas forcément diplomate.
- **Mercure : 21 VOL-PERTE** – au lieu de crier, vérifiez vos arrières et entourez-vous de toutes les garanties possibles, si vous ne voulez pas vous faire souffler vos idées et vos affaires. En cas de litige concernant une garde d'enfant, le kidnapping est peut-être la seule solution.

- **Mercure : 22 ENTREPRISES** – laissez tomber l'argument d'autorité ; il ne vous mènera à rien. Défendez votre point de vue raisonnablement, mettez en avant ses avantages. Ne heurtez pas de front votre adversaire.
- **Mercure : 23 TRAFIC** – vous n'êtes pas en état de discuter calmement. Utilisez vos appuis pour vous servir d'intermédiaire. Ils défendront votre point de vue mieux que vous.
- **Mercure : 24 NOUVELLE** – une nouvelle donne, un nouveau concours de circonstances, vont faire cesser le combat, la confrontation. La personne sur laquelle vous comptez pourra utiliser ces nouvelles circonstances pour vous aider.

Avec Mars : 38 ACCIDENT

L'infortune vient d'un accident indépendant de votre volonté. Pour vous sortir de là il faut tout reprendre à zéro et utiliser la carte Mercure.

- **Mercure : 18 CHANGEMENT** – profitez de la catastrophe ou de la crise pour entamer une nouvelle vie. Faites le bilan des gens sur qui vous pouvez compter. Faites le point ; revoyez vos atouts par rapport à l'évolution de la société.
- **Mercure : 19 ARGENT** – pour redémarrer il vous faut de l'argent. Vous allez l'obtenir ; le reste suivra.
- **Mercure : 20 L'INTELLIGENCE** – pour reconstruire votre vie socioprofessionnelle vous aurez besoin de toutes vos facultés d'adaptation. Vos nouveaux projets doivent d'abord être bien formulés avec l'aide d'un connaisseur ; ensuite le reste suivra. Mais il vous faudra quand même repartir sur de nouvelles bases. N'essayez pas de reconstruire la même chose qu'avant.
- **Mercure : 21 VOL-PERTE** – là c'est la vraie catastrophe. Vous n'êtes pas encore en état de repartir à zéro. Vous aurez du mal à trouver de l'aide. Laissez passer quelque temps avant de tenter un nouveau démarrage. Vous n'êtes pas prêt.

- **Mercure : 22 ENTREPRISES** – vous ne perdez pas de temps. Grâce à l'aide de personnes bien placées, vous allez pouvoir reconstruire votre affaire ou votre réussite sur de nouvelles bases.
- **Mercure : 23 TRAFIC** – ce n'est pas parce que votre affaire s'est écroulée ou que vous avez perdu votre situation que vous restez les bras ballants, abandonné de tous. Les affaires reprennent. On vous appelle, on vous envoie des messages. Grâce aux contacts et aux rencontres, vous allez pouvoir repartir d'un bon pied.
- **Mercure : 24 NOUVELLE** – un message va tout changer. Un nouveau décret, de nouvelles circonstances, va vous permettre de faire appel aux personnes susceptibles de vous aider. Vous recevrez des aides qui vous permettront de redémarrer, à condition de ne pas vouloir recréer le passé.

JUPITER avec SATURNE

39 APPUI **47 STÉRILITÉ**

Les appuis ne peuvent rien faire sur une terre stérile.

Il vous appartient de la rendre fertile.

Regardez la carte de Mars pour voir d'où vient cette stérilité et s'il n'y a pas la possibilité de la contrer.

Avec Mars : 32 MÉCHANCETÉ

Vous avez été victime de coups sournois qui ont fini par vous dépouiller, soit au propre soit au figuré en vous laissant à court d'idées ou de projets. Voyez Mercure.

- **Mercure : 18 CHANGEMENT** – changez de projet ; ne vous entêtez pas d'avantage sur une terre stérile.
- **Mercure : 19 ARGENT** – l'argent c'est du liquide ; le liquide fertilise toujours les terres en les rendant fécondes. Trouvez l'argent en faisant appel à vos relations.
- **Mercure : 20 L'INTELLIGENCE** – remettez-vous à suivre des cours. Et demandez conseil à ce sujet. Vous pourrez alors à nouveau produire et gagner de l'argent.
- **Mercure : 21 VOL-PERTE** – la méchanceté des autres vous a même fait perdre vos appuis. Faites votre examen de conscience. Vous avez sans doute manqué de jugement par rapport aux gens à qui vous avez fait confiance.
- **Mercure : 22 ENTREPRISES** – vous allez trouver une idée et pouvoir élaborer un projet. Vos affaires vont reprendre et au travail, on vous fera progresser.
- **Mercure : 23 TRAFIC** – vous avez plus d'un tour dans votre sac. C'est grâce à votre sens des contacts qui vont reprendre très vite que vous allez contrebalancer les attaques qui vous ont mis sur le carreau.
- **Mercure : 24 NOUVELLE** – une bonne nouvelle, quelqu'un qui arrive de loin va venir à votre secours.

Avec Mars : 33 PROCÈS

Un procès risque de vous dépouiller. Mais vous pouvez aussi faire appel, ou faire vous-même un procès. Voyez quoi faire avec Mercure.

- **Mercure : 18 CHANGEMENT** – changez d'avocat ou alors dites lui de revoir complètement sa ligne de défense ou d'attaque.

- **Mercure : 19 ARGENT** – n'hésitez pas à prendre le meilleur avocat même s'il vous coûte cher.
- **Mercure : 20 L'INTELLIGENCE** – préparez vous-même tous les éléments dont aura besoin votre avocat. Mâchez lui le travail si vous souhaitez qu'il vous sorte de là.
- **Mercure : 21 VOL-PERTE** – l'oracle n'est pas de bon augure. Essayez de retarder le procès. Les circonstances ne sont pas favorables.
- **Mercure : 22 ENTREPRISES** – préparez vous-même un plan de défense ; aidez votre avocat saura ensuite vous défendre.
- **Mercure : 23 TRAFIC** – ne prenez pas le premier avocat venu. Prenez plusieurs contacts. Vous serez alors en mesure de choisir le meilleur pour vous.
- **Mercure : 24 NOUVELLE** – une nouvelle loi ou un nouvel élément va permettre à votre avocat de renverser la vapeur à votre avantage.

Avec Mars : 34 DESPOTISME

Vous vous êtes laissé dépouiller par des gens auxquels vous étiez liés ou encore vous vous êtes laissé freiner dans votre créativité par des liens qui n'avaient pas lieu d'être. Secouez le joug et aidez-vous de Mercure.

- **Mercure : 18 CHANGEMENT** – il est temps de changer de mentalité, si vous voulez retrouver votre liberté d'action et filer vers la réussite. Brisez les liens qui n'ont plus lieu d'être, ou même, partez sous d'autres cieux. Autrement dit, déménagez ou déménagez votre affaire.
- **Mercure : 19 ARGENT** – prenez ce qui vous revient ; demandez conseil à vos vrais amis ; certains sont puissants. Cessez d'avoir des scrupules et allez ailleurs construire ou reconstruire votre réussite.
- **Mercure : 20 L'INTELLIGENCE** – si vous n'avez pas la force de briser les liens qui vous maintiennent sous la dépendance de quelqu'un ou des circonstances, vous

avez assez d'intelligence. Utilisez vos relations pour vous aider à prendre le large.

- **Mercure : 21 VOL-PERTE** – vous ne levez pas le petit doigt et vous vous laissez plumer, prendre les postes qui vous reviennent ou l'argent qui vous est dû. On veut bien vous aider, à condition que vous preniez en mains les rennes de votre destinée.
- **Mercure : 22 ENTREPRISES** – vous avez tout pour réussir, mais vous manquez de volonté et vous vous persuadez que vous ne pourrez pas y arriver. Reprogrammez votre cerveau et montrez vos projets. Vous disposez de hautes relations. Utilisez-les sans complexes.
- **Mercure : 23 TRAFIC** – cessez de vous croire enchaîné et nouez de nouveaux contacts. Vous finirez par trouver quelqu'un qui vous aidera à vous libérer de vos peurs.
- **Mercure : 24 NOUVELLE** – un nouvel élément viendra vous sortir de votre torpeur ; vous prendrez enfin votre liberté de pensée et d'action. À partir de ce moment-là, on vous aidera.

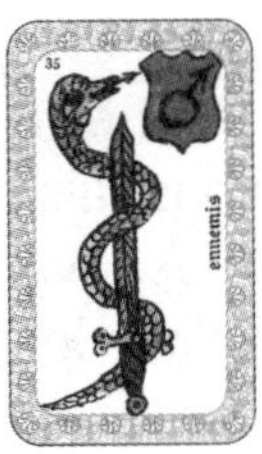

Avec Mars : 35 ENNEMIS

Vous risquez d'être dépouillé par des ennemis déclarés, concurrents ou autres jaloux. Vous devez vous battre et faire valoir vos droits. Utilisez Mercure.

- **Mercure : 18 CHANGEMENT** – changez d'air ; l'ambiance est malsaine là où vous travaillez ; on vous exploite. Changez de projet. Celui auquel vous vous accrochez ne débouchera sur rien. Il suscite l'hostilité.
- **Mercure : 19 ARGENT** – faites vous appuyer pour obtenir une aide financière. Les ennemis s'évanouiront d'eux mêmes ; vous pourrez à nouveau être productif.
- **Mercure : 20 L'INTELLIGENCE** – c'est votre intelligence qui vous sortira de la situation stérile dans laquelle vous vous trouvez. Soyez plus malin que vos adversaires. Vous pouvez aussi les amadouer.

- **Mercure : 21 VOL-PERTE** – vous n'êtes pas assez attentifs à ce qui se passe autour de vous. Vous avez beaucoup de mal à ne pas vous laisser dépouiller de ce qui vous revient de droit. Vous manquez de fermeté. On ne peut pas vous aider éternellement.
- **Mercure : 22 ENTREPRISES** – tous vos projets sont excellents. Votre travail est au top. Mais vous avez suscité l'hostilité et on vous empêche de faire fructifier vos travaux. Un personnage haut placé admire ce que vous faites. Faites appel à lui pour neutraliser vos ennemis. Ce ne sera pas très difficile.
- **Mercure : 23 TRAFIC** – vous êtes plus malin que vos ennemis ; encore faut-il que vous vous décidiez à faire la démarche d'appeler ceux qui ne demandent qu'à vous aider. Une fois cela fait, la victoire sera facile.
- **Mercure : 24 NOUVELLE** – une nouvelle donne vient tout changer. Elle va vous dynamiser ; vous allez trouver ce qui vous manque pour produire et avancer.

Avec Mars : 36 POURPARLERS

Prudence dans les pourparlers. Vous avez peut-être perdu une occasion de vous taire, soit en vous laissant perturber par une personne qui n'était pas invitée, soit en vous immisçant trop brutalement dans les discussions. Reprenez le débat. Suivez Mercure.

- **Mercure : 18 CHANGEMENT** – les personnes sur lesquelles vous pouvez compter vous aideront d'avantage, si vous adoptez une autre méthode et changez complètement votre projet. Il doit être plus moderne.
- **Mercure : 19 ARGENT** – utilisez vos relations pour obtenir un crédit. Cela permettra de reprendre les pourparlers sur de nouvelles bases. Le projet pourra alors porter à nouveau des fruits. Sans argent, le projet restera stérile, infécond, sans suite.
- **Mercure : 20 L'INTELLIGENCE** – les pourparlers ne donneront rien et seront stériles si vous ne faites pas preuve

d'ingéniosité. Même avec des crédits, personne ne vous suivra si vos idées ne sont pas assez travaillées.

- **Mercure : 21 VOL-PERTE** – faites attention à ce que vous allez dire, il va y avoir des discussions pour faire adopter votre projet. Préparez vos arguments, si vous ne voulez pas vous faire piquer vos appuis par vos adversaires.
- **Mercure : 22 ENTREPRISES** – parler à tort et à travers ne vous servira à rien. Les discussions seront stériles. Revoyez votre projet, c'est uniquement sur lui que l'on vous aidera. Veillez à sa présentation.
- **Mercure : 23 TRAFIC** – multipliez les contacts et recommencez les pourparlers. Les premières discussions ne déboucheront sur rien.
- **Mercure : 24 NOUVELLE** – vous serez aidés indirectement par quelqu'un qui servira d'intermédiaire auprès des gens sur lesquels vous comptez pour faire marcher votre projet. Voyez qui peut faire office d'intermédiaire auprès d'un personnage important.

Avec Mars : 37 FEU

Vous avez engagé une épreuve de force, stérile pour tout le monde. L'énergie c'est bien, mais il vous faut changer de comportement, chercher une alliance avec votre concurrent ou l'un de vos supérieurs ou encore changer de projet si vous voulez obtenir un appui. Suivez Mercure.

- **Mercure : 18 CHANGEMENT** – changez de projet ; vous ne pourrez pas être plus fort que la concurrence ou le concurrent.
- **Mercure : 19 ARGENT** – c'est en misant d'avantage d'argent que vous l'emporterez. S'il s'agit d'un projet pour lequel vous êtes en concurrence, faites valoir les avantages financiers.
- **Mercure : 20 L'INTELLIGENCE** – vous avez en face de vous un redoutable concurrent qui risque de vous plumer, soit financièrement, soit en vous prenant vos idées. Or les idées,

c'est votre point fort. Déposez-les afin de les protéger. Ensuite, seulement, vous pourrez en parler à ceux auprès desquels vous recherchez de l'aide.

- **Mercure : 21 VOL-PERTE** – au lieu de vous battre à visage découvert, regardez derrière vous et soyez méfiant. Les personnes auprès desquelles vous cherchez un appui ne sont pas forcément honnêtes. Attendez un meilleur moment ou choisissez quelqu'un d'autre.
- **Mercure : 22 ENTREPRISES** – prenez un associé dans votre entreprise. Tout seul vous ne pouvez l'emporter sur vos concurrents. Faites pencher la balance en votre faveur en faisant appel à un spécialiste.
- **Mercure : 23 TRAFIC** – votre adversaire est tellement occupé à se battre, à vous tenir tête, que vous pouvez l'emporter. Multipliez donc les contacts sans qu'il le sache.
- **Mercure : 24 NOUVELLE** – vous sortirez de vos problèmes grâce à une nouvelle inattendue. Tout va s'arranger rapidement. Les personnes sur lesquelles vous comptez vont ensuite vous aider.

Avec Mars : 38 ACCIDENT

Un accident a mis à mal votre vie professionnelle et financière. Incendie, explosion, dégâts matériels, s'il s'agit d'une entreprise, d'une usine. Ou bien encore, si votre travail est intellectuel, la société qui vous emploie a été détruite ou, c'est vous-même qui avez eu un accident et, dès lors, n'avez plus rien produit. Comment allez vous utiliser vos appuis ? Voyez Mercure.

- **Mercure : 18 CHANGEMENT** – inutile de vouloir rebâtir la même chose qu'avant. Cela ne donnerait rien. Il vous faut envisager autre chose. C'est seulement ainsi que vous trouverez de l'aide. Soyez d'avantage tourné vers le futur.
- **Mercure : 19 ARGENT** – vous pouvez rebâtir votre affaire ou vous remettre à votre œuvre à condition d'avoir de l'argent d'avance. L'argent appelle l'argent. L'accident ne vous est pas imputable. Cherchez-le ou les responsables et demandez des dédommagements importants. On vous y aidera.

- **Mercure : 20 L'INTELLIGENCE** – il vous faut repartir à zéro et réaliser une étude sérieuse avant de demander de l'aide. Votre intelligence est brillante, vous réussirez.
- **Mercure : 21 VOL-PERTE** – cette fois vous avez tout perdu ; vous ne pouvez même pas compter sur vos relations. Elles sont elles-mêmes dans l'incapacité de vous aider. Attendez des jours meilleurs.
- **Mercure : 22 ENTREPRISES** – on est prêt à vous aider dans la reconquête de votre entreprise ou de votre affaire. Vous reconstruirez et même mieux qu'avant. Finalement l'accident était un mal pour un bien.
- **Mercure : 23 TRAFIC** – il va vous falloir beaucoup de prises de contacts pour arriver à trouver de l'aide. Il vous faudra changer de lieu ; l'endroit où vous êtes n'est pas propice à votre réussite.
- **Mercure : 24 NOUVELLE** – l'accident ou la tuile qui vous est tombé dessus n'a pas laissé les gens indifférents. Vous allez recevoir des nouvelles de tous côtés. De nombreuses personnes sont prêtes à vous aider.

JUPITER avec SATURNE

39 APPUI 48 FATALITÉ

La fatalité qui s'oppose parfois à notre réussite peut prendre différents visages. La carte de Mars va nous montrer ce visage, la forme que prend cette fatalité qui s'acharne à vous contrer. Ainsi, vous pourrez voir comment utiliser vos appuis.

Avec Mars : 32 MÉCHANCETÉ

Vous n'êtes pas responsable de la méchanceté des gens qui s'opposent à vos projets. C'est le destin qui les a mis sur votre route. En tout cas les problèmes viennent d'une ou plusieurs tierces personnes qui n'hésitent pas à agir dans l'ombre. Comment leur échapper ? Et sur quoi vous appuyer pour rétablir votre marche vers le succès ? Voyons les cartes de Mercure.

- **Mercure : 18 CHANGEMENT** – dévoilez les actions de vos ennemis au grand jour, vous pourrez alors compter sur vos appuis qui se feront un plaisir de les anéantir.
- **Mercure : 19 ARGENT** – vous ferez taire vos ennemis en les intéressant à votre action. En fait ils sont jaloux de vos succès financiers.
- **Mercure : 20 L'INTELLIGENCE** – utilisez la ruse contre la ruse. Vous êtes plus malin que vos ennemis.
- **Mercure : 21 VOL-PERTE** – vos ennemis sont allés jusqu'à vous descendre dans l'esprit de vos alliés. Vous ne pouvez compter que sur vous-même.
- **Mercure : 22 ENTREPRISES** – les chiens aboient, la caravane passe. Vos ennemis ne peuvent rien contre de bons appuis et un plan en béton.
- **Mercure : 23 TRAFIC** – toujours en mouvement, vous êtes insaisissable. Vos ennemis ne peuvent rien contre vous.
- **Mercure : 24 NOUVELLE** – on est au courant de vos ennuis, vos amis viennent à la rescousse. Vous serez gagnant.

Avec Mars : 33 PROCÈS

Il était difficile d'éviter un procès. C'était votre destin. Mais un procès peut se gagner. Sur quoi vous appuyer ? Sur vos relations bien sûr ; mais cela ne suffit pas forcément. Voyez Mercure.

- **Mercure : 18 CHANGEMENT** – pour gagner vous devez changer d'avocat ou de tactique.

- **Mercure : 19 ARGENT** – n'hésitez pas à prendre un avocat qui va vous coûter cher. Il vous faut le meilleur. Cela vous rapportera gros. Empruntez s'il le faut.
- **Mercure : 20 L'INTELLIGENCE** – mettez votre intelligence au service de votre avocat ; mâchez lui la besogne. Éclairez le bien sûr, tous les points de votre affaire, ne laissez rien dans l'ombre ; ne lui cachez rien.
- **Mercure : 21 VOL-PERTE** – vous risquez de tout perdre. Il vous reste à tenter de minimiser les dégâts. Peut-être devrez vous faire des concessions, quitte à y laisser quelques plumes, plutôt que de tout perdre.
- **Mercure : 22 ENTREPRISES** – vous êtes bien armé pour vous défendre. Le plan établi par votre avocat est le bon. Vous lui avez sans doute facilité la tâche.
- **Mercure : 23 TRAFIC** – pour gagner votre procès, n'hésitez pas à tirer à toutes les sonnettes et à vous déplacer si vous voulez que votre avocat vous comprenne.
- **Mercure : 24 NOUVELLE** – vous allez gagner votre procès. Un nouveau décret ou un témoignage inattendu va vous y aider.

Avec Mars : 34 DESPOTISME

La fatalité, disons un concours de circonstances dont vous n'étiez pas maître, a fait que vous n'avez plus aucune marge de liberté dans votre travail. Vous vous sentez enchaîné et cela vous empêche d'aller de l'avant, de réussir. Sur quoi vous appuyer pour vous dégager et avoir un travail qui comble vos aspirations ? Voyez Mercure, l'atout qui va vous sortir de là.

- **Mercure : 18 CHANGEMENT** – un changement de structure dans l'entreprise où vous travaillez, ou bien de nouvelles circonstances, vont vous permettre de vous dégager : soit la nouvelle hiérarchie dont vous dépendez va vous être plus favorable et vous donner la possibilité d'agir à votre gré, soit les circonstances nouvelles vont vous permettre de trouver un autre travail plus intéressant.

- **Mercure : 19 ARGENT** – quelqu'un va vous prêter de l'argent, une banque ou des proches. Vous allez pouvoir devenir votre propre chef et monter votre affaire.
- **Mercure : 20 L'INTELLIGENCE** – vous vous êtes laissé pousser par fatalité. Il est temps de réfléchir et de faire valoir que l'intelligence, cela se paie.
- **Mercure : 21 VOL-PERTE** – vous voilà pieds et poings liés par des contrats draconiens ou par votre propre peur. Il est temps de réagir. Vous êtes mal parti.
- **Mercure : 22 ENTREPRISES** – vous avez un superbe projet et vous ne savez comment vous libérer de vos employeurs, de vos propres angoisses ou de votre manque d'argent. Faites appel à une personne avisée. Votre projet la séduira.
- **Mercure : 23 TRAFIC** – c'est en faisant un petit pas vers la liberté que vous vous dégagerez de vos chaînes. Prenez divers avis ; remuez-vous. La roue tourne.
- **Mercure : 24 NOUVELLE** – la visite de quelqu'un venu de l'étranger viendra vous donner l'opportunité de vous dégager de ce qui vous empêchait d'avancer. Qu'il s'agisse de liens moraux, psychologiques, ou financiers.

Avec Mars : 35 ENNEMIS

C'est le destin qui met des ennemis sur votre route. Ennemis déclarés qui n'œuvrent pas dans l'ombre et qui ne se gênent pas pour vous le faire savoir. Comment les contrer ?

- **Mercure : 18 CHANGEMENT** – la présence de quelqu'un d'important et qui vous défend, a toutes les chances de désarmer vos ennemis. Ils vont se placer du côté du plus fort.
- **Mercure : 19 ARGENT** – montrez votre magnificence ; n'ayez pas l'air d'un pauvre diable. Dépensez, même s'il le faut, au-dessus de vos moyens afin de les bluffer. Cela les neutralisera, et, du coup, l'argent affluera.
- **Mercure : 20 L'INTELLIGENCE** – votre travail est excellent ; laissez les ennemis siffler ; ils ne peuvent rien contre vous.

Les gens en place apprécient ce que vous faites. Ne vous créez donc pas de souci.

- **Mercure : 21 VOL-PERTE** – vous avez sous-estimé vos ennemis. Ils sont en train de vous préparer un mauvais coup, du genre : vous faire perdre votre poste. Il est déjà bien tard pour faire appel aux gens en place.
- **Mercure : 22 ENTREPRISES** – votre travail ou votre affaire suscite la jalousie. Mais, finalement, après quelques essais infructueux, ils vont abandonner leur action malfaisante. Ils ne peuvent rien contre vous.
- **Mercure : 23 TRAFIC** – deux serpents contre un. Vos ennemis ont perdu d'avance. La fatalité peut être vaincue par le mouvement, l'action, le courage.
- **Mercure : 24 NOUVELLE** – une nouvelle inattendue, de nouvelles circonstances, vont venir perturber vos ennemis qui vont ainsi cesser de vous nuire.

Avec Mars : 36 POURPARLERS

Le hasard ou la fatalité a introduit un nouveau venu qui perturbe les pourparlers que vous aviez engagés afin de négocier une affaire. Voyez Mercure.

- **Mercure : 18 CHANGEMENT** – en fait, la nouvelle donne introduite dans les pourparlers déjà engagés va vous stimuler, vous obliger à réviser votre projet. Ce qui finalement est un bien. Un nouveau souffle vous est donné, une nouvelle vie va pouvoir commencer.
- **Mercure : 19 ARGENT** – la nouvelle donne introduite par le nouvel arrivant ou de nouveaux événements va vous obliger à faire appel à des crédits importants. S'il s'agit de négocier un contrat, vous pourrez obtenir des conditions plus avantageuses.
- **Mercure : 20 L'INTELLIGENCE** – les discussions tourneront à votre avantage car elles mettront en lumière votre intelligence. On vous écoutera ; c'est votre opinion qui prévaudra.

- **Mercure : 21 VOL-PERTE** – vous serez perdant dans les discussions. Le mieux serait de reporter à plus tard les négociations prévues. Car vous serez pris de court du fait d'un élément imprévu.
- **Mercure : 22 ENTREPRISES** – malgré des discussions animées et parfois perturbatrices, vous pourrez mener à bien votre projet qui sera accepté. Il est par ailleurs, parfaitement au point.
- **Mercure : 23 TRAFIC** – pour faire avancer vos affaires, il va falloir multiplier les réunions et les pourparlers.
- **Mercure : 24 NOUVELLE** – vos adversaires vont tenter de faire obstacle à vos projets par un imprévu. Vous avez de la ressource et possédez une double carte quand ceux-ci n'en n'ont qu'une.

Avec Mars : 37 FEU

Le hasard met sur votre route un concurrent, a priori de la même force ou de la même valeur que vous. Comment sortir d'une concurrence qui bloque tout ? Voyez Mercure.

- **Mercure : 18 CHANGEMENT** – vous avez plusieurs solutions, dont, abandonner votre projet et aller proposer vos services ailleurs. Vous pouvez même changer de pays. Soit présenter un nouveau projet ; soit changer radicalement de tactique.
- **Mercure : 19 ARGENT** – vous pouvez compter sur des crédits pour emporter la partie. N'hésitez pas à faire appel à des banques ou à des amis.
- **Mercure : 20 L'INTELLIGENCE** – la fatalité vous met face, soit à un patron hargneux, soit à un concurrent belliqueux. Vous êtes aussi combatif que lui, mais plus intelligent. Ne vous faites pas de souci. La victoire est au bout du combat.
- **Mercure : 21 VOL-PERTE** – pendant que vous vous battez face à un concurrent bien visible, vous ne voyez pas qu'un autre, par-derrière, vous pique le projet ou la place que vous convoitez. Le vainqueur ne sera ni vous,

ni celui que vous considérez comme votre adversaire, mais un troisième personnage.

- **Mercure : 22 ENTREPRISES** – c'est celui qui présentera le meilleur projet qui l'emportera. Faites valoir vos connaissances et ce que vous avez déjà accompli. Refaites votre CV ou vos plans.
- **Mercure : 23 TRAFIC** – ne restez pas obsédé par votre principal concurrent. Prenez de l'air en multipliant les contacts et voyez ce qui se fait ailleurs.
- **Mercure : 24 NOUVELLE** – de nouvelles circonstances vont changer la donne. Cela fera cesser le combat et peut être vous aidera à vous tourner vers un autre projet, un autre employeur ou un autre poste.

Avec Mars : 38 ACCIDENT

Une double fatalité a détruit votre affaire ou vous a fait perdre votre job. C'est définitivement terminé. Voyez Mercure pour trouver la solution.

- **Mercure : 18 CHANGEMENT** – S'il s'agit d'une affaire, il vous faut changer de lieu et vous orienter de façon tout à fait différente. S'il s'agit de trouver un travail, c'est en déménageant que vous en trouverez.
- **Mercure : 19 ARGENT** – la fatalité vous a fait perdre votre entreprise, suite à un accident ou votre travail suite à des circonstances indépendantes de votre volonté. Vous serez largement dédommagé. Vous aurez donc le temps de vous retourner.
- **Mercure : 20 L'INTELLIGENCE** – après la catastrophe qui vous a fait perdre votre travail ou votre affaire, dirigez-vous vers un travail plus intellectuel et recyclez-vous. Suivez des cours, profitez des possibilités de recyclage qui sont offertes.
- **Mercure : 21 VOL-PERTE** – pour le moment il n'y a pas de solution. Prenez votre mal en patience ; reprenez des forces. Vous n'êtes pas en état de rétablir la situation. Commencez par vous faire soigner.

- **Mercure : 22 ENTREPRISES** – vous pourrez reconstruire votre affaire ou retrouver un poste. Vous êtes bien armé ; préparez vos projets et vos CV. Ce ne sera pas difficile.
- **Mercure : 23 TRAFIC** – il va vous falloir de nombreux déplacements et tirer beaucoup de sonnettes, envoyer des e mail et téléphoner tous azimuts avant de décrocher un nouveau job ou d'obtenir des crédits pour remonter une affaire.
- **Mercure : 24 NOUVELLE** – la fatalité, les circonstances imprévues ont cassé votre carrière ou votre affaire. De nouvelles circonstances très proches vont vous permettre de rebondir.

JUPITER avec SATURNE

39 APPUI   49 LA GRÂCE

« La grâce » plus les « appuis » : l'association des deux cartes promet un heureux dénouement, la réalisation de vos désirs.

Les gens seront d'autant plus disposés à vous aider que vous semblerez inspiré.

Avec Mars : 32 MÉCHANCETÉ

La grâce vient de vos ennemis eux-mêmes. Leur méchanceté se retourne contre eux et vous sert.

Voyons maintenant les détails avec Mercure.

- **Mercure : 18 CHANGEMENT** – finalement ceux qui se trouvaient contre vous vont se ranger de votre côté.
- **Mercure : 19 ARGENT** – vous n'aurez aucun problème pour trouver des crédits. Si vous en avez besoin, l'argent semble même tomber du ciel. Demandez et vous recevrez.
- **Mercure : 20 L'INTELLIGENCE** – vous serez servi par des idées géniales qui arriveront dans votre tête comme par magie. Aussi les gens en place seront séduits par vos projets et feront tout pour vous aider.
- **Mercure : 21 VOL-PERTE** – on tentera de vous voler vos idées ou de prendre votre place. Mais on ne pourra pas vous causer vraiment du tort. Cependant, attendez-vous à une perte car vous ne pourrez pas tout contrôler. Il vaut mieux abandonner un petit quelque chose que de se ronger les sangs.
- **Mercure : 22 ENTREPRISES** – vous allez sans problème démarrer votre projet ou le faire aboutir. Vous n'avez aucun souci à vous faire. Vous trouverez tous les collaborateurs dont vous aurez besoin. Vous devez d'ailleurs ne pas oublier que l'union fait la force. Intéressez-les financièrement à votre projet.
- **Mercure : 23 TRAFIC** – vous allez être submergé de courrier et d'e mail, de contacts divers. N'hésitez pas à bouger pour mettre tous les atouts de votre côté.
- **Mercure : 24 NOUVELLE** – en fait une offre venant de l'étranger va sembler quasiment miraculeuse. Sautez sur l'occasion, même si au départ, cela vous semble quelque peu utopique.

Avec Mars : 33 PROCÈS

N'hésitez pas en cas de litige de vous lancer dans un procès. La chance est avec vous.

- **Avec Mercure : 18 CHANGEMENT** – à partir de là, votre vie va changer et votre vie professionnelle va prendre de l'expansion. Mais vous devez également ne pas hésiter à restructurer votre affaire ou à l'élargir en voyant plus grand.
- **Mercure : 19 ARGENT** – l'issue du procès sera extrêmement profitable sur le plan financier. Demandez gros. Et n'hésitez pas à faire appel si vous n'êtes pas satisfait du résultat.
- **Mercure : 20 L'INTELLIGENCE** – l'issue du procès dépendra en partie de vous. Ne vous reposez pas sur votre avocat. Éclairez le au maximum et changez le, si vous sentez qu'il ne fait pas suffisamment le poids.
- **Mercure : 21 VOL-PERTE** – vous gagnerez mais à condition de ne pas être trop gourmand. Cédez sur un point sans regret et tout ira bien.
- **Mercure : 22 ENTREPRISES** – votre affaire sortira grandie mais vous ne devez surtout pas faire un break. Continuez d'avancer, cela réduira vos ennemis au silence, définitivement.
- **Mercure : 23 TRAFIC** – certes le procès vous obligera à faire de nombreux allers et retours, mais, plus vous bougerez, mieux cela vous réussira. Par ailleurs n'hésitez pas à parler de votre procès à tous vos amis. Ils se mobiliseront pour vous.
- **Mercure : 24 NOUVELLE** – un renseignement inattendu, une information intéressante, fera pencher la balance en votre faveur.

Avec Mars : 34 DESPOTISME

Grâce à des appuis importants ainsi qu'à un état de grâce nouveau, vous allez enfin pouvoir voler de vos propres ailes et secouer les jougs auxquels vous étiez soumis. Il était d'ailleurs temps que vous vous décidiez à voler de vos propres ailes.

- **Avec Mercure: 18 CHANGEMENT** — rien ne vous empêche de voir les choses différemment. Vous devez aussi faire le point afin de comprendre comment vous aviez pu vous laisser manipuler par les autres.
- **Mercure: 19 ARGENT** – pensez que si vous vous décidez à comprendre que vous pouvez gagner ou faire gagner beaucoup d'argent, on cessera de faire pression. Si vous êtes votre propre maître, on sera plein de respect; si vous travaillez au sein d'une entreprise, on cessera de vous maintenir en dessous de vos capacités.
- **Mercure: 20 L'INTELLIGENCE** – votre intelligence n'est pas en cause, ce serait plutôt votre esprit critique qui s'exerce contre vous. Cessez d'être perfectionniste à ce point. Apprenez à vous faire valoir.
- **Mercure: 21 VOL-PERTE** – cessez de vous laisser exploiter et de vous laisser voler vos idées. La chance est avec vous: prenez votre indépendance.
- **Mercure: 22 ENTREPRISES** – ceux qui veulent mettre la main sur vous ne pourront rien faire. Vous êtes en pleine période de créativité. Vous allez pouvoir être votre propre maître. C'est le moment de foncer et de créer votre affaire.
- **Mercure: 23 TRAFIC** – votre mobilité et votre souplesse d'esprit vous aideront sans problème à vous libérer des dernières entraves qui vous empêchaient de voler vers le succès.
- **Mercure: 24 NOUVELLE** – une nouvelle donnée va faire que ceux qui tentaient de se servir de vous et de vous exploiter, vont abandonner d'eux mêmes. Tous les bénéfices de votre travail seront pour vous.

Avec Mars: 35 ENNEMIS

Vous avez des ennemis mais qui n'en a pas? Avec l'Appui et La grâce, vous n'avez pas vraiment de souci à vous faire. Mais on peut voir les atouts de Mercure pour qu'ils soient tout à fait neutralisés.

- **Mercure : 18 CHANGEMENT** – procédez à un changement de cap ou d'attitude. Gérez votre affaire d'une autre façon et changez d'objectif. Allez de l'avant et vos ennemis se lasseront.
- **Mercure : 19 ARGENT** – occupez-vous d'avantage de l'aspect financier de votre travail ; vous verrez, les ennemis se contenteront de siffler.
- **Mercure : 20 L'INTELLIGENCE** – donnez-vous un plus. Apprenez une langue étrangère ou l'informatique. Cela vous aidera à gagner plus d'argent et à prendre une autre dimension. C'est le moment de vous y mettre.
- **Mercure : 21 VOL-PERTE** – quand vous signez un contrat, ne croyez pas forcément que l'on vous aime. Veillez au grain, à moins que vous ne vous sous estimiez. Le moment est venu de gagner dix fois plus.
- **Mercure : 22 ENTREPRISES** – votre réussite va devenir insolente. Cessez de vous faire du mauvais sang. Cela vous freine. Les chiens aboient, la caravane passe.
- **Mercure : 23 TRAFIC** – deux serpents contre un : ne vous faites pas de bile et circulez. Votre affaire ou votre œuvre ne doit pas rester cantonnée à un petit cercle ou un lieu, elle doit prendre une dimension internationale.
- **Mercure : 24 NOUVELLE** – une bonne nouvelle, une nouvelle loi ou un nouveau contact venu de l'étranger, va vous permettre de prendre une autre dimension. Vos ennemis seront cloués au sol.

Avec Mars : 36 POURPARLERS

On peut dire que le sort vous donne le trio gagnant : deux excellentes cartes plus une carte de Mars intéressante. Les dieux sont avec vous. Vous entrez dans une période de grande chance. Mais rien ne vous empêche de lui donner un petit coup de pouce en suivant Mercure.

- **Avec Mercure : 18 CHANGEMENT** – là c'est tout vu : tous les atouts sont entre vos mains. C'est donc le moment d'entrer en pourparlers pour donner une autre dimension à votre vie professionnelle. Si vous avez un projet, c'est le moment de le proposer ; si vous souhaitez un nouveau poste, une nouvelle fonction, présentez vos CV et si vous voulez entreprendre une œuvre ou une affaire, allez donc voir les gens dont vous avez besoin. Un nouveau soleil va éclairer votre destin.
- **Mercure : 19 ARGENT** – que vous faut-il de plus ? Vous avez besoin d'une nouvelle rentrée d'argent pour mener à bien votre projet ? Eh bien, allez voir les banques ou des sponsors éventuels : le résultat sera positif.
- **Mercure : 20 L'INTELLIGENCE** – vous avez dans l'idée de vous lancer dans une affaire qui demande de l'intelligence et de la réflexion. Vous êtes un créateur, vous avez des idées : parlez-en et envisagez un travail d'équipe. Pour réaliser votre projet vous devez être plusieurs et ne pas rejeter un inconnu.
- **Mercure : 21 VOL-PERTE** – ne parlez pas à tort et à travers lors des discussions concernant votre projet. Déposez d'abord votre projet. Mais les cartes étant bonnes, en principe, on ne pourra pas vous prendre vos idées. Tout au plus vous copier mais bien maladroitement.
- **Mercure : 22 ENTREPRISES** – montrez-vous décidé dans les discussions concernant le projet que vous avez en tête. Vous pourrez ainsi obtenir un plus.
- **Mercure : 23 TRAFIC** – n'hésitez pas à inclure dans vos projets des étrangers ou encore une base à l'étranger. Vous n'aurez aucun problème pour aller d'un point à un autre et circuler entre ce nouveau lieu et votre pays d'origine.
- **Mercure : 24 NOUVELLE** – lors des tractations pour faire démarrer votre projet, une nouvelle viendra changer la donne. Elle vous permettra d'emporter le morceau haut la main.

Avec Mars : 37 FEU

Il va falloir vous battre. Tout ne va pas tomber du ciel, malgré tous les atouts que vous avez en main et malgré les circonstances favorables à votre réussite socioprofessionnelle. Cependant, il suffira de très peu de chose pour gagner. Mercure va nous le dire.

- **Avec Mercure : 18 CHANGEMENT** – votre atout réside dans le changement. La seule chose qui freine votre réussite c'est la peur de l'inconnu. Il ne s'agit pas non plus de tout bouleverser, seulement de procéder à quelques modifications. Mais quand même, vous devez sortir de la routine
- **Mercure : 19 ARGENT** – il vous faut voir grand sur le plan financier. Ne demandez pas une petite somme mais une grosse, si vous voulez être crédible. Présentez un projet d'envergure.
- **Mercure : 20 L'INTELLIGENCE** – votre projet doit être séduisant sur le plan intellectuel et non uniquement sur le plan financier. Faites preuve d'originalité. Apportez du nouveau.
- **Mercure : 21 VOL-PERTE** – la lutte va être chaude : ne vous laissez pas piquer vos idées ou votre crédit. C'est là qu'il faudra vous battre.
- **Mercure : 22 ENTREPRISES** – certains tenteront de vous mettre des bâtons dans les roues. Le mieux sera de peaufiner votre projet pour qu'aucune faille n'y soit visible.
- **Mercure : 23 TRAFIC** – la victoire est dans la fuite. Inutile d'entrer en conflit avec ceux qui s'opposent à votre projet.
- **Mercure : 24 NOUVELLE** – le feu s'éteindra de lui-même, la paix s'annonce. Ceux qui s'opposaient à votre projet cesseront d'eux-mêmes ; ils auront tout à coup d'autres chats à fouetter.

Avec Mars : 38 ACCIDENT

Tout semblait parfait pour la réussite et voilà qu'un imprévu ou même un accident corporel risque de surgir. Il risque de tout faire capoter au dernier moment. Mais tout de même il y a La grâce. Tout n'est donc pas définitivement perdu. C'est Mercure le messager des dieux qui donnera la solution.

- **Avec Mercure : 18 CHANGEMENT** – vous ne pourrez pas faire tout comme prévu car quelque chose disparaît.
  Un associé peut vous faire faux bond.
  Ce peut être aussi un local qui ne peut plus être mis à votre disposition. Il va donc falloir trouver quelque chose ou quelqu'un pour remplacer ce qui est détruit. Sans doute aller ailleurs.

- **Mercure : 19 ARGENT** – c'est un apport financier qui disparaît, mais le projet reste valable et s'il y a des partenaires, ils sont toujours prêts. Il faut simplement trouver un autre financier. Ce qui ne sera pas impossible, car la grâce protège.

- **Mercure : 20 L'INTELLIGENCE** – c'est un des moteurs intellectuels qui disparaît : soit un conseiller juridique, soit un des animateurs importants du projet. Il faut le remplacer et faire preuve de discernement à ce sujet.

- **Mercure : 21 VOL-PERTE** – là c'est une tuile. Mieux vaut repartir à zéro. Mais les cartes *La grâce* et *Appui* sont toujours là. Ne perdez pas de temps, vous pouvez très bien démarrer un autre projet. Finalement c'était peut-être un mal pour un bien.

- **Mercure : 22 ENTREPRISES** – ce n'est pas très grave, ce n'est qu'un accident de parcours. Vous allez vous relever très vite et trouver une solution.

- **Mercure : 23 TRAFIC** – les cartes peuvent indiquer un accident de la route. Prudence au volant. L'accident peut concerner un associé ou un partenaire. La solution viendra de votre propre capacité à vous adapter. Continuez malgré tout, le succès est au bout.

- **Mercure : 24 NOUVELLE** – après un problème, une rupture avec quelqu'un ou un arrêt brutal du projet, la solution viendra de loin. Plusieurs personnes viendront à votre aide. Tout va s'arranger.

JUPITER avec SATURNE

39 APPUI **50 RUINE**

La ruine indique qu'il vous faut tout remettre à plat et repartir à zéro si vous voulez réussir et obtenir l'aide de gens influents et puissants.

Regardez Mars puis Mercure.

Avec Mars : 32 MÉCHANCETÉ

Visiblement vous ne vous êtes pas fait que des amis. Peut-être devriez vous examiner votre attitude passée ou vos erreurs dans vos choix. Peut-être avez vous fait trop confiance à des gens qui en réalité ne vous aimaient pas. Vous avez peut-être aussi trop compté sur vos relations, vos appuis, votre rang dans la société et négligé de vous occuper de ce que pensaient les autres. Mercure va vous indiquer la marche à suivre.

- **Avec Mercure : 18 CHANGEMENT** – on s'en serait douté : inutile de persévérer dans la même direction. Il faut opérer un changement radical. Aller ailleurs, faire autre chose ou la même chose mais tout à fait autrement. Changer de comportement.
- **Mercure : 19 ARGENT** – votre atout est l'argent. Vous pouvez très bien obtenir un prêt ou trouver des partenaires financièrement crédibles. Êtes vous sûr qu'il ne vous reste

pas quelques biens que vous pourriez vendre ou un pécule que vous ne vouliez pas entamer? Vous ne pouvez pas avoir le beurre et l'argent du beurre.

- **Mercure : 20 L'INTELLIGENCE** – vous n'avez plus rien, mais vous avez votre cerveau. C'est le moment d'utiliser votre atout A*ppui* pour obtenir un prêt, pour entreprendre un recyclage ou une formation. Après quoi vous pourrez rebondir.
- **Mercure : 21 VOL-PERTE** – là c'est vraiment mal parti. Il va falloir vous reprendre. Car il semble que vous avez baissé les bras. Cessez de croire à la fatalité. Remuez-vous et défendez ce qui vous reste. On ne vous a pas tout pris.
- **Mercure : 22 ENTREPRISES** – vous êtes quelque peu ruiné mais pas idiot. Et vous avez encore de nombreux projets intelligents. Révisez ces projets une dernière fois et allez chercher des aides. Cette fois, soyez diplomate.
- **Mercure : 23 TRAFIC** – vous êtes ruiné et vous vous êtes fait de nombreux ennemis, mais vous n'avez pas perdu votre mobilité et votre ingéniosité. N'hésitez pas à prendre l'avion s'il vous faut aller demander de l'aide au loin.
- **Mercure : 24 NOUVELLE** – vos ennemis vont faire la paix, mais peut-être devrez vous faire le premier pas. Faites donc votre examen de conscience. Des gens situés à l'étranger ou en tout cas loin de votre lieu de résidence vont vous donner des nouvelles et vous faire des offres. Acceptez-les.

Avec Mars : 33 PROCÈS

Les cartes annoncent ruine et procès. Ce n'est pas forcément le procès qui vous a ruiné. Tout va dépendre de Mercure.

- **Avec Mercure : 18 CHANGEMENT** – le procès débouche sur un changement bénéfique, sur un nouveau soleil. Laissez le procès se faire ou engagez-le, ou encore, si vous avez perdu une première fois, faites appel.

- **Mercure : 19 ARGENT** – vous avez beaucoup perdu. On vous fait un procès ou vous en faites un. Le résultat sera que vous récupérerez une grosse somme d'argent. Vous allez donc vous en tirer.
- **Mercure : 20 L'INTELLIGENCE** – les cartes indiquent qu'il est intelligent de faire un procès, même si vous n'en tirez pas beaucoup d'argent. A l'issue de ce procès, vous aurez acquis de l'expérience et vous aurez compris que vous manquiez d'atouts intellectuels, (langues étrangères imparfaitement intégrées, sans oublier le net qui n'est pas votre tasse de thé.) La solution passe par le rattrapage de ces données.
- **Mercure : 21 VOL-PERTE** – cette fois c'est le procès qui est négatif pour vous. Essayez un règlement à l'amiable, si vous ne voulez pas tout perdre.
- **Mercure : 22 ENTREPRISES** – le procès vous permet de redémarrer. Allez-y sans crainte et préparez bien tous les éléments pour que votre avocat puisse vous défendre au mieux de vos intérêts.
- **Mercure : 23 TRAFIC** – un ami qui vous est cher et qui habite loin de chez vous, va vous mettre en relation avec un excellent avocat. Foncez, mais avec un dossier bien préparé.
- **Mercure : 24 NOUVELLE** – le procès qui était envisagé va tomber à l'eau. Les choses vont rentrer dans l'ordre d'elles-mêmes. Une offre viendra de l'étranger.

Avec Mars : 34 DESPOTISME

Vous êtes victime d'un concours de circonstances malencontreux qui fait que vous êtes maintenant pieds et mains liés. On ne voit d'ailleurs pas ce que vous auriez pu faire. Vous avez encore le sentiment d'être littéralement cloué au sol. Attendons ce que va annoncer Mercure.

- **Avec Mercure : 18 CHANGEMENT** – en fait vous ne pouvez pas faire grand-chose, sinon attendre que les circonstances changent ce qui ne saurait d'ailleurs tarder. Inutile donc de faire le forcing.

- **Mercure : 19 ARGENT** – c'est une rentrée d'argent inattendue qui va vous sortir de là. Prenez donc un billet de loterie. On ne sait jamais. Il faut toujours mettre tous les atouts de son côté.
- **Mercure : 20 L'INTELLIGENCE** – c'est par la réflexion que vous allez trouver la solution. Ainsi que par une remise au niveau de vos capacités.
- **Mercure : 21 VOL-PERTE** – vous voilà tout à fait au creux de la vague. À tous les niveaux. Retournez à la carte Appui et demandez de l'aide, surtout des conseils. Tout seul vous aurez du mal à vous en tirer.
- **Mercure : 22 ENTREPRISES** – dans vos cartons, des projets intelligents. Quittez les gens qui ne cessent de se mêler de vos affaires et qui n'ont servi jusque-là qu'à vous conduire à l'échec. Allez présenter vos projets en haut lieu.
- **Mercure : 23 TRAFIC** – la roue va tourner rapidement ; vous allez vous libérer des liens que vous supportiez comme un poids. Et, enfin, voler de vos propres ailes. Grâce à des appuis financiers, vous allez remonter la pente.
- **Mercure : 24 NOUVELLE** – on va venir à votre secours et vous sortir de l'ornière. On vous fera des propositions intéressantes.

Avec Mars : 35 ENNEMIS

Vous avez des ennemis, qui, sans doute, ont aidé à vos problèmes. Ce n'était pas forcément de votre faute. Mais en attendant, votre affaire s'est écroulée ou vous avez perdu votre emploi. Voyons ce qu'annonce Mercure :

- **Avec Mercure : 18 CHANGEMENT** – vos ennemis n'existent plus, puisqu'ils ont atteint leur but. Vous ne leur faites plus d'ombre. Vous allez pouvoir redémarrer, à condition de ne plus faire la même chose et de changer d'orientation.
- **Mercure : 19 ARGENT** – une somme d'argent importante va venir à votre secours d'une façon ou d'une autre. On vous rendra peut-être une partie de l'argent que l'on vous a pris. Vous pourrez avoir une bonne indemnité de licenciement ou encore vous gagnerez aux jeux de hasard.

- **Mercure : 20 L'INTELLIGENCE** – vous avez l'esprit créatif. Pourquoi ne pas écrire une œuvre. Vous avez des dons intellectuels et littéraires, mais vous avez laissé tomber vos études autrefois. En tout cas apprenez quelque chose. Mettez-vous donc au travail. Il n'est jamais trop tard.
- **Mercure : 21 VOL-PERTE** – des ennemis, la ruine, le vol. Il vous reste un appui précieux auquel vous ne pensez peut-être pas. De toute façon vous n'avez plus rien à perdre et vous n'avez plus beaucoup d'amis.
- **Mercure : 22 ENTREPRISES** – si vous souhaitez redémarrer, il va falloir renverser la vapeur. Transformer vos ennemis en amis, c'est trop tard, mais proposer un beau projet bien étudié et bien fini, peut faire revenir vers vous les appuis que vous aviez autrefois.
- **Mercure : 23 TRAFIC** – il va vous falloir user de toute votre diplomatie et de tout votre savoir-faire, sans rechigner sur les démarches et les prises de contacts, si vous voulez redresser la barre. Mais les affaires vont reprendre. Vous ne resterez pas sans rien faire.
- **Mercure : 24 NOUVELLE** – une bonne nouvelle va vous permettre de remonter la pente. Des amis que vous aviez oubliés vont se manifester. Vous n'êtes plus tout seul dans un environnement hostile.

Avec Mars : 36 POURPARLERS

La ruine n'est pas définitive. Il y a encore des pourparlers avant que tout soit clos. S'il s'agit de votre affaire, il est encore possible de la faire repartir. Si le chômage vous menace, il est encore temps de faire en sorte que vous restiez ou encore vous pouvez peut-être trouver rapidement quelque chose. Tout va dépendre de Mercure.

- **Avec Mercure : 18 CHANGEMENT** – s'il s'agit de votre affaire, il vous suffit de réunir vos partenaires ou vos associés et d'organiser une restructuration ou de nouveaux objectifs. S'il s'agit de votre emploi, demandez un changement de poste dans la même boîte ou proposez votre savoir-faire ailleurs.

- **Mercure : 19 ARGENT** – s'il s'agit de votre affaire, vous trouverez un nouveau financement grâce aux pourparlers déjà engagés ou qui vont s'engager rapidement. S'il s'agit de votre emploi, après discussion, vous aurez le choix entre recevoir une belle indemnité et partir. Cette dernière solution peut vous permettre de remonter une affaire, d'accepter un travail plus difficile ou moins agréable mais mieux rémunéré.
- **Mercure : 20 L'INTELLIGENCE** – il va y avoir des discussions, c'est à vous d'affûter vos arguments et de montrer combien vous êtes le plus compétent.
- **Mercure : 21 VOL-PERTE** – les pourparlers risquent de ne pas se terminer en votre faveur. Au minimum vous devrez faire des grosses concessions.
- **Mercure : 22 ENTREPRISES** – dans le feu des discussions très animées, un nouvel arrivant va vous proposer un poste ou une participation dans votre affaire. Ceci peut vous permettre de la redresser.
- **Mercure : 23 TRAFIC** – les pourparlers vont être longs et répétés. Mais finalement tout va repartir comme avant, grâce à un appui financier.
- **Mercure : 24 NOUVELLE** – les discussions vont être à l'origine de nouvelles idées. De nouveaux arrivants vont déclencher des échanges avec d'éventuels partenaires à l'étranger. S'il s'agit de votre affaire, cela peut la rajeunir et lui donner un nouveau souffle. Si vous êtes salarié, une nouvelle restructuration, en rapport avec l'étranger, fera que l'on vous proposera un poste ailleurs.

Avec Mars : 37 FEU

La catastrophe menace. Il va falloir faire face à un bras de fer épuisant. Vous voilà en compétition avec un concurrent. Si vous êtes votre propre maître, vous risquez de perdre une grosse affaire pour laquelle vous aviez lourdement investi. Sinon, vous risquez de perdre votre place, parce qu'un nouveau venu est plus compétent ou plus malin. Voyons donc la solution proposée par Mercure.

- **Avec Mercure : 18 CHANGEMENT** – vous devez impérativement changer votre fusil d'épaule. Par exemple s'il s'agit de votre affaire, vous devrez changer vos arguments de vente, rajeunir ou moderniser votre structure. Si vous êtes un créateur vous devrez vous renouveler et vous adapter aux nouvelles donnes.
- **Mercure : 19 ARGENT** – le résultat du bras de fer tourne sans difficulté en votre faveur. Soit vous obtenez un crédit qui vous permet d'emporter l'affaire, soit, finalement on s'aperçoit que vous êtes rentable pour votre employeur.
- **Mercure : 20 L'INTELLIGENCE** – vous l'emporterez grâce à votre habileté. L'autre est plus grande gueule, mais vous, plus malin.
- **Mercure : 21 VOL-PERTE** – c'est vous le perdant. Ou alors jouez sur un autre tableau et évitez d'être en concurrence avec plus fort que vous.
- **Mercure : 22 ENTREPRISES** – finalement après un sacré combat de coqs, c'est vous le gagnant. Votre adversaire vous avait sous estimé et vous en avez été quitte pour la peur. Toutefois restez vigilant.
- **Mercure : 23 TRAFIC** – vous êtes à égalité. Il va falloir se partager le gâteau s'il s'agit d'une affaire que vous vouliez décrocher. Si vous êtes salarié, vous devrez céder quelques prérogatives à votre adversaire.
- **Mercure : 24 NOUVELLE** – un nouvel élément vient vous sortir de là. De nombreux avis venant de l'extérieur viendront à votre secours.

Avec Mars : 38 ACCIDENT

Là c'est presque la catastrophe. L'appui pourra-t-il faire quelque chose devant la ruine et l'accident. Quelque chose, peut-être, mais pas tout. La ruine ou la perte d'un travail est accidentelle. Il s'agit d'un concours de circonstances malencontreux, de malchance ou encore d'un véritable accident : un incendie, un tremblement de terre, un décès, la faillite d'un partenaire ou d'un employeur. Voyons ce que peut nous laisser envisager Mercure.

- **Avec Mercure : 18 CHANGEMENT** – un changement s'annonce et votre nouvelle vie sera plus heureuse que la précédente. Seulement, il faut évidemment repartir quasiment à zéro ce qui est possible, mais demandera du temps.
- **Mercure : 19 ARGENT** – quelque chose est définitivement perdu, mais la ruine est loin d'être totale. Il y avait de la réserve ou une autre affaire dans laquelle vous pourrez puiser. Et si vous êtes salarié, vous toucherez une grosse indemnité.
- **Mercure : 20 L'INTELLIGENCE** – on ne réparera pas les pots cassés ; on ne fera pas repartir l'affaire perdue, mais vous pourrez redémarrer, à condition de vous mettre à suivre un apprentissage, à suivre des cours, à vous recycler.
- **Mercure : 21 VOL-PERTE** – là les cartes sont vraiment très mauvaises. Il va falloir attendre que la roue tourne.
- **Mercure : 22 ENTREPRISES** – tout n'est pas perdu, il reste un fond de matériel et un fond de clientèle. Si vous vous êtes salarié, vos capacités, votre savoir-faire est toujours là. Vous pourrez sans problème retrouver du travail mais bien sûr avec un peu de patience.
- **Mercure : 23 TRAFIC** – après la catastrophe vous ne restez pas au point mort. Salarié vous retrouverez du travail ; si vous êtes votre propre chef vous pourrez rebâtir mais tout de même après un arrêt assez long.
- **Mercure : 24 NOUVELLE** – de nombreuses personnes viendront à votre aide ; des messages de sympathie afflueront ainsi que des offres de travail.

JUPITER avec SATURNE

39 APPUI 51 RETARD

Les appuis seront efficaces ; vous pourrez compter sur eux, mais il va falloir être patient car pour obtenir la réalisation de vos désirs ou pour retourner la situation à votre avantage, il faudra tout de même un certain temps. Inutile de vouloir forcer le destin. Ceci dit, retard n'est pas catastrophe.

Voyons les causes de ce retard avec Mars :

Avec Mars : 32 MÉCHANCETÉ

Si vous avez des ennemis, c'est soit que vous avez manqué de diplomatie, soit qu'on est jaloux de vous. Mais si l'on est jaloux, c'est aussi, peut-être, parce que vous avez manqué de modestie. Il va donc falloir se calmer et envisager froidement la suite des événements, sans se paniquer. Sans oublier que bien souvent, si les choses sont retardées, c'est qu'elles ne sont pas tout à fait prêtes. Voyons donc ce que va nous dire Mercure.

- **Avec Mercure : 18 CHANGEMENT** – le blocage du projet va vous faire réfléchir et vous permettre d'y introduire quelques modifications. De même, vous allez changer votre comportement vis-à-vis de vos partenaires éventuels en cessant de les prendre à rebrousse poil. Après quoi votre projet sera accepté.

- **Mercure : 19 ARGENT** – cela vaut le coup d'attendre et de ne pas s'impatienter. Une fois le projet accepté ou la reprise des affaires, l'argent affluera.
- **Mercure : 20 L'INTELLIGENCE** – durant l'attente de la réalisation de votre projet, vous aurez une idée intéressante. Elle vous permettra d'apporter une modification qui suscitera l'adhésion et fera taire vos ennemis.
- **Mercure : 21 VOL-PERTE** – en fait votre projet risque d'être volé et utilisé par quelqu'un d'autre. Prenez toutes vos précautions sinon le retard se terminera par un échec.
- **Mercure : 22 ENTREPRISES** – cessez de vous biler, personne ne peut faire aussi bien que vous. Vous êtes la personne la plus compétente. Après réflexion, c'est votre projet que l'on prendra ou avec vous que l'on fera affaire. Vos ennemis n'y pourront rien.
- **Mercure : 23 TRAFIC** – vous aurez l'intelligence de renouer le dialogue avec ceux que vous avez quelque peu malmenés. Le ralentissement sera bref.
- **Mercure : 24 NOUVELLE** – plusieurs personnes extérieures interviendront et feront repartir le projet.

Avec Mars : 33 PROCÈS

Un procès ou un litige, déjà en cours ou menaçant, bloque vos projets, même si vous n'êtes pas directement concerné. Cela peut gêner un de vos interlocuteurs qui en attend l'issue pour prendre sa décision. Cela peut aussi vous bloquer, vous faire hésiter dans la poursuite de vos affaires ou de votre travail. Mercure dira si le retard va se prolonger et quel est le moyen de rétablir la situation.

- **Avec Mercure : 18 CHANGEMENT** – un changement va intervenir qui va débloquer la situation. Si le litige vous concerne, changez votre façon d'agir ou de vous exprimer, il y a peut-être eu un simple malentendu. Si vous n'êtes pas directement concerné, il suffit d'attendre un peu.
- **Mercure : 19 ARGENT** – s'il y a procès, il vous sera directement ou indirectement bénéfique ; vous serez mieux rémunéré et vous verrez que cela valait la peine d'attendre.

- **Mercure : 20 L'INTELLIGENCE** – si vous êtes concerné par le procès, occupez-vous en ; ne laissez pas votre avocat se débrouiller tout seul. Vous pouvez aussi, en faisant marcher votre intelligence, arriver à un règlement amiable, cela gagnera du temps.
- **Mercure : 21 VOL-PERTE** – ce litige ou ce procès fera que le retard se terminera par un échec.
- **Mercure : 22 ENTREPRISES** – votre projet n'est pas concerné directement ; il reste toujours aussi brillant, il n'y a rien à modifier, soyez seulement patient. On ne vous oublie pas.
- **Mercure : 23 TRAFIC** – le retard sera très passager. En fait, vos interlocuteurs ou vous-même, n'attendrez pas l'issue du litige pour avancer, car il n'est pas fondamental.
- **Mercure : 24 NOUVELLE** – des gens venus de l'extérieur, ou leurs messages, vont faire accélérer les choses : soit faire aboutir le procès qui se terminera bien pour vous, soit l'empêcher et tout reprendra son cours rapidement.

Avec Mars : 34 DESPOTISME

Le retard est très accentué. La carte indique qu'une grande partie du blocage est de votre fait. Au lieu de vous renfermer sur vous-même en disant « ça ne marchera pas » et ce faisant, vous vous programmez pour l'échec, vous feriez bien de vous adresser à ceux sur lesquels vous pouvez compter. Et la carte Appui alors ? Pourquoi doutez-vous de vous-même et ainsi influencez les autres dans le mauvais sens ? Voyons ce que dit Mercure et cherchons la solution qui vous fera sortir de votre pessimisme et de votre inertie.

- **Avec Mercure : 18 CHANGEMENT** – en fait c'est un changement extérieur qui vous redonnera confiance en vous. Un courant porteur dans votre entourage ou des informations nouvelles qui vous montreront que votre projet est bien plus intéressant que d'autres. Vous vous déciderez alors à aller sonner aux bonnes portes et vous sortirez de l'ornière dans laquelle vous vous êtes mis vous-même.

- **Mercure : 19 ARGENT** – c'est l'arrivée inattendue d'une somme d'argent qui va vous redonner confiance en vous. Résultat de vos efforts certes, mais vous n'y croyiez plus. Vous allez pouvoir relancer votre projet et aller de l'avant.
- **Mercure : 20 L'INTELLIGENCE** – après réflexion, vous allez finir par comprendre qu'il vous suffit de faire preuve d'un minimum de lucidité pour reprendre confiance en votre projet. Vous pourrez alors faire les démarches nécessaires pour le faire aboutir.
- **Mercure : 21 VOL-PERTE** – voilà ce que c'est que de vous dévaloriser, on vous a soufflé votre affaire ou votre idée.
- **Mercure : 22 ENTREPRISES** – vous avez pourtant conscience que votre affaire est bien ficelée, que votre projet est intelligent, que vous possédez des bases solides. Alors agissez. Utilisez vos relations. On ne demande qu'à vous aider, si vous y mettez du vôtre.
- **Mercure : 23 TRAFIC** – apparemment votre petite crise de déprime n'était que passagère. Vous allez sortir de l'ornière rapidement.
- **Mercure : 24 NOUVELLE** – votre entourage immédiat ne vous encourage pas vraiment. Heureusement des messages commencent à arriver, signes précurseurs de l'acceptation de votre projet.

Avec Mars : 35 ENNEMIS

Le retard qui s'oppose à vos affaires ou à vos projets vient de vos ennemis, malgré les appuis importants dont vous bénéficiez. Ils s'opposent à leur acceptation, tentent de faire pression sur les décideurs, mais ils ne peuvent que retarder sauf si la carte de Mercure est vraiment mauvaise. Voyons donc Mercure.

- **Avec Mercure : 18 CHANGEMENT** – vos ennemis ne peuvent en réalité rien faire. Le temps travaille pour vous et le retard ne durera pas très longtemps. Votre projet se réalisera et fera un succès.
- **Mercure : 19 ARGENT** – le retard était dû à un problème financier qui va être résolu. Les retombées seront

très positives pour vous. Votre affaire ou votre projet vous rapportera de gros bénéfices.

- **Mercure : 20 L'INTELLIGENCE** – vous êtes plus malin que vos ennemis. Sautez donc quelques échelons de la voie hiérarchique et adressez-vous en haut lieu. Vous irez plus vite que si vous passez par des intermédiaires. Vous court-circuiterez vos opposants.
- **Mercure : 21 VOL-PERTE** – on essaiera de vous voler votre idée. Il ne faut donc pas perdre un instant si vous ne voulez pas que tout tombe à l'eau. Allez chercher secours auprès de vos puissants appuis avant qu'il ne soit trop tard.
- **Mercure : 22 ENTREPRISES** – tout le monde connaît votre valeur et le sérieux de vos projets. Attendez calmement que vos ennemis se calment. Ils ne peuvent rien faire. Vous êtes protégé en haut lieu.
- **Mercure : 23 TRAFIC** – vos ennemis vont rapidement abandonner. Ne vous faites aucun souci.
- **Mercure : 24 NOUVELLE** – les messages affluent de partout pour demander ce qui se passe et pourquoi on n'accepte pas vos offres ou vos projets. La roue tourne.

Avec Mars : 36 POURPARLERS

La cause du retard est due à des discussions sans fin. D'autant plus que de nouveaux venus viennent se mêler à l'équipe de gens dont vos projets dépendent et viennent y mettre leur grain de sel. Vous serez peut-être obligé d'introduire quelques modifications dans votre projet. Voyons donc Mercure :

- **Avec Mercure : 18 CHANGEMENT** – les nouveaux venus ont en effet introduit une nouvelle donne sur le marché qui vous concerne. Prenez contact avec eux et tenez compte de leurs avis et tout se débloquera.
- **Mercure : 19 ARGENT** – les pourparlers, en fait, traitent des questions financières. Laissez les faire, ils ne veulent que votre bien. Au bout du compte vous serez largement gagnant financièrement.

- **Mercure : 20 L'INTELLIGENCE** – les pourparlers sont en votre faveur on pourrait même vous demander de participer aux discussions. Soyez diplomates et montrez votre adresse et votre savoir faire.
- **Mercure : 21 VOL-PERTE** – une personne qui se mêle à vos interlocuteurs leur fait remarquer qu'il est facile de vous voler votre projet. Vous feriez bien de vous adresser au plus haut niveau avant qu'il soit trop tard. Vous avez affaire à des requins.
- **Mercure : 22 ENTREPRISES** – laissez les parler. Votre projet est parfait. Ils finiront bien par s'en rendre compte, d'autant que vous pouvez aller ailleurs le proposer et ils le savent.
- **Mercure : 23 TRAFIC** – le mieux pour vous est d'aller voir ce qui se passe. Prenez rendez-vous, vous ferez avancer les choses.
- **Mercure : 24 NOUVELLE** – que d'affairement autour de votre projet. Il semble qu'il intéresse beaucoup de monde. Prenez patience bientôt vous n'aurez que l'embarras du choix.

Avec Mars : 37 FEU

Cette fois le retard risque de durer. Il y a des « pour » et des « contres » qui semblent être à égalité. La situation semble bloquée.
Regardons Mercure pour voir l'issue :

- **Avec Mercure : 18 CHANGEMENT** – ce sont les circonstances générales, le climat politique et financier qui vont faire avancer les choses. Ceux qui sont contre vont se retirer.
- **Mercure : 19 ARGENT** – en fait après des discussions sanglantes on va vous faire un pont d'or.
- **Mercure : 20 L'INTELLIGENCE** – le mieux, pour sortir de cette situation bloquée, serait de tenter une argumentation raisonnée. Envoyez un additif à votre projet en expliquant plus en détail et de façon plus attrayante votre idée ou votre proposition. Et surtout en ménageant les uns et les autres.

- **Mercure : 21 VOL-PERTE** – le retard risque de se terminer par un refus ou un échec.
- **Mercure : 22 ENTREPRISES** – bien que votre projet soit parfait, solide et bien structuré, le retard risque de durer. Vous n'avez aucunement l'intention d'y apporter une quelconque modification, d'autant que vous ne voulez pas suivre la mode. Ce sera l'épreuve de la patience, mais vous y arriverez.
- **Mercure : 23 TRAFIC** – la confrontation risque de s'éterniser, les discussions vont être sans fin et les arguments de part et d'autre à égalité, jusqu'à ce qu'un terrain d'entente soit trouvé, ce qui finira par arriver.
- **Mercure : 24 NOUVELLE** – heureusement pour vous, des messages vont venir prier les antagonistes de cesser leur combat. De votre côté, n'hésitez pas à les contacter. En fait ils adorent qu'on se chamaille et plus on est de fous...

Avec Mars : 38 ACCIDENT

Le retard qui vous angoisse est dû à des circonstances accidentelles, des bouleversements, sur lesquels on n'a pas beaucoup de prise. Il risque donc de se transformer en arrêt définitif. Les appuis que vous pouvez avoir ne serviront pas à grand-chose, mais vous pouvez trouver une solution pour faire repartir, dans une voie favorable, votre destin en vous aidant de l'indication donnée par Mercure.

- **Avec Mercure : 18 CHANGEMENT** – les bouleversements ont carrément changé la mise. Votre projet ne peut se réaliser tel qu'il avait été présenté ; votre emploi ne peut continuer comme avant. Il faut tout reprendre à zéro, mais le résultat sera très intéressant.
- **Mercure : 19 ARGENT** – tout s'est écroulé et arrêté, mais vous serez largement indemnisé d'une façon ou d'une autre. Vous pourrez alors décider d'autre chose. Vous pourrez aussi demander des crédits pour une nouvelle aventure.
- **Mercure : 20 L'INTELLIGENCE** – vous comprenez bien que tous ces événements sont indépendants de vous ou de vos interlocuteurs. Grâce à votre savoir et à vos compétences,

vous trouverez sans problème un travail intéressant. Si vous êtes écrivain vous pourrez décrocher un contrat.

- **Mercure : 21 VOL-PERTE** – là, le retard s'est avéré être une catastrophe. Dans cette affaire vous perdez beaucoup.
- **Mercure : 22 ENTREPRISES** – les événements fâcheux n'enlèvent rien à votre savoir-faire et votre matériel n'est pas perdu. Sauf vos contrats ou votre travail. Mais vous en trouverez rapidement d'autres.
- **Mercure : 23 TRAFIC** – malgré les circonstances, les affaires reprennent. On trouve des remplaçants à ceux qui sont empêchés et on répare les dégâts. Vous n'êtes pas touché directement.
- **Mercure : 24 NOUVELLE** – après les événements qui vous ont fait perdre une affaire importante ou un projet, des messages arrivent, porteurs d'offres intéressantes. Vous pourrez repartir d'un bon pied.

JUPITER avec SATURNE
39 APPUI — 52 CLOÎTRE

Les appuis c'est joli, mais encore devez-vous faire l'effort sortir de votre tour d'ivoire. On n'ira pas vous chercher. On ne demande qu'à vous aider mais encore faut-il être au courant de vos problèmes.

Avec Mars : 32 MÉCHANCETÉ

Vous vous sentez isolé parce que tout le monde vous a laissé tomber. Vous pensez même qu'il y a une cabale dirigée contre vous. Des gens méchants font tout pour vous tenir à l'écart ; vous êtes carrément, peut-être même, au placard.
Voyons donc Mercure pour trouver la solution :

- **Avec Mercure : 18 CHANGEMENT** – si vous voulez que l'attitude des autres change à votre égard, il vous faut changer vous-même d'attitude. Montrez un visage plus souriant ou montrez-vous plus novateur, plus tourné vers l'avenir.
- **Mercure : 19 ARGENT** – n'êtes-vous pas un peu radin ? Invitez les gens, sortez de votre tour et n'ayez pas peur de dépenser de l'argent, il vous sera rendu au centuple.
- **Mercure : 20 L'INTELLIGENCE** – vous faites sentir aux autres que votre intelligence les dépasse. On vous trouve souvent inaccessible. Mettez-vous à leur portée et ne les écrasez pas de votre supériorité intellectuelle. Mettez votre intelligence au service de la diplomatie.
- **Mercure : 21 VOL-PERTE** – vous avez peur que l'on vous pique vos idées. Du coup vous ne racontez plus rien. Temps pis si on vous en prend quelques-unes. Sortez de votre mutisme.
- **Mercure : 22 ENTREPRISES** – vous avez tous les éléments en main pour être le meilleur mais l'on vous jalouse. Ouvrez la porte et faites participer les autres en leur expliquant que vous avez besoin d'eux, que sans eux vous ne pouvez rien faire.
- **Mercure : 23 TRAFIC** – vous n'avez rien à faire d'autre que de communiquer. Vous ne savez pas ? Inscrivez-vous à des séminaires, suivez des cours. Communiquer cela s'apprend. Apprenez donc des langues étrangères, du chinois ou de l'arabe, histoire de vous dégourdir la cervelle et de vous donner un plus.
- **Mercure : 24 NOUVELLE** – vous étiez bloqué par l'attente d'une réponse. Elle arrive.

Avec Mars : 33 PROCÈS

Vous êtes paralysé par l'attente de l'issue d'un procès. En attendant, vous n'osez rien faire et vous vous repliez sur vous-même. Vous vous forgez votre propre prison.
Voyons Mercure :

- **Mercure : 18 CHANGEMENT** – on arrive au bout du procès. Le résultat vous sera favorable. Mais peut-être devez-vous changer d'avocat.
- **Mercure : 19 ARGENT** – n'hésitez pas à prendre un très bon avocat quitte à le payer trois fois plus qu'un autre. Vous serez gagnant et récupérerez largement la mise. Mais pour cela il faut sortir de votre enfermement.
- **Mercure : 20 L'INTELLIGENCE** – faites marcher votre cervelle, affûtez vos arguments, sortez de votre trou et allez prendre conseil en haut lieu. Aviez vous oublié à force de vous replier sur vous-même que vous aviez des appuis ?
- **Mercure : 21 VOL-PERTE** – vous risquez la prison. Vous traversez une grave crise qui pourrait bien vous faire perdre beaucoup. Ne restez pas paralysé par l'angoisse. Appelez au secours au plus haut niveau.
- **Mercure : 22 ENTREPRISES** – votre affaire est solide. On ne peut rien prouver contre vous. Vous ne risquez rien. Cessez de vous angoisser.
- **Mercure : 23 TRAFIC** – n'avez-vous pas fait quelques affaires pas très nettes ou quelque trafic douteux ? Utilisez maintenant vos capacités à contourner la loi pour contourner les obstacles. Vous êtes coincé chez vous ? Utilisez le net. Vous ne l'avez pas encore ? Qu'est-ce que vous attendez ?
- **Mercure : 24 NOUVELLE** – on ne vous laisse pas tomber. De nombreux messages arrivent jusqu'à vous. Répondez si vous voulez être vite sorti d'affaire. On vous tend la perche.

Avec Mars : 34 DESPOTISME

On dirait que vous vous êtes laissé mettre sous le joug de quelqu'un, que vous n'êtes plus capable de prendre tout seul des initiatives. Un proche aurait-il fait le vide autour de vous. Vous aurait-il subtilement poussé à vous éloigner de vos amis ? De sorte que la seule personne influente capable de vous aider pense que vous l'avez complètement oubliée. Si vous souhaitez retrouver vos appuis, il va falloir sortir d'une influence néfaste quitte à un clash. Voyons donc Mercure.

- **Mercure : 18 CHANGEMENT** – vous allez profiter de circonstances nouvelles, d'un nouvel environnement pour prendre votre liberté et vous décider à prendre l'air et à renouer les contacts.
- **Mercure : 19 ARGENT** – en fait, vous étiez dépendant financièrement de la personne qui faisait le vide autour de vous. L'arrivée inespérée d'une grosse somme d'argent, un héritage peut-être, va vous permettre de reprendre votre liberté.
- **Mercure : 20 L'INTELLIGENCE** – vous étiez sous influence, devenu incapable de penser librement par vous-même. Utilisez votre intelligence, que vous étiez en train de mettre sous le boisseau, pour comprendre qu'il est temps de prendre le large.
- **Mercure : 21 VOL-PERTE** – non seulement vous êtes sous influence, mais on vous dépouille. Êtes-vous entré dans une secte ? Filez avant qu'il ne soit trop tard, en emportant ce qu'il vous reste, même si c'est peu. Adressez-vous en haut lieu pour vous faire rendre vos biens. Vous serez soutenu.
- **Mercure : 22 ENTREPRISES** – vous n'avez pas encore perdu les pédales. Vous êtes solide. Solide, mais figé, durci dans vos positions. Vous vous ligotez vous-même, vous n'avez aucune souplesse. Il est temps de changer d'attitude.
- **Mercure : 23 TRAFIC** – il suffit de commencer à communiquer et tout s'enchaînera. Appelez au secours une seule personne et vous mettrez en route un réseau. À partir de là, vous n'aurez aucun mal à remonter la pente,

à sortir de votre isolement. Vous pourrez alors faire appel à la personne susceptible de vous aider au plus haut niveau.

- **Mercure: 24 NOUVELLE** – les gens commencent à s'inquiéter; ils viennent aux nouvelles. Il se peut aussi qu'une demande que vous aviez effectuée depuis un long moment trouve tout à coup sa réponse. Cela va vous libérer, vous allez pouvoir sortir de votre enfermement et repartir vers la réussite.

Avec Mars: 35 ENNEMIS

Vous avez suscité beaucoup d'animosité par une attitude trop rigide ou un manque de communication. Résultat: tout le monde vous a laissé tomber. Vous voilà tout seul. Personne n'a envie de vous aider, ni de travailler avec vous, encore moins de vous faire crédit. Il va être difficile de compter sur vos appuis. Vous êtes dans une impasse, dans votre vie professionnelle, vous ne voyez pas comment prendre de l'expansion. Voyons Mercure.

- **Mercure: 18 CHANGEMENT** – un nouveau climat politique et économique va faire changer d'attitude à la fois vos ennemis et vous-même. Vous allez sentir le vent et en profiter pour sortir de votre tour d'ivoire. Vous serez étonné du résultat.
- **Mercure: 19 ARGENT** – en fait c'est votre attitude financière qui bloquait tout. Vous n'osiez pas prendre de risque financier. Une arrivée d'argent va vous aider à desserrer les cordons de votre bourse, à investir à tous les niveaux. Mais, même sans cet apport providentiel, vous avez compris qu'économiser, c'est bien, mais pas forcément productif.
- **Mercure: 20 L'INTELLIGENCE** – puisque vos affaires stagnent, profitez-en pour réfléchir, pour faire le point. La lumière va jaillir; vous allez trouver une solution et passer par-dessus de vos ennemis.
- **Mercure: 21 VOL-PERTE** – vous ne pouvez plus avancer, car il vous semble qu'on vous a tout pris, vos idées, la place qui vous revenait, et donc l'argent que vous auriez dû gagner. Mais c'est la souris ailée qui a capturé l'autre, sans aile. Vous n'avez pas su communiquer. Les autres oui. Il est temps de vous y mettre.

- **Mercure : 22 ENTREPRISES** – vos idées sont géniales, vos œuvres parfaites, votre travail impeccable. Mais personne n'est au courant. Qu'est-ce que vous attendez pour montrer vos projets, vos idées, vos œuvres. Personne ne viendra vous chercher, car vous avez plus d'ennemis que d'amis.
- **Mercure : 23 TRAFIC** – vous avez trop magouillé. Vous vous êtes fait des ennemis féroces. Utilisez votre sens de la communication pour renverser la vapeur. Continuez à manœuvrer, mais soyez plus subtil.
- **Mercure : 24 NOUVELLE** – en fait vous n'avez pas que des ennemis. Vos vrais amis se manifestent et vont vous ouvrir des portes. Les propositions affluent, les ennemis n'existaient que dans votre tête.

Avec Mars : 36 POURPARLERS

Vous n'êtes pas si enfermé qu'on pourrait le croire. Rien n'empêche les appuis financiers ou politiques de fonctionner. Des pourparlers sont d'ailleurs déjà bien engagés. En fait on n'attendait plus que l'arrivée d'un nouveau personnage pour arriver à une conclusion. Voyons Mercure.

- **Mercure : 18 CHANGEMENT** – la décision finale sera en votre faveur. Vous aurez tous les appuis nécessaires. Un nouvel avenir s'ouvre devant vous, vers le succès.
- **Mercure : 19 ARGENT** – vous allez recevoir les crédits que vous attendiez, grâce aux appuis dont vous bénéficiez. Vos affaires vont prendre une nouvelle expansion, vous allez pouvoir repousser les murs et agrandir vos locaux.
- **Mercure : 20 L'INTELLIGENCE** – vous allez pouvoir, vous aussi, argumenter grâce à de nouvelles idées ; vous allez ainsi sortir de l'impasse et obtenir les appuis dont vous aviez besoin. Vous pourrez décrocher un contrat ou un poste intéressant. Vous allez sortir du placard. Il peut aussi s'agir d'une œuvre littéraire, dans ce cas, ce sera un succès après une longue attente.
- **Mercure : 21 VOL-PERTE** – la carte est ambiguë ; soyez vigilant. Si vous attendez un contrat, il risque d'être

draconien. Vous serez pieds et mains liés avec un seul employeur, ou partenaire, ou un agent si vous êtes artiste.

- **Mercure: 22 ENTREPRISES** – vos affaires ou votre œuvre sont solides, mais vous avez du mal à vous faire connaître. Un émissaire d'une de vos relations va vous sortir de là. Le succès est à votre porte.
- **Mercure : 23 TRAFIC** – ça discute, ça discute: les événements se précipitent, vous allez pouvoir vous retrouver dans la course au succès. Vous allez sortir de l'ombre.
- **Mercure: 24 NOUVELLE** – après maintes discussions le résultat est positif et vous recevrez les bonnes nouvelles de partout. On vous sort du placard on reconnaît votre valeur. Dans le cas d'une œuvre, c'est la reconnaissance.

Avec Mars: 37 FEU

La situation financière et professionnelle s'est enlisée à l'occasion d'un bras de fer qui n'en finit pas. Chacun reste sur sa position. Vous n'avancez plus. Les contrats d'affaires sont en suspend, car personne ne veut faire de concessions. Si vous attendez un crédit, la banquier ne cède pas d'un pouce par rapport à vos exigences. Si vous attendez un poste, un autre attend le même et est prêt à tout pour vous le souffler. Mais cela ne peut durer le feu est allumé. Voyons donc Mercure.

- **Mercure: 18 CHANGEMENT** – un nouveau concours de circonstances va vous sortir de là. Vous allez obtenir satisfaction sans faire grand-chose, bien que vous ayez quand même mis un peu d'eau dans votre vin, sans même vous en rendre compte.
- **Mercure: 19 ARGENT** – une arrivée importante d'argent va vous donner une bonne marge de sécurité. Vous serez en mesure de faire quelques concessions, de peaufiner votre projet et emporter l'affaire. Du coup vos appuis fonctionneront.
- **Mercure: 20 L'INTELLIGENCE** – c'est vous le plus malin vous allez dérouter votre concurrent et faire valoir votre supériorité. C'est vous qui gagnerez.

- **Mercure : 21 VOL-PERTE** – vous risquez fort de vous faire piquer l'affaire, le poste, ou le contrat.
- **Mercure : 22 ENTREPRISES** – votre projet est en béton. C'est vous qui l'emporterez
- **Mercure : 23 TRAFIC** – chacun monte le long du mat de cocagne. Mais vous avez l'appui pour vous. N'hésitez pas à y faire appel.
- **Mercure : 24 NOUVELLE** – on vient à votre secours ; les appuis fonctionnent tout seuls. Vous voilà sauvé.

Avec Mars : 38 ACCIDENT

Vous voilà enfermé à la suite d'un concours de circonstances imprévues. Peut-être même un accident qui vous a immobilisé ? Auquel cas vous voilà peut-être même à l'hôpital. La combinaison de cartes vous met donc en garde : prudence sur les routes et prudence dans vos affaires. Ne mettez pas tous vos œufs dans le même panier. Voyons ce que nous dit Mercure :

- **Mercure : 18 CHANGEMENT** – les circonstances changent à nouveau. Elles vous redeviennent favorables. Mais ce ne sera plus comme avant. Il faut effectuer un virage, changer votre façon de travailler, changer de lieu de travail ou d'entreprise. Normalement le futur sera meilleur.
- **Mercure : 19 ARGENT** – en cas d'accident, vous recevrez de grosses indemnités. En cas de perte soudaine d'une affaire, une rentrée d'argent, peut-être un héritage, qui, à la suite d'un deuil accidentel, vous sortira de votre stagnation. Vous allez pouvoir repartir avec de bonnes bases. Vous voilà à l'abri financièrement, pour un temps.
- **Mercure : 20 L'INTELLIGENCE** – après la tuile, il vous reste de la ressource. Vous n'avez pas perdu vos compétences professionnelles. Vous êtes toujours au top. Faites l'effort de sortir de votre déprime et les gens seront prêts à vous aider.
- **Mercure : 21 VOL-PERTE** – vous voilà au fond du trou : plus d'argent, plus de poste, plus de contrat. Les circonstances vous ont dépossédé. Vous vous enfermez dans votre

neurasthénie. Il reste l'appui. Appelez au secours et prenez patience, surtout si vous voilà à l'hôpital ou dans le plâtre !

- **Mercure : 22 ENTREPRISES** – l'accident n'a pas tout détruit. Vous êtes toujours bloqué, enfermé dans vos soucis mais vous avez retrouvé votre lucidité et vous avez encore tous les atouts en mains : outils, connaissances, compétences, intelligence. Sortez de votre coquille. Et si vous êtes à l'hôpital, cela ne va pas durer.
- **Mercure : 23 TRAFIC** – c'était sans doute un accident au sens propre, un accident de la route probablement. Mais il n'était pas mortel. La vie reprend rapidement et les affaires aussi. Il vous faudra juste faire un effort pour sortir de votre déprime et aller demander aide et conseil auprès de vos appuis.
- **Mercure : 24 NOUVELLE** – même si vous êtes à l'hôpital, on vient à vous. Tout le monde sait que vos problèmes ne sont pas de votre fait. Vous recevrez des messages de la part des gens qui peuvent vous aider. Saisissez la perche que l'on vous tend. Surtout répondez vite.

JUPITER avec SATURNE

40 BEAUTÉ — 46 INFORTUNE

Jupiter indique que vous disposez d'un beau capital de chance, que vos affaires sont en plein épanouissement et prometteuses, qu'il s'agisse d'affaires ou d'une œuvre. Il indique aussi que vous pouvez travailler dans le domaine artistique et que vous pouvez compter sur quelqu'un qui vous aime.

Mais le manque d'argent, le manque de capitaux vous freinent. Vous avez l'impression de traverser une mauvaise passe durant laquelle les événements vous sont défavorables. De plus, du fait que vous manquiez d'argent vous avez du mal à mettre votre beauté en valeur. Vous vous trouvez mal habillé ou vous n'avez pu payer les travaux nécessaires pour vous donner un look satisfaisant. Coiffeur, dentiste, maquillage, mode, etc.

Regardons les cartes de Mars pour savoir qu'elle est sa part de responsabilité dans les problèmes occasionnés par Saturne.

Avec Mars : 32 MÉCHANCETÉ

Des gens méchants vous entourent et ont aidé largement à votre problème financier du moment. Avez-vous oublié que la beauté, le charme, ou les dons artistiques, n'étaient pas donnés à tout le monde et n'avez-vous pas manqué d'indulgence ? De sorte qu'aujourd'hui, on ne vous fait pas de cadeau. Voyons comment trouver une solution avec l'atout Mercure.

- **Mercure : 18 CHANGEMENT** – d'abord les circonstances environnantes changent : elles vont vous être favorables. Mais que cela ne vous empêche pas de changer d'attitude. Avoir du talent ou de la beauté ne sert à rien sans amabilité.
- **Mercure : 19 ARGENT** – malgré tout ce qu'on a pu faire pour vous mettre sur la paille, vous allez bénéficier d'une grosse rentrée d'argent. Vous allez pouvoir mettre à nouveau votre beauté en évidence et d'autre part continuer vos créations artistiques. En fait votre manque d'argent ne sera que passager.
- **Mercure : 20 L'INTELLIGENCE** – vous n'avez pas seulement des dons artistiques, de la beauté et du charme, mais de l'intelligence. Utilisez-la pour transformer vos ennemis en amis. Et surtout, cessez d'être désagréable avec ceux qui vous aiment. Ils seront prêts à nouveau à vous aider.

- **Mercure : 21 VOL-PERTE** – on vous a mis sur la paille, c'est peut-être une ex, ou un ex éconduit qui s'est vengé. Sans oublier un certain nombre de gens jaloux. Ce peut être aussi une entreprise qui vous avait fait travailler et qui n'a pas tenu ses engagements. Elle a mis la clef sous la porte et est partie sans vous payer. Vous ne pouvez revenir en arrière, ni récupérer ce que vous avez perdu. Mais vous pourrez redémarrer.
- **Mercure : 22 ENTREPRISES** – vous avez créé une affaire qui fait appel à vos talents artistiques. Elle est théoriquement viable et bien construite. Mais vous avez été victime de vos succès. On vous a jalousé et on vous a exploité. Il vous faut apprendre, dorénavant, à ne pas compter sur votre charme pour qu'on soit honnête avec vous. Occupez vous de votre budget. Cela vous changera.
- **Mercure : 23 TRAFIC** – reprenez courage, les contrats reviennent.
- **Mercure : 24 NOUVELLE** – vous sortez des ennuis ; les bonnes nouvelles affluent de toutes parts. Les propositions arrivent.

Avec Mars : 33 PROCÈS

C'est un procès qui vous a mis sur la paille.
Voyons les atouts Mercure :

- **Mercure : 18 CHANGEMENT** – le résultat n'était pas définitif. Il se produit un revirement en votre faveur. Vous allez gagner votre procès ou faire appel et vous gagnerez en seconde instance.
- **Mercure : 19 ARGENT** – finalement vous l'emportez audelà de toutes vos espérances, après avoir dans un premier temps failli tout perdre.
- **Mercure : 20 L'INTELLIGENCE** – donnez des arguments à votre avocat il vous fera gagner.
- **Mercure : 21 VOL-PERTE** – là, vous perdez un maximum. Il n'y a pas grand-chose à faire, sinon, repartir à zéro.

- **Mercure: 22 ENTREPRISES** – c'est un mauvais moment à passer; vous ne perdez rien d'essentiel, juste une grosse somme pour une affaire.
- **Mercure: 23 TRAFIC** – la perte d'argent ne vous empêche pas de continuer à travailler. Vous allez repartir vers le succès.
- **Mercure: 24 NOUVELLE** – les messages de sympathie affluent. Les propositions aussi. Vous allez vous renflouer.

Avec Mars: 34 DESPOTISME

Vous vous êtes laissé mener par le bout du nez. Cessez de vous laisser influencer. Vous avez été très mal conseillé. Si vous êtes artiste, changez d'agent. De toute façon, débarrassez-vous des gens qui entravent votre liberté.

Voyons Mercure :

- **Mercure: 18 CHANGEMENT** – le changement s'effectue ainsi rapidement et votre destin redevient lumineux.
- **Mercure: 19 ARGENT** – c'est clair: une fois libéré de vos entraves, l'argent coule à flots. Vous aviez tous les atouts en mains.
- **Mercure: 20 L'INTELLIGENCE** – vous êtes plus malin que ceux qui prétendent vous conseiller. N'écoutez que vous-même et tout rentrera dans l'ordre.
- **Mercure: 21 VOL-PERTE** – vous allez avoir du mal à remonter la pente; armez-vous de patience.
- **Mercure: 22 ENTREPRISES** – votre affaire est solide, mais vous êtes ligoté par un ancien contrat qui vous coince. Prenez un avocat et libérez-vous.
- **Mercure: 23 TRAFIC** – vous allez reprendre rapidement votre liberté d'action et vous remettre dans le circuit professionnel.
- **Mercure: 24 NOUVELLE** – un message va vous faire prendre conscience de votre problème et en même temps vous tirer d'affaire.

Avec Mars : 35 ENNEMIS

La beauté, le talent, suscitent toujours des jalousies. Vous vous êtes fait des ennemis. On vous a calomnié, jeté le discrédit sur vous. Mais, peut-être, avez-vous été trop insouciant ? Votre mentalité d'artiste ne porte pas aux économies et à la prudence.

- **Mercure : 18 CHANGEMENT** – tout va aller mieux, en changeant de comportement, vous allez trouver un nouveau souffle.
- **Mercure : 19 ARGENT** – la crise n'aura pas duré longtemps. Votre talent est plus fort que les ennemis qui n'ont plus qu'à s'incliner.
- **Mercure : 20 L'INTELLIGENCE** – sachez maintenant gérer vos affaires et neutraliser vos ennemis par la diplomatie.
- **Mercure : 21 VOL-PERTE** – attention, vous pourriez même perdre les gens qui vous aimaient jusque-là. N'avez-vous pas été égoïste ? Il est encore temps de renverser la vapeur.
- **Mercure : 22 ENTREPRISES** – vous n'êtes pas tout à fait sur la paille. Rien ne vous empêche de repartir vers le succès.
- **Mercure : 23 TRAFIC** – vous allez trouver un travail parallèle qui va vous permettre de voir venir.
- **Mercure : 24 NOUVELLE** – plusieurs nouvelles de l'étranger ; des propositions au niveau artistique.

Avec Mars : 36 POURPARLERS

Il est fortement question de vous faire perdre un contrat ou un travail. L'affaire est en discussion mais rien n'est joué.

Voyons Mercure :

- **Mercure : 18 CHANGEMENT** – ce sera un mal pour un bien. En fait, on va vous proposer quelque chose de mieux.
- **Mercure : 19 ARGENT** – à la dernière minute, un nouvel intervenant fait, au contraire, pencher la balance en votre faveur, ou veut vous prendre sous son aile. Vous allez gagner gros.

- **Mercure : 20 L'INTELLIGENCE** – vous allez pouvoir intervenir à votre tour, et aider à un retournement favorable.
- **Mercure : 21 VOL-PERTE** – vous ne pourrez rien faire. Il vous faudra trouver autre chose.
- **Mercure : 22 ENTREPRISES** – finalement vous allez changer de travail. Une grosse agence artistique va s'occuper de votre carrière.
- **Mercure : 23 TRAFIC** – plus de peur que de mal, ce n'était qu'une chaude alerte.
- **Mercure : 24 NOUVELLE** – on ne parle que de vous. Vous perdez un travail mais en retrouvez un autre à l'étranger. Vous n'aurez que l'embarras du choix.

Avec Mars : 37 FEU

Vous êtes en concurrence avec un adversaire de poids pour un gros projet ou un gros contrat artistique.
Voyons Mercure :

- **Mercure : 18 CHANGEMENT** – l'affaire va se résoudre toute seule, il y aura de la place pour tout le monde.
- **Mercure : 19 ARGENT** – finalement, c'est vous qui l'emportez. Après une période de vaches maigres. Vous voilà riche.
- **Mercure : 20 L'INTELLIGENCE** – vous saurez mieux défendre vos intérêts que votre adversaire. Le contrat que vous allez signer vous sortira de vos problèmes financiers.
- **Mercure : 21 VOL-PERTE** – vous allez perdre, face à l'autre concurrent.
- **Mercure : 22 ENTREPRISES** – vous avez fait vos preuves, c'est vous qu'on choisira. Mais n'oubliez pas votre pressbook.

- **Mercure : 23 TRAFIC** – il y aura place pour deux. Ne vous faites plus de souci.
- **Mercure : 24 NOUVELLE** – même si vous ne décrochez pas le contrat, d'autres propositions arrivent.

Avec Mars : 38 ACCIDENT

Un fâcheux concours de circonstances vous a mis tout à fait sur le flanc. Vous voilà peut-être même à l'hôpital ou, encore, il s'agit de la personne avec qui vous deviez signer un contrat. Votre univers semble s'écrouler.

Voyons Mercure :

- **Mercure : 18 CHANGEMENT** – oui, il vous faut mettre une croix sur vos projets mais, d'autres arrivent. Ils sont fort avantageux.
- **Mercure : 19 ARGENT** – l'affaire ne se fait pas, mais vous recevrez quand même une grosse somme d'argent.
- **Mercure : 20 L'INTELLIGENCE** – il va falloir user de votre sens de la communication pour trouver autre chose. Vous allez y arriver.
- **Mercure : 21 VOL-PERTE** – là, cette fois, il ne reste pas grand-chose. Vous aviez sans doute investi vos propres finances. Elles ne reviendront pas. Il n'y aura pas de dédommagement. Vous n'avez pas su prévoir.
- **Mercure : 22 ENTREPRISES** – tout n'est pas perdu. Vous allez pouvoir repartir, malgré une grosse déception.
- **Mercure : 23 TRAFIC** – cette tuile ne vous a pas fait perdre votre mobilité et votre capacité à rebondir. Après de durs moments, les affaires vont reprendre progressivement, puis, de plus en plus vite.
- **Mercure : 24 NOUVELLE** – alors que vous êtes au fond de votre lit, de bonnes nouvelles arrivent. On attend votre retour à la vie active.

JUPITER avec SATURNE

40 BEAUTÉ 47 STÉRILITÉ

Malgré vos atouts de base, beauté, sens artistique, créativité, Saturne vous fait traverser une période difficile qui vous rend improductif, très isolé, ou, les deux à la fois.

On peut aussi penser que vous êtes allé physiquement vous installer dans un endroit qui ne vous convient pas, où vous n'avez aucune possibilité de contacts intéressants. Si vous travaillez dans un domaine artistique ou créatif, c'est peut-être bien, pour un écrivain, mais nettement, moins bien pour un acteur ou un mannequin. Votre environnement, de plus, est stérile. Rien ne peut stimuler votre créativité. Mais c'est peut-être, tout simplement, une panne d'imagination.

Voyons la cause apportée par Mars :

AVEC MARS : 32 MÉCHANCETÉ

Il semble que vous ayez fait le vide autour de vous. La beauté et le charme ne suffisent pas pour plaire. On vous trouve peut-être trop inaccessible. On pense aussi que vous ne faites pas assez souvent le premier pas.

Voyons Mercure :

- **Mercure : 18 CHANGEMENT** – tout va changer. Vous allez avoir l'idée de partir sous d'autres cieux. Vous y serez reconnu et apprécié.

- **Mercure : 19 ARGENT** – pour le moment, vous ne faites rien et n'avez aucune perspective. Mais l'argent arrive grâce à d'anciens contrats. Cela va vous motiver et vous remettre sur les rails.
- **Mercure : 20 L'INTELLIGENCE** – vous allez profiter de votre inaction forcée en étudiant quelque chose, par exemple une langue étrangère. Au bout d'un moment votre créativité reviendra et vous pourrez décrocher de nouveaux contrats.
- **Mercure : 21 VOL-PERTE** – cette fois c'est la panne sèche. Vous avez besoin de repos.
- **Mercure : 22 ENTREPRISES** – vous avez toujours vos capacités intactes. C'est l'endroit où vous vivez qui vous est néfaste. Déménagez.
- **Mercure : 23 TRAFIC** – vous allez sortir par vos propres moyens de votre splendide isolement. En commençant par une reprise progressive des contacts.
- **Mercure : 24 NOUVELLE** – vous avez de la chance. On vient vous relancer dans votre solitude. Vous allez retrouver tout votre entrain.

Avec Mars : 33 PROCÈS

Vous avez fait des procès à des gens avec qui vous avez travaillé. Ils ne veulent plus entendre parler de vous et ont fait votre publicité. Cela ne vous a pas porté chance.

Voyons ce qui dit Mercure :

- **Mercure : 18 CHANGEMENT** – heureusement la roue tourne. Les rancunes s'éteignent. Vous pouvez aussi aller chercher l'inspiration ailleurs. Cela vous sera profitable, surtout là où il y a du soleil.
- **Mercure : 19 ARGENT** – les procès vous ont isolé, mais vous allez en tirer de très grosses sommes.
- **Mercure : 20 L'INTELLIGENCE** – vous allez profiter de votre solitude et du calme que cela procure pour écrire un chef-d'œuvre.
- **Mercure : 21 VOL-PERTE** – par-dessus le marché vous perdez vos procès. Vous traversez une mauvaise passe.

- **Mercure : 22 ENTREPRISES** – vous avez plusieurs cordes à votre arc. Vous allez retrouver des idées et votre créativité ou créer votre propre affaire.
- **Mercure : 23 TRAFIC** – vous allez sortir de votre isolement et faire de nombreux déplacements pour renouer les contacts.
- **Mercure : 24 NOUVELLE** – tout le monde ne vous a pas laissé choir. Vous allez recevoir de nombreux messages parmi lesquels des offres venant de l'étranger.

Avec Mars : 34 DESPOTISME

Vous traversez une passe très difficile. Vous vous sentez seul, abandonné, sans idées, sans imagination, complètement ligoté, apathique, incapable de trouver une porte de sortie. Peut-être aussi, que certains, parmi vos proches, font ce qu'il faut pour vous empêcher de suivre votre vocation artistique, qu'ils veulent vous garder pour eux tout seuls.
Voyons Mercure :

- **Mercure : 18 CHANGEMENT** – vous allez voir un sursaut, et quitter ces lieux où vous ne pouvez réaliser vos aspirations et qui bloquent votre inspiration.
- **Mercure : 19 ARGENT** – une somme d'argent va tomber du ciel, peut-être un héritage. Il va vous permettre de prendre votre liberté et de suivre votre vocation.
- **Mercure : 20 L'INTELLIGENCE** – vous allez profiter de votre solitude forcée pour étudier quelque chose ou écrire une œuvre.
- **Mercure : 21 VOL-PERTE** – vous vous laissez complètement « vampiriser ». Il y a quelque chose qui ne va pas. Il y a bien quelqu'un qui vous aime. Si vous lui demandiez secours ?
- **Mercure : 22 ENTREPRISES** – vous allez filer sous des cieux meilleurs. En attendant vous préparez le futur avec soin. Vous faites vos plans.
- **Mercure : 23 TRAFIC** – c'est le net qui va vous aider à sortir de là.
- **Mercure : 24 NOUVELLE** – la solution viendra d'elle-même. On se demande ce que vous devenez et l'on se mobilise.

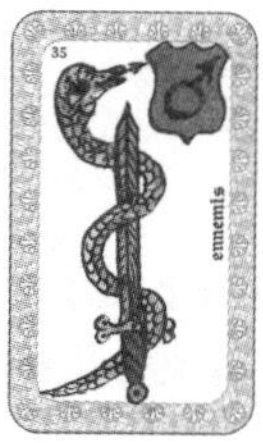

Avec Mars : 35 ENNEMIS

Vous n'avez rien fait pour vous faire des amis et maintenant vous voilà isolé et fâché avec la terre entière. Vous êtes parti bouder dans un coin perdu. Cela n'a pas stimulé votre créativité, au contraire. Voyons la solution avec Mercure :

- **Mercure : 18 CHANGEMENT** – la seule solution est dans le déménagement et le changement de mentalité. Mais l'un entraînera l'autre, vous avez compris la leçon.
- **Mercure : 19 ARGENT** – vous avez de la chance dans votre malheur. Vous héritez d'une grosse somme d'argent. Vous allez tout à coup avoir de nombreux amis.
- **Mercure : 20 L'INTELLIGENCE** – la réflexion dans la solitude, voire la médiation, va vous redonner votre créativité.
- **Mercure : 21 VOL-PERTE** – vous n'avez plus confiance en vous ; vous ne faites aucun effort pour sortir de là ; vous vous laissez emporter par la fatalité.
- **Mercure : 22 ENTREPRISES** – vous avez déjà beaucoup travaillé et songé à déposer vos outils et ne rien faire. Ressaisissez-vous ; vous n'êtes pas encore à la retraite.
- **Mercure : 23 TRAFIC** – quelques échanges avec d'anciennes relations vous ont redonné des idées. Votre cerveau se remet en route.
- **Mercure : 24 NOUVELLE** – le monde entier vous relance. Cela va vous stimuler.

Avec Mars : 36 POURPARLERS

On est en train de discuter de votre sort et vous craignez que l'on rejette vos projets ou votre candidature. Vous pensez déjà à quitter les lieux pour une retraite où vous ruminerez vos soucis. Pourtant votre sort n'est pas encore fixé.

Voyons Mercure :

- **Mercure : 18 CHANGEMENT** – en fait on va vous proposer quelque chose de différent et de très satisfaisant. Vous n'êtes pas encore parti méditer sombrement sur une île déserte.

- **Mercure : 19 ARGENT** – on va vous faire une offre très intéressante financièrement. Vous allez pouvoir vous mettre au travail.
- **Mercure : 20 L'INTELLIGENCE** – vous n'êtes pas en panne d'idées ou d'imagination, mais vous avez intérêt à travailler pour améliorer vos performances.
- **Mercure : 21 VOL-PERTE** – on va choisir quelqu'un d'autre à votre place. Vous aviez raison d'être inquiet.
- **Mercure : 22 ENTREPRISES** – on est en train d'élaborer un gros projet dans lequel vous avez votre rôle à jouer. Prenez patience.
- **Mercure : 23 TRAFIC** – des décisions vont être prises. Elles seront en votre faveur.
- **Mercure : 24 NOUVELLE** – on vous fera plusieurs propositions. Il vous faudra choisir.

Avec Mars : 37 FEU

Vous risquez de vous retrouver au placard car un concurrent pourrait bien prendre la place. Pour le moment vous êtes à égalité.
Voyons Mercure :

- **Mercure : 18 CHANGEMENT** – la situation se débloque rapidement en votre faveur. On peut aussi vous envoyer à l'étranger.
- **Mercure : 19 ARGENT** – pour le moment, vous avez du mal à faire preuve de vos capacités, mais l'arrivée d'une grosse somme d'argent vous redonne confiance en vous.
- **Mercure : 20 L'INTELLIGENCE** – vous réussissez à vous reprendre et retrouvez vos capacités créatrices et toute votre séduction. Vous l'emporterez.
- **Mercure : 21 VOL-PERTE** – c'est vous qui perdez. Votre projet n'aboutit pas.

- **Mercure : 22 ENTREPRISES** – votre projet est le meilleur. Vous emportez le contrat.
- **Mercure : 23 TRAFIC** – la lutte va durer un moment. En tout cas, on n'en voit pas la fin.
- **Mercure : 24 TRAFIC** – des nouvelles de l'étranger vont précipiter le mouvement. Finalement vous aurez le choix. Vous n'avez plus besoin de vous battre.

Avec Mars : 38 ACCIDENT

Suite à des circonstances imprévues, votre projet va être brutalement stoppé. Vous risquez de vous retrouver au chômage ou isolé. Vous ne pourrez plus compter sur certaines personnes.
Voyons Mercure :

- **Mercure : 18 CHANGEMENT** – vous allez avoir une autre idée. Après un passage à vide, vous allez déménager et repartir vers le succès.
- **Mercure : 19 ARGENT** – vous allez être largement dédommagé. Cela vous permettra de voir venir, même si pendant un temps vous allez piétiner.
- **Mercure : 20 L'INTELLIGENCE** – vous allez vous retrouver immobilisé pendant un temps. Vous allez en profiter pour apprendre quelque chose.
- **Mercure : 21 VOL-PERTE** – les problèmes sont brutaux. Préparez-vous à une période de stagnation.
- **Mercure : 22 ENTREPRISES** – tout n'est pas perdu. Le projet va repartir après un moment.
- **Mercure : 23 TRAFIC** – il y a rupture de contrat par la force des choses, mais il y a d'autres espoirs.
- **Mercure : 24 NOUVELLE** – votre affaire fait du bruit. On vient à votre secours, surtout un être aimé. On vous fera plusieurs propositions.

JUPITER avec SATURNE

40 BEAUTÉ 48 FATALITÉ

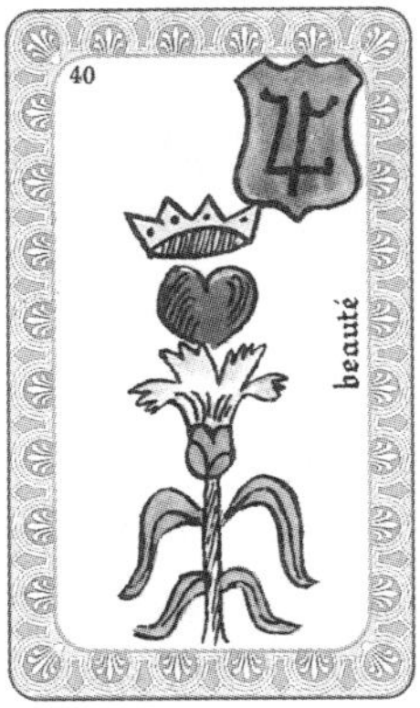

Cette carte indique qu'on arrive au bout d'une œuvre ou d'un contrat, sans doute artistique comme l'indique la carte de Jupiter. Il faudra alors voir si l'on atteindra le résultat escompté. Mais le plus souvent elle indiquera un arrêt avant la fin. Voyons donc les causes de cet arrêt avec Mars.

Avec Mars : 32 MÉCHANCETÉ

L'arrêt vient de la méchanceté. Cette œuvre ou ce projet ne plaît pas à tout le monde. On tente de le faire échouer avant qu'il arrive à son terme normal. Voyons donc Mercure pour voir s'il y a une solution :

- **Mercure : 18 CHANGEMENT** – on arrive à faire changer les mentalités de ceux qui s'opposent au projet. Ou bien on réalise ailleurs.
- **Mercure : 19 ARGENT** – des sponsors ou des mécènes viennent au secours du projet. Ceux qui sont contre en seront pour leurs frais.
- **Mercure : 20 L'INTELLIGENCE** – la réflexion et l'intelligence viennent à bout des obstacles. Le projet sera entièrement accompli.

- **Mercure : 21 VOL-PERTE** – on ne fait pas échouer le projet. On le vole.
- **Mercure : 22 ENTREPRISES** – le projet a des bases solides ; il sera mené à terme.
- **Mercure : 23 TRAFIC** – la vitalité du projet est bien trop vigoureuse pour l'arrêter. Il y aura des obstacles, mais ils seront facilement franchis.
- **Mercure : 24 NOUVELLE** – de nombreuses personnes s'intéressent au projet. Elles contrebalanceront les effets négatifs des opposants.

Avec Mars : 33 PROCÈS

C'est un procès qui s'oppose à la suite de la réalisation du projet. On peut vous accuser de plagiat puisqu'on est dans le domaine littéraire ou artistique. La censure peut s'y opposer ; ou encore vous n'avez pas les autorisations voulues s'il s'agit d'un spectacle. Mais il y a menace ; pas certitude.
Voyons Mercure :

- **Mercure : 18 CHANGEMENT** – soit vous allez ailleurs, soit la menace tombe d'elle-même parce qu'elle n'avait pas lieu d'être.
- **Mercure : 19 ARGENT** – l'argent arrondit les angles. On va en mettre à votre disposition. Vous allez pouvoir régler le problème.
- **Mercure : 20 L'INTELLIGENCE** – vous aller résoudre le litige à l'amiable. Vous irez au bout de votre affaire.
- **Mercure : 21 VOL-PERTE** – votre procès est perdu d'avance. Vous n'avez pas raison. Abandonnez. Ou apportez de grosses modifications.
- **Mercure : 22 ENTREPRISES** – votre projet est parfaitement au point vous n'avez rien laissé au hasard. Il n'y a rien à lui reprocher. S'il y a procès, vous le gagnerez.
- **Mercure : 23 TRAFIC** – il va y avoir de multiples tractations et tout se terminera par un compromis. Vous devrez faire des concessions.
- **Mercure : 24 NOUVELLE** – une nouvelle vient changer la donne. Vous pourrez terminer tranquillement votre projet.

Avec Mars : 34 DESPOTISME

Vous n'arrivez pas à terminer votre projet, car vous êtes bloqué intellectuellement ou psychologiquement. Vous n'avez plus d'inspiration. Ou encore vous n'avez plus d'argent pour mener votre projet à bien. Ou encore la personne avec laquelle vous êtes sous contrat ne vous laisse pas assez de liberté dans votre créativité.
Voyons Mercure :

- **Mercure : 18 CHANGEMENT** – les circonstances tournent en votre faveur. Vous allez pouvoir terminer votre projet à votre façon et en récolter les fruits.
- **Mercure : 19 ARGENT** – vous recevez une nouvelle somme d'argent ce qui vous permet de respirer et de mener à bien votre projet dans le calme et non dans la précipitation.
- **Mercure : 20 L'INTELLIGENCE** – vous allez être capable d'expliquer qu'il faut vous laisser la bride sur le cou. Vous retrouverez votre élan.
- **Mercure : 21 VOL-PERTE** – vous n'êtes pas libre dans votre création ou dans votre interprétation. Vous préférez abandonner.
- **Mercure : 22 ENTREPRISES** – vous êtes sûr de vous et finirez par imposer votre point de vue.
- **Mercure : 23 TRAFIC** – vous finissez par trouver un compromis et arriverez au bout de votre projet. Mais vous êtes modérément satisfait.
- **Mercure : 24 NOUVELLE** – vous recevez des nouvelles encourageantes. D'autres sont prêts à accueillir votre projet. Cela change totalement la donne.

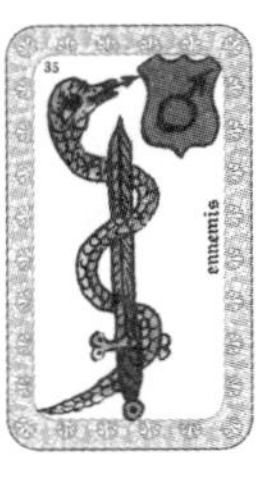

Avec Mars : 35 ENNEMIS

Certains sont hostiles à votre œuvre ou à votre interprétation artistique. Ils font pression pour vous empêcher d'aboutir. Allez-vous les laisser faire indéfiniment?
Voyons Mercure :

- **Mercure : 18 CHANGEMENT** – vous avez deux solutions : soit vous changez de style et cela coupe court à toute critique, soit vous allez présenter ailleurs votre projet.
- **Mercure : 19 ARGENT** – ceux qui défendent votre point de vue vous envoient une grosse somme d'argent. Vous pourrez donc continuer.
- **Mercure : 20 L'INTELLIGENCE** – vous irez vous-même trouver vos ennemis et leur expliquerez votre point de vue. Vous saurez les convaincre.
- **Mercure : 21 VOL-PERTE** – la pression sera trop forte. Vous serez obligé d'abandonner.
- **Mercure : 22 ENTREPRISES** – vous êtes sûr de vous et ne vous laisserez pas faire. On finira par respecter votre façon de faire.
- **Mercure : 23 TRAFIC** – il va falloir vous battre jusqu'au bout. Mais finalement vous aboutirez
- **Mercure : 24 NOUVELLE** – on se dépêche de vous faire savoir que tout va bien.

Avec Mars : 36 POURPARLERS

Vous vous demandez si vous allez continuer ou abandonner votre projet. Pour le moment, si vous travaillez en équipe vous allez prendre la décision après discussion avec vos collaborateurs. Si vous dépendez de plusieurs personnes, vous devez attendre leur décision. Pour le moment ils en discutent.
Voyons Mercure :

- **Mercure : 18 CHANGEMENT** – l'arrivée d'un nouveau personnage entraîne l'adhésion, ceci, malgré un léger remaniement du projet.
- **Mercure : 19 ARGENT** – l'arrivée de nouveaux fonds permet d'envisager la continuation du projet.
- **Mercure : 20 L'INTELLIGENCE** – après mûre réflexion, on considère que le projet est valable. Il continue.
- **Mercure : 21 VOL-PERTE** – on décide d'abandonner. Le résultat est que vous avez perdu et de l'argent et du temps.

- **Mercure : 22 ENTREPRISES** – il s'agit d'un travail d'équipe et assez grandiose. On fait appel à un expert et finalement on continue.
- **Mercure : 23 TRAFIC** – les discussions sont sans fin. Il va falloir être patient mais finalement ça marche.
- **Mercure : 24 NOUVELLE** – de nombreuses personnes viennent apporter leur soutien. Cela va emporter l'adhésion.

Avec Mars : 37 FEU

Pour aboutir, il va falloir vous battre énergiquement. Autant dire que les circonstances sont défavorables. Voyons Mercure :

- **Mercure : 18 CHANGEMENT** – la tendance s'inverse ; les circonstances sont à nouveau très bonnes. Ce n'était qu'une crise passagère.
- **Mercure : 19 ARGENT** – après un bras de fer acharné, on vous fait de nouveau confiance. Vous pouvez continuer.
- **Mercure : 20 L'INTELLIGENCE** – vous aurez l'intelligence suffisante pour convaincre. La situation se détendra. On vous donnera carte blanche.
- **Mercure : 21 VOL-PERTE** – cessez de vous épuiser à défendre votre point de vue. Le combat est perdu d'avance.
- **Mercure : 22 ENTREPRISES** – on finira par comprendre que votre projet tient la route. Mais la lutte aura été chaude.
- **Mercure : 23 TRAFIC** – il vous faudra faire une grande quantité d'allers et retours pour défendre votre projet. Mais finalement, le courant passera.
- **Mercure : 24 NOUVELLE** – au moment où vous ne vous y attendrez plus, les bonnes nouvelles arriveront toutes à la fois : renouvellement du contrat, aide financière.

Avec Mars : 38 ACCIDENT

Entre la faux et la tour brisée, il ne faut pas s'attendre à grand-chose de bon. Le projet ou l'œuvre commencé est brisé net. Ce n'est la faute de personne mais d'un concours de circonstances imprévu. Bref, la fatalité. Y a-t-il une porte de sortie ? Voyons Mercure :

- **Mercure : 18 CHANGEMENT** – la carte indique que vous allez vous tourner vers une autre direction. Changer de lieu, peut-être à l'étranger, pour une autre entreprise, une autre œuvre. Vous en aurez l'opportunité.
- **Mercure : 19 ARGENT** – vous ne recollerez pas les morceaux, mais vous recevrez de gros dédommagements qui vous serviront pour un autre projet.
- **Mercure : 20 L'INTELLIGENCE** – vous vous remettez à de nouvelles études, afin d'avoir un plus pour repartir vers le succès. Apprendre à danser, à chanter ou une langue étrangère par exemple, puisqu'on est dans le domaine artistique.
- **Mercure : 21 VOL-PERTE** – là c'est la catastrophe. Il vous reste juste le temps de récupérer avant de redémarrer. Mais vous avez toujours votre atout beauté et vos talents artistiques.
- **Mercure : 22 ENTREPRISES** – vous aviez dans vos cartons d'autres projets. Vous allez pouvoir vous y mettre.
- **Mercure : 23 TRAFIC** – vous n'êtes pas immobilisé pour autant. Vous allez commencer à prendre contact pour un autre travail ou un autre projet. Normalement vous devriez trouver.
- **Mercure : 24 NOUVELLE** – on a appris la nouvelle et on vous fait d'autres propositions. Vous sortez de cette crise pour un avenir meilleur.

JUPITER avec SATURNE

40 BEAUTÉ 49 LA GRÂCE

La beauté plus la grâce. L'association de ces deux cartes est extrêmement favorable. Vous êtes dans une période de chance. Il faut en profiter. Les cartes de Mars ne pourront pas vraiment infléchir le cours bénéfique de votre destin. Cependant il faudra en tenir compte.

Avec mars : 32 MÉCHANCETÉ

On va s'efforcer de façon sournoise de vous calomnier. Votre réussite suscite de la jalousie. Mais c'est le contraire qui se produit : plus on vous calomnie, plus cela fait ressortir votre réussite, car, en attendant, on parle de vous.

Voyons Mercure :

- **Mercure : 18 CHANGEMENT** – quoiqu'on fasse contre vous, vous entrez dans une période glorieuse de votre vie. Vous laissez derrière vous les anciens soucis.
- **Mercure : 19 ARGENT** – vos finances vont changer radicalement d'échelle. Avant vous gagniez votre vie. Dorénavant vous serez riche, votre beauté ou votre talent créatif va payer.
- **Mercure : 20 L'INTELLIGENCE** – vous saurez habilement combattre les calomnies.

- **Mercure : 21 VOL-PERTE** – attention, vous pouvez toutefois laisser quelques plumes, mais rien de grave. Vous êtes protégé.
- **Mercure : 22 ENTREPRISES** – votre valeur est bien établie. On ne peut rien contre vous.
- **Mercure : 23 TRAFIC** – vous allez voyager beaucoup. Les chiens aboient, la caravane passe. Vous êtes la caravane.
- **Mercure : 24 NOUVELLE** – vous recevez de nombreux messages d'admirateurs. Les jaloux n'en peuvent mais.

Avec Mars : 33 PROCÈS

On vous a causé préjudice : on vous a peut-être volé une idée, un synopsis, un projet. On a peut-être fait passer quelqu'un d'autre injustement à votre place lors d'un concours. N'hésitez pas à faire un procès. Vous en sortirez non seulement gagnant, mais grandi.
Voyons maintenant Mercure :

- **Mercure : 18 CHANGEMENT** – à l'issue de ce procès votre vie changera. Elle prendra un tour beaucoup plus heureux. Vous pourrez aussi changer de lieu.
- **Mercure : 19 ARGENT** – à l'issue de ce procès vous recevrez une très grosse somme d'argent.
- **Mercure : 20 L'INTELLIGENCE** – vous avez préparé vos arguments intelligemment. Vous allez gagner et pourrez entamer des études ou une œuvre.
- **Mercure : 21 VOL-PERTE** – vous serez obligé d'abandonner une partie de vos revendications.
- **Mercure : 22 ENTREPRISES** – votre affaire est en béton. Dès la fin du procès vous pourrez réaliser un grand projet.
- **Mercure : 23 TRAFIC** – vous allez devenir beaucoup plus mobile. Vous allez maintenant énormément voyager.
- **Mercure : 24 NOUVELLE** – votre procès va faire du bruit On vous enverra de partout des propositions.

Avec Mars : 34 DESPOTISME

Vous n'avez pas vraiment été libre dans votre travail. Vous étiez soit lié par un contrat draconien, soit sous l'influence de quelqu'un dont vous n'osiez pas vous libérer. Cependant, cela n'a pas empêché votre talent. Au contraire, cela vous a obligé à de la rigueur. Cependant, le moment est venu de vous libérer. Voyons Mercure :

- **Mercure : 18 CHANGEMENT** – vous allez vous libérer de vos chaînes quelles qu'elles soient, d'autant que vous allez sans doute partir à l'étranger.
- **Mercure : 19 ARGENT** – vous allez recevoir une grosse somme d'argent. Cela va vous permettre de vous libérer car vous étiez tenu par le manque d'argent.
- **Mercure : 20 L'INTELLIGENCE** – vous allez trouver la faille qui vous permet de prendre votre liberté par rapport à un contrat ou une personne.
- **Mercure : 21 VOL-PERTE** – le contrat qui vous liait ou la personne qui vous mettait sous sa dépendance vous volait. Filez en emportant ce qui vous reste. La réussite est au bout du chemin.
- **Mercure : 22 ENTREPRISES** – c'est vous qui avez le talent et la créativité. Vous n'avez plus besoin qu'on vous materne.
- **Mercure : 23 TRAFIC** – les liens se desserrent d'eux-mêmes. Vous allez pouvoir profiter de vos talents sans vous faire exploiter.
- **Mercure : 24 NOUVELLE** – de nombreux messages vont vous donner le moyen de vous libérer de ceux qui se servaient de vous.

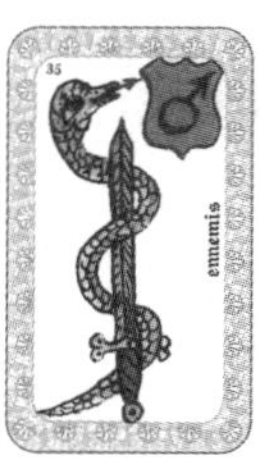

Avec Mars : 35 ENNEMIS

Votre talent, votre chance, suscitent de la jalousie. Certains aimeraient bien prendre votre place ou vous faire tomber de votre piédestal. Ils ne pourront pas faire grand-chose car vous êtes en période de chance.

Voyons toutefois Mercure :

- **Mercure : 18 CHANGEMENT** – le mieux pour couper court à tout serait de partir ailleurs. Vous y êtes d'ailleurs invité. N'hésitez pas.
- **Mercure : 19 ARGENT** – vous allez être riche. Invitez vos ennemis ; faites leur des cadeaux, cela les neutralisera.
- **Mercure : 20 L'INTELLIGENCE** – personne ne peut vous nuire, vos ennemis ne sont pas très malins.
- **Mercure : 21 VOL-PERTE** – retournez leurs arguments contre vos ennemis. Ils se tairont.
- **Mercure : 22 ENTREPRISES** – votre travail est solide, parfait, bien construit. Votre talent votre beauté ne sont pas usurpés. On ne peut rien faire contre vous.
- **Mercure : 23 TRAFIC** – les rumeurs sur vous circulent faites en autant.
- **Mercure : 24 NOUVELLE** – vous recevez de très bonnes nouvelles : vos ennemis sont neutralisés.

Avec Mars : 36 POURPARLERS

On est en grande discussion à votre sujet. Il n'en résultera que du bon. Si vous attendez un contrat, le résultat d'un concours ou la réalisation d'un projet qui vous tient à cœur, ne vous faites pas de souci. L'arrivée d'un nouvel élément va changer la donne en votre faveur. Voyons cependant Mercure :

- **Mercure : 18 CHANGEMENT** – le résultat de tout ceci est un changement important dans votre vie. À partir de là tout s'enchaînera en positif.
- **Mercure : 19 ARGENT** – c'est sur le plan financier que l'amélioration sera la plus nette. À partir de là vous n'aurez plus vraiment de souci. Votre cote s'est nettement améliorée.
- **Mercure : 20 L'INTELLIGENCE** – vous allez recevoir un contrat intéressant ; vous allez pouvoir réaliser votre projet d'écriture ou d'étude.
- **Mercure : 21 VOL-PERTE** – c'est vous qui emportez l'affaire. N'ayez pas de scrupules. Il fallait bien un premier.
- **Mercure : 22 ENTREPRISES** – on va vous donner tous les moyens de réaliser votre grand projet.

- **Mercure : 23 TRAFIC** – il va y avoir de longues tractations, mais le résultat sera excellent en ce qui vous concerne.
- **Mercure : 24 NOUVELLE** – vous n'avez pas longtemps à attendre. On va se précipiter de partout pour vous annoncer la bonne nouvelle.

Avec Mars : 37 FEU

Vous avez un concurrent qui semble au premier abord être de votre niveau. Mais c'est vous qui l'emporterez et en sortirez avec éclat.
Mais voyons Mercure :

- **Mercure : 18 CHANGEMENT** – à partir de là, vous n'aurez plus de concurrent direct. Vous serez seul à régner dans votre domaine au moins pour un temps.
- **Mercure : 19 ARGENT** – à l'issue de cette victoire, on va vous faire un pont d'or.
- **Mercure : 20 L'INTELLIGENCE** – c'est votre supériorité intellectuelle qui va faire la différence.
- **Mercure : 21 VOL-PERTE** – vous emportez la victoire avec satisfaction. Votre pauvre adversaire est anéanti.
- **Mercure : 22 ENTREPRISES** – vous allez enfin pouvoir travailler dans les meilleures conditions possibles et réaliser vos grands projets.
- **Mercure : 23 TRAFIC** – grâce à cette victoire vous ressentirez un grand sentiment de liberté. Vous allez pouvoir voyager, bouger.
- **Mercure : 24 NOUVELLE** – votre victoire fait du bruit c'est la notoriété.

Avec Mars : 38 ACCIDENT

C'est un concours accidentel de circonstances qui vous apporte la chance. Le malheur des uns faisant le bonheur des autres. Un concurrent, par exemple, obligé de laisser la place. Un projet adverse qui ne peut plus s'opposer au vôtre.
Voyons Mercure :

- **Mercure : 18 CHANGEMENT** – la route est libre vous filez vers le succès et rien ne pourra vous arrêter.
- **Mercure : 19 ARGENT** – vous emportez donc la mise et l'argent avec.
- **Mercure : 20 L'INTELLIGENCE** – vous profitez avec adresse de la place laissée libre.
- **Mercure : 21 VOL-PERTE** – vous l'emportez mais vous avez le sentiment d'avoir profité du malheur des autres. Pensez que cela aurait pu être le contraire. Alors n'ayez aucun sentiment de scrupule.
- **Mercure : 22 ENTREPRISES** – vous allez pouvoir réaliser votre projet sur la place devenue libre. Le moment est particulièrement propice.
- **Mercure : 23 TRAFIC** – du coup, tous les obstacles se sont volatilisés. Vous pouvez aller de l'avant plus rien ne vous freine.
- **Mercure : 24 NOUVELLE** – à partir de là tout le monde pense à vous. Les propositions affluent. Vous êtes le seul en lice.

JUPITER avec SATURNE
40 BEAUTÉ 50 RUINE

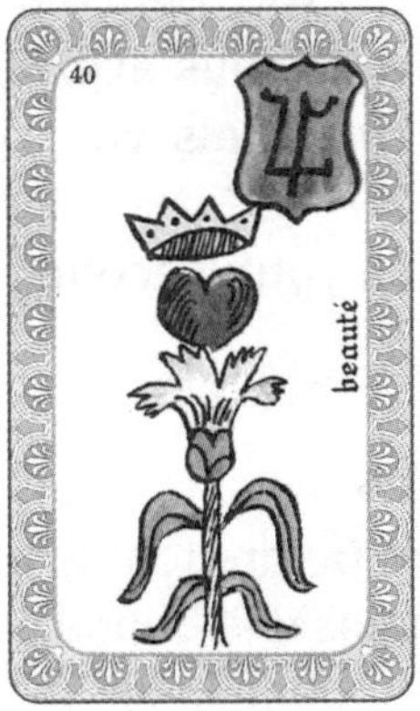

Vous avez la beauté et le talent au niveau artistique. Mais il y a de la catastrophe dans l'air. Un rêve va peut-être se briser si vous n'y prenez pas garde. Il va falloir regarder Mars pour voir d'où vient le danger et Mercure pour voir s'il y a une solution et s'il n'est pas trop tard.

Avec Mars : 32 MÉCHANCETÉ

Les ennemis ce n'est pas la fatalité. Vous y êtes peut-être pour quelque chose. On vous jalouse peut-être, mais votre attitude a-t-elle été la bonne ? Voyons donc si on peut encore changer le destin qui menace. Regardons Mercure :

- **Mercure : 18 CHANGEMENT** – c'est une carte de chance, elle indique des jours meilleurs. Vous pouvez donc corriger le tir. Les tentatives de vos ennemis seront vaines.
- **Mercure : 19 ARGENT** – un financier du projet a retiré son aide mais un autre arrive, vous n'avez donc aucun souci à vous faire.
- **Mercure : 20 L'INTELLIGENCE** – vous pouvez convaincre les gens qui vous font crédit. Vous aurez votre contrat ; vous pourrez mener à bien la réalisation de votre projet.
- **Mercure : 21 VOL-PERTE** – là, votre projet s'écroule. Vous n'avez sans doute pas fait ce qu'il fallait.
- **Mercure : 22 ENTREPRISES** – une partie de votre projet est à recommencer mais il reste la base. Ce n'est pas grave. Vous ne devrez faire que quelques remaniements.
- **Mercure : 23 TRAFIC** – il y a eu un accroc, peut-être avez-vous perdu une partie de votre travail : vous avez égaré la disquette, votre disque dur est fichu, mais vous pouvez repartir.
- **Mercure : 24 NOUVELLE** – on vient à votre secours. Pas de panique le projet reprend.

Avec Mars : 33 PROCÈS

Un procès risque de vous faire perdre tout le bénéfice de votre travail, ou, tout au moins une bonne partie. Si le procès était votre idée, abandonnez-le. S'il est engagé par quelqu'un, voyez ce que vous pouvez faire. Voyons ce que dit Mercure :

- **Mercure : 18 CHANGEMENT** – un changement de dernière minute fait que la menace du procès s'éloigne. Vous pouvez reprendre la route vers le succès.

- **Mercure : 19 ARGENT** – Un projet s'écroule mais vous serez dédommagé. Finalement vous êtes gagnant.
- **Mercure : 20 L'INTELLIGENCE** – vous saurez négocier. Vous arriverez à un compromis très satisfaisant.
- **Mercure : 21 VOL-PERTE** – dépêchez-vous de faire les concessions que l'on vous demande, sinon, vous perdrez tout.
- **Mercure : 22 ENTREPRISES** – on ne peut rien contre vous. Votre projet est en béton et vos contrats aussi.
- **Mercure : 23 TRAFIC** – des négociations interminables aboutiront à une solution satisfaisante. En fait, c'est ce que souhaitaient vos ennemis.
- **Mercure : 24 NOUVELLE** – de nouveaux éléments interviennent en votre faveur et ceci, de façon inattendue.

Avec Mars : 34 DESPOTISME

Quand vous avez démarré, vous vous êtes laissé attacher par un contrat léonin, de sorte qu'à chaque fois que vous gagnez de l'argent, on vous en prend la plus grosse part. Il s'agit peut-être d'un agent artistique ou d'un éditeur. Mais il s'agit peut-être aussi d'un proche qui profite de votre générosité. Il va falloir vous libérer, si vous ne voulez pas éternellement engraisser cette personne. Voyons donc Mercure :

- **Mercure : 18 CHANGEMENT** – les circonstances changent, la loi évolue et vous aussi. Vous allez pouvoir cesser de perdre le fruit de votre travail.
- **Mercure : 19 ARGENT** – moyennant une somme d'argent pour solde de tout compte, vous reprenez votre liberté. Vous allez enfin pouvoir toucher vos dividendes.
- **Mercure : 20 L'INTELLIGENCE** – vous allez pouvoir calmement expliquer que vous ne souhaitez plus être la vache à lait. Il n'y aura même pas besoin de faire un procès.
- **Mercure : 21 VOL-PERTE** – pour vous débarrasser de celui ou celle qui vous gruge, il va falloir ouvrir votre bourse.
- **Mercure : 22 ENTREPRISES** – le talent, le savoir-faire, c'est vous qui les possédez. Vous en avez enfin pris conscience. Vous pouvez menacer. On vous laissera partir.

- **Mercure : 23 TRAFIC** – après d'interminables tractations vous pourrez reprendre votre liberté.
- **Mercure : 24 NOUVELLE** – vous apprenez que votre contrat n'est pas valable ou qu'un proche se moque de vous. Vous vous libérez d'un seul coup.

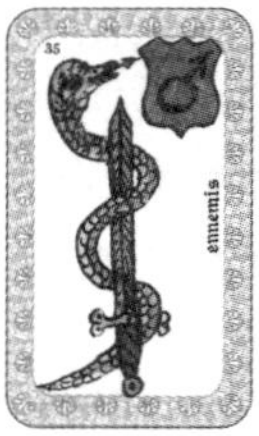

Avec Mars : 35 ENNEMIS

Des personnes mal intentionnées s'acharnent à casser votre image. Si vous êtes dans le spectacle, on fait courir les bruits sur votre physique ou sur votre talent. Si vous êtes un créateur on émet de violentes critiques. Il faut réagir. Voyez la solution apportée par Mercure :

- **Mercure : 18 CHANGEMENT** – les circonstances jouent en votre faveur ; votre image ressort plus brillante encore.
- **Mercure : 19 ARGENT** – on vous a calomnié. Vous pouvez attaquer. Vous serez dédommagé.
- **Mercure : 20 L'INTELLIGENCE** – vous saurez quoi répondre. On sortira même peut-être un livre sur vous. Vos ennemis seront réduits au silence.
- **Mercure : 21 VOL-PERTE** – vous n'avez pas réagi assez vite. Votre image ou votre notoriété en a pris un coup. On vous a volé la vedette.
- **Mercure : 22 ENTREPRISES** – vous redonnez du lustre à votre image, il va falloir faire une démonstration de votre talent.
- **Mercure : 23 TRAFIC** – vous devez rendre la pareille : rendez le double de ce que l'on vous a fait.
- **Mercure : 24 NOUVELLE** – de nombreux témoignages arrivent de loin en votre faveur. Ce n'aura été qu'un problème passager.

Avec Mars : 36 POURPARLERS

On n'en est qu'aux pourparlers. Mais, il y bien menace : arrêt brutal dans l'exécution d'une œuvre ou d'un spectacle, perte d'un contrat, écroulement d'un projet. Ou encore atteinte à l'image. Voyons donc ce que dit Mercure :

- **Mercure : 18 CHANGEMENT** – il y a bien éclipse, arrêt, le temps des discussions, mais ensuite reprise rapide.
- **Mercure : 19 ARGENT** – s'il y a arrêt, il y aura un très gros dédommagement. Mais, en fait, il semble plutôt qu'un apport financier permette de décider la poursuite du projet.
- **Mercure : 20 L'INTELLIGENCE** – c'est la raison qui l'emporte. On continue et on rétablit l'image.
- **Mercure : 21 VOL-PERTE** – on décide que le projet ne sera pas rentable. C'est l'arrêt brutal. Il n'y aura pas de dédommagement.
- **Mercure : 22 ENTREPRISES** – on décide de repartir car les bases sont solides, et ceci malgré les problèmes.
- **Mercure : 23 TRAFIC** – on décide de faire un maximum de publicité pour que le projet soit un succès. Il redémarre.
- **Mercure : 24 NOUVELLE** – les nouvelles sont bonnes. On peut reprendre le projet.

Avec Mars : 37 FEU

C'est la concurrence qui menace de faire échouer le projet. Il n'y a en principe, pas de place pour deux œuvres ou deux stars semblables sur le marché. Voyons donc Mercure :

- **Mercure : 18 CHANGEMENT** – le concurrent s'en va ; la place est à nouveau libre.
- **Mercure : 19 ARGENT** – on dédommage la concurrence qui abandonne. L'affaire redevient à nouveau rentable.
- **Mercure : 20 L'INTELLIGENCE** – votre projet, votre image sont plus dans le vent, plus adaptés au moment. C'est donc votre projet ou vous-même que les hommes de marketing choisissent.
- **Mercure : 21 VOL-PERTE** – ce n'est pas vous ou votre œuvre que l'on choisit. Vous vous sentez floué. Un rêve s'écroule.
- **Mercure : 22 ENTREPRISES** – c'est vous ou votre œuvre que l'on prend : vous tenez d'avantage la route que votre adversaire.

- **Mercure : 23 TRAFIC** – pour une fois on donne suite aux projets des deux concurrents. Cela vous fait un peu d'ombre mais ce n'est pas grave.
- **Mercure : 24 NOUVELLE** – on vous fait d'autres offres. Du coup c'est vous que l'on prend. Vous avez désormais le choix.

Avec Mars : 38 ACCIDENT

Vous traversez un passage difficile qui n'est pas de votre fait. Un malheureux concours de circonstances risque fort de mettre fin à votre image physique, votre œuvre ou votre projet auquel vous avez déjà beaucoup travaillé.
Voyons la solution apportée par Mercure :

- **Mercure : 18 CHANGEMENT** – après un arrêt brutal, une éclipse, vous trouvez un autre rôle ou quelqu'un d'autre pour faire vivre votre projet.
- **Mercure : 19 ARGENT** – le projet est arrêté, mais vous recevrez de grosses indemnités.
- **Mercure : 20 L'INTELLIGENCE** – vous ne pouvez éviter l'arrêt du projet, mais, durant toute cette période noire, vous aurez l'occasion d'apprendre quelque chose qui vous servira ou alors d'écrire un nouvel ouvrage.
- **Mercure : 21 VOL-PERTE** – le projet est définitivement arrêté. Vous ne serez pas indemnisé.
- **Mercure : 22 ENTREPRISES** – le projet est abandonné, mais il vous reste la possibilité de repartir avec les mêmes bases sur un projet nouveau.
- **Mercure : 23 TRAFIC** – l'arrêt définitif du projet n'entrave pas votre réussite. Vous avez d'autres idées et on s'intéresse à vous.
- **Mercure : 24 NOUVELLE** – l'affaire fait du bruit, on vous appelle de partout. Vous pourrez réussir ailleurs.

JUPITER avec SATURNE
40 BEAUTÉ 51 RETARD

Il s'agit d'un retard et non d'une catastrophe. Il faut savoir à quoi est dû ce retard et s'il faut vraiment s'en inquiéter. Si oui, quoi faire. Voyons donc la cause de ce retard avec Mars :

Avec Mars : 32 MÉCHANCETÉ

Certaines personnes éprouvent un besoin maladif de mettre des bâtons dans les roues des gens qui réussissent. S'ils sont bien placés pour le faire, ils mettent les dossiers sous la pile ou les égarent.
Voyons Mercure :

- **Avec Mercure : 18 CHANGEMENT** – ces petites manœuvres n'ont pas eu véritablement d'effet. Le dossier reprend sa place. La personne qui prend les décisions vous retrouve sur son agenda. Le retard sera bref.
- **Mercure : 19 ARGENT** – finalement le retard vous aura été profitable. Vous serez mieux rémunéré et on vous fera des excuses.
- **Mercure : 20 L'INTELLIGENCE** – la bêtise de celui qui vous a causé du tort sera sanctionnée.
- **Mercure : 21 VOL-PERTE** – finalement, votre dossier risque fort d'être définitivement perdu. Vous devriez aller voir ce qui se passe, envoyer un double de votre candidature ou de votre œuvre.

- **Mercure : 22 ENTREPRISES** – votre candidature n'est pas de celles qu'on oublie, pas plus que votre projet. On va le retrouver.
- **Mercure : 23 TRAFIC** – le dossier de votre candidature ou votre projet remonte sur le haut de la pile. Le retard ne sera pas long.
- **Mercure : 24 NOUVELLE** – certaines personnes qui s'intéressent à votre projet relancent l'affaire. Vous sortez de l'ornière.

Avec Mars : 33 PROCÈS

Le retard dans la réalisation de vos projets est dû à un procès ou une menace de procès. Soit quelqu'un avait déjà été pressenti à votre place et avait déjà son contrat, soit votre projet n'a pas de bases légales, soit on vous accuse de rupture de contrat pour une affaire ancienne.
Voyons Mercure :

- **Mercure : 18 CHANGEMENT** – vous allez rapidement sortir de l'ornière. Les accusations sont tombées à l'eau les unes après les autres.
- **Mercure : 19 ARGENT** – le procès se termine en votre faveur. Vous recevrez de grosses indemnités pour le préjudice qu'on vous a causé.
- **Mercure : 20 L'INTELLIGENCE** – vous allez vous occuper vous-même de cette affaire. Il n'y aura plus besoin de procès. Vous avez su démontrer que vous étiez dans votre droit.
- **Mercure : 21 VOL-PERTE** – vous perdez votre procès et le retard se termine en arrêt sans suite.
- **Mercure : 22 ENTREPRISES** – vous êtes inattaquable, on finit par s'en rendre compte. Tout se remet en route.
- **Mercure : 23 TRAFIC** – après maintes allées et venues et maintes discussions, on laisse tomber l'idée du procès.
- **Mercure : 24 NOUVELLE** – les avocats ont découvert de nouveaux éléments en votre faveur. Vous gagnez rapidement votre procès.

Avec Mars : 34 DESPOTISME

Vous voilà doublement bloqué dans votre route vers le succès. Ce blocage peut venir de circonstances extérieures : d'un contrat draconien, d'une personne qui vous maintient sous sa dépendance, d'un blocage psychologique qui vous est propre. Voyons Mercure :

- **Mercure : 18 CHANGEMENT** – un voyage va vous faire prendre conscience de votre dépendance. Vous allez profiter aussi de nouvelles circonstances pour prendre le large.
- **Mercure : 19 ARGENT** – un héritage inattendu ou le règlement d'un arriéré va vous permettre de vous libérer de toute dépendance financière. Vous repartez alors vers de nouveaux horizons.
- **Mercure : 20 L'INTELLIGENCE** – votre blocage était surtout psychologique. Vous en prenez enfin conscience ; vous vous libérez de toute tutelle qui bridait votre réussite.
- **Mercure : 21 VOL-PERTE** – vous n'arrivez pas à vous libérer ; vous êtes complètement sous influence. Vos beaux projets sont reportés aux calendes.
- **Mercure : 22 ENTREPRISES** – vous commencez à vous libérer. Cela va prendre du temps, mais vous avez posé les bases de votre liberté.
- **Mercure : 23 TRAFIC** – vous commencez à vous remuer, à prendre conseil. Encore un effort et vous serez libre. Les projets pourront repartir.
- **Mercure : 24 NOUVELLE** – une nouvelle arrive. Elle va vous donner la solution.

Avec Mars : 35 ENNEMIS

Vous vous êtes fait des ennemis. Votre succès et votre talent font de l'ombre à certains. On tente d'entraver votre marche vers le succès. Mais ce n'est qu'un retard. Toutefois le retard pourrait s'éterniser. Veillez au grain. Voyez Mercure :

- **Mercure : 18 CHANGEMENT** – ce n'était qu'un petit retard. Votre talent est au top. Vous repartez vers la réussite.

- **Mercure : 19 ARGENT** – votre image est toujours à son sommet. On est confus du retard ; on vous dédommage.
- **Mercure : 20 L'INTELLIGENCE** – vous êtes plus malin que vos ennemis. Vous pouvez les confondre et faire repartir le projet.
- **Mercure : 21 VOL-PERTE** – ne vous endormez pas sur vos lauriers. Le retard est en train de se transformer en refus.
- **Mercure : 22 ENTREPRISES** – votre image est bien trop solide. Montrez que vous vous impatientez, le retard cessera.
- **Mercure : 23 TRAFIC** – le retard n'était qu'apparent. Il fallait terminer de mettre un certain nombre de choses au point.
- **Mercure : 24 NOUVELLE** – des messages d'impatience venus de l'étranger font accélérer le mouvement.

Avec Mars : 36 POURPARLERS

D'une façon générale, ce sont les discussions qui traînent. Il n'y a pas lieu de s'inquiéter, mais cela peut quand même vous porter préjudice. On ne sait jamais, il faut tout même rester vigilant. Voyons Mercure :

- **Mercure : 18 CHANGEMENT** – il y avait des choses pas claires. Mais maintenant tout est net.
- **Mercure : 19 ARGENT** – le problème était surtout d'ordre financier. Il est résolu. Tout le monde s'est mis d'accord à votre avantage. Cela valait le coup d'attendre.
- **Mercure : 20 L'INTELLIGENCE** – vous allez être capable d'apporter des arguments pour faire accélérer votre projet.
- **Mercure : 21 VOL-PERTE** – en fait, un nouveau venu veut s'approprier votre projet. Danger.
- **Mercure : 22 ENTREPRISES** – on finit par conclure que le projet est fiable. Mais il faut apporter quelques modifications au plan d'ensemble.
- **Mercure : 23 TRAFIC** – les discussions s'éternisent, car les interlocuteurs veulent chacun faire adopter leur point de vue. On arrive enfin à un compromis.
- **Mercure : 24 NOUVELLE** – des messages qui viennent de plus haut terminent la discussion. Votre projet est pleinement accepté.

Avec Mars : 37 FEU

Au dernier moment, un concurrent ou une œuvre concurrente se présente. Ou encore, un nouveau directeur de marketing s'oppose au projet qui semblait pourtant en bonne voie. Votre marge de manœuvre sera réduite, mais d'une façon générale il ne s'agit que d'un simple retard. Voyons quand même Mercure.

- **Mercure : 18 CHANGEMENT** – après une période confuse tout rentre enfin dans l'ordre.
- **Mercure : 19 ARGENT** – c'est votre projet ou votre personne qui semble la plus rentable. On vous envoie le contrat avec un gros chèque.
- **Mercure : 20 L'INTELLIGENCE** – la raison reprend le dessus ; les esprits se calment tout rentre dans l'ordre rapidement.
- **Mercure : 21 VOL-PERTE** – vous aviez raison de vous inquiéter. Ceux qui étaient pour votre projet ne peuvent l'imposer malgré leurs efforts très louables.
- **Mercure : 22 ENTREPRISES** – vous pouvez vous remettre au travail. Mais il sera plus long, car, entre-temps, on aura vu plus grand et on vous demandera d'avantage d'efforts que prévu. Il faudra remettre l'ouvrage sur le métier.
- **Mercure : 23 TRAFIC** – après la lutte au couteau, ce sont des tractations sans fin. Finalement les deux projets ou les deux concurrents sont pris.
- **Mercure : 24 NOUVELLE** – on vous fait d'autres propositions, alors ne vous en faites pas.

Avec Mars : 38 ACCIDENT

Ce n'est pas un simple retard. Il y a eu un concours de circonstances imprévu, une tuile financière ou matérielle, peut-être même un accident corporel. Cet événement marque un coup d'arrêt au projet. Voyons Mercure :

- **Mercure : 18 CHANGEMENT** – il va falloir tout restructurer : cela prendra un certain temps mais en définitive ce sera un mal pour un bien. La nouvelle équipe qui prendra en charge votre projet sera performante.

- **Mercure : 19 ARGENT** – après la crise, des financiers remettront de l'argent dans l'affaire. Votre projet sera retenu.
- **Mercure : 20 L'INTELLIGENCE** – vous saurez attendre. Vous savez que votre œuvre est bonne mais l'attente sera un peu longue. Elle vous laissera le temps d'en entreprendre une nouvelle, qu'il s'agisse d'un livre ou d'un scénario.
- **Mercure : 21 VOL-PERTE** – votre projet ne peut aboutir avec les personnes avec lesquelles vous étiez en pourparlers. Elles sont incapables d'y donner suite. Elles sont en faillite.
- **Mercure : 22 ENTREPRISES** – ceux qui devaient prendre votre projet sont en restructuration. L'attente sera longue. Mais pas plus longue que pour trouver un autre preneur.
- **Mercure : 23 TRAFIC** – malgré les apparences, les gens avec qui vous deviez signer un contrat n'ont pas baissé les bras. Ils sont en pleine réorganisation.
- **Mercure : 24 NOUVELLE** – vous avez parlé de vos malheurs ; ils ont fait le tour de la planète. Vous avez eu raison, les offres de remplacement affluent.

JUPITER avec SATURNE
40 BEAUTÉ — 52 CLOÎTRE

Le cloître qui symbolise l'enfermement, le travail dans les lieux secrets ou clos n'est pas très favorable à la vie d'artiste indiquée par Jupiter : Beauté.

La Beauté implique la scène, le contraire de l'enfermement. À moins qu'on ait à faire à un spécialiste de la décoration des lieux secrets ou clos. La carte pose un problème pour la réussite du sujet. Un artiste a aussi bien sûr le droit de faire une retraite dans un but spirituel. Enfin, certains écrivains ont besoin de la solitude pour l'écriture d'un roman.

Voyons Mars et Mercure qui nous indiqueront le fin mot de l'histoire.

Avec Mars : 32 MÉCHANCETÉ

La dureté du monde moderne peut vous pousser, si vous êtes un artiste sensible, à faire une retraite, le temps de vous ressourcer par l'exercice de la méditation. Un environnement familial hostile, si vous êtes écrivain, peut aussi vous pousser à aller terminer votre œuvre à l'abri des regards. Ou encore pour un acteur, le couteau de mars peut indiquer une opération de chirurgie esthétique qui se fait en secret dans une clinique privée.
Voyons maintenant Mercure :

- **Mercure : 18 CHANGEMENT** – le visage se voile et se dévoile pour un avenir plus radieux. Une retraite est bénéfique de toute façon, quel qu'en soit le but.
- **Mercure : 19 ARGENT** – le confinement dans un lieu clos a pour raison un travail qui va rapporter beaucoup d'argent. Il peut s'agir du tournage d'un film dans un lieu comme un couvent ou une prison.
- **Mercure : 20 L'INTELLIGENCE** – vous vous êtes enfermé pour terminer une œuvre importante qui demande à ne pas être distrait ou agressé par l'extérieur.
- **Mercure : 21 VOL-PERTE** – pendant que vous vous repliez sur vous-même parce que vous vous sentiez persécuté, on vous prend votre place.
- **Mercure : 22 ENTREPRISES** – vous avez eu besoin de faire le point, sans être dérangé, avant de poser les bases d'un nouveau projet.

- **Mercure : 23 TRAFIC** – vous avez choisi de vous replier dans un endroit dans lequel vous ne serez pas dérangé et où on ne vous verra pas. Néanmoins, vous communiquez avec le net en attendant de sortir.
- **Mercure : 24 NOUVELLE** – après une période de repli morose, l'arrivée de bonnes nouvelles vous sort de votre tanière.

Avec Mars : 33 PROCÈS

Un procès est dans l'air. On vous accuse de plagiat ou de rupture de contrat et vous voyez déjà de gros dégâts se profiler à l'horizon. Ou encore, ce procès n'a rien à voir avec votre profession mais vous sape le moral, de sorte que vous vous repliez sur vous-même. Vous ne risquez pas vraiment la prison car vous êtes un artiste dans l'âme et non un trafiquant. À moins d'avoir rapporté de la drogue dans vos bagages au retour d'un voyage en Extrême-Orient.
Voyons Mercure :

- **Mercure : 18 CHANGEMENT** – après une période durant laquelle vous ne voyiez plus personne, vous décidez de changer d'air et de voir toutes ces histoires de loin. Tout s'arrange.
- **Mercure : 19 ARGENT** – on vous a attaqué injustement. Vous êtes parti méditer dans un couvent. On va vous indemniser largement de toutes les fausses accusations qui vous ont porté préjudice
- **Mercure : 20 L'INTELLIGENCE** – on vous fait un procès d'intention. Vous partez dans un endroit que personne ne connaît écrire votre chef-d'œuvre.
- **Mercure : 21 VOL-PERTE** – pendant que vous êtes allé vous cloîtrer à la suite d'un procès de divorce, on en profite pour vous prendre vote place.
- **Mercure : 22 ENTREPRISES** – vous avez une grosse affaire de création artistique, on vous menace mais vous êtes solide on ne peut rien contre vous.

- **Mercure : 23 TRAFIC** – pour fuir les paparazzi au courant de votre procès en divorce, vous êtes allé vous enfermer dans un lieu inconnu. Pendant ce temps-là, vous négociez sur le net votre prochain contrat.
- **Mercure : 24 NOUVELLE** – de bonnes nouvelles arrivent à vous joindre. Vous pouvez sortir de votre trou.

Avec Mars : 34 DESPOTISME

Mars indique surtout un enfermement moral. Un contrat léonin qui vous lie à un proche, et qui exerce sur vos projets une emprise possessive, que les raisons en soient justifiées ou non.
Voyons donc Mercure :

- **Mercure : 18 CHANGEMENT** – vous avez mûri ; vous avez pris conscience de votre dépendance et vous prenez votre liberté.
- **Mercure : 19 ARGENT** – vous allez faire un héritage ou recevoir un somme d'argent. Vous allez pouvoir vous dégager de la dépendance financière dans laquelle vous étiez tenu.
- **Mercure : 20 L'INTELLIGENCE** – la liberté commence par celle du mental. Vous prenez conseil d'un avocat et vous vous libérez d'un contrat illégal.
- **Mercure : 21 VOL-PERTE** – vous êtes totalement sous influence. Vous ne vous en rendez même pas compte. Si l'on ne vient pas vous sortir de là par la force, vous resterez enfermé.
- **Mercure : 22 ENTREPRISES** – vous avez entrepris de vous libérer des liens injustes qui vous emprisonnaient. Vous y arriverez avec l'aide d'un avocat.
- **Mercure : 23 TRAFIC** – vous avez de nombreux amis. Tous sont en train de communiquer et de s'informer pour vous sortir de là.
- **Mercure : 24 NOUVELLE** – on vous écrit de partout pour voler à votre secours. Il vous suffit de répondre.

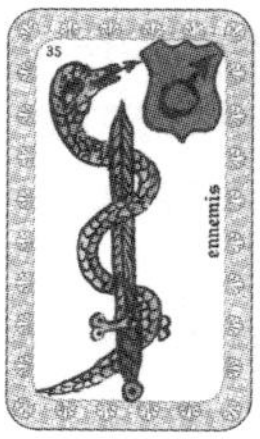

Avec Mars : 35 ENNEMIS

Vous qui ne vivez que pour l'amour, la beauté et l'art, vous ne vous sentez plus aimé. Vous êtes complètement désespéré. Vous souhaitez vous enfermer loin de tout, loin des autres. Vous traversez une période de déprime. Voyons Mercure :

- **Mercure : 18 CHANGEMENT** – votre bonne humeur revient comme par enchantement. Les affaires reprennent.
- **Mercure : 19 ARGENT** – vous allez recevoir une grosse somme d'argent : des droits d'auteurs, des cachets arriérés. Vous allez, du coup, reprendre goût à la vie
- **Mercure : 20 L'INTELLIGENCE** – après un moment de réflexion, vous comprenez que s'enfermer ne sert à rien. Vous vous mettez du coup à apprendre une langue étrangère, à vous intéresser à l'informatique ou à écrire un roman.
- **Mercure : 21 VOL-PERTE** – pendant que vous ruminez de sombres pensées, que vous rongez votre frein, on vous pique la vedette.
- **Mercure : 22 ENTREPRISES** – finalement votre petite crise d'enfermement sur vous-même vous a permis de faire le point. Vous déposez un projet.
- **Mercure : 23 TRAFIC** – votre enfermement n'était qu'une manifestation extérieure. En fait vous n'avez pas cessé de communiquer.
- **Mercure : 24 NOUVELLE** – de nombreux amis et admirateurs(trices) vous envoient des messages. Du coup, vous reprenez goût à la vie.

Avec Mars : 36 POURPARLERS

Vous êtes en pourparlers pour tourner un film, écrire une histoire, travailler. Cela se passe dans un couvent, une prison ou un endroit secret. Voyons Mercure :

- **Mercure : 18 CHANGEMENT** – l'affaire va se conclure. Ce sera pour vous, l'aube d'une nouvelle carrière.

- **Mercure : 19 ARGENT** – l'affaire va se réaliser et rapporter beaucoup d'argent. En fait, la discussion portait sur l'avance à vous donner ou sur votre futur salaire. Elle sera importante.
- **Mercure : 20 L'INTELLIGENCE** – c'est vous qui allez rédiger le scénario ou vous imposer. On décide de vous faire confiance.
- **Mercure : 21 VOL-PERTE** – finalement on ne vous retient pas dans l'équipe. On prend quelqu'un d'autre.
- **Mercure : 22 ENTREPRISES** – on décide de réaliser ce projet, on vous convoque, et on en pose les futures bases avec soin.
- **Mercure : 23 TRAFIC** – les discussions sont longues mais finalement tout le monde est d'accord.
- **Mercure : 24 NOUVELLE** – l'affaire prend de l'envergure. Des appels venus d'un peu partout, montrent qu'on s'intéresse à vous ou à votre projet qui prend une dimension internationale.

Avec Mars : 37 FEU

Vous devez vous battre pour gagner car vous êtes en concurrence avec d'autres. Si vous perdez, vous allez vous retrouver au placard, au chômage ou à la retraite.
Voyons Mercure :

- **Mercure : 18 CHANGEMENT** – après une lutte acharnée c'est vous qui l'emportez. De nouveaux contrats, un avenir brillant s'ouvrent devant vous. Votre vie prend une autre dimension.
- **Mercure : 19 ARGENT** – non seulement vous l'emportez sur la concurrence mais on vous verse une très grosse somme d'argent.
- **Mercure : 20 L'INTELLIGENCE** – vous allez pouvoir réaliser l'œuvre ou le travail auquel vous rêviez depuis longtemps. Pour ce faire, vous vous êtes battu pour emporter la décision.
- **Mercure : 21 VOL-PERTE** – on choisit un autre concurrent. Vos arguments ne font pas le poids. Vous allez devoir traverser une période quelque peu difficile.

- **Mercure : 22 ENTREPRISES** – après une attente un peu pénible et le sentiment d'être au placard, on finit par vous entendre et on vous donne les moyens de démarrer.
- **Mercure : 23 TRAFIC** – pour gagner, il va falloir bouger, prendre des contacts, ne pas lâcher prise. Vous ne serez plus en concurrence car il y aura de la place pour deux
- **Mercure : 24 NOUVELLE** – inutile de continuer à vous battre. On vous fera d'autres propositions et vous ne serez plus en compétition avec qui que ce soit.

Avec Mars : 38 ACCIDENT

À la suite d'un accident, vous risquez de vous retrouver immobilisé à l'hôpital. Mais, un vilain concours de circonstances accidentel peut aussi vous conduire au placard. Attention donc, le danger est là, qui guette. Voyons Mercure :

- **Mercure : 18 CHANGEMENT** – l'accident a failli vous défigurer. Mais après un séjour à l'hôpital, vous retrouvez votre image intacte, voire plus belle qu'avant. Pour votre profession c'est un plus. Un nouveau départ s'annonce vers le succès.
- **Mercure : 19 ARGENT** – vous vous retrouvez à l'hôpital à la suite d'un accident, mais vous touchez une très grosse indemnisation, ce qui vous donne le temps de voir venir.
- **Mercure : 20 L'INTELLIGENCE** – vous allez profiter d'un séjour forcé à l'hôpital suite à un accident pour méditer, peut-être même pour écrire un chef-d'œuvre.
- **Mercure : 21 VOL-PERTE** – pendant que vous êtes à l'hôpital, pas de chance, vous perdez votre travail.
- **Mercure : 22 ENTREPRISES** – c'est la boîte pour laquelle vous travaillez qui s'écroule. Vous n'êtes pas en peine de projets : vous pourrez trouver un autre rôle ou un autre travail.
- **Mercure : 23 TRAFIC** – tout s'écroule autour de vous, mais cela ne vous atteint pas. Vous ne perdez pas de temps et prenez des contacts pour retrouver du travail.
- **Mercure : 24 NOUVELLE** – vous n'êtes pas encore mort et, pendant que vous finissez votre convalescence, les propositions affluent.

JUPITER avec SATURNE
41 HÉRITAGE 46 INFORTUNE

Vous attendez un héritage, un crédit bancaire, le règlement d'une dette ; oui mais la carte Infortune indique qu'il ne doit pas rester grand-chose de cet héritage, que vous en avez été dépossédé. Ou encore que vous aurez du mal à obtenir le crédit que vous avez sollicité. Voyez la carte de Mars pour connaître la cause de cette infortune. Puis celle de Mercure afin de voir s'il existe une solution.

Avec Mars : 32 MÉCHANCETÉ

La personne de qui vous comptiez hériter fait tout pour que vous n'ayez rien, par pure méchanceté. Elle n'aime personne. Elle est en train de tout dilapider ou de faire des dons à droite et à gauche. Voyons Mercure :

- **Avec Mercure : 18 CHANGEMENT** – au dernier moment cette personne change d'avis. Soit sous l'influence de son notaire, soit par un sursaut de sa conscience.
- **Mercure : 19 ARGENT** – finalement vous n'avez pas tout perdu. Malgré les pertes il reste encore beaucoup de biens.
- **Mercure : 20 L'INTELLIGENCE** – l'intelligence est de votre côté et joue contre la personne qui tente de vous déshériter. Vous attaquez son testament et ses dons. Vous pourrez récupérer une partie de votre héritage.

- **Mercure : 21 VOL-PERTE** – vous avez été trop insouciant. Tout est parti, vous n'aurez rien. Trop tard pour réagir.
- **Mercure : 22 ENTREPRISES** – il ne reste plus de liquidité mais l'entreprise familiale vous reste : les locaux, les outils, la clientèle.
- **Mercure : 23 TRAFIC** – il est encore temps d'aller convaincre ceux de qui vous attendez des crédits et de faire appel aux autres qui pourraient vous aider. Malgré tout, le résultat n'est pas garanti.
- **Mercure : 24 NOUVELLE** – vous recevez une bonne nouvelle : ce n'était que des bruits qui couraient. Vous aurez votre crédit ou votre héritage.

Avec Mars : 33 PROCÈS

Certains pensent que votre héritage est illégal. On vous attaque en justice pour détournement d'héritage. On vous accuse aussi d'avoir fait pression sur la personne dont vous héritez.
Voyons Mercure :

- **Mercure : 18 CHANGEMENT** – vos adversaires abandonnent. On leur a démontré l'inanité de leur attaque.
- **Mercure : 19 ARGENT** – moyennant un compromis, vous versez un dédommagement. On vous laisse tranquille. La plus grande part de la fortune est à vous.
- **Mercure : 20 L'INTELLIGENCE** – vous êtes largement plus au courant des lois que vos adversaires. Vous saurez donner tous les arguments à votre avocat. C'est ainsi que vous gagnerez.
- **Mercure : 21 VOL-PERTE** – vous perdez tout à l'issue du procès.
- **Mercure : 22 ENTREPRISES** – l'entreprise est avant tout le fruit de votre travail, sans vous elle ne vaut rien. On vous la laisse, mais, vous perdez les liquidités, la trésorerie. Il vous reste quand même les murs et les machines.
- **Mercure : 23 TRAFIC** – on aboutit à un partage moitié moitié.
- **Mercure : 24 NOUVELLE** – une nouvelle vient tout changer : heureusement pour vous, on a retrouvé des papiers qui vous sauvent la mise.

Avec Mars : 34 DESPOTISME

Vous vous êtes laissé faire sans réagir. On vous a mis sous influence. Vous risquez fort, si vous ne réagissez pas, d'être totalement dépouillé de votre héritage.
Voyons Mercure :

- **Mercure : 18 CHANGEMENT** – vous prenez conscience du fait que vous êtes sous influence, celle d'une personne chère ou d'un gourou. Vous changez d'attitude et annulez les dispositions que vous aviez prises et qui vous dépouillaient.
- **Mercure : 19 ARGENT** – vous prenez conscience de la valeur de l'argent et cessez de tout distribuer. Vous reprenez votre liberté et votre argent.
- **Mercure : 20 L'INTELLIGENCE** – vous avez fini par comprendre que vous vous faisiez plumer. Vous faites comprendre à qui de droit, que ça suffit.
- **Mercure : 21 VOL-PERTE** – quand vous comprenez ce qui vous arrive, il est trop tard ; vous n'avez presque plus rien. Il fallait réfléchir avant d'agir.
- **Mercure : 22 ENTREPRISES** – on n'a pas pu tout vous prendre. Il vous reste de quoi redémarrer dans la vie professionnelle.
- **Mercure : 23 TRAFIC** – vous commencez à prendre conscience du fait que vous êtes sous influence. Vous avez fort à faire face à celui qui vous dépouille. Il va falloir que vous fassiez appel à une tierce personne sinon vous n'en sortirez pas.
- **Mercure : 24 NOUVELLE** – on vient vous sortir de l'ornière dans laquelle vous vous trouvez. Heureusement pour vous que de nombreuses personnes s'inquiètent à votre propos.

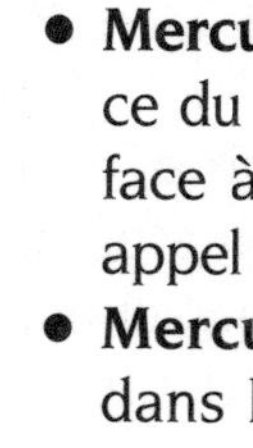

Avec Mars : 35 ENNEMIS

Vous vous êtes fait des ennemis dans votre entourage. On ne souhaite qu'une chose : vous dépouiller. Certains trouvent que vous avez pris leur place (des enfants d'un premier lit.) Des frères et des sœurs peuvent être jaloux. Voyons Mercure :

- **Mercure : 18 CHANGEMENT** – vos ennemis ont finalement compris que vous n'aviez rien fait contre eux. Ils changent d'attitude à votre égard et cessent de tout faire pour vous dépouiller.
- **Mercure : 19 ARGENT** – vos ennemis ne peuvent rien faire. Vous aurez ce qui vous revient.
- **Mercure : 20 L'INTELLIGENCE** – vous savez désamorcer la haine avec adresse. Tout rentre dans l'ordre.
- **Mercure : 21 VOL-PERTE** – vous avez été négligeant. Vous n'avez pas su voir que l'on prenait tout, du vivant de la personne dont vous deviez hériter. Il ne vous reste pratiquement rien.
- **Mercure : 21 ENTREPRISES** – il ne vous reste plus qu'à attendre des jours meilleurs. Prenez de la distance et du temps par rapport aux derniers événements. La réflexion est de rigueur.
- **Mercure : 23 TRAFIC** – œil pour œil, dent pour dent. Vous avez compris la tactique de vos ennemis. Agissez dans l'ombre exactement comme eux. Le résultat sera moitié moitié.
- **Mercure : 24 NOUVELLE** – une nouvelle donne neutralise vos ennemis. Vous ne perdrez pas tout. Néanmoins, vous revenez de loin. Vous avez eu très chaud.

Avec Mars : 36 POURPARLERS

Des discussions sont en cours à votre propos et celui de votre héritage. Un conseil de famille peut-être. Il est question de vous retirer quelque chose d'une manière ou d'une autre. Il s'agit sans doute de l'affaire à laquelle vous tenez. On se demande si vous êtes capable d'en prendre la direction. Voyons Mercure :

- **Mercure : 18 CHANGEMENT** – finalement on vous propose autre chose de très intéressant à la place. Mais vous devrez partir.
- **Mercure : 19 ARGENT** – vous perdez l'affaire qui vous tenait à cœur mais vous êtes largement indemnisé. Consolez-vous, ça pouvait être pire.

- **Mercure : 20 L'INTELLIGENCE** – vous savez convaincre. Vous gardez la direction de l'affaire et votre héritage intact. Ouf ! Vous revenez de loin...
- **Mercure : 21 VOL-PERTE** – un loup parmi vos ennemis : il vous vole votre place et une bonne partie de votre héritage. Vous n'avez plus que vos yeux pour pleurer.
- **Mercure : 22 ENTREPRISES** – vous gardez les rennes de l'affaire à laquelle vous teniez. Il vous faudra du courage car on vous aura quand même dépouillé d'une partie de la clientèle. Néanmoins, le savoir-faire est de votre côté.
- **Mercure : 23 TRAFIC** – vous arriverez à un compromis. Le résultat n'est pas mauvais. Rien n'était pourtant joué d'avance.
- **Mercure : 24 NOUVELLE** – un élément vient emporter la décision. Vous n'avez subitement plus rien à craindre.

Avec Mars : 37 FEU

Vous êtes en compétition pour un héritage qui peut être matériel, intellectuel ou spirituel. Normalement vous devriez prendre la succession d'une affaire, d'un poste ou d'une fonction ou encore d'un groupe politique ou spirituel. Mais vous avez devant vous un concurrent sérieux il va falloir défendre votre place avec acharnement. Voyons Mercure :

- **Mercure : 18 CHANGEMENT** – vous éclipsez largement votre concurrent qui finalement n'était pas si redoutable que vous le pensiez. L'avenir s'ouvre radieux devant vous.
- **Mercure : 19 ARGENT** – moyennant finance, vous vous débarrasserez de votre concurrent. En fait il n'attendait que cela. Évidemment cela vous coûte un peu cher.
- **Mercure : 20 L'INTELLIGENCE** – vous êtes capable de défendre votre position par vos arguments. Vous l'emporterez au finish.
- **Mercure : 21 VOL-PERTE** – vous avez manqué de réflexe. L'autre a été plus rapide. La prochaine fois, soyez plus prompt.

- **Mercure : 22 ENTREPRISES** – le chef, l'âme du groupe ou de l'affaire, c'est vous. Tout le monde le sait. L'issue du combat sera en votre faveur.
- **Mercure : 23 TRAFIC** – finalement vous vous partagerez l'héritage qui sera coupé en deux. Vous n'avez pas senti le danger venir.
- **Mercure : 24 NOUVELLE** – des encouragements en votre faveur arrivent de partout. C'est vous qui l'emporterez. Le combat a tout de même été laborieux.

Avec Mars : 38 ACCIDENT

Vous risquez de perdre un héritage de façon purement accidentelle. Un concours de circonstances imprévisible, un sinistre, un accident.
Voyons Mercure :

- **Mercure : 18 CHANGEMENT** – vous perdez un héritage mais pas tous vos héritages. Finalement cela est un bien pour un mal. Vous voilà libre de partir sous des cieux plus radieux.
- **Mercure : 19 ARGENT** – vous perdez une affaire qui vous revenait, mais finalement vous recevrez de grosses compensations. Ça pouvait être pire.
- **Mercure : 20 L'INTELLIGENCE** – vous perdez gros lors d'un sinistre mais votre véritable héritage est dans votre intelligence, votre pouvoir créatif. Dans votre cas ce n'est pas dramatique. Vous retomberez sur vos pieds.
- **Mercure : 21 VOL-PERTE** – l'accident vous fait perdre presque tout l'héritage sur lequel vous comptiez. Vous n'aurez rien ; il ne reste que des ruines.
- **Mercure : 22 ENTREPRISES** – tout n'est pas perdu. Il vous restera le fond de l'entreprise, la clientèle, les machines. Vous pourrez reconstruire.
- **Mercure : 23 TRAFIC** – la majeure partie de l'héritage qui vous revenait s'est envolée en fumée. Il vous reste de quoi vivre.
- **Mercure : 24 NOUVELLE** – une bonne nouvelle. Il y avait d'autres biens dont vous allez pouvoir hériter. C'est d'autant plus appréciable que vous ne vous y attendiez pas.

JUPITER avec SATURNE
41 HÉRITAGE 47 STÉRILITÉ

Les gens dont vous héritez n'ont pas su ou pas voulu faire fructifier leur propre héritage. Si cela continue, il n'en restera pas grand-chose. Les causes de cet état de fait nous seront données par Mars.

Avec Mars : 32 MÉCHANCETÉ

Des gens envieux ou jaloux ont tout fait pour dégoûter vos parents, ceux dont vous devez hériter. Ils n'ont pas su faire ce qu'il fallait. Ils ont baissé les bras. Résultat, les terres sont incultes, les biens immobiliers se dégradent. Les dettes s'accumulent. Voyons Mercure :

- **Mercure : 18 CHANGEMENT** – un changement dans l'environnement (zone qui devient tout à coup constructible, par exemple), fait que tout prend de la valeur uniquement du fait de leur emplacement géographique devenu stratégique.
- **Mercure : 19 ARGENT** – on vous offre une grosse somme d'argent pour ce qui, en apparence ne valait rien, mais qui convient à certains. Acceptez-la.
- **Mercure : 20 L'INTELLIGENCE** – vous pouvez quant à vous tirer partie de votre héritage. Ce ne sera pas le Pérou mais ce sera mieux que rien.

- **Mercure : 21 VOL-PERTE** – vous pouvez faire une croix sur votre héritage. Il ne vaudra vraiment plus rien une fois les dettes payées. Il est peut-être préférable de l'abandonner.
- **Mercure : 22 ENTREPRISES** – votre héritage ne produit rien depuis des lustres. Vous pourrez quant à vous en faire une bonne base de démarrage pour monter une affaire rentable.
- **Mercure : 23 TRAFIC** – vous héritez d'un lieu perdu et désert mais vous pouvez y amener du monde et en faire un endroit merveilleux pour les loisirs. Par conséquent très rentable au bout d'un certain temps.
- **Mercure : 24 NOUVELLE** – votre caillou perdu semblait ne rien valoir. Or tout le monde vous envoie des messages pour vous l'acheter. Vendez au plus offrant.

Avec Mars : 33 PROCÈS

Un procès menace de mettre un terme à la rentabilité des biens de vos parents. La menace est très sérieuse. Ils risquent de perdre beaucoup et d'être dans l'incapacité, faute de moyens, de continuer leur affaire. Voyons Mercure :

- **Mercure : 18 CHANGEMENT** – un événement imprévu rend le procès sans objet. Les affaires reprennent.
- **Mercure : 19 ARGENT** – le procès est gagné. Vos parents touchent de grosses indemnités ; les voilà plus riches qu'auparavant.
- **Mercure : 20 L'INTELLIGENCE** – vous allez pouvoir mettre vos compétences à leur service. Aidez-les à sortir d'affaire et allez avec eux voir leur avocat.
- **Mercure : 21 VOL-PERTE** – vous ne pourrez ni empêcher le procès ni son issue. Le résultat sera très négatif.
- **Mercure : 22 ENTREPRISES** – le résultat du procès provoquera un ralentissement des affaires mais non l'écroulement de la société. Elle est solide.
- **Mercure : 23 TRAFIC** – le résultat du procès ne sera pas vraiment mauvais ; les affaires pourront reprendre d'autant qu'il n'y aura plus de menace.
- **Mercure : 24 NOUVELLE** – de nouveaux éléments dépêchés de l'étranger sauveront la mise. Il était temps !

Avec Mars : 34 DESPOTISME

Les personnes dont vous devez hériter sont incapables d'agir pour faire fructifier leurs affaires. Pire encore, ils laissent leurs biens péricliter. Ils sont peut-être paralysés par la maladie ou la déprime ou encore par des influences négatives.

Voyons Mercure pour voir si quelque chose peut changer cet état de fait :

- **Mercure : 18 CHANGEMENT** – un changement parmi les personnes de leur entourage, plus une guérison, changent la donne. Les affaires reprennent.
- **Mercure : 19 ARGENT** – l'arrivée d'une somme d'argent inattendue leur redonne goût à la vie. Ils cessent de se morfondre et sortent de leur apathie.
- **Mercure : 20 L'INTELLIGENCE** – vous allez savoir les raisonner et les sortir des griffes d'un entourage néfaste, soit les persuader de se faire soigner.
- **Mercure : 21 VOL-PERTE** – il est trop tard pour agir. De toute façon vous n'avez pas non plus la force d'intervenir.
- **Mercure : 22 ENTREPRISES** – vous allez devoir prendre les choses en mains à leur place, c'est le seul moyen. Mais c'est tout à fait réalisable compte tenu de vos aptitudes.
- **Mercure : 23 TRAFIC** – ces personnes vont reprendre leur indépendance par elles-mêmes. Ce n'était qu'une crise, grave certes, mais seulement passagère.
- **Mercure : 24 NOUVELLE** – une bonne nouvelle qu'ils attendaient depuis longtemps va les sortir de leur morosité. Les revoilà requinqués.

Avec Mars : 35 ENNEMIS

Vos parents laissent péricliter votre héritage. Ils n'ont pas su se défendre de leurs ennemis. Les terres, les biens immobiliers ou l'affaire qu'ils vont vous laisser ne valent déjà pas grand-chose. Rien de tout cela ne rapporte plus depuis un bon moment.

Voyons Mercure pour voir s'il y a encore une possibilité de redresser la barre :

- **Mercure : 18 CHANGEMENT** – un changement dans la vie économique et géographique fait que les biens de vos parents prennent tout à coup de la valeur.
- **Mercure : 19 ARGENT** – cet héritage que vous croyiez sans valeur, car ne rapportant rien, on vous en offre tout à coup une énorme somme.
- **Mercure : 20 L'INTELLIGENCE** – les affaires dont vous avez hérité ne rapportaient plus rien et semblaient sans intérêt. Vous allez savoir en tirer partie par votre savoir-faire.
- **Mercure : 21 VOL-PERTE** – vous préférez renoncer à un héritage sans grande valeur plutôt que vous démener pour en tirer quelque chose et payer des impôts pour rien.
- **Mercure : 22 ENTREPRISES** – vous avez les connaissances et les moyens, malgré tout, de tirer quelque chose de l'affaire dont vous héritez. Elle correspond à vos compétences.
- **Mercure : 23 TRAFIC** – il n'est pas trop tard pour vous occuper de votre héritage et convaincre celui ou celle dont vous allez hériter de le refaire fructifier. Vous allez d'ailleurs vous-même pouvoir vous y mettre avec l'aide d'un frère ou d'une sœur.
- **Mercure : 24 NOUVELLE** – bizarrement, vous recevez des offres de l'étranger pour acheter votre héritage. Vendre est pour vous la meilleure solution. L'hésitation n'est pas de mise.

Avec Mars : 36 POURPARLERS

À la suite d'une réunion, des décisions vont être prises par les personnes dont vous êtes l'héritier légitime. Ces décisions qui concernent la gestion de leurs biens risquent d'être très négatives pour l'avenir. L'un des participants, nouvellement arrivé, fera pencher la balance dans un sens ou dans l'autre. Voyons donc Mercure :

- **Mercure : 18 CHANGEMENT** – le nouveau participant change l'esprit du groupe. Les décisions finales vont être positives.
- **Mercure : 19 ARGENT** – le nouveau participant apporte une grosse participation financière. Grâce à lui on prend de bonnes décisions.

- **Mercure : 20 L'INTELLIGENCE** – c'est la raison qui l'emporte. La menace de catastrophe s'éloigne et c'est tant mieux.
- **Mercure : 21 VOL-PERTE** – le dernier arrivé annonce qu'il retire ses parts. Dans la panique on prend une décision qui fera péricliter les affaires.
- **Mercure : 22 ENTREPRISES** – le dernier participant décide de prendre la barre. C'est un battant et il est compétent. Vous pouvez compter dessus.
- **Mercure : 23 TRAFIC** – beaucoup de va et vient pour rien on prend une décision bâtarde. L'affaire ne sombrera pas mais on aurait pu faire nettement mieux.
- **Mercure : 24 NOUVELLE** – de nombreuses nouvelles causent un peu de désordre. On hésite, on parlemente. Finalement on prend la bonne direction.

Avec Mars : 37 FEU

Deux rois sur un même trône, ce n'est pas bon pour les affaires. Dans la direction des affaires de vos parents il y a bagarre permanente. Les effets sont très négatifs. Chaque fois que l'un prend une décision l'autre la désavoue. Les affaires ne rapportent plus rien. Les biens immobiliers se dégradent. L'argent ne rentre pas. Ce n'est que votre héritage, mais quand même. C'est affligeant. Voyons Mercure pour avoir l'issue de ces combats de coqs :

- **Mercure : 18 CHANGEMENT** – coup de chance ; l'un des deux combattants laisse la place à l'autre. La direction dorénavant n'a qu'une tête qui fonce vers le succès.
- **Mercure : 19 ARGENT** – l'un des deux combattants qui vient de recevoir un somme d'argent inattendue propose à l'autre un dédommagement contre l'abandon de la direction.
- **Mercure : 20 L'INTELLIGENCE** – les deux frères ennemis finissent par s'entendre. On ne tire plus l'affaire à hue et à dia.
- **Mercure : 21 VOL-PERTE** – à force d'agir dans un sens et dans l'autre, il n'y a plus de client, plus de commande, plus de production et plus d'argent.

- **Mercure : 22 ENTREPRISES** – il s'agit pourtant d'une belle affaire. Elle survit quand même mais au minimum. Elle est en veilleuse.
- **Mercure : 23 TRAFIC** – personne ne lâche le morceau, mais on commence à agir de concert. On peut espérer un redressement financier.
- **Mercure : 24 NOUVELLE** – des nouvelles de l'extérieur vont détourner l'attention des deux combattants, décrisper l'atmosphère d'autant qu'il s'agit de bonne s nouvelles.

Avec Mars : 38 ACCIDENT

Un ou plusieurs accidents ont littéralement brisé dans leur élan les affaires dont vous deviez hériter. Cet accident a pu diminuer physiquement ou moralement vos parents qui ont commencé à jeter l'éponge laissant tout à l'abandon. Le tout est de savoir si cette diminution et cet abandon sont passagers on non. Voyons donc Mercure :

- **Mercure : 18 CHANGEMENT** – vous pouvez respirer ce n'était qu'une éclipse.
- **Mercure : 19 ARGENT** – de grosses indemnités vont permettre d'attendre leur rétablissement. Ils étaient sans doute bien assurés.
- **Mercure : 20 L'INTELLIGENCE** – leur intelligence va prendre le dessus. Le moment de repos forcé leur a permis de réfléchir et d'y voir plus clair.
- **Mercure : 21 VOL-PERTE** – l'accident a tout détruit. Il n'y aura pas d'indemnités pour redémarrer. On jette l'éponge.
- **Mercure : 22 ENTREPRISES** – l'accident n'a pas détruit leur esprit d'entreprise. Il faudra du temps et ce ne sera plus exactement comme avant.
- **Mercure : 23 TRAFIC** – l'accident n'empêche pas les affaires. On se débrouille autrement. Mais l'affaire ne retrouvera pas son niveau d'avant.
- **Mercure : 24 NOUVELLE** – de bonnes nouvelles arrivent : propositions d'achat, indemnités. Annonce de bénéfices dans les affaires à l'étranger.

JUPITER avec SATURNE
41 HÉRITAGE 48 FATALITÉ

Ici, l'interprétation peut porter à confusion : l'héritage lié à la mort et la faux de Saturne qui marquent la fin. Mais Saturne symbolise avant tout le temps, la lenteur. On peut donc plutôt s'attendre à une très longue attente avant que vous puissiez toucher votre héritage. Quoi qu'il en soit ne comptez pas sur un décès prématuré venant d'un oncle d'Amérique. Il se peut également que la fatalité fasse que les circonstances soient telles que vous ne touchiez jamais votre héritage. Mars dira la raison de cette longue attente.

Avec Mars : 32 MÉCHANCETÉ

Des gens tout simplement méchants ou jaloux tentent de vous empêcher de toucher votre héritage. Un clerc de notaire malveillant peut prendre un malin plaisir à faire disparaître votre dossier. Ou encore on ne poste pas le courrier qui vous était destiné au sujet de votre héritage. Un trop long retard pourrait avoir des conséquences plus néfastes. Voyons donc Mercure :

- **Mercure : 18 CHANGEMENT** – on finit par retrouver votre dossier ou votre personne. Enfin !
- **Mercure : 19 ARGENT** – c'est le pactole : cette fois vous bénéficiez peut-être d'une vengeance. Vous récoltez de l'argent qui, à l'origine, ne vous était pas destiné. C'était votre destin.

- **Mercure : 20 L'INTELLIGENCE** – vous savez que vous devez toucher un héritage. Vous allez voir ce qui se passe et devinez que quelqu'un vous joue des tours. Vous y mettez très vite le holà.
- **Mercure : 21 VOL-PERTE** – la malchance fait que vous êtes en train de tout perdre et que votre héritage passe aux mains de quelqu'un d'autre. Sans doute n'avez-vous pas veillé suffisamment au grain.
- **Mercure : 22 ENTREPRISES** – une série de manœuvres sournoises retarde sans fin l'arrivée de votre héritage. Ceci dit, vous avez des affaires qui marchent. Vous pouvez patienter. Il va arriver.
- **Mercure : 23 TRAFIC** – malgré les manœuvres indélicates et stupides d'un certain nombre de personnes, vous êtes en mesure de les contrer. Il faudra tout de même un certain temps. Vous êtes habitué depuis le temps que vous attendez.
- **Mercure : 24 NOUVELLE** – les nouvelles de votre héritage lointain finissent par arriver. Depuis le temps que vous les attendiez !

Avec Mars : 33 PROCÈS

Après une longue attente concernant un héritage qui se fait attendre, la fatalité vient à nouveau de frapper. Voilà que quelqu'un se prépare à attaquer le testament qui est en votre faveur.
Voyons donc Mercure :

- **Mercure : 18 CHANGEMENT** – vos accusateurs finalement changent d'avis.
- **Mercure : 19 ARGENT** – on va vous proposer de l'argent à la place de l'héritage. Réfléchissez car ce n'est peut-être pas une mauvaise solution.
- **Mercure : 20 L'INTELLIGENCE** – vous pouvez combattre la fatalité par votre intelligence. Allez donc voir ceux qui vous menacent d'un procès. Vous devez trouver un terrain d'entente.
- **Mercure : 21 VOL-PERTE** – vous risquez fort de perdre votre procès. Les précautions nécessaires n'ont sans doute pas été prises.

- **Mercure : 22 ENTREPRISES** – vous êtes quelqu'un de solide, avec une situation en vue, et bien entouré. On ne peut rien contre le testament en votre faveur. Il est inattaquable. Mais tout cela prendra du temps.
- **Mercure : 23 TRAFIC** – on vous accuse de trafics malhonnêtes, mais cela n'a rien à voir. Ce sont ceux qui vous font un procès, qui font des tractations malhonnêtes. Le résultat sera que l'on coupera quand même la poire en deux.
- **Mercure : 24 NOUVELLE** – cette fois la fatalité joue contre vos adversaires. Des témoignages en votre faveur affluent de partout.

Avec Mars : 34 DESPOTISME

L'héritage que vous étiez en droit d'attendre risque de vous passer sous le nez. Les gens de votre famille dont vous devez hériter se laissent mettre sous influence. Ils risquent de continuer jusqu'à leur mort à faire des donations à des tierces personnes, sectes, gourou, ou encore notaire véreux. Vous avez déjà laissé beaucoup trop de temps s'écouler sans réagir.

Voyons Mercure :

- **Mercure : 18 CHANGEMENT** – après avoir laissé beaucoup de plumes, vos parents reprennent leur liberté. Il restera quelque chose.
- **Mercure : 19 ARGENT** – vous dépensez une grosse somme d'argent pour vous occuper de vos parents. Vous les sortez de leur dépendance et de leur manque de réaction.
- **Mercure : 20 L'INTELLIGENCE** – vous étudiez la loi à fond et allez menacer ceux qui font pression sur vos parents qui sont déjà très âgés.
- **Mercure : 21 VOL-PERTE** – il est sans doute trop tard. Vos parents sont décédés et votre héritage s'est envolé.
- **Mercure : 22 ENTREPRISES** – heureusement que vous avez les reins solides et la tête bien faite. On ne vous la fait pas. Votre autorité est suffisante pour couper court à toutes les malversations en cours. Mais il est déjà bien tard.

- **Mercure : 23 TRAFIC** – il va vous falloir beaucoup de temps et d'adresse car vous avez à faire à des voleurs expérimentés. Il ne sera pas possible de récupérer tout, d'autant qu'il est déjà bien tard, mais vous pourrez limiter les dégâts.
- **Mercure : 24 NOUVELLE** – plusieurs personnes ayant eu vent de votre affaire se proposent de vous aider. Leur aide sera efficace. Mais il faudra du temps.

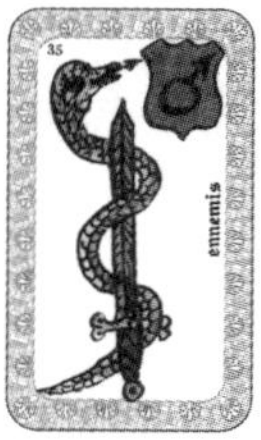

Avec Mars : 35 ENNEMIS

Il semblerait que vos parents se soient transformés en ennemis. Ils ont peut-être l'intention de vous déshériter, du moins en partie, en favorisant largement des collatéraux, ou encore en faisant de leur vivant des donations à des organismes de bienfaisance. Soit quelqu'un les a montés contre vous, soit vous n'avez pas eu l'attitude que vous auriez dû avoir envers eux. Ils se vengent. Voyons Mercure :

- **Mercure : 18 CHANGEMENT** – leur attitude a changé. Ils tentent de réparer le préjudice qu'ils vous ont causé. Mais vous aurez quand même perdu une partie de votre héritage. Vous ne récupérerez pas les donations.
- **Mercure : 19 ARGENT** – ils tentent de vous acheter de façon maladroite. Mais c'est peut-être la solution. Ils vous offrent ce qui leur reste par remords.
- **Mercure : 20 L'INTELLIGENCE** – vous cherchez une stratégie pour éviter le désastre et faire cesser au moins les donations. Mais il ne reste plus grand-chose de votre héritage.
- **Mercure : 21 VOL-PERTE** – il n'y a plus rien à faire. Ne vous fatiguez pas.
- **Mercure : 22 ENTREPRISES** – vous avez les pieds sur terre et la conscience tranquille. Vous avez le droit pour vous. Il vous restera au moins une affaire car il y avait beaucoup de biens.
- **Mercure : 23 TRAFIC** – il est encore temps d'agir, vous pourrez récupérer au moins la moitié de ce que vous étiez en droit d'attendre.
- **Mercure : 24 NOUVELLE** – certaines personnes vous tiennent au courant de votre situation. Vous avez les éléments en mains pour tout récupérer. Mais cela mettra du temps.

Avec Mars : 36 POURPARLERS

Vos parents ou des parents éloignés sentant que leur terme est proche s'apprêtent à faire leur testament. Ils pensent à vous et pensent vous léguer le maximum possible. Ils cherchent une solution et demandent conseil. Voyons Mercure :

- **Mercure : 18 CHANGEMENT** – après une période de réflexion, ils sortent de l'impasse et trouvent une solution. Cet héritage va vous changer la vie ; vous allez vous sentir libre.
- **Mercure : 19 ARGENT** – vous n'imaginiez pas recevoir une telle fortune. Vous n'en revenez pas.
- **Mercure : 20 L'INTELLIGENCE** – ceux qui vous aident ainsi pensent que vous ferez bon usage de l'argent que vous recevrez. Ils ont confiance en votre intelligence et votre talent.
- **Mercure : 21 VOL-PERTE** – ils vont se faire rouler, ils ne pourront pas vous léguer la totalité des biens qu'ils voulaient vous transmettre.
- **Mercure : 22 ENTREPRISES** – ils souhaitent vous aider dans vos projets qu'ils apprécient. Vous allez ainsi les réaliser.
- **Mercure : 23 TRAFIC** – tout cela va prendre énormément de temps. Vous allez devoir vous déplacer mais n'hésitez pas car cela en vaut la peine.
- **Mercure : 24 NOUVELLE** – tout est accompli. Vous recevez les nouvelles des différents notaires.

Avec Mars : 37 FEU

La carte indique que tout n'est pas acquis pour vous, en particulier votre héritage. Quelqu'un ou quelque chose s'y oppose. Il va falloir vous battre. C'est la fatalité. Une négligence, une mauvaise information, de sorte que les choses n'ont pas été faites en règle. Quelqu'un va chercher à en profiter. Voyons ce que dit Mercure :

- **Mercure : 18 CHANGEMENT** – le petit malin qui tentait de profiter d'un legs va se retrouver à l'ombre. Il ne restera plus qu'à régler les derniers problèmes qui ne sont pas insolubles.
- **Mercure : 19 ARGENT** – plus de peur que de mal. Vous recevrez ce qui vous était promis et même d'avantage.

- **Mercure : 20 L'INTELLIGENCE** – c'est vis-à-vis des administrations qu'il va falloir vous battre, ce sera long, mais vous saurez trouver la faille en votre faveur.
- **Mercure : 21 VOL-PERTE** – vous devrez finalement perdre une partie de votre héritage, mais pas tout.
- **Mercure : 22 ENTREPRISES** – vous obtenez le maximum après une longue bataille juridique.
- **Mercure : 23 TRAFIC** – vous devrez céder la moitié de ce qui normalement aurait dû vous revenir.
- **Mercure : 24 NOUVELLE** – les papiers manquants sont retrouvés. On ne peut plus rien contre vous.

Avec Mars : 38 ACCIDENT

Une double fatalité vous fait perdre votre héritage. Un concours de circonstances imprévisible, une catastrophe naturelle, un sinistre, un incendie ou une explosion.

Voyons Mercure :

- **Mercure : 18 CHANGEMENT** – après une période noire on peut commencer à réparer les dégâts. Tout n'était pas perdu.
- **Mercure : 19 ARGENT** – les assurances vont payer ; vous serez dédommagé de votre perte avec un sérieux contretemps.
- **Mercure : 20 L'INTELLIGENCE** – vous avez perdu une grande partie des biens que vous aviez reçue en héritage mais pas votre intelligence. Vous gardez intact votre héritage intellectuel et spirituel.
- **Mercure : 21 VOL-PERTE** – vous subissez une grande perte sans pouvoir compter sur la moindre compensation.
- **Mercure : 22 ENTREPRISES** – tout n'est pas détruit, une partie du bâtiment seulement. Le fond de l'entreprise reste intact, une partie du matériel, des liquidités et les clients. Mais c'est un coup dur.
- **Mercure : 23 TRAFIC** – vous n'arrêtez pas tout pour autant. Vous trouvez une solution pour continuer le travail malgré les dures conditions dans lesquelles vous êtes placé.
- **Mercure : 24 NOUVELLE** – on vous adresse des lettres d'encouragement et l'annonce d'une aide financière.

JUPITER avec SATURNE
41 HÉRITAGE 49 LA GRÂCE

Un héritage vous tombe du haut du ciel comme une grâce divine. Ces deux cartes associées annoncent la chance. Cet héritage peut être matériel mais aussi intellectuel ou spirituel. Par exemple, vous pouvez être désigné comme le successeur spirituel d'un maître, ou, encore, comme le successeur d'un professeur. Mars va nous dire à quoi vous devez cet important (à vos yeux en tout cas) héritage.

Avec Mars : 32 MÉCHANCETÉ

Vous devez cette chance à la méchanceté de certaines personnes qui se sont montrées sous un jour défavorable devant ceux qui décidaient de l'attribution de cette donation. On a cherché quelqu'un qui pourrait faire un bon usage de cette somme ou de ce poste très recherché. C'est vous qu'on a trouvé.
Voyons ce que dit Mercure :

- **Mercure : 18 CHANGEMENT** – à la suite de cet héritage, votre vie va être littéralement transformée. Vous allez peut-être réaliser votre rêve d'aller vivre sous d'autres cieux, diriger un centre ou une affaire.
- **Mercure : 19 ARGENT** – ce sont des biens matériels dont vous héritez. Vous allez pouvoir en donner à ceux que vous aimez et organiser votre vie comme vous le souhaitez.

- **Mercure : 20 L'INTELLIGENCE** – vous allez, grâce à cet héritage qui comporte des livres rares et recherchés, pouvoir vous adonner à votre recherche sans soucis financiers.
- **Mercure : 21 VOL-PERTE** – vous vous sentez un peu gêné de recevoir un tel héritage. Vous décidez d'en donner une grande partie à des œuvres de bienfaisance.
- **Mercure : 22 ENTREPRISES** – vous allez pouvoir construire les bâtiments dont vous aviez besoin pour créer une affaire qui vous tient à cœur.
- **Mercure : 23 TRAFIC** – vous allez pouvoir enfin vous sentir libre de circuler comme vous l'entendez. Vous allez peut-être partir rejoindre une organisation internationale à but caritatif.
- **Mercure : 24 NOUVELLE** – vous allez recevoir beaucoup de courrier. De nombreuses personnes sont prêtes à vous suivre dans vos projets.

Avec Mars : 33 PROCÈS

À l'issue d'un procès qu'on vous avait intenté pour cet héritage, vous allez recevoir plus que ce que vous n'espériez. Mais d'abord il faudra vous battre. Voyons Mercure :

- **Mercure : 18 CHANGEMENT** – pour gagner, vous devrez vous déplacer, peut-être même à l'étranger, car l'argent vient d'ailleurs.
- **Mercure : 19 ARGENT** – au début, il vous faudra débourser de grosses sommes pour payer les avocats. Mais le résultat en vaudra la peine.
- **Mercure : 20 L'INTELLIGENCE** – il s'agit surtout d'un héritage intellectuel. On vous confie la direction d'un centre de recherches intellectuelles ou spirituelles.
- **Mercure : 21 VOL-PERTE** – il vous faudra vous battre pour emporter le morceau comme un rapt.
- **Mercure : 22 ENTREPRISES** – vous recevrez beaucoup d'argent en définitive. Il vous appartiendra en échange, de créer une fondation, une affaire, pour perpétuer le souvenir de ceux dont vient cet héritage.

- **Mercure : 23 TRAFIC** – vous allez devoir faire bon nombre de démarches avant d'aboutir. Le résultat en dépend et cela en vaut la peine.
- **Mercure : 24 NOUVELLE** – on vous écrit de loin on vous invite à venir. Prenez l'avion si nécessaire.

Avec Mars : 34 DESPOTISME

Un haut personnage, qui autrefois avait été retenu prisonnier dans des geôles lointaines et que vous aviez aidé, se souvient de vous et vous lègue une importante fortune. Du coup, vous allez pouvoir vous aussi vous libérer d'un certain nombre de problèmes matériels qui vous gâchaient la vie. Voyons maintenant Mercure :

- **Mercure : 18 CHANGEMENT** – vous allez recueillir cet héritage dans un pays étranger.
- **Mercure : 19 ARGENT** – la fortune dont vous héritez est sur un compte bancaire lointain. Il n'y a pas de biens immobiliers. Vous n'aurez rien à faire d'autre que d'effectuer des virements bancaires.
- **Mercure : 20 L'INTELLIGENCE** – cet héritage est surtout d'ordre ésotérique ou spirituel. On va vous confier des secrets importants. On va vous donner des clefs ou une initiation.
- **Mercure : 21 VOL-PERTE** – vous devez faire attention lorsque vous irez chercher votre héritage. On pourrait vous le voler ou même vous kidnapper. Entourez-vous de certaines précautions.
- **Mercure : 22 ENTREPRISES** – on vous lègue une affaire importante. On pense qu'elle est dans vos cordes. À vous de faire vos preuves.
- **Mercure : 23 TRAFIC** – le fait de vous rendre à l'étranger pour toucher votre héritage va vous mettre en contact avec de nombreuses personnes intéressantes. Enrichissez votre carnet d'adresses.
- **Mercure : 24 NOUVELLE** – les nouvelles vont vite. À partir de là, de nombreuses personnes entrent en contact avec vous et vous font des offres intéressantes. Vous n'avez que l'embarras du choix.

Avec Mars : 35 ENNEMIS

C'est un ancien ennemi qui vous lègue sa fortune. À la fin de sa vie, il a pensé au tort qu'il vous avait fait autrefois et veut se racheter.
Voyons Mercure :

- **Mercure : 18 CHANGEMENT** – ce changement radical entraîne aussi pour vous bien sûr, un changement de vie. Vous pouvez décider d'aller à l'autre bout du monde.
- **Mercure : 19 ARGENT** – la somme qui vous est léguée est très importante. Mais attention, car vous n'avez jamais appris à compter. Compter sur la grâce divine c'est bien, mais encore faut-il en prendre soin.
- **Mercure : 20 L'INTELLIGENCE** – votre ancien ennemi avait conscience de votre valeur intellectuelle. Ce qu'il vous lègue consiste surtout en livres précieux d'une très grande valeur.
- **Mercure : 21 VOL-PERTE** – votre héritage suscite des envieux ; mettez-le à l'abri immédiatement.
- **Mercure : 22 ENTREPRISES** – vous allez pouvoir créer l'affaire dont vous rêviez. Les plans sont déjà tout prêts dans votre esprit.
- **Mercure : 23 TRAFIC** – grâce à cet héritage et à ses conséquences, vous allez pouvoir obtenir une double nationalité, ce qui vous sera bien utile.
- **Mercure : 24 NOUVELLE** – cette affaire vous permet de retrouver des gens que vous aviez perdus de vue. Ils vous envoient des messages.

Avec Mars : 36 POURPARLERS

C'est tout un groupe de personnes qui a poussé votre donateur à vous léguer cet héritage. Cela a été décidé d'un commun accord. On souhaite vous aider à donner vie à un projet qui vous tient à cœur.
Voyons Mercure :

- **Mercure : 18 CHANGEMENT** – la seule obligation sera de changer de lieu, voire de pays. Mais cela n'est pas pour vous déplaire ; vous rêviez d'un endroit plus chaud.

- **Mercure : 19 ARGENT** – il va falloir gérer tout cet argent. Vous avez intérêt à vous faire aider de conseils éclairés.
- **Mercure : 20 L'INTELLIGENCE** – vous serez aidé dans votre projet par des gens de très haut niveau intellectuel ou spirituel.
- **Mercure : 21 VOL-PERTE** – toutefois, ne vous laissez pas mettre le grappin dessus. De nombreuses personnes intéressées vont s'y efforcer. Soyez sur vos gardes.
- **Mercure : 22 ENTREPRISES** – toutes sortes de personnes compétentes, appartenant à des disciplines différentes vont vous aider à réaliser votre projet.
- **Mercure : 23 TRAFIC** – vous n'aurez pas le temps de souffler. N'oubliez pas de prendre du recul par rapport aux événements.
- **Mercure : 24 NOUVELLE** – votre affaire fait réfléchir beaucoup de monde. On s'y intéresse, même à l'étranger. La presse va en parler.

Avec Mars : 37 FEU

Vous êtes l'heureux lauréat d'une fondation après avoir été mis en concurrence avec un redoutable concurrent. On vous remet une très grosse somme en récompense de vos travaux ou de vos œuvres de portée internationale. Voyons Mercure :

- **Mercure : 18 CHANGEMENT** – à partir de là, on déploie pour vous le tapis rouge, mais ce qui vous intéresse c'est de continuer votre travail dans la tranquillité.
- **Mercure : 19 ARGENT** – vous allez vous empresser de dépenser cet argent dont vous aviez vraiment besoin pour continuer vos travaux.
- **Mercure : 20 L'INTELLIGENCE** – vous vous replongez immédiatement dans votre œuvre ou votre travail.
- **Mercure : 21 VOL-PERTE** – vous tentez de filer avec votre butin sans demander votre reste. Mais c'est sur vous que les médias mettent le grappin.
- **Mercure : 22 ENTREPRISES** – vous allez pouvoir acheter une partie des instruments dont vous avez besoin pour continuer votre recherche ou votre travail.

- **Mercure : 23 TRAFIC** – ce prix vous redonne de l'enthousiasme et stimule votre imagination.
- **Mercure : 24 NOUVELLE** – les lettres de félicitations arrivent de partout.

Avec Mars : 38 ACCIDENT

À la suite d'un accident, un décès, vous recevez un héritage inattendu. Vous étiez le seul héritier d'un parent lointain parti à l'étranger. Vous le recevez comme une bénédiction.
Voyons maintenant Mercure :

- **Mercure : 18 CHANGEMENT** – pour un changement c'en est un. Du coup vous allez vivre ailleurs dans ce lointain pays où habitait votre parent.
- **Mercure : 19 ARGENT** – l'héritage est vraiment énorme. Vous avez du mal à y croire.
- **Mercure : 20 L'INTELLIGENCE** – vous imaginez déjà tout ce que vous allez pouvoir réaliser avec cet argent.
- **Mercure : 21 VOL-PERTE** – attention aux voleurs. Prenez conseil avant de placer votre fortune.
- **Mercure : 22 ENTREPRISES** – il n'y a pas que de l'argent, il y a des affaires dont il va falloir vous occuper.
- **Mercure : 23 TRAFIC** – dorénavant, vous allez être très occupé et beaucoup voyager.
- **Mercure : 24 NOUVELLE** – votre héritage fait parler beaucoup de monde. Vous n'allez pas être vraiment isolé.

JUPITER avec SATURNE
41 HÉRITAGE — 50 RUINE

Vous attendez un héritage mais vous êtes inquiet au sujet de l'état de cette fortune. Vous voudriez savoir ce qu'il en reste ; s'il y a un problème d'où il vient, et dans ce cas, quelle est la solution et le résultat probable. Voyons donc Mars :

Avec Mars : 32 MÉCHANCETÉ

Il semble surtout que l'état de ruine présumé de votre héritage ne soit que des racontars dus à de méchantes langues. Allez donc y voir d'un peu plus près. Voyons donc Mercure :

- **Mercure : 18 CHANGEMENT** – un avenir radieux va s'ouvrir à vous. Votre héritage est apparemment intact. Beaucoup de peur pour rien.
- **Mercure : 19 ARGENT** – quand on ouvre le testament, on découvre que vous héritez d'un superbe somme, bien au-delà de vos espérances.
- **Mercure : 20 L'INTELLIGENCE** – vous allez pouvoir entreprendre de nouvelles études ou démarrer une nouvelle affaire. Maintenant, vous avez du temps et de l'argent devant vous.
- **Mercure : 21 VOL-PERTE** – il y avait du vrai dans les racontars : certaines possessions se sont mystérieusement volatilisées, mais vous n'êtes pas ruiné pour autant.

- **Mercure : 22 ENTREPRISES** – on vous laisse une entreprise parfaitement saine. Vous n'avez aucun souci à vous faire.
- **Mercure : 23 TRAFIC** – on peut continuer à jaser, tout va bien. Vous voilà à nouveau tout feu tout flamme.
- **Mercure : 24 NOUVELLE** – les nouvelles sont bonnes à tous les niveaux. Rien n'est perdu. Tout va bien.

Avec Mars : 33 PROCÈS

Vous vous inquiétez parce que certains jaloux songent à vous faire un procès pour vous prendre votre héritage. Vous allez devoir vous défendre. Sortez les armes.
Voyons Mercure :

- **Mercure : 18 CHANGEMENT** – vous n'avez même pas eu le temps d'avoir peur. Ceux qui voulaient vous faire un procès changent subitement d'avis.
- **Mercure : 19 ARGENT** – qu'ils fassent un procès. De toute façon vous êtes gagnant. Et vous recevez même un très bel héritage.
- **Mercure : 20 L'INTELLIGENCE** – vous usez de votre savoir-faire pour persuader vos adversaires qu'un procès est inutile et que tout est légal. Ils peuvent vous écouter. Sinon vous donnerez tous les éléments nécessaires à votre avocat et il vous fera gagner le procès.
- **Mercure : 21 VOL-PERTE** – là il y a un vrai risque. Vous risquez fort de perdre une partie de votre héritage.
- **Mercure : 22 ENTREPRISES** – ce que vos adversaires ignoraient c'est que aviez des parts dans l'affaire. De toute façon, elle était déjà pour une grande partie à vous.
- **Mercure : 23 TRAFIC** – vos adversaires essaieront d'influencer le juge mais ils en seront pour leurs frais. Vous les coiffez au poteau.
- **Mercure : 24 NOUVELLE** – on vous annonce de très bonnes nouvelles. Vos adversaires, sous les pressions diverses, ont renoncé à vous faire des ennuis.

Avec Mars : 34 DESPOTISME

Vous vous inquiétez de voir vos parents sembler se désintéresser totalement de leurs affaires, comme si quelque chose les paralysait. Vous imaginez déjà les pires horreurs. Sont-ils sous influence ? Ou bien complètement sous l'effet de la déprime occasionnée par l'état de leurs finances ? Voyons ce que répond Mercure :

- **Mercure : 18 CHANGEMENT** – vos parents semblent sortir de leur mutisme et vous tiennent au courant de leurs affaires. Tout va bien. Ils étaient seulement fatigués.
- **Mercure : 19 ARGENT** – ce n'était pas la peine de vous inquiéter. Après leur décès vous recevrez un héritage intact.
- **Mercure : 20 L'INTELLIGENCE** – l'argent de votre héritage semble bloqué. Vous allez sérieusement questionner le notaire et vous apprenez que celui-ci, submergé de travail, n'avait pas eu le temps de s'occuper de vôtre dossier.
- **Mercure : 21 VOL-PERTE** – cette fois vous aviez raison d'avoir peur. Vos parents étaient bien sous l'influence d'une personne. Ils lui avaient d'ailleurs fait don, d'une grande partie de votre héritage.
- **Mercure : 22 ENTREPRISES** – vos parents se sentent incapables de s'occuper de leurs affaires, mais ils vous laissent carte blanche pour prendre les choses en mains. Vous pouvez ainsi préserver votre héritage.
- **Mercure : 23 TRAFIC** – vous agissez à la place de vos parents, incapables de faire quoi que ce soit. Tout rentre dans l'ordre.
- **Mercure : 24 NOUVELLE** – de bonnes surprises vous viennent de chez le notaire. Tout va bien. Votre héritage est intact.

Avec Mars : 35 ENNEMIS

Vos parents avaient énormément d'ennemis jaloux de leur réussite. Ils ont beaucoup fait pour essayer de les ruiner. N'ayant pas été tenu au courant, vous vous inquiétez pour l'ouverture du testament. Voyons Mercure :

- **Mercure : 18 CHANGEMENT** – mais non tout va bien. Effectivement, vous apprenez qu'à une époque, ils ont presque fait faillite, mais qu'ils ont relevé leur affaire brillamment.
- **Mercure : 19 ARGENT** – oui on a essayé de les ruiner mais bien en vain. Votre héritage a fructifié. Il est bien plus important que vous ne l'espériez.
- **Mercure : 20 L'INTELLIGENCE** – vos parents étaient des gens très compétents. On n'a pas pu les ruiner.
- **Mercure : 21 VOL-PERTE** – on ne les a pas entièrement ruinés mais ils ont beaucoup perdu. Votre héritage est amoindri.
- **Mercure : 22 ENTREPRISES** – votre héritage a quand même été entamé du fait des efforts des concurrents pour ruiner votre famille, mais l'entreprise est toujours valable. C'est tout de même un bel héritage.
- **Mercure : 23 : TRAFIC** – les efforts des concurrents ont été neutralisés par ceux de vos parents et de votre famille. Le résultat n'est pas mal du tout.
- **Mercure : 24 NOUVELLE** – très bonne nouvelle de la part du notaire. Vous voilà soulagé.

Avec Mars : 36 POURPARLERS

Vous vous réunissez avec vos frères et sœurs pour parler de la succession. Vous vous inquiétez de savoir ce qu'il reste de votre héritage. L'un d'eux qui était parti se renseigner vient vous annoncer ce qu'il en est. Mercure va nous donner la réponse :

- **Mercure : 18 CHANGEMENT** – il y a eu un changement mais positif. Et ce, après une période de crise.
- **Mercure : 19 ARGENT** – vous apprenez que l'héritage a prospéré. Chaque héritier sera content.
- **Mercure : 20 L'INTELLIGENCE** – les affaires ont été intelligemment menées. Il n'y a pas de souci à se faire.
- **Mercure : 21 VOL-PERTE** – la nouvelle est très mitigée. Il y a eu des pertes importantes, mais tout n'est pas parti en fumée.

- **Mercure : 22 ENTREPRISES** – le bilan est excellent, on vous laisse une affaire saine, même si ce n'est pas le Pérou.
- **Mercure : 23 TRAFIC** – en tout cas, vous dit-on, c'est une affaire qui marche. Et le bilan est positif.
- **Mercure : 24 NOUVELLE** – les nouvelles sont plus qu'excellentes vous allez tous recevoir une très belle part d'héritage.

Avec Mars : 37 FEU

Vous allez devoir lutter pied à pied pour sauver votre héritage de la ruine. Vous avez hérité de dettes en même temps que de plusieurs affaires passablement embrouillées. Elles devraient tout de même, une fois assainies, valoir très cher. Il va falloir tout de même faire patienter les créanciers, trouver des crédits bancaires pour redresser la barque. Bref vous avez du pain sur la planche. Voyons donc le résultat avec Mercure :

- **Mercure : 18 CHANGEMENT** – finalement, après une période dure, le ciel s'éclaircit largement. Le résultat est excellent.
- **Mercure : 19 ARGENT** – vous réussirez sans problème à faire le ménage. L'argent va couler à flots.
- **Mercure : 20 L'INTELLIGENCE** – vous avez les compétences voulues. Cela ne vous sera pas difficile de remettre tout en ordre.
- **Mercure : 21 VOL-PERTE** – vous allez avoir beaucoup de mal et le risque est grand. Il est peut-être préférable de renoncer à l'héritage.
- **Mercure : 22 ENTREPRISES** – vous découvrirez que, malgré un désordre apparent, l'affaire est parfaitement saine et que par-dessus le marché elle répond à vos espérances et à vos possibilités. C'est finalement un très bel héritage.
- **Mercure : 23 TRAFIC** – cette affaire roule. Il suffit de l'assainir. Ce sera dur mais très rentable.
- **Mercure : 24 NOUVELLE** – de très bonnes nouvelles, des bénéfices inattendus vous permettront de remettre l'affaire d'aplomb.

Avec Mars : 38 ACCIDENT

Là, les cartes ne sont pas très optimistes. À moins d'une très bonne carte de Mercure, vous pouvez dire adieu à une bonne partie de votre héritage. Cette perte est due à une véritable catastrophe, un incendie, une explosion et une insuffisance de couverture au niveau des assurances ou bien encore un accident corporel qui a immobilisé ceux qui faisaient marcher l'affaire. Ou bien une conjoncture internationale qui change entièrement la donne du capital familial. Un placement qui semblait en béton a mené votre famille à la ruine.
Voyons les espoirs laissés par Mercure :

- **Mercure : 18 CHANGEMENT** – un changement inattendu, une nouvelle évolution dans la vie économique, une montée en flèche d'un terrain pour cause géographique, change complètement la donne. Votre héritage qui semblait réduit à rien reprend une valeur appréciable.
- **Mercure : 19 ARGENT** – d'importants dédommagements dus à une nouvelle politique ne remplacent pas ce qui est perdu, mais vous rembourse tout de même très largement.
- **Mercure : 20 L'INTELLIGENCE** – vous avez su manœuvrer dans la jungle administrative et réussi non pas à tout récupérer mais à tirer quelques dédommagements. Ceux-ci vont tout de même vous permettre de redémarrer.
- **Mercure : 21 VOL-PERTE** – cette fois c'est vraiment la catastrophe. Votre héritage est très réduit.
- **Mercure : 22 ENTREPRISES** – on vous donne de quoi redémarrer. Ce n'est pas grand-chose par rapport à ce que vous avez perdu mais vous pouvez reconstruire.
- **Mercure : 23 TRAFIC** – vous n'avez pas perdu espoir. Peut-être qu'un jour, vous pourrez recevoir des indemnités mais ce sera très long. Ne comptez pas là-dessus, dans l'immédiat, pour redémarrer.
- **Mercure : 24 NOUVELLE** – une bonne nouvelle dans votre malheur, une nouvelle qui vient d'ailleurs : il vous restait des avoirs à l'étranger. On vous annonce qu'ils ont fructifié. Vous pouvez voir venir.

JUPITER avec SATURNE

41 HÉRITAGE — 51 RETARD

Vous attendez un héritage, un crédit bancaire, le règlement d'une dette, ou le prix d'un concours et vous ne voyez rien venir. Il y a du retard. Il vous faut savoir à quoi est dû ce retard, s'il faut craindre que celui-ci se transforme en perte ou non, ou encore, s'il va s'éterniser. Nous allons donc consulter les cartes de Mars puis celles de Mercure.

Avec Mars : 32 MÉCHANCETÉ

Ce retard est dû essentiellement à de la malveillance. Certains prennent un malin plaisir à faire traîner votre dossier. Qu'il s'agisse d'un clerc de notaire, d'un notaire ou d'un banquier ou encore d'un débiteur. Voyons Mercure :

- **Mercure : 18 CHANGEMENT** – le retard ne devrait pas être très long. Un changement dans l'entourage de ceux qui doivent vous envoyer les fonds y met fin.
- **Mercure : 19 ARGENT** – la somme vous est versée. Elle est même supérieure à ce que vous escomptiez.
- **Mercure : 20 L'INTELLIGENCE** – quelqu'un a compris qu'il n'était pas souhaitable de retarder le règlement qui vous est dû.
- **Mercure : 21 VOL-PERTE** – on a fait exprès d'égarer votre dossier. Vous feriez bien d'agir, sinon le retard va s'éterniser.

- **Mercure : 22 ENTREPRISES** – il y avait encore quelques détails à régler mais, à partir de maintenant, ce ne sera plus très long.
- **Mercure : 23 TRAFIC** – il vous suffit de donner quelques coups de téléphone et vous recevrez ce qui vous est dû.
- **Mercure : 24 NOUVELLE** – c'est déjà parti. Vous allez tout recevoir d'un moment à l'autre.

Avec Mars : 33 PROCÈS

C'est un procès ou la menace d'un procès qui est la cause du retard. Ce procès peut concerner un héritage, auquel cas il y aurait contestation. Il peut concerner aussi un crédit bancaire, auquel cas, vous n'auriez pas droit à ce crédit ou une dette qui serait contestée. Voyons Mercure pour la solution finale :

- **Mercure : 18 CHANGEMENT** – il y a un revirement. La menace du procès s'éloigne. Vous allez récupérer vos fonds.
- **Mercure : 19 ARGENT** – ce que l'on vous doit est très important. On va tout de même vous le verser qu'il y ait procès ou non.
- **Mercure : 20 L'INTELLIGENCE** – vous avez su argumenter. Vous allez recevoir vos fonds.
- **Mercure : 21 VOL-PERTE** – vous risquez de voir le retard se terminer, et en plus, par une grosse perte.
- **Mercure : 22 ENTREPRISES** – vous pouvez commencer les travaux ou le projet que vous envisagiez ; les fonds ne devraient pas tarder à arriver.
- **Mercure : 23 TRAFIC** – les démarches vont encore durer. Prenez votre mal en patience.
- **Mercure : 24 NOUVELLE** – bonne nouvelle : les obstacles sont levés.

Avec Mars : 34 DESPOTISME

Le retard est important. Quelqu'un ou quelque chose, retient fermement les fonds que vous attendez. Celui qui doit s'occuper de votre affaire est empêché ou encore il manque une pièce pour le dossier. Voyons Mercure :

- **Mercure : 18 CHANGEMENT** – le nœud est défait ce n'était pas grave ; ça roule.
- **Mercure : 19 ARGENT** – celui qui retenait le dossier peut à nouveau agir : vous allez recevoir ce qui vous est dû et même au delà.
- **Mercure : 20 L'INTELLIGENCE** – vous allez devoir vous occuper vous-même de votre dossier, retrouver la pièce manquante ou découvrir l'obstacle qui gênait et y remédier.
- **Mercure : 21 VOL-PERTE** – quelqu'un retient les fonds fermement. Sans doute un débiteur dans l'impossibilité de vous rembourser. Vous risquez de ne jamais revoir votre argent.
- **Mercure, 22 ENTREPRISES** – vous avez de nombreuses relations parmi vos collègues ; vous allez pouvoir faire accélérer les choses.
- **Mercure : 23 TRAFIC** – encore quelques démarches et les problèmes seront résolus.
- **Mercure : 24 NOUVELLE** – une bonne nouvelle : on arrive au bout des problèmes qui retardaient l'arrivée des fonds.

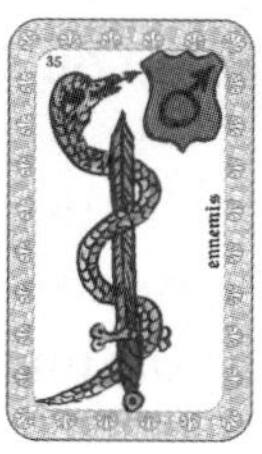

Avec Mars : 35 ENNEMIS

Vous avez des ennemis. Ces ennemis peuvent être des personnes, mais aussi vos propres faiblesses, négligences, étourderies. Les ennemis ne sont pas toujours là où on les croit. Si vous n'avez pas rempli tous les papiers, si vous avez vous-même laissé dépasser la date limite pour un crédit, si vous avez égaré la moitié des papiers qu'il fallait envoyer dans les temps, l'ennemi, c'est vous. Faites donc un examen de conscience et voyez Mercure :

- **Mercure : 18 CHANGEMENT** – apparemment ce n'était pas grave ; vous avez retrouvé les pièces manquantes qui sont sorties de l'ombre à temps.
- **Mercure : 19 ARGENT** – si vous aviez des ennemis, ils n'ont rien pu faire. Vous recevrez vos fonds bientôt.
- **Mercure : 20 L'INTELLIGENCE** – vous avez compris que tout était de votre faute. Vous allez vous remuer et réparer vos étourderies.

- **Mercure : 21 VOL-PERTE** – quelqu'un qui vous déteste a emporté une bonne partie de votre héritage. Vous ne pouvez rien faire, vous n'avez aucune preuve.
- **Mercure : 22 ENTREPRISES** – il s'agit de gens qui vous jalousent et qui vous doivent de l'argent. Mais vous avez les reins solides, de la puissance, une bonne réputation. Vous pourrez faire pression et rentrer dans vos fonds.
- **Mercure : 23 TRAFIC** – après une série de négociations et d'envoi de papiers égarés et retrouvés, les choses s'arrangent. Il faut néanmoins encore un peu de temps.
- **Mercure : 24 NOUVELLE** – cette fois, vous arrivez au bout de votre attente. Les fonds sont partis

Avec Mars : 36 POURPARLERS

Ce sont les discussions, les tractations, les démarches qui traînent et qui font que les retards s'accumulent. On se trouve dans une impasse. Mais un nouvel élément vient se mêler à ces discussions. On va quand même arriver au résultat. Voyons Mercure :

- **Mercure : 18 CHANGEMENT** – le nouvel élément ou le nouvel arrivant, fait qu'on vous accorde le crédit que vous avez sollicité.
- **Mercure : 19 ARGENT** – vous allez recevoir par ailleurs beaucoup d'argent. Et, comme on ne prête qu'aux riches, vous allez recevoir, par-dessus le marché, la somme demandée.
- **Mercure : 20 L'INTELLIGENCE** – votre business plan tient la route. Crédit accordé. Vous n'avez plus bien longtemps à attendre.
- **Mercure : 21 VOL-PERTE** – la nouvelle donne fait qu'on ne vous accorde pas le crédit demandé.
- **Mercure : 22 ENTREPRISES** – le nouvel arrivant annonce que votre affaire est solide. C'était ce que l'on attendait. On vous accorde votre crédit.
- **Mercure : 23 TRAFIC** – encore quelques réunions et on débloquera la somme demandée.
- **Mercure : 24 NOUVELLE** – le crédit est accordé.

Avec Mars : 37 FEU

Il y a un obstacle qui bloque. Apparemment il va falloir lutter ferme pour le contourner et éviter que cela traîne éternellement. Quelqu'un ou quelque chose s'oppose à ce que vous touchiez votre argent. Mais ce n'est qu'un retard et, à moins d'une mauvaise carte de Mercure, vous finirez par recevoir ce qui vous est dû. Ceci dit, un retard peut avoir des conséquences désastreuses Vous devez donc vous battre. Voyons Mercure :

- **Mercure : 18 CHANGEMENT** – après quelques sérieuses discussions, la situation se débloquera.
- **Mercure : 19 ARGENT** – un seul coup de poing sur la table et on est déjà en train de transférer les fonds.
- **Mercure : 20 L'INTELLIGENCE** – il va vous falloir convaincre que vous ne pouvez attendre. Vous arriverez à atténuer le retard, mais il faudra tout de même ne pas être trop pressé.
- **Mercure : 21 VOL-PERTE** – le retard risque de durer très longtemps. Cela va vous causer de grosses difficultés si vous comptez trop sur cet apport de fonds.
- **Mercure : 22 ENTREPRISES** – le retard bloque votre travail mais votre entreprise est solide. Toutefois vous avez intérêt à aller vous-même faire pression afin de gagner du temps.
- **Mercure : 23 TRAFIC** – certains finassent avant de vous accorder le crédit demandé. Il va falloir encore patienter quelque temps.
- **Mercure : 24 NOUVELLE** – vous avez envoyé un mail qui a atteint son but. Vous recevez coup sur coup deux messages qui vous annoncent la bonne nouvelle.

Avec Mars : 38 ACCIDENT

La cause du retard est purement accidentelle. Mais ce n'est qu'un retard ! Un incendie ou un dégât des eaux a fait que l'on a transféré vos dossiers pour les mettre à l'abri. Ou encore la personne qui gérait votre dossier se trouve à l'hôpital à la suite d'un accident. Toutefois vous aimeriez recevoir votre héritage ou votre crédit avant les calendes... Regardons Mercure :

- **Mercure : 18 CHANGEMENT** – l'arrivée d'une nouvelle personne ou de nouvelles circonstances font accélérer les choses. Vous voyez le bout du tunnel.
- **Mercure : 19 ARGENT** – les fonds sont déjà débloqués. Ce n'est plus qu'une question de jours.
- **Mercure : 20 L'INTELLIGENCE** – le retard dure. Il va falloir que vous interveniez avec adresse. Par exemple, refaire des doubles des pièces égarées et les envoyer, ou encore faire intervenir des gens plus compétents.
- **Mercure : 21 VOL-PERTE** – les dossiers risquent d'être définitivement perdus ou retrouvés trop tard. Pour un crédit, il risque fort qu'il y ait dépassement de la date limite.
- **Mercure : 22 ENTREPRISES** – votre affaire est solide. Bien que vous ayez les moyens d'attendre, vous pouvez aussi aider à faire avancer les choses.
- **Mercure : 23 TRAFIC** – l'accident n'a pas tout arrêté. Ne vous inquiétez pas, on continue d'en terminer avec votre affaire.
- **Mercure : 24 NOUVELLE** – le retard est rattrapé ; on vous l'annonce.

JUPITER avec SATURNE
41 HÉRITAGE — 52 CLOÎTRE

Vous attendez un héritage ou un crédit, ou encore le règlement d'une dette importante. Saturne indique un enfermement. On retient cet argent dans un coffre ou une banque. Autrement dit, l'argent ne peut sortir d'où il se trouve. Mais ce pourrait bien être aussi le contraire. La carte pourrait plutôt indiquer que vous allez recevoir une somme d'argent ou un héritage qui ne sera pas déclaré. Par exemple, de l'argent déposé à votre nom dans le secret d'une banque étrangère; une somme provenant de fonds secrets. Ce pourrait être aussi de l'argent provenant de quelqu'un qui se trouve en prison ou à l'hôpital. Voyons Mars pour savoir de quoi il retourne :

Avec Mars : 32 MÉCHANCETÉ

Quelqu'un a mis, pour vous, de l'argent sur un compte pour qu'à sa mort vous puissiez en hériter. Mais vous n'arrivez pas à avoir accès au coffre ou au compte. La personne qui est au courant et qui était chargée de vous aider à y accéder ne vous aime pas. Et, seul, vous n'arriverez à rien. Voyons Mercure :

- **Mercure : 18 CHANGEMENT** – la personne qui s'opposait à ce que vous ayez accès au compte qui vous revenait va changer d'attitude. Vous pourrez avoir accès à votre héritage.
- **Mercure : 19 ARGENT** – vous proposez à la personne qui vous faisait obstruction une somme d'argent. Cela réussira. Vous pourrez mettre la main sur votre héritage.
- **Mercure : 20 L'INTELLIGENCE** – finalement, vous faites appel à vos souvenirs et retrouvez, avec de la patience, les indications qui vous avaient été faites pour retrouver votre héritage. Vous réussissez par vos propres moyens à récupérer votre bien.
- **Mercure : 21 VOL-PERTE** – finalement vous n'arrivez pas à trouver où est l'héritage déposé à votre nom, dans un lieu inconnu.
- **Mercure : 22 ENTREPRISES** – vous allez agir avec patience et méthode, faire appel à des gens plus compétents dans ce genre de recherche. Vous arriverez à vos fins.
- **Mercure : 23 TRAFIC** – après plusieurs voyages, vous trouvez la banque où se trouve caché votre héritage.
- **Mercure : 24 NOUVELLE** – vous recevez une lettre de la banque. Vous n'avez qu'à vous présenter.

Avec Mars : 33 PROCÈS

Votre compte est bloqué. En principe vous ne pouvez pas sortir l'argent qui vous revient tant que le résultat d'un procès ne sera pas connu. Voyons Mercure :

- **Mercure : 18 CHANGEMENT** – après une attente, tout s'arrange d'une façon ou d'une autre. Votre argent est débloqué.
- **Mercure : 19 ARGENT** – l'argent ne sera pas bloqué longtemps. Vous gagnerez rapidement votre procès ou la personne qui vous attaquait retirera sa plainte.
- **Mercure : 20 L'INTELLIGENCE** – vous finirez par convaincre votre banque qu'il n'y a pas lieu de bloquer votre compte. Vous avez les arguments nécessaires.
- **Mercure : 21 VOL-PERTE** – le procès aura lieu et vous perdrez une bonne partie de l'argent qui est sur votre compte.
- **Mercure : 22 ENTREPRISES** – votre affaire est solide. Le procès se terminera en votre faveur.
- **Mercure : 23 TRAFIC** – vous avez d'autres comptes, vous pouvez attendre que l'affaire soit réglée.
- **Mercure : 24 NOUVELLE** – bonne nouvelle. Les fonds se débloquent. Par ailleurs, vous pouvez voir venir.

Avec Mars : 34 DESPOTISME

Le parent dont vous devriez légalement hériter est sous l'influence d'une tierce personne qui s'occupe de lui, le soigne ou vit avec lui. Elle fait tout pour que vous ne puissiez venir voir ce qui se passe. Il y a risque de captation d'héritage. Voyons Mercure :

- **Mercure : 18 CHANGEMENT** – la porte s'ouvre. Un changement de circonstances fait qu'il vous est maintenant possible d'évincer la personne qui tentait de mettre la main sur votre héritage.
- **Mercure : 19 ARGENT** – la personne qui tentait de voler votre héritage ne peut rien faire. Votre parent décède. Vous entrez en possession de ce qui vous revient.

- **Mercure : 20 L'INTELLIGENCE** – vous faites appel à des gens compétents. Ils vont vous aider à vous débarrasser de la personne qui tient votre parent sous sa coupe.
- **Mercure : 21 VOL-PERTE** – vous vous y êtes pris trop tard. Il ne restera rien au moment du décès. Il va être très difficile de récupérer ce qui devait vous revenir.
- **Mercure : 22 ENTREPRISES** – mettez tout en œuvre pour faire partir la personne indésirable qui tente de mettre la main sur votre héritage. Vous avez les moyens pour réussir.
- **Mercure : 23 TRAFIC** – après de nombreuses démarches vous obtiendrez gain de cause.
- **Mercure : 24 NOUVELLE** – une bonne nouvelle : l'oiseau s'est envolé. Vous voilà débarrassé.

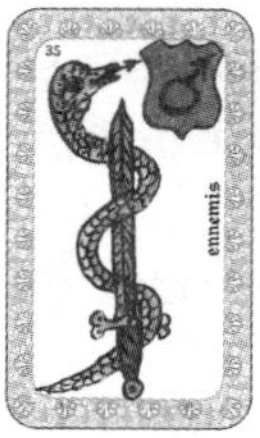

Avec Mars : 35 ENNEMIS

Par suite d'une maladie, vous êtes hospitalisé pour une longue durée. Pendant ce temps, on tente de profiter de votre faiblesse pour vous faire signer des papiers qui vous dépossèdent de vos biens. Voyons Mercure :

- **Mercure : 18 CHANGEMENT** – vous allez soudain beaucoup mieux. Vous sortez de l'hôpital et reprenez vos esprits.
- **Mercure : 19 ARGENT** – on vous a pris une certaine somme, mais il vous reste encore beaucoup d'argent.
- **Mercure : 20 L'INTELLIGENCE** – vous étiez malade, mais vous n'avez pas perdu la tête pour autant. On n'a rien pu faire contre vous.
- **Mercure : 21 VOL-PERTE** – on est en train de vous plumer. Vous avez déjà perdu beaucoup.
- **Mercure : 22 ENTREPRISES** – vous n'êtes pas tout seul. On vient à votre secours et, tout rentre dans l'ordre.
- **Mercure : 23 TRAFIC** – des amis se rendent compte de la situation et vous hébergent quelque temps. Vous êtes ainsi à l'abri de ceux qui tentent de vous dépouiller.
- **Mercure : 24 NOUVELLE** – on vous envoie des messages de partout. Cela vous fait prendre conscience de ce qui se passe. Vous allez pouvoir réagir.

Avec Mars : 36 POURPARLERS

Vous avez reçu un héritage et avez peur de le perdre. Vous songez à mettre votre fortune à l'abri sans la dépenser pour qu'elle vous serve en cas de besoin. Vos proches discutent sur cette décision. Certains trouvent qu'il serait préférable de l'utiliser pour construire quelque chose. Voyons Mercure :

- **Mercure : 18 CHANGEMENT** – les arguments des uns et des autres vous ont convaincu : vous allez utiliser votre argent pour vivre, pour partir sous des cieux plus beaux et construire une affaire.
- **Mercure : 19 ARGENT** – vous allez finalement délier les cordons de votre bourse, sortir votre pactole pour le distribuer, en faire profiter votre famille et en profiter vous-même.
- **Mercure : 20 L'INTELLIGENCE** – vous allez, après discussion, faire fructifier votre argent au lieu de le laisser dormir sur un compte bloqué. Vous devenez moins timoré.
- **Mercure : 21 VOL-PERTE** – vous avez décidément peur de perdre votre fortune, vous l'enfermez.
- **Mercure : 22 ENTREPRISES** – vous prenez une partie de cet argent pour fonder une entreprise. Mais vous restez prudent. Vous mettez le reste enfermé dans une banque seulement connue de vous.
- **Mercure : 23 TRAFIC** : finalement votre argent ne dormira pas. On vous a convaincu.
- **Mercure : 24 NOUVELLE** – vous recevez des messages. On vous propose de créer des choses intéressantes à l'étranger. Vous allez partir.

Avec Mars : 37 FEU

Vous avez besoin d'obtenir un crédit auprès de votre banque pour faire avancer un projet. Mais vous êtes enfermé en vous-même car vous êtes déprimé. Vous êtes incapable de sortir de cet état, incapable de vous tourner vers l'extérieur pour faire les démarches nécessaires. Vous ne voulez plus vous battre. Ce sont les batailles, dites-vous, qui vous ont conduit là. Voyons Mercure :

- **Mercure : 18 CHANGEMENT** – une cure ou un nouveau médicament vous sort de votre état négatif. Vous reprenez la lutte. Rien ne s'oppose à votre demande.
- **Mercure : 19 ARGENT** – une rentrée d'argent inespérée vous redonne de l'optimisme. Vous reprenez le combat sans effort. Vous aurez, de plus, le crédit demandé.
- **Mercure : 20 L'INTELLIGENCE** – vous finissez par vous raisonner et par comprendre que vous pouvez obtenir votre crédit sans trop d'efforts.
- **Mercure : 21 VOL-PERTE** – vous avez baissé les bras. Vous renoncez à votre crédit.
- **Mercure : 22 ENTREPRISES** – votre business plan est fait depuis longtemps vous n'avez qu'à l'expédier. Ce n'est pas trop vous demander d'efforts !
- **Mercure : 23 TRAFIC** – vous vous décidez à combattre. Vous voilà reparti et vous faites coup double. Vous obtenez votre crédit et sortez de votre morosité.
- **Mercure : 24 NOUVELLE** – des messages d'encouragement viennent vous sortir de votre apathie. On vous fait des propositions d'affaires.

Avec Mars : 38 ACCIDENT

Un accident vous a immobilisé. Vous voilà à l'hôpital ou chez vous, cloué dans votre lit. Allez vous réussir à continuer à gérer votre patrimoine ou vos affaires ?

Voyons Mercure :

- **Mercure : 18 CHANGEMENT** – ce n'était qu'un court arrêt. Une brève hospitalisation. Les conséquences seront financièrement minimes.
- **Mercure : 19 ARGENT** – vous êtes assez riche pour payer quelqu'un qui fasse le travail à votre place. Les affaires peuvent continuer.
- **Mercure : 20 L'INTELLIGENCE** – vous êtes physiquement hors d'état de faire grand-chose, mais vous avez toute votre tête. Du fond de votre lit vous pouvez continuer à gérer votre affaire.

- **Mercure : 21 VOL-PERTE** – personne ne peut faire le travail à votre place. Sur le plan financier votre immobilisation est très ennuyeuse.
- **Mercure : 22 ENTREPRISES** – vous avez une affaire qui marche toute seule. Ne vous faites pas de souci.
- **Mercure : 23 TRAFIC** – même plâtré des pieds à la tête, vous êtes encore capable de tout diriger.
- **Mercure : 24 NOUVELLE** – vous recevez d'excellentes nouvelles de vos affaires et de votre patrimoine. Cela vous donne un moral d'acier. Vous allez vite vous en sortir.

JUPITER avec SATURNE

43 LA RENOMMÉE 46 INFORTUNE

La carte de La Renommée annonce une très grande réussite, une renommée qui peut être exceptionnelle. C'est en tout cas le but que vous recherchez : être célèbre. Mais rien n'est éternel. La réussite peut être altérée par une période de malchance qui peut jouer dans un ou plusieurs domaines : santé, argent, négativisme. On peut être célèbre et sans un sou. Riche, célèbre et malade. La malchance n'est souvent qu'une illusion et le sujet lui-même la plupart du temps en est responsable. Voyons donc quels sont les risques et comment les éviter pour combattre la malchance et garder intacte la renommée. Infortune nous indique une période de malchance. Cette malchance n'est pas forcément matérielle, elle peut être physique ou psychologique. C'est Mars qui va nous indiquer sa nature et ses causes.

Avec Mars : 32 MÉCHANCETÉ

Les problèmes viennent surtout des mauvaises langues. Des jaloux vont tout tenter pour détruire votre bonne réputation en faisant courir des bruits sur votre personne ou en publiant toutes sortes de racontars vous portant un préjudice moral, pouvant même avoir des répercussions sur votre réussite matérielle. Mais peut-être que votre attitude y est pour quelque chose. N'avez-vous pas été trop arrogant ? Voyons Mercure :

- **Mercure : 18 CHANGEMENT** – un changement d'attitude de votre part ou un changement dans votre vie publique suscite à nouveau la sympathie. Votre réputation est à nouveau intacte.
- **Mercure : 19 ARGENT** – votre cote monte. On vous offre des très gros contrats. Vous pouvez utiliser votre fortune pour faire taire les mauvaises langues. Quelques cadeaux bien placés peuvent renverser la vapeur.
- **Mercure : 20 L'INTELLIGENCE** – vous prenez conscience de votre part de responsabilité dans la mauvaise passe que vous traversez. Vous n'en faites pas non plus un drame. Les choses s'arrangent progressivement.
- **Mercure : 21 VOL-PERTE** – les calomnies sur votre compte ont été préjudiciables. Vous perdez un contrat ou un emploi que vous convoitiez.
- **Mercure : 22 ENTREPRISES** – les racontars ne peuvent altérer en profondeur votre renommée. Ce ne sont que des éclaboussures.
- **Mercure : 23 TRAFIC** – les racontars vont bon train, mais vous agissez de votre côté pour faire courir des bruits inverses. Vous ne sortez pas totalement indemne de cette mauvaise passe, mais, au moins, on parle de vous autant en bien qu'en mal.
- **Mercure : 24 NOUVELLE** – de bonnes nouvelles vous arrivent. Encore un succès ; on vous félicite. Vous retrouvez toute votre notoriété. Votre affaire ou votre emploi marche.

Avec Mars : 33 PROCÈS

Un procès d'affaires ou de divorce risque de vous faire perdre beaucoup d'argent. Voyons comment vous allez vous en tirer.
Interrogeons Mercure.

- **Mercure : 18 CHANGEMENT** – de nouvelles circonstances, de nouvelles lois vous sont favorables. Après avoir éprouvé de grandes angoisses on arrive rapidement à un compromis qui laisse votre avoir à peu près intact.
- **Mercure : 19 ARGENT** – c'est vous qui gagnez le procès ; votre adversaire vous doit des indemnités.
- **Mercure : 20 L'INTELLIGENCE** – grâce à votre savoir-faire, vous arriverez à trouver les arguments qui vont aider votre avocat à gagner.
- **Mercure : 21 VOL-PERTE** – vous ne pourrez pas faire grand-chose. Vous serez obligé d'abandonner une grande partie de vos biens matériels. En cas de divorce, de verser une grosse pension.
- **Mercure : 22 ENTREPRISES** – vous avez les reins solides. Ce que vous devrez payer ne fera qu'égratigner votre patrimoine.
- **Mercure : 23 TRAFIC** – vous avez, vous aussi, lancé une attaque sur le plan juridique. Finalement on aboutit à un match nul. Vous êtes renvoyés dos à dos.
- **Mercure : 24 NOUVELLE** – d'excellentes nouvelles changent totalement la donne. Vous sortez instantanément de votre mauvaise passe.

Avec Mars : 34 DESPOTISME

Au début de votre carrière, vous avez signé sans réfléchir. Vous êtes pieds et poings liés, en apparence au moins, par un contrat léonin. Vous êtes exploité et vous ne voyez pas comment vous dégager. Cela fait des années que cela dure.
Voyons Mercure :

- **Mercure : 18 CHANGEMENT** – de nouvelles lois, un changement de pays, de nouvelles circonstances vous permettent de sortir des griffes de celui qui vous exploitait.
- **Mercure : 19 ARGENT** – vous recevez une très grosse somme d'argent qui n'a rien à voir avec ce qui vous lie par contrat. Vous en utilisez une grande partie pour vous débarrasser de ceux qui vous gardaient sous leurs griffes.
- **Mercure : 20 L'INTELLIGENCE** – vous avez trouvé tout seul la faille. Vous pouvez vous libérer.
- **Mercure : 21 VOL-PERTE** – vous n'arrivez pas à vous dégager, vous continuez à vous faire plumer.
- **Mercure : 22 ENTREPRISES** – votre réussite est toujours là. Vous prenez peu à peu du poids sur le plan professionnel, mais il vous faudra attendre encore longtemps avant de vous dégager du contrat qui vous lie.
- **Mercure : 23 TRAFIC** – vous vous démenez pour trouver une solution mais vous devrez encore débourser avant d'être libre.
- **Mercure : 24 NOUVELLE** – on vous invite à partir travailler dans des pays qui ne sont pas concernés par votre ancien contrat.

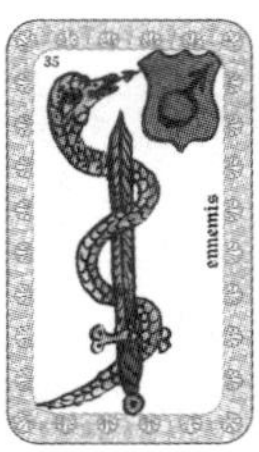

Avec Mars : 35 ENNEMIS

Vous vous êtes fait de nombreux ennemis. Ils font tout pour vous faire tomber de votre piédestal. Dans certains cas, vous ne pourrez pas tout empêcher. Mais limiter plus ou moins les dégâts, oui.
Voyons Mercure :

- **Mercure : 18 CHANGEMENT** – vous allez quand même subir une éclipse durant laquelle les portes se fermeront devant vous. Mais elle sera brève. Votre carrière et votre renommée repartiront de plus belle.
- **Mercure : 19 ARGENT** – vos ennemis ne peuvent rien contre vous sur le plan financier. Vos œuvres ou votre travail continuent à vous rapporter gros. Mais vous pouvez être blessé psychologiquement à cause des bruits qu'ils font courir sur vous.

- **Mercure : 20 L'INTELLIGENCE** – vous avez su trouver la parade. Vous rétablissez la vérité. Mais il reste quand même des soupçons sur votre compte.
- **Mercure : 21 VOL-PERTE** – vos ennemis risquent fort de vous faire perdre la confiance que l'on mettait en vous. Cela aura des conséquences financières.
- **Mercure : 22 ENTREPRISES** – vous restez le plus qualifié dans votre domaine. Mais les attaques dirigées contre vous vous font entrer dans une période de stagnation.
- **Mercure : 23 TRAFIC** – vous ne vous laissez pas faire : œil pour œil, dent pour dent. Vous laisserez quelques plumes, mais vous sortirez d'affaire.
- **Mercure : 24 NOUVELLE** – de nombreuses propositions vous font oublier les attaques dirigées contre vous. Une affaire perdue mais dix de retrouvées.

Avec Mars : 36 POURPARLERS

Vous êtes à l'aube du succès ou de l'échec, tout dépend de l'acceptation d'un projet ou du résultat d'un concours. Vous attendez le résultat qui est en discussion.

Voyons Mercure :

- **Mercure : 18 CHANGEMENT** – l'arrivée d'un nouveau personnage qui intervient dans la prise de décision vous sort de l'anonymat. Vous allez réussir votre coup.
- **Mercure : 19 ARGENT** – on prend votre projet ou votre candidature, en plus on vous fait une très belle proposition.
- **Mercure : 20 L'INTELLIGENCE** – c'est votre intelligence qui l'emporte. Vous gagnez.
- **Mercure : 21 VOL-PERTE** – votre projet a été mal protégé, on vous le vole. S'il s'agit d'un concours, un autre candidat vous prend la place.
- **Mercure : 22 ENTREPRISES** – votre projet est solide, votre savoir-faire est parfait. Vous avez toutes vos chances.
- **Mercure : 23 TRAFIC** – il y a un trafic d'influences. Rien n'est joué, la concurrence est rude, il va falloir vous battre.
- **Mercure : 24 NOUVELLE** – vous êtes pris : les félicitations des amis affluent.

Avec Mars : 37 FEU

Vous aviez cru trop tôt en votre réussite, mais, soudain, vous vous retrouvez en concurrence. Vous êtes plusieurs sur le coup ! La lutte sera très difficile.
Voyons Mercure :

- **Mercure : 18 CHANGEMENT** – un changement de dernière minute éloigne vos autres concurrents.
- **Mercure : 19 ARGENT** – votre personnalité est plus riche, votre projet plus intéressant. C'est vous qui l'emportez de haute lutte.
- **Mercure : 20 L'INTELLIGENCE** – vous êtes supérieur aux autres concurrents. C'est ce qui va faire pencher la balance de votre côté. Mettez donc cette qualité en avant.
- **Mercure : 21 VOL-PERTE** – un de vos concurrents l'emporte sans problème sur vous. Vous ne faites pas encore le poids. Il faut vous améliorer vous ou votre projet.
- **Mercure : 22 ENTREPRISES** – votre projet est bien présenté, vous savez vous mettre en valeur, vous avez bien construit votre personnage. Vous serez le gagnant, à condition de vérifier que tout est bien au point.
- **Mercure : 23 TRAFIC** – on fait des pressions dans tous les sens. Vous devez impérativement vous trouver des appuis. Il ne suffit pas d'avoir du talent pour gagner.
- **Mercure : 24 NOUVELLE** – on vient de plusieurs côtés appuyer votre candidature. Vous allez donc l'emporter.

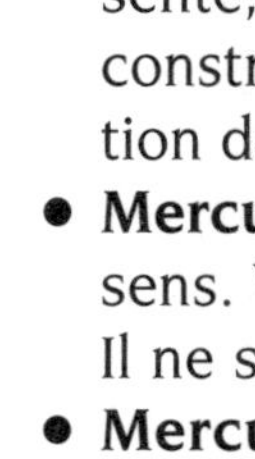

Avec Mars : 38 ACCIDENT

Vous êtes sur le point d'accéder à la réussite. Un concours de circonstances imprévues, un accident, risque de tout remettre en question et de vous replacer sur la case départ.
Voyons Mercure :

- **Mercure : 18 CHANGEMENT** – plus de peur que de mal. Après un arrêt, un début d'éclipse dû à un séjour à l'hôpital ou un brusque coup de frein de vos projets, les événements reprennent un cours favorable. Le succès vous attend.

- **Mercure : 19 ARGENT** – à la suite d'un accident corporel, vous recevrez une large indemnité. Vous pourrez voir venir et repartir vers le succès. Ce ne sera que partie remise.
- **Mercure : 20 L'INTELLIGENCE** – un espoir s'écroule. Vous êtes assez intelligent pour comprendre que celui qui gagne n'est pas celui qui ne tombe pas mais celui qui se relève.
- **Mercure : 21 VOL-PERTE** – c'est la fin d'un espoir. Il faudra songer à autre chose.
- **Mercure : 22 ENTREPRISES** – tout n'est pas détruit, tout espoir n'est pas perdu. Vous remonterez la pente progressivement.
- **Mercure : 23 TRAFIC** – un espoir s'est brisé certes, mais il y a des portes de sortie. D'autres possibilités se présentent.
- **Mercure : 24 NOUVELLE** – on vous envoie d'autres propositions. Vous pouvez repartir dans vos projets.

JUPITER avec SATURNE
43 LA RENOMMÉE 47 STÉRILITÉ

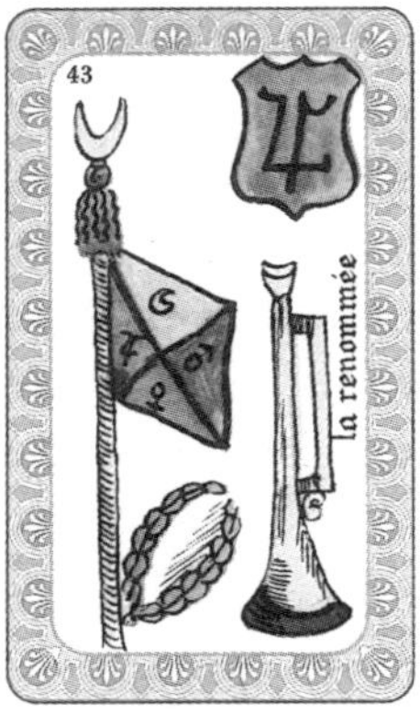

Vous pouvez accéder à la gloire, mais cette gloire pourrait bien ne pas durer. Vous avez publié une œuvre, monté une affaire, trouvé un emploi qui a bien marché, mais aujourd'hui vous pourriez manquer d'inspiration. Vous avez fait un grand coup de bluff, mais il n'y a pas de suite. Votre rôle a fait un tabac mais maintenant on vous considère comme fini, ne rapportant plus rien. C'est là votre grande crainte. Il s'agit de savoir si vous avez raison de vous inquiéter et si oui pourquoi.

Avec Mars : 32 MÉCHANCETÉ

En fait, il semble que ce sont des racontars qui sont à l'origine de votre angoisse. Certains tentent de faire croire que vous n'avez plus d'idées, plus de pouvoir créatif ou plus de talent ou encore que vous êtes trop âgé.

Voyons Mercure :

- **Mercure : 18 CHANGEMENT** – vous sortez de l'ombre où les racontars étaient en train de vous pousser et sortez brillamment de l'ornière.
- **Mercure : 19 ARGENT** – votre job rapporte tellement que plus personne n'ose raconter que vous êtes fini.
- **Mercure : 20 L'INTELLIGENCE** – vous n'avez rien perdu de votre savoir-faire, mais vous avez du mal à le faire savoir. Vous avez besoin d'un peu de pub ou de faire parler de vous.
- **Mercure : 21 VOL-PERTE** – les bruits qui courent vous dépriment ; vous devenez vraiment à court d'idées ; vous devenez stérile pour un temps.
- **Mercure : 22 ENTREPRISES** – vous n'êtes fini, mais vous tournez au ralenti. Vous faites un break, vous prenez une année sabbatique.
- **Mercure : 23 TRAFIC** – vous faites taire les racontars et vous vous remettez à travailler. Vous n'êtes pas encore sur une île déserte…
- **Mercure : 24 NOUVELLE** – les gens vous pressent de vous remettre au travail, ce que vous faites avec enthousiasme. Vous ne décevez dès lors plus personne.

Avec Mars : 33 PROCÈS

Vous êtes tracassé par un procès. Cela vous coupe l'inspiration ; vous ne rêvez que d'une chose, partir sur une île déserte et vous couper de ce monde terrible.

Voyons Mercure :

- **Mercure : 18 CHANGEMENT** – votre procès se termine bien ; vous sortez de votre déprime et retrouvez votre créativité.
- **Mercure : 19 ARGENT** – vous recevez de gros arriérés concernant vos travaux. Cela vous redonne votre bonne humeur et vos capacités.
- **Mercure : 20 L'INTELLIGENCE** – votre intelligence est intacte mais vous avez du mal à sortir de votre négativité.
- **Mercure : 21 VOL-PERTE** – vous avez perdu tous vos moyens. Pour sortir de la crise, il va falloir du temps. Attendre la fin du procès et digérer le dit procès.
- **Mercure : 22 ENTREPRISES** – vous n'avez rien perdu de vos capacités, mais déposé les armes. Il faut attendre la fin du procès pour que vous vous décidiez à reprendre le collier.
- **Mercure : 23 TRAFIC** – vous faites de gros efforts pour activer le procès et vous remettre au travail. Vous n'avez pas l'habitude de rester les bras ballants.
- **Mercure : 24 NOUVELLE** – une bonne nouvelle, votre histoire de procès est vite résolue d'une façon ou d'une autre. On vous fait des propositions. Cela vous redynamise.

Avec Mars, 34 DESPOTISME

Vous traversez une période d'aridité. Vous n'arrivez plus à créer, à produire. Vous vous sentez sans idées, sans imagination. Quelque chose ou quelqu'un vous ligote la cervelle. Des soucis qui vous brident ou quelqu'un qui profite de votre serviabilité ne vous laissent plus de temps pour vous-même. Ou encore quelqu'un ne cesse de vous critiquer. Si vous ne réagissez pas vous êtes mal parti. Votre succès ne durera pas longtemps. Voyons Mercure :

- **Mercure : 18 CHANGEMENT** – vous avez choisi de partir. Vous quittez ainsi ce qui vous angoisse ou la personne qui vous freine. Vous retrouvez rapidement le chemin de la réussite.
- **Mercure : 19 ARGENT** – vous recevez des droits sur vos travaux ou des indemnités. Cela vous remotive et vous aide à prendre le large par rapport à tout ce qui vous freinait.

- **Mercure : 20 L'INTELLIGENCE** – vous prenez conscience de tout ce qui vous empêchait de croire en vous. Votre talent, vos idées, vos capacités, qui n'étaient jamais partis, en réalité, se remettent à fonctionner.
- **Mercure : 21 VOL-PERTE** – vous n'arrivez plus à produire. Il vous semble que tout votre talent s'est enfui. Vous avez besoin de faire un break.
- **Mercure : 22 ENTREPRISES** – vous avez encore tous les atouts en mains, mais vous ressentez l'envie de faire une pause. Ne la faites pas durer.
- **Mercure : 23 TRAFIC** – vous ne cessez en réalité de produire, mais difficilement en faisant de gros efforts contre votre propre inertie. Vous devez soit vous reposer, soit vous libérer des gens qui vous écrasent.
- **Mercure : 24 NOUVELLE** – on vient à vous et l'on vous demande ce que vous faites. Vous en profitez pour reprendre votre liberté par rapport à vous-même et aux autres.

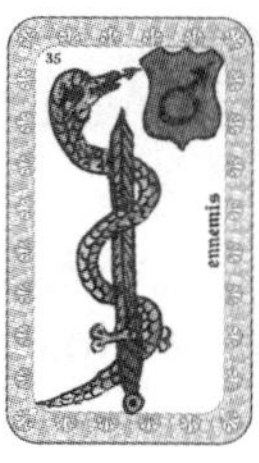

Avec Mars : 35 ENNEMIS

Vous vous êtes fait beaucoup d'ennemis et vous voilà très isolé. Ce n'est pas bon pour la notoriété. On ne vous propose plus de contrat et on ne veut même plus entendre parler de vos projets. On ne les regarde même pas.

Voyons Mercure :

- **Mercure : 18 CHANGEMENT** – après une période sombre qui vous a appris à être plus diplomate, vous remontez à la surface.
- **Mercure : 19 ARGENT** – apparemment vous n'avez pas que des ennemis. Quelqu'un vous propose un gros contrat, un emploi. Vous sortez de votre isolement.
- **Mercure : 20 L'INTELLIGENCE** – vous pouvez profiter du fait que vous êtes quelque peu au placard pour faire le point et réfléchir à ce que vous allez faire.
- **Mercure : 21 VOL-PERTE** – vous risquez encore un refus. Il va falloir remonter la pente doucement.

- **Mercure : 22 ENTREPRISES** – vous avez construit les bases d'un excellent projet, mais vous avez du mal à avancer. Vous devez y intégrer des associés, qui eux, sauront ouvrir les portes pour décrocher un nouveau contrat.
- **Mercure : 23 TRAFIC** – vous faites de gros efforts de diplomatie pour renouer les contacts perdus. Cela finira par payer.
- **Mercure : 24 NOUVELLE** – vous aviez encore des amis à l'étranger. Vous allez en recevoir des messages. Sautez sur cette occasion !

Avec Mars : 36 POURPARLERS

Vous êtes en discussions pour décrocher un gros contrat, un job intéressant. Vous avez des angoisses car vous n'êtes pas sûr d'être à la hauteur. Attention ! Certains doutent de vous.
Voyons Mercure :

- **Mercure : 18 CHANGEMENT** – vous quittez votre période de doute et du coup vous retrouvez votre inspiration. Vous saurez défendre votre projet.
- **Mercure : 19 ARGENT** – on vous propose une très grosse avance. Cela vous redonne l'estime de vous-même et l'inspiration en prime.
- **Mercure : 20 L'INTELLIGENCE** – certains émettent des doutes sur vos capacités actuelles. Utilisez votre intelligence pour démontrer le contraire.
- **Mercure : 21 VOL-PERTE** – un nouveau venu met son veto. Il vous trouve trop « has been ». Vous n'arrivez pas à réagir.
- **Mercure : 22 ENTREPRISES** – vous pouvez démontrer que vous avez tous vos atouts.
- **Mercure : 23 TRAFIC** – les discussions vont être longues mais en définitive vous aurez votre contrat ou votre job.
- **Mercure : 24 NOUVELLE** – vous n'avez pas à vous faire de souci. Certains des intervenants vous préviennent qu'ils appuieront votre candidature.

Avec Mars : 37 FEU

Vous êtes en concurrence pour décrocher un contrat. Et par-dessus le marché vous êtes isolé. Vous ne pouvez compter que sur vous-même vous n'avez, à votre connaissance, aucun appui, mais ce n'est pourtant pas si sûr... Voyons Mercure :

- **Mercure : 18 CHANGEMENT** – votre concurrent, qui semblait au début devoir l'emporter sur vous, se retire ou ne fait pas le poids. La route s'ouvre ensoleillée devant vous.
- **Mercure : 19 ARGENT** – même sans appui, vous l'emportez. Votre projet semble plus rentable.
- **Mercure : 20 L'INTELLIGENCE** – votre concurrent a d'avantage de relations, mais il est moins performant, votre projet est plus intéressant. Vous saurez le défendre.
- **Mercure : 21 VOL-PERTE** – vous êtes isolé et votre projet est sans avenir. Inutile d'insister.
- **Mercure : 22 ENTREPRISES** – votre projet est solide, il tient la route, mais il est trop ancien, pas suffisamment dans le vent. Il faut le remanier.
- **Mercure : 23 TRAFIC** – votre projet est vivant, dynamique et en plein dans l'air du temps. Mais l'autre aussi. Si vous l'emportez ce sera de justesse.
- **Mercure : 24 NOUVELLE** – vous recevez des appuis de dernière minute. Finalement vous étiez moins seul que vous ne le pensiez.

Avec Mars : 38 ACCIDENT

Un accident qui vous concerne directement ou indirectement (il peut s'agir d'un proche) vous a beaucoup fatigué, vous a causé bien du souci. Vous n'avez plus beaucoup d'énergie. Vous vous sentez à court d'idées et de créativité.
Voyons Mercure :

- **Mercure : 18 CHANGEMENT** – vous décidez de changer d'air, de partir faire un break au soleil. Vous en revenez tout neuf et rechargé à bloc. Votre créativité est revenue.

- **Mercure : 19 ARGENT** – on vous fait un pont d'or. Cela vous redonne confiance en vous. Vous repartez vers la gloire.
- **Mercure : 20 L'INTELLIGENCE** – Vos capacités intellectuelles font une nouvelle fois merveille.
- **Mercure : 21 VOL-PERTE** – il vous semble qu'avec cet accident votre pouvoir créatif s'est brisé. Attendez, avant de vous remettre sur le marché, d'être tout à fait rétabli.
- **Mercure : 22 ENTREPRISES** – votre talent est toujours là, mais, à la suite de votre accident, les gens vous ont un peu oublié. Il vous faut du temps pour remettre la machine en route.
- **Mercure : 23 TRAFIC** – on ne vous a pas oublié durant cette période difficile et vous n'avez cessé de faire des efforts pour remonter la pente. Cela va finir par payer.
- **Mercure : 24 NOUVELLE** – on ne vous laisse pas tomber. Les nouvelles arrivent de partout. Ainsi que les propositions.

JUPITER avec SATURNE
43 LA RENOMMÉE 48 FATALITÉ

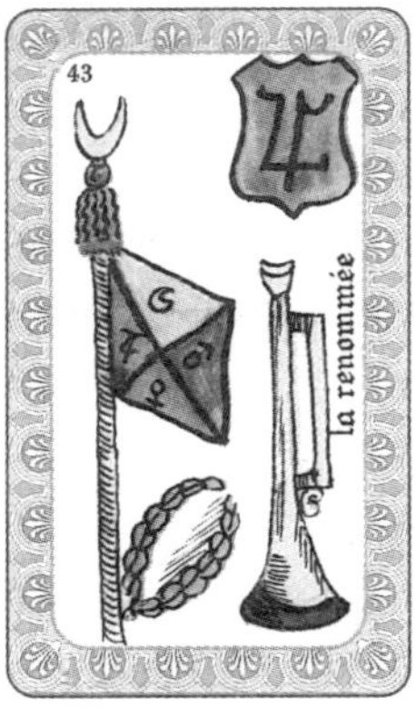

La fatalité n'est pas forcément une mauvaise chose. Elle indique la force du destin et la faux de Saturne indique la moisson. Cette moisson est donc fonction de ce qui a été semé et du terrain qui a reçu les graines. Elle peut donc être positive ou négative. Tout dépendra des autres cartes en présence : Mars et Mercure. De même Mars n'est pas obligatoirement négatif ; c'est une énergie qui peut elle aussi être positive ou négative.

Avec Mars : 32 MÉCHANCETÉ

Rien de tel que les méchantes langues pour porter atteinte à une réputation. Mais cela n'est pas suffisant pour aller à l'encontre d'une renommée construite sur de vraies valeurs. Ceci dit, la méchanceté est souvent la réaction à une attitude du sujet qui est attaqué. Si vous avez été trop arrogant, ne vous étonnez pas d'être la proie des jaloux. Tout va donc dépendre de Mercure.

- **Mercure : 18 CHANGEMENT** – les méchantes langues se calment et embouchent à leur tour les trompettes de la renommée.
- **Mercure : 19 ARGENT** – vous recevez de gros dividendes qui vous permettent de faire des cadeaux à vos ennemis. Vous les transformez en fidèles groupies.
- **Mercure : 20 L'INTELLIGENCE** – votre renommée est bâtie sur votre intelligence et votre savoir-faire. Les ragots colportés par vos ennemis ne peuvent rien faire. La renommée était inscrite dans notre thème natal.
- **Mercure : 21 VOL-PERTE** – vous avez manqué de vigilance. Vous avez pris les ragots de haut. Résultat les médias ne sont pas très aimables avec vous.
- **Mercure : 22 ENTREPRISES** – votre œuvre est solide. Votre renommée n'est pas bâtie sur du vent, mais sur un talent confirmé. On ne peut pas grand-chose contre vous.
- **Mercure : 23 TRAFIC** – on dit du mal de vous, mais aussi du bien. Tout cela s'équilibre. Vous n'avez rien à craindre.
- **Mercure : 24 NOUVELLE** – d'innombrables lettres de soutien viennent contrebalancer largement les calomnies. Vous en sortirez grandi.

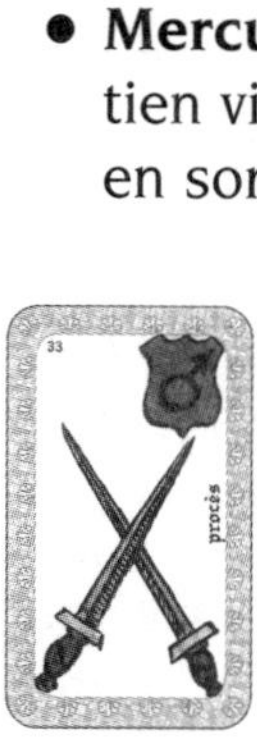

Avec Mars, 33 PROCÈS

Un procès risque de venir, sinon mettre un terme à votre bonne réputation, du moins l'entacher. Les conséquences peuvent être ennuyeuses, si par exemple vous faites de la politique. Un casier judiciaire pourrait alors mettre fin à votre carrière. Voyons Mercure :

- **Mercure : 18 CHANGEMENT** – après une lourde période de suspicion, les doutes sont levés ; vous ressortez blanc comme neige.
- **Mercure : 19 ARGENT** – vous gagnerez haut la main votre procès et on vous versera des indemnités en compensation du préjudice reçu.
- **Mercure : 20 L'INTELLIGENCE** – vous allez avoir besoin de toute votre intelligence pour vous défendre ; mais aussi du meilleur avocat, connaissant par cœur le code de la loi.
- **Mercure : 21 VOL-PERTE** – votre réputation en a pris un coup. On vous tourne le dos. Ou vous avez triché, ou vous avez commis des actes répréhensibles. Vos espoirs de carrière brillante s'envolent.
- **Mercure : 22 ENTREPRISES** – Vous devez y regarder à deux fois et longuement réfléchir avant de vous lancer dans quoique ce soit. Entourez vous de conseillers en tout genre.
- **Mercure : 23 TRAFIC** – on s'agite beaucoup autour de vous. Vous ne sortez pas condamné, mais pas blanchi non plus. Le doute reste sur votre conduite. Vous aurez du mal à accéder aux plus hauts postes.
- **Mercure : 24 NOUVELLE** – vous recevez des messages de félicitations. Votre renommée est restaurée.

Avec Mars : 34 DESPOTISME

Des liens dont vous avez honte, s'ils étaient révélés, porteraient atteinte à votre réputation. Des accointances politiques ou, pires, douteuses. Un passé dont vous ne pouvez vous débarrasser et qui pourrait ressurgir. Très ennuyeux si vous faites de la politique, moins grave si vous êtes écrivain, une vedette du sport ou du spectacle ou encore si vous menez une vie ordinaire, normale. Ennuyeux si vous êtes un chercheur de haut niveau : certaines portes vous seraient fermées. Voyons donc Mercure :

- **Mercure : 18 CHANGEMENT** – ce n'était pas si grave que cela. Une fois l'abcès percé, vous pourrez respirer, la voie vers le succès sera à nouveau libre.

- **Mercure : 19 ARGENT** – vous pourrez acheter le silence de certaines personnes. Mais vous ne serez jamais tranquille.
- **Mercure : 20 L'INTELLIGENCE** – vous pouvez sans problème trouver des explications rassurantes à vos actions passées. Il s'agissait d'une erreur de jeunesse.
- **Mercure : 21 VOL-PERTE** – on ne vous fera pas de cadeau. Vous payez vos erreurs du passé ; vous ne pouvez plus espérer accéder à de hautes situations. Tout au moins pas dans l'immédiat.
- **Mercure : 22 ENTREPRISES** – la somme de vos actes a un bilan positif. Votre droiture sera mise en lumière. Vous pouvez toujours accéder aux plus hautes fonctions.
- **Mercure : 23 TRAFIC** – trafics douteux dit-on, en parlant de votre passé. Mais vous pouvez contrer vos adversaires.
- **Mercure : 24 NOUVELLE** – si vous ne plaisez pas là ou vous êtes, vous serez très bien reçu ailleurs. Vous recevez de flots d'invitations venant de pays étrangers.

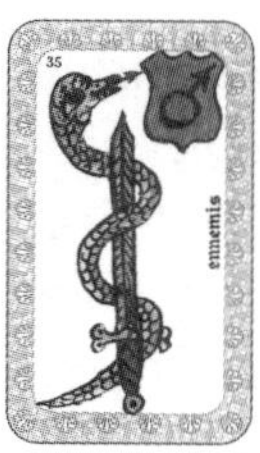

Avec Mars : 35 ENNEMIS

Vous avez des ennemis. Soit parce que, étant un personnage en vue, vos opinions dérangent certains, soit parce que votre attitude n'a pas toujours été aimable. En tout cas, certaines personnes font tout pour mettre fin à votre réussite.

Voyons donc Mercure :

- **Mercure : 18 CHANGEMENT** – le mieux pour vous est de vous expatrier, de demander l'asile. Certains pays sont prêts à vous accueillir à bras ouverts.
- **Mercure : 19 ARGENT** – on n'achète pas la renommée, mais on peut neutraliser ses ennemis. Vous n'êtes pas obligé de leur verser des sommes, mais de les intéresser à vos travaux.
- **Mercure : 20 L'INTELLIGENCE** – vous êtes capable de contrer vos ennemis ; vous êtes plus malins qu'eux. Pendant qu'ils perdent leur temps à tenter de vous attaquer, continuez votre travail. Plus personne ne pourra faire quelque chose contre vous.

- **Mercure : 21 VOL-PERTE** – méfiez-vous, on peut vous tendre un piège. Vous devez être extrêmement prudent, car vous êtes dans une période de fragilité psychologique. Gare aux tentations.
- **Mercure : 22 ENTREPRISES** – vous êtes trop solide pour que des ennemis puissent vous faire vaciller sur votre piédestal.
- **Mercure : 23 TRAFIC** – vous avec le sens de la communication et de nombreuses relations. Prenez des contacts et expliquez-vous.
- **Mercure : 24 NOUVELLE** – répondez aux invitations que vous recevez et venant d'ailleurs. Là où vous êtes, c'est dangereux pour vous. Si vous êtes à l'étranger, rentrez !

Avec Mars : 36 POURPARLERS

Des discussions sont en cours pour décerner un prix, couronnant une carrière. Vous espérez remporter ce prix qui vous donnera une dimension nationale ou internationale.

Voyons Mercure :

- **Mercure : 18 CHANGEMENT** – après bien des pourparlers durant lesquels vous avez failli ne pas remporter le prix, un nouvel élément intervient et vous obtenez la victoire.
- **Mercure : 19 ARGENT** – le prix que vous recevez s'accompagne d'une très belle somme d'argent qui va vous permettre de continuer vos œuvres ou vos travaux.
- **Mercure : 20 L'INTELLIGENCE** – le prix, que vous allez recevoir, couronne avant tout votre intelligence. Il concerne une œuvre littéraire, ésotérique ou scientifique.
- **Mercure : 21 VOL-PERTE** – ce n'est pas vous qui remportez la palme. L'heure de votre réussite n'a pas encore sonné.
- **Mercure : 22 ENTREPRISES** – c'est une œuvre collective dont vous avez la responsabilité que l'on salue. Elle est solide et bienfaisante pour l'humanité.
- **Mercure : 23 TRAFIC** – vous êtes en concurrence à égalité avec un autre. Il va être très difficile de vous départager. Le résultat est incertain.
- **Mercure : 24 NOUVELLE** – Vous recevez les félicitations avant même d'avoir le résultat.

Avec Mars : 37 FEU

Vous arrivez au terme d'une œuvre ou d'un travail. Vous espérez que cela fera un succès et vous propulsera dans les médias.
Voyons Mercure :

- **Mercure : 18 CHANGEMENT** – quelqu'un vous conseille d'effectuer quelque modification à votre travail. Malgré votre dépit vous vous attelez à faire les modifications demandées et c'est le succès.
- **Mercure : 19 ARGENT** – vous n'avez rien négligé du début jusqu'à la fin. Vous allez non seulement accéder à la notoriété mais de plus recevoir une belle somme d'argent.
- **Mercure : 20 L'INTELLIGENCE** – vous avez eu l'intelligence de faire tout ce qu'il fallait, suivre les conseils des gens éclairés, faire preuve de souplesse en dehors de vos qualités intellectuelles personnelles. Le résultat est payant.
- **Mercure : 21 VOL-PERTE** – un concurrent a été considéré comme meilleur. C'est lui qui récolte les lauriers. Vous avez l'impression d'être volé. Si vous postulez à un poste, c'est non.
- **Mercure : 22 ENTREPRISES** – vous êtes resté solide jusqu'au bout. Vous avez préparé votre affaire avec la certitude du travail bien fait. Vous aviez raison d'être sûr de vous.
- **Mercure : 23 TRAFIC** – votre concurrent est au même niveau que vous. Vous arrivez ensemble au poteau.
- **Mercure : 24 NOUVELLE** – le résultat de vos compétences vous donne de nombreuses ouvertures. On vous contacte.

Avec Mars : 38 ACCIDENT

Un accident ou un concours de circonstances imprévisibles vient mettre fin à une carrière brillante ou à une montée vers le succès.
Voyons Mercure :

- **Mercure : 18 CHANGEMENT** – il ne s'agissait que d'un arrêt momentané et non d'une fin définitive. Votre travail ou votre ascension vers le succès peut reprendre.

- **Mercure : 19 ARGENT** – on va vous dédommager financièrement des suites de votre accident ; mais vous aurez tout de même du mal à reprendre votre travail.
- **Mercure : 20 L'INTELLIGENCE** – l'accident met fin à une étape de votre vie. Vous êtes assez intelligent pour envisager autre chose. Vous avez plusieurs cordes à votre arc.
- **Mercure : 21 VOL-PERTE** – votre carrière est brutalement interrompue. Il vous faudra du temps pour remonter la pente.
- **Mercure : 22 ENTREPRISES** – l'accident n'a pas tout détruit. Il vous reste des bases solides. Mais il faudra être patient.
- **Mercure : 23 TRAFIC** – vous ne perdez pas courage, car vous aviez deux possibilités de carrière. Vous changez votre fusil d'épaule et repartez courageusement.
- **Mercure : 24 NOUVELLE** – l'accident a stoppé net votre carrière, mais cela n'empêche pas que vous receviez des indemnités. Vous pourrez dire au moins, que vous avez réussi une première partie de votre vie. Rien ne vous empêche de démarrer autre chose. On est prêt à vous aider.

JUPITER avec SATURNE
43 LA RENOMMÉE 49 LA GRÂCE

Cette fois la carte de Jupiter, qui vous envoie les flux harmonieux de Mars, Vénus et la Lune comme cela est notifié sur son étendard, s'associe avec un Saturne particulièrement bénéfique. Les cartes de Mars ne pourront empêcher la réalisation promise par Jupiter et Saturne. Leurs effets négatifs seront minimes par rapport à l'ensemble, sans compter qu'ils pourront être corrigés par les cartes de Mercure.

Avec Mars : 32 MÉCHANCETÉ

Vous êtes dans une période de succès indéniable ; vous arrivez au sommet de votre carrière. Ce qui suscite bien des envieux. On ne voit pas trop ce qu'ils pourraient faire contre vous. Pour avoir le fin mot de l'histoire. Voyons Mercure :

- **Mercure : 18 CHANGEMENT** – les racontars hypocrites vous ont un temps chagriné et ont porté un peu d'ombre à votre réussite. Mais vous en ressortez plus fort qu'avant. Une longue route lumineuse vous attend.
- **Mercure : 19 ARGENT** – vous avez le vent en poupe ; votre talent prévaut désormais. Vos finances prennent une nouvelle dimension.
- **Mercure : 20 L'INTELLIGENCE** – ceux qui tentent de vous nuire sont bien maladroits. Il vous est très facile de retourner contre eux leurs arguments.
- **Mercure : 21 VOL-PERTE** – vous pourriez être victime d'un cambriolage, voire une agression sur un de vos proches. Mais votre bonne étoile vous protège. Il n'y aura pas de catastrophe.
- **Mercure : 22 ENTREPRISES** – les méchants ruminent des sombres pensées à votre égard. Mais vous êtes bien protégés vous n'avez pas de souci à vous faire.
- **Mercure : 23 TRAFIC** – vous réussissez dans tous les domaines. Votre réussite est exemplaire.
- **Mercure : 24 NOUVELLE** – vous accumulez les bonnes affaires. Les félicitations de vos proches vous parviennent.

Avec Mars : 33 PROCÈS

Vous êtes en train de devenir riche et célèbre. Cela ne vous empêche pas d'avoir un procès sur les bras. Quoi qu'il en soit, ce procès ne pourra pas vraiment vous nuire. Mais il peut vous causer des angoisses. Voyons donc Mercure :

- **Mercure : 18 CHANGEMENT** – la menace du procès s'éloigne. Vous pouvez profiter pleinement de votre réussite et partir en voyage sans souci.
- **Mercure : 19 ARGENT** – le procès que l'on vous fait a pour but de vous soutirer indûment de l'argent. Mais vous gagnerez et vous recevrez des indemnités.
- **Mercure : 20 L'INTELLIGENCE** – vous allez quand même être obligé de perdre du temps pour vous occuper de cette affaire, votre avocat ne peut pas tout faire lui-même.
- **Mercure : 21 VOL-PERTE** – vous n'aviez pas tout prévu. Vous étiez bien trop honnête et aviez fait confiance. Vous devrez abandonner une partie de vos droits à quelqu'un. Ce qui n'enlève rien au fait que vous réussissiez.
- **Mercure : 22 ENTREPRISES** – vous êtes un roc inattaquable. On peut vous faire tous les procès de la terre. Ce sera en vain. Vos adversaires le comprendront rapidement et abandonneront.
- **Mercure : 23 TRAFIC** – vous n'avez pas l'habitude de vous laisser faire. Vous saurez mettre tout en œuvre pour piéger vos adversaires et vous ferez coup double. Vous gagnerez et serez débarrassé des importuns une fois pour toutes.
- **Mercure : 24 NOUVELLE** – de très bonnes nouvelles vous arrivent : on abandonne le procès et vous recevez encore de l'argent.

Avec Mars : 34 DESPOTISME

Vous avez du mal, malgré votre réussite brillante, à vous débarrasser de liens qui vous empêchent d'en profiter pleinement. Il s'agit, soit d'une emprise familiale qui fait que l'on vous exploite et vous n'osez pas vous révolter, soit d'un contrat léonin dont vous n'arrivez pas à vous débarrasser. Voyons Mercure :

- **Mercure : 18 CHANGEMENT** – vous réussissez à prendre le large. Vous reprenez votre indépendance sans problème.
- **Mercure : 19 ARGENT** – moyennant finance, puisque maintenant vous en avez les moyens, vous vous débarrassez de ceux ou celui qui vous exploitait ou vous maintenait sous sa coupe.

- **Mercure : 20 L'INTELLIGENCE** – vous avez eu vite fait de supplanter celui qui vous faisait de l'ombre. C'est vous qu'on a retenu.
- **Mercure : 21 VOL-PERTE** – vous devez abandonner gros pour pouvoir être libre. Le contrat qui vous liait était très bien fait.
- **Mercure : 22 ENTREPRISES** – il vous faudra de la patience, mais vous arriverez à vous libérer de vos liens qu'ils soient familiaux ou pas.
- **Mercure : 23 TRAFIC** – moyennant de nombreuses tractations, vous finirez par vous libérer, mais cela prendra du temps. Il n'y aura pas de rupture brutale.
- **Mercure : 24 NOUVELLE** – de nouvelles informations vont vous permettre de trouver la solution rapidement.

Avec Mars : 35 ENNEMIS

Avant d'arriver à votre période de succès, vous vous êtes fait des ennemis qui ne vous ont pas oublié. Il va falloir, malgré la période de chance que vous traversez, en tenir compte, ne serait-ce que pour préserver le futur. La chance n'est pas éternelle. Voyons Mercure :

- **Mercure : 18 CHANGEMENT** – vous allez faire votre examen de conscience et réparer les erreurs que vous avez commises envers certains. De sorte, vos ennemis cesseront de vous en vouloir.
- **Mercure : 19 ARGENT** – réglez vos dettes, payez, réparez les préjudices que vous avez pu causer à certains. On vous le remboursera au centuple.
- **Mercure : 20 L'INTELLIGENCE** – vos ennemis n'ont en fait rien à vous reprocher. Mais ils se font des idées. Mettez les choses au clair. Expliquez. Faites cesser les malentendus.
- **Mercure : 21 VOL-PERTE** – vos ennemis vont tenter de se venger d'un fait réel ou imaginaire. Vous risquez d'être cambriolé. Renforcez la protection de vos biens.
- **Mercure : 22 ENTREPRISES** – vos ennemis vont tenter de faire couler votre affaire. Ils n'y arriveront pas. Vous êtes solide comme un roc et ne donnez pas prise.

- **Mercure : 23 TRAFIC** – vous allez rendre un coup pour un coup. Le combat finira par cesser mais pas forcément définitivement.
- **Mercure : 24 NOUVELLE** – excellentes nouvelles : vos ennemis sont neutralisés. Vous avez bien plus d'amis que d'ennemis.

Avec Mars : 36 POURPARLERS

Même Mars n'est pas négatif. Il est neutre. De sorte que tout dépendra de Mercure. Mais, quelle que soit l'issue des pourparlers en question, cela ne remettra pas en cause votre succès global. Ce sera seulement un plus ou un moins dans votre marche en avant. Voyons Mercure :

- **Mercure : 18 CHANGEMENT** – à l'issue d'une réunion de décideurs, on vous invite à aller recevoir une récompense à l'étranger. On vous confie un projet dont vous rêviez depuis un moment.
- **Mercure : 19 ARGENT** – on décide de vous verser une grosse somme d'argent, soit en récompense d'une œuvre, soit pour que vous puissiez réaliser un projet qui vous tient à cœur.
- **Mercure : 20 L'INTELLIGENCE** – on décide de vous aider à continuer vos travaux. Vous venez de sortir un nouveau travail qui est très apprécié.
- **Mercure : 21 VOL-PERTE** – vous espériez un nouveau succès ou un nouveau prix, mais il est attribué à un concurrent.
- **Mercure : 22 ENTREPRISES** – vous aviez mis certains de vos travaux en attente faute de moyens. À la suite d'une concertation on vous les octroie.
- **Mercure : 23 TRAFIC** – les discussions vont bon train à votre sujet. Vous ne pouvez rien y faire et prenez patience. La décision n'est pas pour aujourd'hui
- **Mercure : 24 NOUVELLE** – vous n'avez pas attendu longtemps. Les nouvelles sont bonnes, votre demande a abouti.

Avec Mars : 37 FEU

Vous êtes dans une période de chance, mais vous n'êtes pas entièrement satisfait. Vous continuez à vous battre pour obtenir toujours plus ou encore autre chose. D'ailleurs vous pensez que votre chance est due à votre esprit de compétition acharné. Si le sport est votre métier cela se comprend. Pour obtenir un changement positif, il faut vous battre à nouveau. Voyons Mercure :

- **Mercure : 18 CHANGEMENT** – après une courte défaite, vous voilà prêt pour gagner au plus haut niveau.
- **Mercure : 19 ARGENT** – les sponsors affluent, on vous joue gagnant. Vous allez très certainement l'emporter.
- **Mercure : 20 L'INTELLIGENCE** – vous êtes en compétition pour l'obtention d'un job très rémunérateur. Votre intelligence fait de vous le meilleur.
- **Mercure : 21 VOL-PERTE** – quel que soit le domaine dans lequel vous travaillez, vous ne gagnez pas cette fois-ci.
- **Mercure : 22 ENTREPRISES** – vous maintenez fermement la barre ; rien ne vous fera céder la moindre chance à votre concurrent.
- **Mercure : 23 TRAFIC** – Après un rude combat, il est impossible de vous départager. Vous serez deux sur la plus haute marche du podium ou à être engagés.
- **Mercure : 24 NOUVELLE** – les choses ne traînent pas. Encore une victoire. Vous montez sur la plus haute marche du podium.

Avec Mars : 38 ACCIDENT

Un accident ou un concours de circonstances imprévu va infléchir le cours de votre destin, mais sans vraiment pour autant détruire votre réussite. Il y aura surtout une nouvelle donne et tout dépendra de Mercure. Voyons Mercure :

- **Mercure : 18 CHANGEMENT** – vous avez été victime d'un accident ce qui vous a immobilisé pendant un certain temps. Mais cela vous a permis de prendre le temps de faire le point. Après quoi vous repartez du bon pied.

- **Mercure : 19 ARGENT** – des circonstances inattendues, un accident libère une place pour vous dans un projet intéressant. Vous allez recevoir un très gros acompte.
- **Mercure : 20 L'INTELLIGENCE** – un grave accident concernant des tiers, vous a fait réfléchir. Vous allez en tirer de nouvelles idées.
- **Mercure : 21 VOL-PERTE** – la destruction d'un bâtiment vous fait perdre une partie des choses auxquelles vous teniez. Mais cela n'altère pas votre réussite.
- **Mercure : 22 ENTREPRISES** – un accident va provoquer un arrêt momentané de votre travail, mais les bases sont toujours là. Le projet pourra redémarrer.
- **Mercure : 23 TRAFIC** – vous avez eu un accident de la route, mais cela ne vous coupe pas du monde. Vous profitez de l'intérêt suscité pour renforcer vos contacts.
- **Mercure : 24 NOUVELLE** – cet accident, relativement bénin, va vous faire prendre conscience de la sympathie que vous suscitez. Vous recevrez de nombreux messages très réconfortants.

JUPITER avec SATURNE
43 LA RENOMMÉE 50 RUINE

La Renommée indique une très grande réussite une renommée internationale. Mais la ruine indique un risque concernant l'accès ou le maintient à cette réussite. Si cette réussite est déjà atteinte, un événement peut l'altérer gravement. Si vous approchez du but, il va falloir prendre de grandes précautions et être extrêmement prudent, sinon votre marche en avant pourrait être stoppée et vos espoirs s'écrouler. Mars va nous indiquer d'où vient le danger et Mercure va nous indiquer la porte de sortie.

Avec Mars : 32 MÉCHANCETÉ

La méchanceté, en général, est provoquée par la jalousie, le désir pervers de faire du mal aux personnes qui réussissent. Mais cette jalousie peut aussi être largement aidée par l'attitude de celui qui réussit. Il va donc falloir que vous fassiez votre examen de conscience pour voir si vous n'avez pas une part de responsabilité dans l'attitude envieuse de ceux qui souhaitent la ruine de votre carrière. Il faut être vigilant, car il s'agit d'attaques sournoises qui ne se manifestent pas au grand jour. Voyons Mercure :

- **Mercure : 18 CHANGEMENT** – la ruine de vos espoirs ou de votre réussite brillant s'éloigne. Après une courte éclipse, la voie du succès vous est à nouveau ouverte. La méchanceté d'autrui n'a pa pu faire grand-chose.
- **Mercure : 19 ARGENT** – vous pouvez faire taire les gens qui vous veulent du mal en les aidant. Il ne s'agit pas obligatoirement d'un vulgaire bakchich mais d'une main tendue. Soyez généreux envers eux. Vous en serez récompensé au centuple.
- **Mercure : 20 L'INTELLIGENCE** – vous continuez votre travail envers et contre tout. Vous n'êtes pas vraiment atteint par les attaques sournoises destinées à vous faire chuter.
- **Mercure : 21 VOL-PERTE** – si vous ne vous réveillez pas rapidement, vous risquez de voir votre réputation ou votre renommée écornée. On peut semer le doute sur votre valeur.
- **Mercure : 22 ENTREPRISES** – votre notoriété, tout comme vos travaux, sont solides, mais vous risquez, sinon de voir tout s'écrouler, du moins d'être obligé de perdre du temps pour reconstruire votre image.

- **Mercure : 23 TRAFIC** – vous devez vous battre et ne pas lésiner sur les contacts avec les gens dont vous avez besoin, notamment les médias ou encore des confrères. Cependant vous ne pourrez tout empêcher, votre couronne sera quelque peu écornée.
- **Mercure : 24 NOUVELLE** – de nombreuses démonstrations de soutien vous parviennent et parviennent aux oreilles de ceux dont votre succès dépend. Vous n'avez pas trop de souci à vous faire.

Avec Mars : 33 PROCÈS

Un procès risque de porter atteinte à votre succès, à votre réputation. On peut vous accuser de tas de choses inexactes. Vous étiez sur la bonne route, le but approchait, et voilà que tout est remis en question.

Voyons Mercure :

- **Mercure : 18 CHANGEMENT** – vous ne pouvez éviter qu'une ombre vienne ternir un moment votre renommée, mais les événements tournent en votre faveur. Il n'y aura pas de procès.
- **Mercure : 19 ARGENT** – vous ne pourrez empêcher le procès et le fait qu'il vous cause, un temps, bien du souci. Mais le résultat sera en votre faveur et vous pourrez toucher une grosse somme d'argent après en avoir dépensé beaucoup pour payer vos avocats.
- **Mercure : 20 L'INTELLIGENCE** – c'est votre travail que l'on attaque, car il gêne certaines personnes que vous avez d'ailleurs peut-être vous-même attaquées. Mais vous avez été assez subtil pour ne pas perdre votre procès.
- **Mercure : 21 VOL-PERTE** – vous ne pourrez sortir indemne du procès qui vous est intenté. Mais vous pouvez limiter les dégâts.
- **Mercure : 22 ENTREPRISES** – votre affaire est solide, mais vous devrez quand même travailler à rebâtir ce qui aura été détruit, car vous ne pourrez tout empêcher. Vous subirez quand même un préjudice.

- **Mercure : 23 TRAFIC** – vous êtes très dynamique et vous saurez manœuvrer habilement, mais vous perdrez quand même une partie de votre auréole.
- **Mercure : 24 NOUVELLE** – le procès fera du bruit autour de votre personne. Vous en sortirez peut-être avec quelques taches sur votre nom.

Avec Mars : 34 DESPOTISME

Vous êtes pieds et poings liés par quelqu'un ou quelque chose. Si vous n'arrivez pas à vous en débarrasser, vos efforts pour accéder à la notoriété seront anéantis. Soit vous êtes lié par un contrat draconien qui vous empêche de répondre à des propositions qui vous donneraient une autre dimension, soit vous êtes sous la coupe d'un parent qui ne souhaite pas du tout que vous deveniez célèbre. Un père si vous êtes mineur, un conjoint si vous êtes majeur ou encore un parent très âgé qui vous fait un chantage et requiert votre présence à tout moment. Voyons Mercure :

- **Mercure : 18 CHANGEMENT** – un changement inattendu vous libère, un décès, un divorce, le fait d'accéder à l'âge de la majorité, un concours de circonstances vous permet de prendre votre liberté.
- **Mercure : 19 ARGENT** – la promesse d'une très belle proposition, sur le plan financier, fait changer d'avis celui ou celle qui vous tient sous sa coupe. Ou encore l'arrivée d'un héritage, vous permet d'offrir un dédommagement pour vous libérer de votre contrat.
- **Mercure : 20 L'INTELLIGENCE** – c'est en argumentant que vous trouverez le moyen de vous libérer, ou en trouvant la faille, s'il s'agit d'un contrat. Mais cela ne sera pas facile.
- **Mercure : 21 VOL-PERTE** – le travail que vous avez accompli pour accéder à la notoriété risque d'être anéanti. Vous pouvez, par exemple, être retenu par un ennui qui vous empêche d'être là, à temps, pour un concours ou à un rendez-vous.

- **Mercure : 22 ENTREPRISES** – votre renommée est déjà bien établie, mais vous vous êtes peut-être laissé mettre sous la coupe de quelqu'un. Cette personne, jalouse de votre succès, commence à faire courir des bruits pour vous déstabiliser mais vous avez les reins plus solides qu'il ne croit.
- **Mercure : 23 TRAFIC** – vous vous laissez ligoter par toutes sortes d'obligations ou de soucis. Votre travail est bâclé, votre notoriété s'en ressent. Il faut réagir et reprendre des forces car en réalité vous manquez d'énergie.
- **Mercure : 24 NOUVELLE** – vous recevez des nouvelles de personnes qui s'inquiètent de votre sort. Grâce à elles vous disposerez de nouvelles informations qui vous permettront de vous libérer de vos soucis.

Avec Mars : 35 ENNEMIS

Vous vous êtes fait des ennemis jaloux de votre succès et qui considèrent que vous avez pris la place qui leur était due. Ils tentent de vous faire tomber de votre piédestal, de faire tomber votre couronne. Ils peuvent par exemple tout faire pour vous faire perdre un emploi, un concours, etc. Voyons Mercure :

- **Mercure : 18 CHANGEMENT** – ils risquent de vous déstabiliser un temps mais de nouvelles circonstances les neutralisent. La route vers le succès est à nouveau libre.
- **Mercure : 19 ARGENT** – les sponsors vous font des ponts d'or. Vos ennemis ne peuvent faire le poids face à vous.
- **Mercure : 20 L'INTELLIGENCE** – certains de vos ennemis vous ont déjà fait perdre un prix ou un concours ou encore un emploi. Vous devrez faire la preuve de vos talents pour retrouver votre place au sommet.
- **Mercure : 21 VOL-PERTE** – les manœuvres de vos ennemis sont quasiment imparables. Vous risquez fort de perdre une place qui aurait dû vous revenir.
- **Mercure : 22 ENTREPRISES** – votre réputation est bien trop établie pour que les ennemis réussissent à vous faire chuter. Toutefois vous ne pourrez conserver votre couronne éternellement ; vous devez encore faire la preuve de vos talents.

- **Mercure : 23 TRAFIC** – il va falloir vous battre et répondre à chaque attaque. La lutte sera chaude. Et vous laisserez quelques plumes.
- **Mercure : 24 NOUVELLE** – d'heureuses nouvelles vous parviennent. Vous allez remporter un concours ou être retenu pour l'emploi désiré. Vos ennemis seront pris de court.

Avec Mars : 36 POURPARLERS

De certains pourparlers ou discussions vous concernant, sortiront votre réussite ou votre échec. Le résultat d'un concours, ou de la suite donnée à un projet qui devrait vous propulser vers les sommets de la réussite est en délibération.

Voyons Mercure :

- **Mercure : 18 CHANGEMENT** – après maintes discussions, qui tendaient à vous faire échouer, l'arrivée d'un nouvel intervenant fait tourner la discussion en votre faveur.
- **Mercure : 19 ARGENT** – un sponsor intervient dans les délibérations et fait pencher la balance de votre côté.
- **Mercure : 20 L'INTELLIGENCE** – votre travail est un travail scientifique ou littéraire. Il est remarquable, mais un élément inattendu pourrait tout changer. Vous devez être sur vos gardes et sortir de votre tour d'ivoire pour aller aux nouvelles.
- **Mercure : 21 VOL-PERTE** – votre projet est solide et bien construit, mais il peut manquer de dynamisme. Faites savoir, avant qu'il ne soit trop tard, que vous pouvez le remanier un peu.
- **Mercure : 22 ENTREPRISES** – tout était en bonne voie de réalisation, et voilà que des ennuis imprévus montrent le bout du nez. Revoyez les choses.
- **Mercure : 23 TRAFIC** – vous ne négligez rien pour votre promotion. Mais vous êtes en concurrence sérieuse. Continuez vos efforts jusqu'au bout.
- **Mercure : 24 NOUVELLE** – les jeux sont faits ; les nouvelles vont arriver ; elles seront bonnes.

Avec Mars : 37 FEU

Vous êtes en concurrence avec un adversaire de poids pour remporter un concours international, un prix littéraire ou artistique, un rôle important dans un film ou à la télévision, être pris dans un travail à grandes responsabilités. Ou encore un poste politique au plus haut niveau. Cela va couronner votre carrière et vos efforts ou vous renvoyer à l'anonymat.
Voyons donc Mercure :

- **Mercure : 18 CHANGEMENT** – votre concurrent, pour une raison ou pour une autre vous laisse le champ libre. Le succès est à vous.
- **Mercure : 19 ARGENT** – vous ramassez le pactole. Vous êtes dans une période de chance. Saturne n'a fait que vous angoisser.
- **Mercure : 20 L'INTELLIGENCE** – s'il s'agit d'un concours concernant une œuvre littéraire ou scientifique, vous serez gagnant, mais s'il s'agit d'une compétition sportive, vous ne serez pas forcément le plus fort.
- **Mercure : 21 VOL-PERTE** – il y a de fortes probabilités pour que la première place vous file sous le nez. Face à votre concurrent vous ne faites pas le poids.
- **Mercure : 22 ENTREPRISES** – vous êtes indéniablement le plus fort, le mieux armé pour ce combat. Mais ne vous reposez pas sur vos lauriers On ne sait jamais.
- **Mercure : 23 TRAFIC** – votre atout est de vous battre quoi qu'il arrive jusqu'au bout. Pour le moment tout est possible ; personne ne l'emporte...
- **Mercure : 24 NOUVELLE** – on vous encourage de toutes parts. On vous annonce que de nombreuses personnes vous seront favorables. En principe, à moins d'un accident, vous gagnerez.

Avec Mars : 38 ACCIDENT

Un accident corporel, un krach financier ou encore un concours de circonstances imprévu pourrait avoir des conséquences très ennuyeuses pour vous. Vous attendiez un rôle phare, mais les financiers du projet sont ruinés ou c'est vous qui êtes pour un temps dans l'impossibilité physique de l'assumer. Vous espériez atteindre un poste en vue et voilà qu'un accident vient tout remettre en question. Cet accident peut vous concerner directement ou concerner une tierce personne qui vous soutenait. Voyons Mercure :

- **Mercure : 18 CHANGEMENT** – les conséquences de l'accident ou des circonstances imprévues seront brèves. La route vers le succès sera vite dégagée.
- **Mercure : 19 ARGENT** – en cas d'accident, vous recevrez de très grosses indemnités. Cela ne vous rendra pas pour autant valide, mais vous aurez le temps de vous retourner et de vous préparer pour un nouveau travail.
- **Mercure : 20 L'INTELLIGENCE** – votre carrière peut sembler brisée, mais vous êtes assez intelligent pour rebondir et vous réorienter le cas échéant. Mais il y aura tout de même un arrêt.
- **Mercure : 21 VOL-PERTE** – c'est la fin d'un espoir. Mais vous êtes toujours en vie. Vous pourrez tenter votre chance plus tard.
- **Mercure : 22 ENTREPRISES** – Ce ne sera finalement qu'un retard, une attente. Personne ne prendra votre place, il faut que les choses reprennent leur cours.
- **Mercure : 23 TRAFIC** – ce n'est pas l'arrêt total. Vous n'êtes pas oublié pour autant. Vous pourrez repartir vers le succès sans attendre trop longtemps.
- **Mercure : 24 NOUVELLE** – c'est une bonne nouvelle. Soit vous êtes guéri, soit on trouve des fonds ou un repreneur. Bref vous sortirez sans trop de casse de cet incident de parcours.

JUPITER avec SATURNE
43 LA RENOMMÉE 51 RETARD

Votre marche vers la renommée tarde. Elle semble même carrément stoppée. Ce retard va-t-il être transformé en arrêt définitif ? Mars va nous donner les causes de ce retard et Mercure la solution.

Avec Mars : 32 MÉCHANCETÉ

La méchanceté n'est pas forcément celle des autres. Il s'agit peut-être aussi de la vôtre ou des deux, car on répond le plus souvent à la méchanceté par la méchanceté. Quoi qu'il en soit, certains se réjouissent du coup d'arrêt donné à votre marche vers le succès. Voyons Mercure :

- **Mercure : 18 CHANGEMENT** – après un arrêt, la route est à nouveau libre. Sans doute avez-vous corrigé votre propre attitude. Quoi qu'il en soit, ceux qui ont tenté de vous nuire discrètement n'ont pu rien faire de définitif.
- **Mercure : 19 ARGENT** – vous allez recevoir une grosse somme d'argent. Cela va vous permettre d'agir avec efficacité, de vous montrer généreux, de mettre de l'huile dans les rouages.
- **Mercure : 20 L'INTELLIGENCE** – plongé dans l'élaboration de votre œuvre, vous ne voyez pas ce qui se trame à votre sujet. Ceci dit, votre travail aura sa récompense. Vous sortirez de l'ornière.

- **Mercure : 21 VOL-PERTE** – le retard va se transformer en préjudice. Certains se sont débrouillés pour faire disparaître votre dossier. La récompense que vous attendiez va vous filer sous le nez.
- **Mercure : 22 ENTREPRISES** – votre œuvre ou votre talent est trop connu et trop établi pour que l'on puisse vous discréditer, tout au plus apporter un retard aux récompenses qui vous attendent.
- **Mercure : 23 TRAFIC** – vous n'avez pas l'habitude de vous laisser faire. Vous allez filer aux nouvelles et faire accélérer les choses.
- **Mercure : 24 NOUVELLE** – vous aurez à peine le temps de vous inquiéter. Les bonnes nouvelles sont déjà en route.

Avec Mars : 33 PROCÈS

Vous êtes sous la menace d'un procès qui risque de porter atteinte à votre renommée. On peut vous accuser de tricheries diverses, ou encore, on peut lancer des accusations concernant votre vie privée. Voyons Mercure :

- **Mercure : 18 CHANGEMENT** – la menace d'un procès s'éloigne. Les obstacles à votre réussite s'écartent. La route est à nouveau libre pour le travail.
- **Mercure : 19 ARGENT** – en fait il s'agit d'un chantage. On voudrait vous faire payer. Vous avez peut-être intérêt à chercher un compromis de ce côté-là.
- **Mercure : 20 L'INTELLIGENCE** – votre œuvre est bien la vôtre. Vous n'avez rien à craindre. De même vous n'avez rien à vous reprocher. L'issue du procès sera en votre faveur. On va le comprendre et laisser tomber.
- **Mercure : 21 VOL-PERTE** – pendant que vous vous débattez pour vous occuper du procès, vous ne pouvez être ni concentré ni disponible, le prix, la récompense ou l'emploi sur lequel vous comptiez s'envole.
- **Mercure : 22 ENTREPRISES** – votre œuvre est incontournable, votre talent solidement établi. Vos adversaires en seront pour leurs frais. Après le retard, vous en sortirez grandi.

- **Mercure : 23 TRAFIC** – vous allez devoir lutter pied à pied. Mais vous serez capable de faire accélérer les démarches. Vous irez vers le succès, mais il restera de l'ombre sur votre renom.
- **Mercure : 24 NOUVELLE** – une bonne nouvelle. Le procès ne change rien à votre réussite. Vous recevrez la consécration que vous attendiez.

Avec Mars : 34 DESPOTISME

Vous voilà doublement dans l'ornière. Vous êtes comme paralysé. Soit vous faites une déprime et n'êtes plus capable d'agir, soit vous êtes lié par trop d'obligations familiales ou encore de vieilles dettes à régler qui vous prennent toute votre énergie.

Voyons Mercure :

- **Mercure : 18 CHANGEMENT** – un changement dans votre entourage ou encore la fin de vos dettes vous ouvre à nouveau des possibilités. Le succès est à votre portée.
- **Mercure : 19 ARGENT** – vous recevez une somme d'argent qui va vous permettre d'en finir au plus vite avec tout ce qui vous liait.
- **Mercure : 20 L'INTELLIGENCE** – vous finissez par comprendre que vous n'aviez pas besoin d'être esclave de votre famille ou de vos propres angoisses.
- **Mercure : 21 VOL-PERTE** – vous n'arrivez pas à vous libérer. Vous n'arrivez pas à donner le meilleur de vous-même.
- **Mercure : 22 ENTREPRISES** – vous avez encore besoin de temps. Vous n'êtes pas pressé. Vous pensez que vous aurez d'autres occasions pour parvenir à la consécration de vos efforts.
- **Mercure : 23 TRAFIC** – vous allez tout faire pour vous libérer des liens qui vous freinaient quels qu'ils soient. Du coup on vous aidera et le résultat sera payant.
- **Mercure : 24 NOUVELLE** – de nombreuses personnes vont venir à votre secours. Vous recevrez des informations vous permettant de vous libérer rapidement.

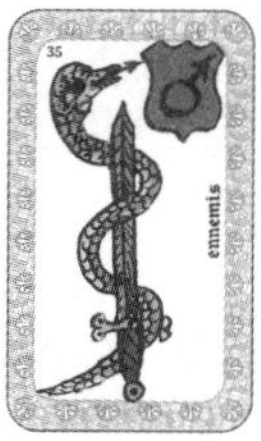

Avec Mars : 35 ENNEMIS

Vous vous êtes fait de nombreux ennemis qui essaient par tous les moyens de bloquer vos démarches. Certains sont simplement jaloux, d'autres estiment que vous leur avez fait de l'ombre ou pris leur place. Voyons Mercure :

- **Mercure : 18 CHANGEMENT** – un changement de circonstances a pour conséquence de vous laisser le champ libre : vos ennemis vont avoir d'autres chats à fouetter.
- **Mercure : 19 ARGENT** – votre cote monte. Cela va aider à vous remettre dans le bon sens de la marche.
- **Mercure : 20 L'INTELLIGENCE** – vos efforts vont vous placer hors d'atteinte de la part des critiques venant de vos ennemis. C'est la fin du retard.
- **Mercure : 21 VOL-PERTE** – vos ennemis ont réussi à vous mettre hors jeu pendant un moment. Pendant ce temps, la consécration ou le job sur lequel vous comptiez est attribué à quelqu'un d'autre.
- **Mercure : 22 ENTREPRISES** – vous êtes capable d'attendre. Vous avez les reins solides. Votre travail est parfait et finalement vos ennemis se casseront les dents contre vous. Le retard ne durera pas.
- **Mercure : 23 TRAFIC** – vous avez besoin de cette consécration tout de suite. Vous n'allez pas vous laisser faire et finirez par sortir de l'ornière.
- **Mercure : 24 NOUVELLE** – vous n'avez pas grand-chose à faire. De nombreuses personnes viennent à votre aide. C'est la fin du retard apporté à vos efforts.

Avec Mars : 36 POURPARLERS

Vous attendez une distinction honorifique, un prix, le grand rôle de votre carrière, une fonction prestigieuse, bref une consécration. La décision appartient à un groupe de personnes qui doivent discuter entre-elles avant de prendre une décision. Ces pourparlers prennent du temps. Ils peuvent même être, si on ne parvient pas à un accord, remis aux calendes. Voyons Mercure :

- **Mercure : 18 CHANGEMENT** – l'arrivée d'un nouveau personnage va faire pencher la balance en faveur de votre candidature. Vous n'allez plus attendre longtemps la consécration de vos efforts.
- **Mercure : 19 ARGENT** – le résultat dépendait de tractations financières. On attendait l'arrivée d'un sponsor. Il est sur le point d'arriver et va soutenir votre candidature.
- **Mercure : 20 L'INTELLIGENCE** – après de longues discussions, c'est la valeur intellectuelle de votre travail qui va l'emporter.
- **Mercure : 21 VOL-PERTE** – le retard se transforme en échec. Les pourparlers n'ont pu aboutir. La réunion est reportée sine die.
- **Mercure : 22 ENTREPRISES** – il s'agit d'un très grand projet. Il est normal que les discussions s'éternisent. Il va falloir être patient. Mais votre projet tient la route, vous avez vos chances.
- **Mercure : 23 TRAFIC** – les discussions entraînent d'autres discussions. Le pour et le contre sont à égalité. À moins d'un nouvel élément, on n'arrivera pas à conclure.
- **Mercure : 24 NOUVELLE** – les discussions sont achevées. Bonne nouvelle, vous avez gagné ; les messages de félicitations arrivent.

Avec Mars : 37 FEU

Vous êtes en compétition avec un concurrent de poids. Il est prêt à tout pour réussir. Vous allez devoir vous battre avec acharnement. L'enjeu est très élevé. Voyons Mercure :

- **Mercure : 18 CHANGEMENT** – votre concurrent sera écarté rapidement par un concours de circonstances qui joue en votre faveur.
- **Mercure : 19 ARGENT** – cela valait la peine d'attendre. On considère que vous valez votre poids sur le plan marketing. On vous fait donc logiquement un pont d'or.

- **Mercure : 20 L'INTELLIGENCE** – votre valeur intellectuelle est supérieure à celle de votre adversaire. Mais vous devez vous battre pour le mettre en évidence. Sortez le nez de vos bouquins.
- **Mercure : 21 VOL-PERTE** – votre adversaire est plus fort que vous, mieux soutenu ou plus talentueux. Vous ne gagnerez pas. Le retard se transforme en échec.
- **Mercure : 22 ENTREPRISES** – c'est la lutte à un contre un. Votre projet est solide, parfaitement élaboré. Mais il faut encore patienter pour que les choses se décantent et que la réflexion chez les décideurs ait fait son chemin.
- **Mercure : 23 TRAFIC** – il est très difficile de vous départager. Le retard va encore durer et l'issue n'est pas certaine.
- **Mercure : 24 NOUVELLE** – c'est la fin du retard. La bonne nouvelle est déjà partie. Vous allez la recevoir.

Avec Mars : 38 ACCIDENT

Un accident ou un concours de circonstances imprévisibles risque d'apporter un gros retard à votre marche vers la renommée.

Vous risquez de ne pas pouvoir arriver à être là à temps, être présent à un rendez-vous et il va falloir trouver une solution au tout dernier moment, par exemple, un autre moyen de transport. Ou bien votre dossier a été égaré et ne pourra donc être défendu. Il va falloir le retrouver ou le reconstituer avant qu'il ne soit trop tard.

Voyons Mercure :

- **Mercure : 18 CHANGEMENT** – soit vous trouvez un moyen de transport pour rattraper votre retard, soit vous retrouvez un double du dossier pour l'acheminer dans les délais. Mais à condition de vous hâter.
- **Mercure : 19 ARGENT** – avec de l'argent tout s'arrange. Vous avez assez à votre disposition, ou vous êtes à même d'en obtenir pour faire accélérer les choses ou trouver une solution.

- **Mercure: 20 L'INTELLIGENCE** – vous êtes assez intelligent pour avoir fait un double de votre dossier. Avec un peu de chance et en vous dépêchant vous pourrez être dans les temps.
- **Mercure: 21 VOL-PERTE** – le retard va vous coûter votre montée sur le podium ou le rôle que vous attendiez. Il faudra attendre une autre occasion.
- **Mercure: 22 ENTREPRISES** – c'est la stagnation assurée pour un temps. Vous étiez trop sûr de vous et n'avez pas pris de marge de sécurité au niveau du temps.
- **Mercure: 23 TRAFIC** – vous avez l'habitude des aléas de la vie et avez pris toutes vos précautions. Votre dossier ou vous-même arriverez quand même à temps.
- **Mercure: 24 NOUVELLE** – on vient vous chercher ou on retrouve votre dossier. Vous avez maintenant toutes vos chances.

JUPITER avec SATURNE
43 LA RENOMMÉE 52 CLOÎTRE

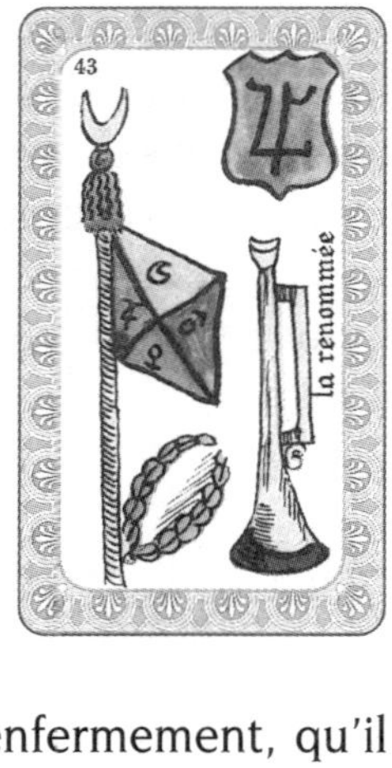

L'enfermement, qu'il soit physique ou psychologique, n'est pas le meilleur moyen pour accéder à la renommée, à moins de travailler dans un laboratoire ou un hôpital. Ou encore à moins de s'enfermer pour écrire une œuvre qui fera date.

Mars nous dira de quoi il s'agit.

Avec Mars : 32 MÉCHANCETÉ

Cette carte indique que vous préférez vous isoler pour œuvrer, plutôt que d'être dérangé par un entourage désagréable et n'ayant à la bouche que des propos méchants. Cette carte est positive pour l'accomplissement d'une œuvre intellectuelle ou d'une recherche en laboratoire, mais négative pour un acteur, une vedette du sport ou un personnage politique. Voyons Mercure :

- **Mercure : 18 CHANGEMENT** – soit vous avez fini votre travail et sortez de votre solitude pour le faire connaître, soit vous avez fini votre crise de déprime et pouvez repartir.
- **Mercure : 19 ARGENT** – vous allez recevoir une belle somme d'argent. Cela va vous aider à continuer votre recherche et vous sortir de votre enfermement en cas de déprime.
- **Mercure : 20 L'INTELLIGENCE** – votre travail est un travail d'écriture ou de recherche. Vous vous êtes mis à l'abri des cancans et des vicissitudes du monde pour terminer vos travaux et en obtenir les lauriers.
- **Mercure : 21 VOL-PERTE** – cette carte, plus la méchanceté, indique plutôt la déprime, l'enfermement sur vous-même. Cela n'est pas bon pour votre carrière. Réagissez.
- **Mercure : 22 ENTREPRISES** – votre travail est solide. Votre enfermement indique plutôt que vous vous barricadez pour ne pas subir les influences néfastes des gens négatifs. Cela ne nuira pas à votre réussite.
- **Mercure : 23 TRAFIC** – des contacts seront nécessaires pour redresser une situation devenue soudain très ambiguë.
- **Mercure, 24 NOUVELLE** – vous arrivez au bout de votre travail, on pense à vous. Vous recevez des nouvelles favorables à votre avancement vers le succès.

Avec Mars : 33 PROCÈS

Vous êtes sous la menace d'un procès, vous vous repliez sur vous-même, ou même vous craignez de vous retrouver en prison. Le moment est important. La réflexion s'impose.

Voyons Mercure :

- **Mercure : 18 CHANGEMENT** – soit on arrive à la fin du procès qui se termine bien et vous pouvez repartir vers la réussite, soit la menace de procès s'éloigne.
- **Mercure : 19 ARGENT** – vous arrivez à un règlement à l'amiable. Cela vous coûte cher, mais vous êtes débarrassé de vos angoisses. La route vers le succès est à nouveau ouverte.
- **Mercure : 20 L'INTELLIGENCE** – vous avez tous les arguments en main pour vous défendre ou même faire cesser la menace d'un procès. Cessez de vous replier sur vous-même, si vous voulez accéder aux plus hautes marches du podium au propre ou au figuré.
- **Mercure : 21 VOL-PERTE** – le procès risque fort de porter atteinte à votre réputation. Vous pourriez même vous retrouver derrière les barreaux.
- **Mercure : 22 ENTREPRISES** – vous êtes solide et clean. On ne peut rien faire contre vous. Mais cela vous met de mauvaise humeur. Sortez de votre trou.
- **Mercure : 23 TRAFIC** – vous allez batailler jusqu'au bout contre votre déprime et contre les risques annoncés par le procès. On aboutira à un renvoi dos à dos.
- **Mercure : 24 NOUVELLE** – vous voilà rapidement sorti de vos soucis. Le succès est déjà annoncé.

Avec Mars : 34 DESPOTISME

Avec cette carte, voilà un double enfermement. Il ne va pas être facile de sortir de là. Vous êtes soit sous influence d'une secte, d'un gourou, d'un parent. Vous pouvez aussi être dans un grave état de déprime et incapable d'agir. Mais il y a toujours de l'espoir. Voyons Mercure :

- **Mercure : 18 CHANGEMENT** – la carte est excellente ; elle indique qu'après une période sombre, vous réussissez à reprendre votre liberté sans trop d'effort, grâce sans doute, à un heureux concours de circonstances.
- **Mercure : 19 ARGENT** – vous recevez une belle somme d'argent. Vous en profitez pour vous libérer en payant pour avoir la paix ou pour vous faire soigner convenablement.

- **Mercure : 20 L'INTELLIGENCE** – vous finissez par comprendre que l'on vous exploite et que l'on porte atteinte à votre liberté. C'est un premier succès. Mais il va vous falloir du temps pour réagir.
- **Mercure : 21 VOL-PERTE** – on vous exploite complètement. Il est grand temps de réagir.
- **Mercure : 22 ENTREPRISES** – vous avez fini par trouver un plan pour vous dégager de l'emprise de ceux qui vous tenaient sous leur coupe. Le bout du tunnel approche.
- **Mercure : 23 TRAFIC** – vous commencez à réagir. La lutte sera chaude, mais vous trouverez de l'aide.
- **Mercure : 24 NOUVELLE** – de nombreuses personnes s'activent pour vous sortir de l'impasse dans laquelle vous vous êtes laissé enfermer. D'autant que pour vous, tout a l'air de vouloir aller mieux.

Avec Mars : 35 ENNEMIS

Lorsqu'on vous attaque, vous filez vous isoler dans un lieu, seul connu de vous, ou vous vous repliez sur vous-même. Si vous écrivez un livre, ce n'est pas grave, mais si vous devez vous produire en spectacle ou participer à des épreuves sportives, c'est très ennuyeux. Pour être une vedette il faut se montrer.

Voyons Mercure :

- **Mercure : 18 CHANGEMENT** – un heureux concours de circonstances, comme par exemple des ennuis causés par d'autres à vos ennemis, va vous aider à réagir. La route vers le succès est libre.
- **Mercure : 19 ARGENT** – vous recevez une grosse somme d'argent pour participer à une compétition ou pour tenir un rôle. Vous n'avez plus d'excuse pour rester enfermé.
- **Mercure : 20 L'INTELLIGENCE** – vous écrivez votre chef-d'œuvre à l'abri des regards hostiles. Le succès viendra quand vous aurez fini et que vous sortirez de votre retraite.
- **Mercure : 21 VOL-PERTE** – vos ennemis ont réussi à vous éloigner de la route du succès. Vous n'êtes pas là au moment il faut. Les contrats vous passent sous le nez,

- **Mercure : 22 ENTREPRISES** – vous êtes trop statique. Votre travail est bien construit, votre talent est au point. Cessez de fuir les lieux où l'on peut vous voir, sous prétexte qu'ils sont remplis d'ennemis. Vous devez apprendre à communiquer et cesser d'être parano.
- **Mercure : 23 TRAFIC** – certains tentent de faire le vide autour de vous. Vous réagissez avec vigueur. Vous avez encore toutes vos chances. Mais la lutte sera difficile.
- **Mercure : 24 NOUVELLE** – les ennemis ne peuvent par grand-chose contre vous. De nombreux amis viennent vous sortir de l'ombre.

Avec Mars : 36 POURPARLERS

Vous songez à prendre votre retraite ou à quitter la scène. Vous n'êtes pas sûr d'avoir encore envie de continuer à jouer les vedettes ou de tenter de grimper les marches qui conduisent à la gloire. Pendant ce temps-là, pourtant, on discute de votre talent. Une décision va être prise qui vous fera peut-être changer d'avis. Voyons Mercure :

- **Mercure : 18 CHANGEMENT** – alors que vous vous pensiez « has been » on vous fait de très belles propositions. L'on compte sur vous pour une grande réussite. La retraite n'est pas pour demain.
- **Mercure : 19 ARGENT** – on vous offre une grosse somme d'argent pour un nouveau contrat, un nouveau travail. Il vous faut sortir de votre tour d'ivoire.
- **Mercure : 20 L'INTELLIGENCE** – votre travail dépend avant tout de votre intelligence. On a conscience de votre valeur.
- **Mercure : 21 VOL-PERTE** – les pourparlers ne sont pas en votre faveur. Si vous ne réagissez pas, vous êtes bon pour le placard.
- **Mercure : 22 ENTREPRISES** – vous aviez déposé un projet important qui était relégué aux oubliettes. On en reparle. Il a toutes les chances d'être accepté. C'est le moment de bouger.

- **Mercure : 23 TRAFIC** – en fait, vous ne songez pas vraiment à quitter la scène ou à prendre votre retraite. Vous allez tout faire pour que la balance penche de votre côté et obtenir le contrat sur lequel on est entrain de discuter.
- **Mercure : 24 NOUVELLE** – en fait la décision va être prise très vite et la bonne nouvelle arriver. Vos pouvez sortir de votre mauvaise humeur.

Avec Mars : 37 FEU

On va tenter de vous pousser à vous retirer de la compétition afin de laisser la place à un concurrent. On va vous suggérer que vous êtes fini et qu'il est temps de prendre votre retraite. Mais vous avez fermement décidé de vous battre ; vous avez conservé toute votre énergie. Voyons Mercure :

- **Mercure : 18 CHANGEMENT** – votre concurrent est évincé par les circonstances. Vous n'aurez pas beaucoup à vous battre.
- **Mercure : 19 ARGENT** – certains vont vous proposer de l'argent pour laisser la place à votre concurrent. L'enjeu est important. Cela vous aide à vous battre. Toutes vos chances restent intactes.
- **Mercure : 20 L'INTELLIGENCE** – la hargne et la rage de vaincre ne font pas tout. Votre atout est dans la subtilité et la diplomatie. C'est ce qui fera la différence.
- **Mercure : 21 VOL-PERTE** – vous n'êtes pas assez rapide. La place va vous filer sous le nez. Vous allez penser à disparaître au fond d'une grotte. Mais ce n'est pas la bonne idée. Les disgrâces ne sont pas éternelles.
- **Mercure : 22 ENTREPRISES** – votre travail est solide et parfaitement construit. Le projet que vous présentez aussi. S'il est encore temps, songez à le mettre encore plus en valeur.
- **Mercure : 23 TRAFIC** – la lutte sera chaude, et en fait, on finira par trouver de la place pour deux.
- **Mercure : 24 NOUVELLE** – bonne nouvelle, vous êtes appelé au loin pour une nouvelle carrière.

Avec Mars : 38 ACCIDENT

Un accident risque de vous envoyer à l'hôpital, au placard ou à la retraite. Pour le moment, vous êtes immobilisé. Vous tentez de faire le point et de trouver une solution s'il en existe une.

Voyons Mercure :

- **Mercure : 18 CHANGEMENT** – quelqu'un va vous emmener au soleil pour hâter votre convalescence. Dans quelque temps, il n'y paraîtra plus.
- **Mercure : 19 ARGENT** – vous touchez de grosses indemnités. De plus, vous allez vite reprendre des forces. Vous encaissez un chèque d'avance sur votre prochain contrat. Vous n'avez rien perdu de votre valeur marchande.
- **Mercure : 20 L'INTELLIGENCE** – vous allez profiter de votre séjour en clinique ou en convalescence pour écrire un beau livre. Mais, si votre avenir dépend de votre forme physique, c'est une autre histoire. Il va falloir sans doute songer à une reconversion.
- **Mercure : 21 VOL-PERTE** – pendant que vous êtes hospitalisé, vous ne pouvez rien faire. Les places que vous convoitiez seront prises. Et ce n'est pas sûr que vous puissiez reprendre la vôtre.
- **Mercure : 22 ENTREPRISES** – cet accident ne peut anéantir votre travail. Vous n'êtes pas champion de boxe. Il vous suffit d'attendre d'être complètement rétabli. Le succès sera pour plus tard.
- **Mercure : 23 TRAFIC** – du fond de votre lit, vous continuez à faire des projets. Vous n'êtes pas vraiment atteint, seulement immobilisé pour un temps. Vous êtes toujours sur la voie de la réussite.
- **Mercure : 24 NOUVELLE** – vous recevez déjà des lauriers pour un exploit précédent ainsi que des encouragements. Vous êtes toujours en piste.

JUPITER avec SATURNE
44 LE HAZARD 46 INFORTUNE

Puisqu'il s'agit d'une carte de Jupiter, il s'agit évidemment d'un heureux hasard... Autrement dit d'un coup de chance. C'est la chance qui tombe du ciel. Elle peut se manifester par un gain au loto, à la roue de la fortune à la roulette, que sais-je ? Elle peut aussi se manifester sous la forme d'une offre de travail, d'un contrat mirobolant, d'une invitation, bref d'une opportunité, qu'il ne faut pas laisser passer, qu'il faut savoir saisir. Mais Saturne va nous montrer si vous êtes capable de saisir la chance.

La carte Infortune indique que vous êtes au fond du gouffre professionnellement et financièrement. Mais Jupiter indique que la chance passe à votre portée. Allez-vous savoir la reconnaître puis la saisir ? Tout va dépendre de Mars, la cause de vos soucis et de Mercure votre atout ou votre seconde chance. Et n'oubliez pas qu'il n'y a jamais de fatalité absolue. Nous avons toujours notre part de responsabilité dans nos ennuis.

Avec Mars : 32 MÉCHANCETÉ

La méchanceté est la cause de tous vos soucis. Vous êtes souvent hargneux et voyez du mal partout. Il va donc falloir que vous luttiez pour voir dans l'opportunité qui vous est offerte, non pas un piège, mais une chance. Voyons Mercure :

- **Mercure : 18 CHANGEMENT** – il s'agit là d'une double chance : la roue tourne en votre faveur. Vous allez enfin voir les choses du bon côté et saisir la chance qui s'offre à vous. Votre vie va changer du tout au tout.
- **Mercure : 19 ARGENT** – une grosse somme d'argent que l'on vous devait semble vous tomber du ciel. Ce peut être aussi un gain à un jeu de hasard, après vous être décidé, sans trop savoir pourquoi, d'acheter un billet.
- **Mercure : 20 L'INTELLIGENCE** – vous avez fini par vous décider à faire le point. Vous avez compris que la malchance était quand même un peu de votre faute. Cette fois, vous ne laisserez pas passer la chance. On vous fait une offre, vous allez être en mesure de la saisir.
- **Mercure : 21 VOL-PERTE** – votre négativité est plus forte que tout. La chance est passée à votre portée et vous l'avez laissé filer.
- **Mercure : 22 ENTREPRISES** – vos caisses sont vides et vous n'avez plus beaucoup de clients mais votre affaire a des bases solides. On va vous faire une offre qui ne vous dit rien. Saisissez la quand même malgré vos noirs soupçons.
- **Mercure : 23 TRAFIC** – vous n'avez pas perdu votre entregent. On vous fait une offre ; vous comprenez que c'est là votre chance. Vous allez vous démener pour la saisir.
- **Mercure : 24 NOUVELLE** – toutes sortes d'offres arrivent d'ailleurs. Cela va vous aider à comprendre que tout n'est pas perdu. Vous allez redémarrer.

Avec Mars : 33 PROCÈS

Un procès vous a quasiment laissé sur la paille. Vous ne savez pas si vous êtes encore en mesure de saisir la chance qui passe à votre portée, de répondre aux offres inespérées qui vous sont faites.
Voyons Mercure :

- **Mercure : 18 CHANGEMENT** – l'offre que l'on vous fait vous oblige à partir à l'étranger. Il vous suffit de ne pas hésiter à franchir le pas.

- **Mercure : 19 ARGENT** – la roue a tourné. Vous aviez fait appel sans y croire et voilà, qu'en définitive, c'est à vous que l'on va verser de l'argent. Vous allez pouvoir redémarrer.
- **Mercure : 20 L'INTELLIGENCE** – à la suite d'un procès, vous êtes sans le sou. Mais vous n'avez pas perdu votre talent pour autant. Acceptez ce que l'on vous propose, même si vous ne retrouvez pas votre situation d'avant.
- **Mercure : 21 VOL-PERTE** – vous êtes trop démuni pour avoir la force ou la foi pour saisir la chance. Vous êtes mal parti pour le moment.
- **Mercure : 22 ENTREPRISES** – un procès vous a laissé sans réserve financière et personne ne veut vous faire crédit. Pourtant, vous aviez une belle affaire. Or, on vous fait une offre. C'est que l'on croit encore en vous. Acceptez et battez-vous.
- **Mercure : 23 TRAFIC** – le procès vous laisse dépouillé de tout. Mais vous avez gardé vos relations et, lorsque le hasard vous met en présence d'une personne qui vous fait une proposition, n'attendez pas, sautez sur l'occasion.
- **Mercure : 24 NOUVELLE** – vous aviez gardé des contacts avec l'étranger. On vous fait des offres. N'ayez pas peur de vous expatrier. Vous n'avez plus rien à perdre.

Avec Mars : 34 DESPOTISME

Vous vous êtes laissé manger la laine sur le dos par votre famille, aidée par un manque de volonté de votre part et qui vous empêchait de réagir. Depuis, votre famille vous a laissé tomber, vous n'avez plus rien à perdre. Et voilà qu'une occasion se présente. Allez-vous encore rester sans bouger ?
Voyons Mercure :

- **Mercure : 18 CHANGEMENT** – les astres, sans doute, vous aident à réagir. Vous voilà méconnaissable. Vous vous sentez capable de sauter sur les occasions. Une nouvelle vie nettement plus ensoleillée s'ouvre à vous.
- **Mercure : 19 ARGENT** – un vrai miracle. Vous avez joué au Loto, dans un dernier sursaut ou peut-être grâce à une intuition. Vous allez gagner une belle somme d'argent.

- **Mercure : 20 L'INTELLIGENCE** – cette épreuve vous a fait ouvrir les yeux. Vous êtes capable de voir la chance quand elle arrive, ce qui ne va pas tarder.
- **Mercure : 21 VOL-PERTE** – vous êtes incapable de réagir. On vous fait une offre, c'est quelqu'un d'autre qui va s'en emparer.
- **Mercure : 22 ENTREPRISES** – sans trésorerie, vous vous sentez incapable de faire redémarrer votre affaire. Vous n'osez pas répondre aux offres que l'on vous fait.
- **Mercure : 23 TRAFIC** – vous avez quitté depuis un moment votre attitude négative. Une vraie occasion va se présenter ; vous allez en principe pouvoir la saisir.
- **Mercure : 24 NOUVELLE** – des personnes que vous aviez perdues de vue se manifestent. Plusieurs offres vous sont faites. Réveillez-vous.

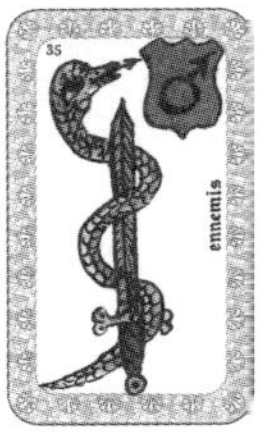

Avec Mars : 35 ENNEMIS

Vous vous êtes fait des ennemis puissants, jaloux de votre chance. Ils tentent tout pour vous nuire, vous faire perdre votre fortune et vous démoraliser. Ils vous ont déjà fait perdre beaucoup. Mais les ennemis cela se combat.

Voyons Mercure :

- **Mercure : 18 CHANGEMENT** – un changement dans les circonstances qui vous sera très favorable, va vous permettre de reprendre la barre et de saisir la chance qui se présente. Une nouvelle vie commence.
- **Mercure : 19 ARGENT** – une somme d'argent inespérée, un arriéré sur lequel vous ne comptiez plus, vous tombe du ciel. Vous allez pouvoir répondre aux offres qui vous sont faites.
- **Mercure : 20 L'INTELLIGENCE** – vos ennemis sont surpris par votre intelligence. Il est temps de vous y mettre et de répliquer. Et surtout d'être capable d'évaluer la chance qui arrive à votre portée.
- **Mercure : 21 VOL-PERTE** – vous continuez à vous laissez enfoncer. Vous n'avez plus confiance en vous et ne savez plus voir où est votre intérêt.

- **Mercure : 22 ENTREPRISES** – vous n'avez pas encore tout perdu. Il vous reste votre affaire, même si elle ne rapporte plus grand-chose. On va vous faire une offre. Vos ennemis vont tenter de vous barrer le passage. Foncez.
- **Mercure : 23 TRAFIC** – vous luttez pour saisir les occasions qui se présentent, mais à chaque fois, vos adversaires sont sur votre chemin. Vous allez avoir beaucoup de mal à saisir les opportunités avant eux.
- **Mercure : 24 NOUVELLE** – c'est à vous seul que les offres sont faites. Elles viennent de loin. Vos ennemis ne pourront rien contre.

Avec Mars : 36 POURPARLERS

Vous attendez la décision qui va être prise par un groupe de décideurs. Une opportunité s'est présentée à vous. Vous avez posé votre candidature, mais rien n'est joué. Vous vous sentez pris entre chance et malchance. Si on accepte votre projet, c'est la grande chance ; si on le refuse, vous aurez du mal à vous en remettre, car vous avez tout misé sur cette affaire qui vous a coûté déjà beaucoup d'argent et de travail.
Voyons donc Mercure :

- **Mercure : 18 CHANGEMENT** – l'attente ne sera pas longue, votre projet sera accepté. Il s'en fallait d'un cheveu ou plutôt d'un intervenant.
- **Mercure : 19 ARGENT** – vous voilà sorti d'affaire. Votre projet est accepté avec une belle avance à la clef.
- **Mercure : 20 L'INTELLIGENCE** – les jeux ne sont pas encore faits. Apportez le petit élément, le petit argument, qui fera pencher la balance de votre côté. Il est encore temps d'y penser.
- **Mercure : 21 VOL-PERTE** – un autre a plus de chance que vous. Il emporte l'affaire.
- **Mercure : 22 ENTREPRISES** – votre projet était soigneusement préparé ; vous avez ainsi aidé la chance. Le balancier entre chance et malchance est maintenant sur la chance.

- **Mercure : 23 TRAFIC** – vous voilà deux concurrents entre la chance et la malchance. Visualisez la chance et ne perdez pas courage.
- **Mercure : 24 NOUVELLE** – les décisions sont prises en votre faveur. La nouvelle va vous arriver rapidement.

Avec Mars : 37 FEU

Vous avez l'impression d'avoir passé votre vie en alternant chance et malchance. Ou pire encore les deux à la fois. Quand la chance se présente, dites-vous, un coup de malchance fait tout capoter. Pourtant, vous êtes en lutte perpétuelle, oui mais voilà, vous apparaissez agressif aux yeux des autres. C'est peut-être là le problème. Il faut peut-être vous décrisper et voir Mercure.
Voyons Mercure.

- **Mercure : 18 CHANGEMENT** – il semble que vous avez compris la leçon. Vous changez de comportement et saisissez la chance sans faire un forcing sur les gens et sans vous exciter. Cette fois la route s'ouvre sans malchance.
- **Mercure : 19 ARGENT** – vous êtes devenu moins agressif. Du coup vous avez su capter la chance. Vous signez un gros contrat très bon sur le plan financier.
- **Mercure : 20 L'INTELLIGENCE** – vous avez réfléchi et commencé à changer de comportement. Cela paie. La chance revient avec nettement moins de malchance.
- **Mercure : 21 VOL-PERTE** – vous n'avez pas changé d'un iota. Vous vous faites piquer une opportunité que vous croyiez bien saisir.
- **Mercure : 22 ENTREPRISES** – il ne suffit pas d'être le meilleur. Il faut être le plus aimable. Faites encore un petit effort. Ne restez pas figé dans vos positions. Vous avez du mal à évoluer.
- **Mercure : 23 TRAFIC** – vous commencez à apprendre la souplesse, mais vous êtes encore loin du compte.

Vous avez appris à charmer, mais ensuite vous redevenez agressif. La chance risque encore de vous filer sous le nez.

- **Mercure : 24 NOUVELLE** – de nouvelles propositions arrivent. Soyez cool.

Avec Mars : 38 ACCIDENT

Vous avez eu une chance insolente, une formidable opportunité de vous lancer et voilà qu'un accident vient tout flanquer par terre, la vraie malchance. Vous n'allez pas pouvoir donner suite à l'offre qui vous a été faite. À moins que Mercure donne une solution. Mais c'est mal parti.
Voyons Mercure.

- **Mercure : 18 CHANGEMENT** – tout n'est pas perdu. La malchance n'est pas si terrible. Il ne s'agit que d'un arrêt qui ne sera pas long. Tout va rentrer dans l'ordre le plus tranquillement du monde.
- **Mercure : 19 ARGENT** – vous recevrez de grosses indemnités, c'est une chance, mais cela ne vous rend pas le contrat perdu, c'est une malchance.
- **Mercure : 20 L'INTELLIGENCE** – vous allez profiter de cette malchance pour réfléchir et préparer l'avenir. Mais vous ne pouvez réparer les pots cassés.
- **Mercure : 21 VOL-PERTE** – la malchance l'emporte nettement sur la chance. Malheureusement vous ne serez même pas indemnisé.
- **Mercure : 22 ENTREPRISES** – vous n'avez pas tout perdu mais c'est tout de même un rude coup.
- **Mercure : 23 TRAFIC** – l'accident n'a pas fait cesser l'affaire en cours. Pour une fois la malchance a été moins forte que la chance.
- **Mercure : 24 NOUVELLE** – vous recevez des nouvelles rassurantes. On va attendre que les blessés se rétablissent et l'affaire va reprendre.

JUPITER avec SATURNE
44 LE HAZARD 47 STÉRILITÉ

La chance d'un côté, la stérilité de l'autre. La chance ne sert à rien, si elle tombe dans les mains d'une personne incapable de la saisir et de la faire fructifier. Elle est comme une graine semée, prête à donner tout son potentiel, mais qui tombe sur une terre asséchée. Mars va nous donner la cause de cette stérilité qui n'est pas obligatoirement irrémédiable et Mercure le remède éventuel.

Avec Mars : 32 MÉCHANCETÉ

On a fait le vide autour de vous. Vous voilà isolé. Persuadé que tout le monde vous veut du mal, vous vous êtes coupé de tous. Résultat vous manquez d'informations. Vous n'êtes plus dans le coup. On vous a laissé tomber. Si la chance arrive à votre portée, vous aurez du mal à l'utiliser, vous ne saurez pas en tirer partie. On vous offre quand même un rôle mais saurez vous le faire vivre ? On vous propose d'écrire un livre, mais aurez-vous quelque chose à dire ; une place est libre et en principe elle devrait vous convenir, mais saurez vous l'assumer ? Voyons Mercure :

- **Avec Mercure : 18 CHANGEMENT** – vous sortez de votre splendide isolement grâce à un heureux concours de circonstances. Vous allez pouvoir saisir la chance qui vous est offerte et retrouver une vie féconde.

- **Mercure : 19 ARGENT** – vous allez recevoir une grosse somme d'argent. Cela devrait vous aider à sortir de votre coquille, à communiquer, à renouer avec vos semblables. Ce qui vous aidera à retrouver votre esprit fertile.
- **Mercure : 20 L'INTELLIGENCE** – durant votre période d'isolement, vous avez eu le temps de faire le point et de comprendre que vous aviez votre part de responsabilité. Vous êtes encore capable de saisir la chance.
- **Mercure : 21 VOL-PERTE** – vous ne vous sentez pas au niveau, vous êtes incapable de saisir l'opportunité qui vous est offerte ou si vous la saisissez, vous ne pourrez vraiment donner suite.
- **Mercure : 22 ENTREPRISES** – votre affaire tourne au ralenti. Trop isolé du monde moderne, que vous trouvez hostile, cantonné dans vos points de vue dépassés, il va vous être difficile de donner suite à l'offre importante qui vous est faite. Mais ce n'est pas impossible.
- **Mercure : 23 TRAFIC** – vous n'étiez, en réalité, pas si isolé que vous l'avez laissé entendre. C'était surtout une attitude. Vous vous êtes tenu au courant. Vous allez pouvoir saisir la chance qui vous est offerte.
- **Mercure : 24 NOUVELLE** – vous comprenez que vous n'êtes pas entouré que de gens méchants. De nombreuses personnes vous encouragent. Faites un effort, vous pourrez y arriver.

Avec Mars : 33 PROCÈS

Un procès, ou la menace d'un procès, est en train de vous faire perdre tous vos moyens. Par ailleurs, un coup de chance se présente sous la forme d'une belle proposition de travail. Vous vous demandez si vous allez pouvoir y donner suite. Voyons Mercure :

- **Mercure : 18 CHANGEMENT** – la menace du procès s'éloigne ou se termine. Vous allez pouvoir, sans problème, assumer le poste ou le travail qui vous est offert.
- **Mercure : 19 ARGENT** – vous allez recevoir, par ailleurs, une grosse somme d'argent qui vous était due. Cela va vous sortir de l'angoisse du procès.

- **Mercure : 20 L'INTELLIGENCE** – vous allez réussir à sortir de l'impasse psychologique dans laquelle vous mettait ce procès. Votre esprit reprend le dessus.
- **Mercure : 21 VOL-PERTE** – le procès vous fait perdre vos moyens en même temps que de l'argent. La chance s'envole.
- **Mercure : 22 ENTREPRISES** – votre affaire est mise en cause. Vous aurez du mal à saisir la chance qui s'offre à vous. Vous manquez de sens d'adaptation depuis trop longtemps.
- **Mercure : 23 TRAFIC** – en réalité, vous n'avez cessé d'avancer, mais il va vous falloir beaucoup d'énergie pour mener tout de front, le procès et l'opportunité à saisir. Rien n'est joué.
- **Mercure : 24 NOUVELLE** – de bonnes nouvelles vous parviennent. Vous êtes sorti d'affaire. Vous allez pouvoir sauter sur l'occasion qui vous est offerte.

Avec Mars : 34 DESPOTISME

Votre esprit est comme paralysé. Vous vous sentez dans une phase de déprime, sans idée, sans imagination, incapable de produire quoi que ce soit d'intelligent ou de constructif. Une chance pourtant se présente. Il n'est pas sûr que vous soyez en mesure de la saisir, que vous puissiez répondre à l'offre qui vous est faite. Voyons Mercure :

- **Mercure : 18 CHANGEMENT** – l'offre va vous apparaître tellement chanceuse qu'un sursaut de volonté va vous pousser à changer d'attitude, va ranimer la flamme presque éteinte qui est en vous. Votre vie va changer du tout au tout.
- **Mercure : 19 ARGENT** – vous avez fait l'effort du fond de votre déprime pour prendre un billet de loterie. Vous allez recevoir une grosse somme d'argent. Cela va vous aider à sortir de votre marasme.
- **Mercure : 20 L'INTELLIGENCE** – vous êtes pour le moment improductif, mais une salutaire réflexion commence à vous faire prendre conscience de votre valeur. Vous êtes en mesure de saisir la chance.

- **Mercure : 21 VOL-PERTE** – vous êtes en pleine crise, incapable de saisir la chance qui passe à votre portée.
- **Mercure : 22 ENTREPRISES** – vous avez du mal à réagir rapidement. Vous avez une belle affaire, mais vous êtes paralysé, soit par des soucis d'ordre privé, soit par une grande fatigue. Vous n'arrivez pas à sauter sur la chance qui se présente. Votre affaire stagne.
- **Mercure : 23 TRAFIC** – vous commencez à vous réveiller et à sortir de votre état léthargique. Encore un effort et vous allez secouer vos chaînes, qu'elles soient psychiques ou familiales.
- **Mercure : 24 NOUVELLE** – des propositions arrivent de toutes parts. On vous encourage à réagir. Rien n'est perdu.

Avec Mars : 35 ENNEMIS

Des concurrents ont tout fait pour provoquer le vide autour de vous. Vous n'avez plus de travail, vous êtes devenu improductif ; le temps ayant passé, vous n'êtes plus dans la course. C'est un cercle vicieux dont vous n'arrivez plus à sortir. Pourtant, une opportunité se présente. Allez vous être en mesure d'y répondre ? Voyons Mercure :

- **Mercure : 18 CHANGEMENT** – vous êtes encore capable de réagir. La chance qui se présente est dans vos cordes. Vous allez sortir de votre période noire.
- **Mercure : 19 ARGENT** – vous avez été capable de jouer au Loto et vous allez recevoir une somme d'argent. Vos ennemis ne peuvent rien y faire. Cette somme va vous permettre de redémarrer.
- **Mercure : 20 L'INTELLIGENCE** – vous n'avez pas perdu vos capacités créatrices, mais vous n'arrivez pas à trouver du travail. De plus, vous restez isolé, car vous vous êtes fait de nombreux ennemis. Mais la chance est bien là. Vous êtes en mesure de la saisir.
- **Mercure : 21 VOL-PERTE** – la chance passe à votre portée, mais vous avez perdu la main. Elle vous file sous le nez.

- **Mercure : 22 ENTREPRISES** – vous avez une belle entreprise ou une belle œuvre derrière vous, mais de nombreux ennemis vous ont tenu isolé du marché et vous n'avez rien fait pour sortir de là. Mais la chance arrive. Vous pouvez encore réagir. À vous de jouer !
- **Mercure : 23 TRAFIC** – les affaires reprennent. Vous avez déjà fait des efforts pour sortir de votre isolement. Vous allez pouvoir saisir la chance qui se présente, mais à condition de vous battre car vos ennemis n'ont pas disparu.
- **Mercure : 24 NOUVELLE** – vous n'aviez pas que des ennemis, la chance vient à vous sous la forme d'offres extrêmement intéressantes.

Avec Mars : 36 POURPARLERS

Des pourparlers sont en cours à votre sujet. On songe à vous faire une offre extrêmement chanceuse, mais on se demande si vous serez en mesure de réaliser le travail ou le rôle dont il est question. Depuis quelque temps, il semble que vous n'ayez pas réalisé grand-chose.
Voyons Mercure :

- **Mercure : 18 CHANGEMENT** – un nouvel intervenant fait pencher la balance en votre faveur. Vous allez sortir de votre période improductive si vous saisissez la chance qui vous est offerte. L'hésitation n'est plus de mise.
- **Mercure : 19 ARGENT** – on apprend, par ailleurs, que vous avez reçu une grosse somme d'argent et que vous aurez les moyens financiers de répondre à l'offre que l'on songe à vous faire. On va vous donner votre chance.
- **Mercure : 20 L'INTELLIGENCE** – on espère que vous serez en mesure de répondre intellectuellement à la proposition que l'on pense vous faire. Il serait bien que vous vous manifestiez sans attendre.
- **Mercure : 21 VOL-PERTE** – jusqu'à présent, votre travail n'a pas porté de fruits. On n'ose pas vous donner encore une chance de faire vos preuves.

- **Mercure : 22 ENTREPRISES** – on pense que vous avez fait vos preuves ou que votre entreprise est solide. On va donc vous confier une œuvre ou une affaire ; c'est la chance de votre vie. N'hésitez pas à la saisir et vite !
- **Mercure : 23 TRAFIC** – On constate que depuis quelque temps, vous avez recommencé à donner des preuves d'une nouvelle énergie créatrice. On va donc vous redonner vos chances à nouveau.
- **Mercure : 24 NOUVELLE** – plusieurs personnes viennent appuyer votre candidature avec ferveur. On va vous annoncer la bonne nouvelle rapidement.

Avec mars : 37 FEU

Depuis un moment, vous ne produisez plus grand-chose. Pourtant, la chance se présente sous la forme d'un poste ou d'une proposition de travail. Mais vous serez en compétition avec un concurrent redoutable. Il va falloir défendre votre candidature avec énergie. Voyons Mercure :

- **Mercure : 18 CHANGEMENT** – votre concurrent n'est pas si terrible que cela et vous êtes encore capable d'un sursaut d'énergie. La route va être libre pour un redémarrage.
- **Mercure : 19 ARGENT** – Vous êtes assez isolé dans votre vie professionnelle. Vous travaillez au ralenti, mais vous avez encore des réserves, aussi bien intellectuelles que financières. Vous pouvez encore gagner.
- **Mercure : 20 L'INTELLIGENCE** – votre œuvre est supérieure à celle de votre concurrent, mais il y a déjà un moment que vous ne produisez plus grand-chose. Préparez un dossier et mettez en valeur ce que vous avez fait.
- **Mercure : 21 VOL-PERTE** – vous ne serez pas de taille à lutter. Il est temps de vous reprendre pour la prochaine occasion. Ne laissez pas trop le temps filer.
- **Mercure : 22 ENTREPRISES** – votre œuvre, votre carrière ou votre affaire est solide. Vous pouvez en faire la preuve. Bien que vous soyez sans travail, vous avez un dossier en béton. Mettez-le en évidence vous pourrez gagner.

- **Mercure : 23 TRAFIC** – la lutte sera très dure. Vous avez une chance sur deux de l'emporter. Rien n'est joué.
- **Mercure : 24 NOUVELLE** – on va vous encourager et vous soutenir. Vous avez toutes vos chances.

Avec Mars : 38 ACCIDENT

À la suite d'un accident ou d'un concours de circonstances accidentel, vous vous trouvez sans travail ou incapable de produire, sans idée, ou sans moyens pour concrétiser vos idées. Pourtant la roue tourne. La chance revient sous forme d'une proposition ou d'un gain inespéré. Mais allez vous pouvoir la saisir ? Voyons Mercure :

- **Mercure 18 CHANGEMENT** – le changement annonce la fin d'une mauvaise passe. Les circonstances redeviennent favorables ou vous recouvrez votre santé. La roue tourne. Vous allez remonter la pente.
- **Mercure : 19 ARGENT** – vous allez recevoir une belle somme d'argent, soit parce que vous avez acheté un billet de loterie, soit parce que vous recevez de grosses indemnités. Cela va vous permettre de sortir de l'impasse.
- **Mercure : 20 L'INTELLIGENCE** – vous n'avez pas perdu vos facultés. Ce n'était qu'un accident. Ce qui vous manque le plus c'est l'argent. Mais la chance est quand même là. Vous devez pouvoir la saisir.
- **Mercure : 21 VOL-PERTE** – il ne vous reste plu grand-chose. Pour le moment vous êtes incapable de saisir les opportunités qui se présentent. Vous laissez filer la chance.
- **Mercure : 22 ENTREPRISES** – une partie de votre affaire a été détruite, mais il reste une base solide. Vous pouvez repartir, maintenant que les circonstances sont favorables.
- **Mercure : 23 TRAFIC** – l'accident n'a pas tout arrêté. Vous êtes encore capable de réagir. Maintenant que les circonstances vous sont favorables. Vous pouvez redémarrer et travailler à nouveau.
- **Mercure : 24 NOUVELLE** – vous n'êtes plus isolé, la roue a tourné. Acceptez les aides proposées et la chance reviendra.

JUPITER avec SATURNE
44 LE HAZARD 48 FATALITÉ

Deux forces en rapport avec le hasard, des circonstances inattendues, l'une, la roue de la chance qui vous offre des opportunités, l'autre : la fatalité, qui met fin à une tranche de vie. Autrement dit, c'est la fin d'une étape et le début d'une autre. D'une façon générale, ces deux cartes indiquent une importante transformation, un nouveau cap de destinée, qui vous permet de vous libérer d'un certain nombre de choses pour vivre une autre vie, parcourir un autre chemin. Mars indiquera les obstacles à franchir et Mercure ce qui vous aidera.

Avec Mars : 32 MÉCHANCETÉ

Cette opportunité qui vous est offerte ne fait pas plaisir à tout le monde. Certaines personnes tenteront de vous faire échouer en vous calomniant, éventuellement. Elles ne pourront pas grand-chose face, finalement, à la force du destin.

Voyons Mercure :

- **Mercure : 18 CHANGEMENT** – il y a bien confirmation d'un changement de vie extrêmement favorable.
- **Mercure : 19 ARGENT** – vous allez savoir fort bien, malgré les pressions hostiles, donner un coup de volant à votre destin qui sera bien meilleur financièrement.

- **Mercure : 20 L'INTELLIGENCE** – vous saurez répondre par l'intelligence à vos ennemis, à ceux qui tentent de s'opposer par pure méchanceté ou jalousie, à votre changement de cap.
- **Mercure : 21 VOL-PERTE** – vous risquez de vous laissez influencer par des gens de votre entourage et de laisser passer la chance. Ils peuvent aussi tenter de prendre votre place ou de vous discréditer.
- **Mercure : 22 ENTREPRISES** – les jaloux, les frustrés, ne peuvent rien ni contre votre destin qui se met en route, ni contre votre valeur reconnue.
- **Mercure : 23 TRAFIC** – vous devrez tout de même vaincre des obstacles mis en travers de votre route par certains qui tenteront de faire obstruction.
- **Mercure : 24 NOUVELLE** – les nouvelles arrivent plus vite que les tentatives pour vous faire échouer. Vous faites votre tournant sans encombre.

Avec Mars : 33 PROCÈS

On vous a intenté un procès. Cela a été la goutte d'eau qui vous a donné l'énergie de mettre fin à une étape de votre vie. C'est un mal pour un bien. Vous allez pouvoir vous débarrasser de certaines activités qui vous pesaient et ne vous rapportaient que des ennuis, ou encore d'un entourage qui freinait votre réussite. Voyons Mercure :

- **Mercure : 18 CHANGEMENT** – après une fin d'étape un peu pénible, que vous trouviez sans avenir, vous allez pouvoir démarrer une autre vie professionnelle beaucoup plus intéressante et peut-être sous des cieux plus cléments.
- **Mercure : 19 ARGENT** – ce changement va être surtout propice aux finances. Vous allez accéder à un autre niveau de vie.
- **Mercure : 20 L'INTELLIGENCE** – la nouvelle vie qui s'ouvre à vous va vous permettre d'exercer vos capacités intellectuelles de façon beaucoup plus conforme à vos aspirations, voire à votre vocation.

- **Mercure : 21 VOL-PERTE** – le procès qui vous est intenté, risque de vous faire perdre beaucoup. Ne perdez pas courage. Malgré les apparences, c'est une chance à saisir. Vous allez pouvoir vivre plus librement débarrassé d'un tas de vieux soucis.
- **Mercure : 22 ENTREPRISES** – vous allez pouvoir reconstruire du nouveau en tournant le dos au passé.
- **Mercure : 23 TRAFIC** – le procès qui met fin à une étape de votre vie, va vous permettre d'acquérir une grande liberté de mouvement et d'action.
- **Mercure : 24 NOUVELLE** – maintenant que le procès vous a permis de vous libérer d'une vie professionnelle qui ne vous intéressait plus, vous recevez des propositions de partout.

Avec Mars : 34 DESPOTISME

Saturne vient trancher les liens qui vous paralysaient. Qu'il s'agisse de lourdes dettes financières, de liens familiaux accaparant toute votre énergie ou d'un contrat léonin dont vous n'arriviez pas à vous dégager. La chance se présente en même temps.

Voyons Mercure :

- **Mercure : 18 CHANGEMENT** – chance, aides, nouvelles circonstances, tout concourt à vous dégager et à vous propulser vers un avenir souriant.
- **Mercure : 19 ARGENT** – soit vous gagnez au Loto, soit vous recevez un héritage. De toute façon, grâce à cette grosse somme d'argent, vous allez pouvoir régler vos dettes et profiter des fruits de votre travail.
- **Mercure : 20 L'INTELLIGENCE** – les circonstances vous permettent de voler de vos propres ailes. Vous allez pouvoir démarrer ce que vous désirez.
- **Mercure : 21 VOL-PERTE** – Il n'est pas sûr que vous sachiez profiter des nouvelles circonstances pour trancher les liens qui vous empêchaient de réussir.
- **Mercure : 22 ENTREPRISES** – vous allez pouvoir vous dégager du contrat qui vous liait de façon draconienne.

- **Mercure : 23 TRAFIC** – les événements vont s'accélérer. On va tenter de s'opposer à votre prise de liberté, mais en vain.
- **Mercure : 24 NOUVELLE** – la chance qui se présente vient de l'étranger, sous forme de propositions que vous devez accepter.

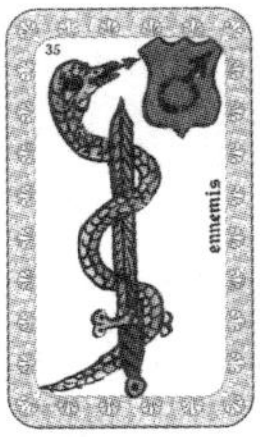

Avec Mars : 35 ENNEMIS

Des concurrents ou des gens qui vous détestent, pour une raison quelconque, par jalousie ou rancune, ont tout fait pour que vous mettiez fin à une activité ou à un mode de vie. Finalement, cela emporte votre décision. C'est un mal pour un bien. Vous allez pouvoir mettre un point final à une situation qui ne vous convenait plus, de sorte que, étant libéré, vous puissiez saisir la chance qui se présente, entamer une nouvelle carrière ou démarrer une autre affaire.
Voyons Mercure :

- **Mercure : 18 CHANGEMENT** – la possibilité de changer de vie se confirme. Ce changement vous entraîne, après une période un peu morose vers une vie meilleure.
- **Mercure : 19 ARGENT** – vous n'aurez rien à regretter. Vous allez gagner beaucoup plus d'argent qu'auparavant.
- **Mercure : 20 L'INTELLIGENCE** – vous allez pouvoir exercer votre profession sans entrave en utilisant toutes vos facultés intellectuelles, ce que vous ne pouviez pas faire jusque-là.
- **Mercure : 21 VOL-PERTE** – vous ressentez cette fin d'étape comme une perte. Il faut réagir, sinon vous risquez de laisser passer la chance.
- **Mercure : 22 ENTREPRISES** – vous allez enfin pouvoir monter la grande affaire dont vous rêviez.
- **Mercure : 23 TRAFIC** – vous entamez une nouvelle carrière, tout en mettant fin à votre ancienne activité.
- **Mercure : 24 NOUVELLE** – les événements se précipitent. Vous recevez de multiples propositions.

Avec Mars : 36 POURPARLERS

Les pourparlers sont déjà engagés pour un changement de vie professionnelle. C'est Mercure qui nous dira le fin mot de l'histoire.
Voyons Mercure :

- **Mercure : 18 CHANGEMENT** – le changement de carrière entraîne un changement de vie. Vous avez toutes les chances de partir à l'autre bout de la planète, sous des cieux ensoleillés.
- **Mercure : 19 ARGENT** – c'est votre vie financière essentiellement qui va changer. On vous fait déjà des propositions.
- **Mercure : 20 L'INTELLIGENCE** – vous allez avoir accès à un poste qui va vous demander beaucoup de travail intellectuel.
- **Mercure : 21 VOL-PERTE** – à l'issue de ces pourparlers, vous n'obtiendrez pas le poste auquel vous tenez le plus. Il sera attribué à quelqu'un d'autre.
- **Mercure : 22 ENTREPRISES** – on va vous proposer de prendre la tête d'une très grosse affaire ou d'une création intéressante.
- **Mercure : 23 TRAFIC** – les pourparlers vont durer assez longtemps, mais l'arrivée d'un nouvel intervenant va décider de votre sort. Soyez vigilant.
- **Mercure : 24 NOUVELLE** – vous n'avez pas le temps de vous impatienter que déjà les bonnes nouvelles arrivent. Vous n'aurez que l'embarras du choix.

Avec Mars : 37 FEU

Vous en avez assez de vous battre sans cesse contre des concurrents déloyaux ou contre des événements contraires. Les circonstances aidant, vous en profitez pour mettre fin à une activité qui ne faisait que vous causer des soucis et vous vider de votre énergie. Libéré, vous allez pouvoir saisir la chance qui se présente.
Voyons Mercure :

- **Mercure : 18 CHANGEMENT** – grâce aux nouvelles opportunités qui se présentent, vous allez pouvoir travailler dans de bien meilleures conditions. La route sera beaucoup plus facile.
- **Mercure : 19 ARGENT** – votre nouveau travail ne sera pas obligatoirement plus facile, mais beaucoup mieux rémunéré.
- **Mercure : 20 L'INTELLIGENCE** – votre nouvelle carrière fera d'avantage appel à vos capacités intellectuelles. Elle sera plus conforme à vos aspirations.
- **Mercure : 21 VOL-PERTE** – attention, vous risquez de vous faire piquer le poste que vous convoitez. Vous n'êtes pas seul en lice.
- **Mercure : 22 ENTREPRISES** – vous allez enfin pouvoir donner le meilleur de vous-même.
- **Mercure : 23 TRAFIC** – il vous faudra toutefois faire de nombreux déplacements et échanger de nombreux messages, avant d'arriver à décrocher le rôle ou le poste que vous souhaitez obtenir.
- **Mercure : 24 NOUVELLE** – vous n'aurez pas beaucoup d'efforts à fournir. Les offres arrivent toutes seules jusqu'à vous.

Avec Mars : 38 ACCIDENT

Un accident a mis fin à une carrière, mais c'est un mal pour un bien. Vous avez d'autres cordes à votre arc. Passé le choc, vous allez pouvoir saisir la chance qui se présente.
Voyons Mercure :

- **Mercure : 18 CHANGEMENT** – vous allez démarrer une nouvelle vie en même temps qu'un nouveau travail. Cela nécessitera un déménagement, un changement de région, voire de pays.
- **Mercure : 19 ARGENT** – vous recevrez de belles indemnités et pourrez repartir dans une nouvelle profession avec de belles réserves financières.

- **Mercure : 20 L'INTELLIGENCE** – cette fin d'étape va vous permettre de vous recycler et de démarrer un travail plus intéressant intellectuellement.
- **Mercure : 21 VOL-PERTE** – cet accident vous a fait perdre une partie de vos moyens. Ne vous laissez pas décourager et ne laissez pas passer la chance.
- **Mercure : 22 ENTREPRISES** – vous ne baissez pas les bras et retroussez déjà vos manches. Vous avez de nombreux projets et êtes apte à répondre aux offres qui se présentent.
- **Mercure : 23 TRAFIC** – l'accident ne vous prive pas de vos moyens. Vous ne perdez pas un instant pour saisir la chance au vol. Vous avez un tempérament de gagnant.
- **Mercure : 24 NOUVELLE** – vous n'avez pas perdu de temps ; vous avez posé votre candidature auprès de différents organismes. Vous recevez déjà des nouvelles.

JUPITER avec SATURNE
44 LE HAZARD 49 LA GRÂCE

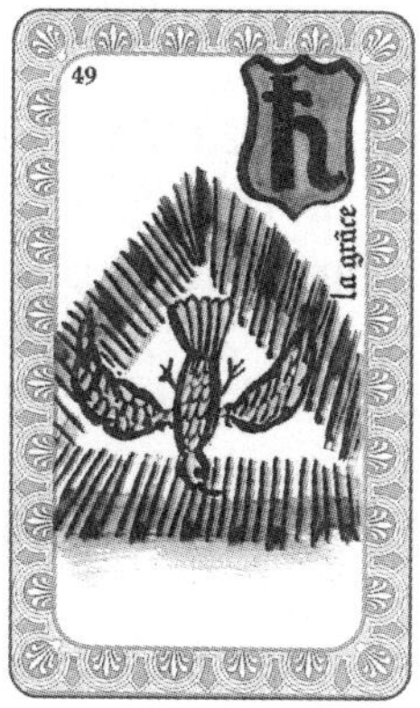

La Grâce, plus la chance, c'est vraiment la très grande chance, aussi bien sur le plan professionnel que financier. C'est l'alliance du plaisir et du travail ; c'est l'annonce de la vocation réalisée sans souci financier, l'annonce d'une belle réussite dans le bonheur et la paix. Mars ne pourra rien contre une telle chance.

Avec Mars : 32 MÉCHANCETÉ

Certainement une chance aussi insolente va susciter de la jalousie. Et l'on ne peut empêcher certaines personnes de tenter de vous nuire, mais le mal ne pourra empêcher la réussite globale. Au contraire les tentatives effectuées pour vous nuire ne pourront que susciter des réactions de sympathie à votre égard. Voyons Mercure :

- **Mercure : 18 CHANGEMENT** – le changement est radical. Mercure confirme la nouvelle tranche de vie radieuse qui s'annonce. Le travail se fera dans un environnement très agréable.
- **Mercure : 19 ARGENT** – vous serez étonné des aides financières que vous pouvez dorénavant obtenir. Vous pouvez créer, si le cœur vous en dit, une fondation.
- **Mercure : 20 L'INTELLIGENCE** – vous allez pouvoir réaliser votre vocation, effectuer les recherches dont vous avez toujours rêvé. Et ce, dans les meilleures conditions.
- **Mercure : 21 VOL-PERTE** – on tentera de vous discréditer. Votre réussite sera assombrie par quelques nuages.
- **Mercure : 22 ENTREPRISES** – vous allez pouvoir créer une belle affaire. Vous disposerez de tous les outils nécessaires pour réussir.
- **Mercure : 23 TRAFIC** – vous ne pourrez empêcher les mauvaises langues de continuer à vous critiquer. Mais cela ne vous empêchera pas d'avancer.
- **Mercure : 24 NOUVELLE** – vous recevrez autant de messages de sympathie que d'injures.

Avec Mars : 33 PROCÈS

Certains pourraient tenter de vous attaquer en justice, mais, si cela peut risquer de vous faire perdre du temps, vous ne pouvez perdre un procès. Au contraire, vous n'en tirerez que des avantages.
Voyons Mercure :

- **Mercure : 18 CHANGEMENT** – à l'issue de ce procès qui mettra fin à une tranche de votre vie, la voie sera tout à fait libre pour en commencer une nouvelle.

- **Mercure : 19 ARGENT** – ce procès vous rapportera de grosses indemnités qui vous serviront pour votre nouvelle vie.
- **Mercure : 20 L'INTELLIGENCE** – ce procès va vous permettre de tirer un trait sur votre passé. Vous allez pouvoir dans la sérénité vous consacrer à votre travail.
- **Mercure : 21 VOL-PERTE** – vous serez obligé d'abandonner des biens à la personne qui vous fait un procès, mais après cela, vous vous sentirez tout à fait libre.
- **Mercure : 22 ENTREPRISES** – le procès vous laisse serein. Il n'aura aucune conséquence sur votre nouvelle vie. Il se terminera par un non lieu.
- **Mercure : 23 TRAFIC** – vous êtes serein, mais vous saurez vous défendre et on vous renverra dos à dos surtout s'il s'agit d'un procès en divorce.
- **Mercure : 24 NOUVELLE** – les nouvelles sont bonnes, vous allez de plus, gagner votre procès.

Avec Mars : 34 DESPOTISME

Vous êtes dans une période de chance extrême, mais vous avez tendance à vous laisser prendre au piège de votre bienveillance. Vous vous êtes un peu trop investi dans des œuvres de bienfaisance. Certaines personnes sans scrupules qui ont fait appel à votre générosité vous abusent. Vous avez également du mal à vous dégager de liens sentimentaux qui ne servent qu'à vous exploiter. Voyons Mercure :

- **Mercure : 18 CHANGEMENT** – vous avez l'opportunité de prendre un certain recul par rapport aux obligations que vous vous êtes vous-même données. Vous allez être capable de vous débarrasser des profiteurs et partir librement vers une nouvelle vie.
- **Mercure : 19 ARGENT** – vous allez donner une dernière somme d'argent, puis vous vous sentirez moralement libre. Vous pourrez entamer sereinement votre nouvel avenir.
- **Mercure : 20 L'INTELLIGENCE** – vous finissez par comprendre que vous ne devez rien à ceux qui vous exploitent financièrement ou moralement.

- **Mercure : 21 VOL-PERTE** – vous entamez une nouvelle et belle œuvre, ou carrière, mais vous continuez à vous faire exploiter.
- **Mercure : 22 ENTREPRISES** – vous avez vous-même créé une œuvre caritative mais laissé à d'autres le soin de la gérer. De sorte que vous êtes à même de vous consacrer aux travaux qui vous tiennent à cœur.
- **Mercure : 23 TRAFIC** – vous avez enfin commencé à vous dégager des parasites qui vous entouraient. Vous allez pouvoir vivre de façon plus équilibrée.
- **Mercure : 24 NOUVELLE** – de nombreux amis viennent vous donner toutes les informations nécessaires pour vous libérer des liens qui vous étouffaient psychologiquement et financièrement.

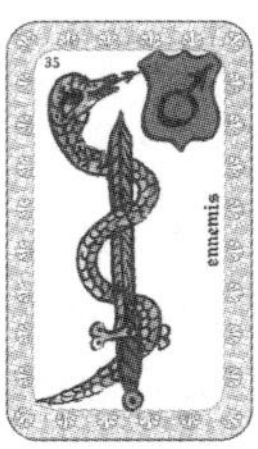

Avec Mars : 35 ENNEMIS

Les attaques ne peuvent vous atteindre moralement et très peu financièrement. Vous êtes protégé par votre force de caractère, votre équilibre moral et intellectuel.
Voyons Mercure :

- **Mercure : 18 CHANGEMENT** – vos ennemis abandonnent, ou plutôt, vous les abandonnez. Vous avez décidé de partir à la recherche d'un environnement plus serein.
- **Mercure : 19 ARGENT** – vous êtes encore obligé de supporter des critiques acerbes dans les médias, mais cela ne vous empêche pas de faire une excellente affaire.
- **Mercure : 20 L'INTELLIGENCE** – on tente de dévaloriser votre travail et de vous déstabiliser. Mais vous êtes sourd aux bruits extérieurs, plongé dans votre recherche.
- **Mercure : 21 VOL-PERTE** – des personnes jalouses vont tenter de vous escroquer ou de vous voler des biens. Vous devriez veiller au grain.
- **Mercure : 22 ENTREPRISES** – on tentera de porter atteinte aux bases mêmes de votre entreprise ou de votre œuvre. Soyez quand même prudent.

- **Mercure : 23 TRAFIC** – vous serez obligé de vous défendre contre les bruits que vos ennemis font courir sur vous ou sur votre travail.
- **Mercure : 24 NOUVELLE** – bonne nouvelle. Vous êtes appelé à l'étranger loin de vos ennemis.

Avec Mars : 36 POURPARLERS

La chance, la foi en vous, l'équilibre, la compétence, le talent vous permettent d'espérer une belle percée dans votre vie professionnelle et matérielle. Vous avez posé votre candidature pour un poste, un prix ou un rôle. Ou encore vous avez déposé un projet qui vous tient à cœur. La décision dépend d'un groupe de personnes en discussion.
Voyons Mercure :

- **Mercure : 18 CHANGEMENT** – la décision est prise ; votre candidature est acceptée. Une nouvelle vie commence. Vous laissez derrière vous les soucis qui vous gâchaient la vie.
- **Mercure : 19 ARGENT** – on vous accorde une aide financière, une bourse ou une subvention. Vous allez pouvoir mener à bien votre projet.
- **Mercure : 20 L'INTELLIGENCE** – vous recevez un prix qui couronne une œuvre et vous permet de continuer votre recherche. Ou encore vous bénéficiez d'un gros contrat.
- **Mercure : 21 VOL-PERTE** – vous n'obtenez pas tout à fait le prix ou l'aide que vous attendiez. Ce que vous recevez est beaucoup moins important que ce que vous espériez.
- **Mercure : 22 ENTREPRISES** – on vous octroie tout ce que vous aviez demandé pour entreprendre l'œuvre qui vous tient à cœur.
- **Mercure : 23 TRAFIC** – les discussions s'éternisent. Vous devrez intervenir. Finalement vous aurez gain de cause.
- **Mercure : 24 NOUVELLE** – vous recevez plusieurs récompenses. Vous êtes en pleine période de chance.

Avec Mars : 37 FEU

Vous êtes dans une grande période de chance, mais vous devrez quand même vous battre. Ce n'est pas le moment de dormir. De plus, pour la nouvelle carrière que vous devez entamer, il vous faudra fournir une grande énergie, car vous n'avez pas choisi la facilité. Voyons Mercure :

- **Mercure : 18 CHANGEMENT** – vous avez fait tout ce qu'il fallait. Vous laissez derrière vous les mauvais souvenirs et entamez une nouvelle carrière brillante.
- **Mercure : 19 ARGENT** – vous vous êtes battu jusqu'au bout. Le résultat est payant. Vous commencez à récolter le fruit de vos efforts sur le plan financier.
- **Mercure : 20 L'INTELLIGENCE** – vous gagnez une bataille d'importance. On remarque votre travail ; vous commencez à vous faire un nom.
- **Mercure : 21 VOL-PERTE** – attention, vous êtes en compétition étroite avec un concurrent de poids. Si vous n'êtes pas vigilant jusqu'au bout, un prix pourrait vous échapper.
- **Mercure : 22 ENTREPRISES** – toutes vos années d'effort paient. Votre position est maintenant bien assise. Vous allez pouvoir passer à un échelon supérieur. Agrandir votre affaire, changer de niveau.
- **Mercure : 23 TRAFIC** – vous avez en face de vous un redoutable concurrent. Mais finalement vous emporterez chacun un rôle, ou un poste, ou un contrat.
- **Mercure : 24 NOUVELLE** – vous recevez plusieurs propositions. Vous n'avez plus besoin de vous battre. Le plus dur est fait.

Avec Mars : 38 ACCIDENT

Alors que vous étiez en pleine période de chance, un accident catastrophique risque de tout compromettre : accident corporel, destruction de vos bâtiments, ou, encore, la disparition de dossiers importants. Voyons Mercure :

- **Mercure : 18 CHANGEMENT** – un nouveau concours de circonstances vient vous sortir de cette catastrophe. On retrouve le dossier perdu, ou vous vous rétablissez rapidement.
- **Mercure : 19 ARGENT** – de grosses indemnités ou l'arrivée providentielle d'une somme d'argent, que vous n'attendiez plus, vous aide à rétablir la situation.
- **Mercure : 20 L'INTELLIGENCE** – vous faites le point et établissez un plan de redressement avec habileté. Mais il faudra être patient.
- **Mercure : 21 VOL-PERTE** – vous avez perdu presque toute votre fortune. Mais vous bénéficiez encore d'une période de grâce. Il vous reste de quoi redémarrer.
- **Mercure : 22 ENTREPRISES** – vous êtes immobilisé, mais votre affaire peut attendre. Elle est solide. Votre travail ne s'est pas envolé. Il ne vous reste qu'à prendre patience.
- **Mercure : 23 TRAFIC** – vous n'êtes pas totalement immobilisé. Vous pouvez encore réagir et tenter de réparer les dégâts.
- **Mercure : 24 NOUVELLE** – vous recevez de bonnes nouvelles. Tout n'est pas perdu et on vous fait des propositions d'aide.

JUPITER avec SATURNE
44 LE HAZARD 50 RUINE

Ce qui semble au premier abord un coup de chance, risque d'aboutir à une catastrophe matérielle. Vous pouvez par exemple décrocher par hasard un gros contrat, mais il vous faudra investir gros, et, une fois le travail terminé, vous risquez de ne jamais être payé ou de ne pas réussir à tenir vos engagements. Si vous n'êtes pas déjà engagé, il est sans doute préférable de ne rien signer. Voyons Mars et Mercure avant de conclure définitivement.

Avec Mars : 32 MÉCHANCETÉ

Votre contrat suscite la jalousie. Vos ennemis concurrents complotent pour ruiner vos entreprises professionnelles en vous mettant des bâtons dans les roues chaque fois que cela leur est possible.
Voyons Mercure :

- **Mercure : 18 CHANGEMENT** – un concours de circonstances élimine vos ennemis. Après une période remplie d'embûches, vous allez pouvoir redresser la barre.
- **Mercure : 19 ARGENT** – vous allez bénéficier d'une grosse rentrée d'argent. Cet argent va vous permettre de mettre de l'huile dans les rouages et faire tourner votre affaire à nouveau.
- **Mercure : 20 L'INTELLIGENCE** – il n'est pas sûr que, malgré toute votre ingéniosité, vous arriviez à contrer vos adversaires.
- **Mercure : 21 VOL-PERTE** – le pronostic n'est pas bon. Vous devriez, s'il n'est pas trop tard, refuser ce contrat.
- **Mercure : 22 ENTREPRISES** – votre entreprise a les reins solides, mais ce sera beaucoup de travail pour tout mener à bien.
- **Mercure : 23 TRAFIC** – pour réussir, malgré les embûches accumulées par vos adversaires, il ne faudra pas baisser la garde.
- **Mercure : 24 NOUVELLE** – vous allez recevoir des messages. On vous met en garde et on vous propose de l'aide.

Avec Mars : 33 PROCÈS

La chance s'est présentée à vous sous la forme d'une belle proposition de travail, mais un procès risque de tout remettre en cause. Ce procès peut concerner aussi bien celui qui vous propose l'affaire que votre propre entreprise.
Voyons Mercure :

- **Mercure : 18 CHANGEMENT** – un changement de dernière minute a toutes les chances de faire avorter le procès. La route est libre à nouveau.
- **Mercure : 19 ARGENT** – vous vous en sortirez bien. En cas de non respect du contrat pour cause de procès, on vous dédommagera.
- **Mercure : 20 L'INTELLIGENCE** – vous aurez l'intelligence de refuser le contrat avant qu'il ne soit trop tard. C'est la seule solution.
- **Mercure : 21 VOL-PERTE** – vous ne pouvez plus faire grand-chose. Vous êtes trop avancé dans le projet. Vous perdrez tout ce que vous avez investi.
- **Mercure : 22 ENTREPRISES** – vous ne gagnerez rien, mais au moins, votre entreprise sortira de cette affaire intacte.
- **Mercure : 23 TRAFIC** – vous aurez beaucoup perdu au cours de cette affaire, mais vous pouvez continuer à travailler.
- **Mercure : 24 NOUVELLE** – on vous fait d'autres propositions. Vous avez encore le temps de refuser celle qui risque de poser des problèmes.

Avec Mars : 34 DESPOTISME

Le contrat que vous avez obtenu comme une chance se révèle très difficile à honorer. Il vous lie les mains par trop de contraintes. Vous aurez beaucoup de mal à le faire avancer, à le faire évoluer.
Voyons Mercure :

- **Mercure : 18 CHANGEMENT** – vous réussissez à faire apporter des modifications au contrat. La route est libre à nouveau.
- **Mercure : 19 ARGENT** – une somme d'argent inattendue vous permet d'honorer votre contrat sans trop de mal.
- **Mercure : 20 L'INTELLIGENCE** – vous cherchez un biais pour contourner les contraintes du contrat. Mais rien n'est gagné.
- **Mercure : 21 VOL-PERTE** – vous auriez mieux fait de ne pas signer. Vous risquez fort d'être obligé d'abandonner en cours de route.

- **Mercure : 22 ENTREPRISES** – vous perdrez beaucoup en temps et en argent, mais votre entreprise reste solide.
- **Mercure : 23 TRAFIC** – vous arriverez à vous faufiler à travers les clauses contraignantes du contrat. Mais non sans mal.
- **Mercure : 24 NOUVELLE** – on apporte de nouvelles clauses à votre contrat. Vous allez pouvoir récupérer en partie les pertes que vous avez déjà subies.

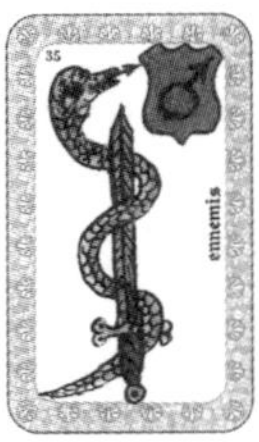

Avec Mars : 35 ENNEMIS

C'est la ruine pour vous ou pour vos ennemis. Le tout est de savoir, si c'est vraiment le hasard qui vous a mis sur cette affaire ou un piège que l'on vous a tendu. Si c'est vraiment le hasard, vos ennemis vont tout faire pour vous faire échouer, pour vous acculer à la faillite.
Voyons Mercure :

- **Mercure : 18 CHANGEMENT** – il est encore temps de sortir de cette affaire. Tout n'est pas signé.
- **Mercure : 19 ARGENT** – vous recevez de fortes sommes d'argent, que l'on vous devait. Vous allez mener à bien cette affaire aux dépens de vos ennemis.
- **Mercure : 20 L'INTELLIGENCE** – vous êtes aussi rusé que vos ennemis. Vous êtes capable de déjouer leurs pièges, mais soyez très vigilant
- **Mercure : 21 VOL-PERTE** – vous allez avoir beaucoup de mal à ne pas déposer votre bilan.
- **Mercure : 22 ENTREPRISES** – votre affaire est plus solide que ne croyaient vos ennemis. La ruine est pour eux.
- **Mercure : 23 TRAFIC** – dans cette affaire votre devise sera « pour un œil les deux yeux ». En définitive vous avez vos chances.
- **Mercure : 24 NOUVELLE** – bonne nouvelle. Vos ennemis sont victimes d'un coup du sort. Ils sont neutralisés.

Avec Mars : 36 POURPARLERS

Au départ c'était la chance. On vous faisait miroiter un formidable contrat qui allait vous sortir d'affaire. Mais tout est remis en question. À partir de là votre sort va se jouer : ou, décidément, vous ne sortez pas de vos problèmes financiers et professionnels, ou vous repartez sur de nouvelles bases. Voyons Mercure :

- **Mercure : 18 CHANGEMENT** – un nouvel intervenant fait pencher la balance en votre faveur. Vous repartez sur de nouvelles bases. La route est libre.
- **Mercure : 19 ARGENT** – une nouvelle chance pour vous. Vous recevez une grosse somme d'argent qui semble tombée du ciel. Avec cet argent, vous voilà plus crédible. On fait confiance à votre bonne étoile.
- **Mercure : 20 L'INTELLIGENCE** – vous devez intervenir dans les discussions. Vous avez encore vos chances.
- **Mercure : 21 VOL-PERTE** – vous n'emportez pas l'affaire. Vous vous retrouvez à la case départ.
- **Mercure : 22 ENTREPRISES** – on juge votre affaire encore solide. Intervenez en mettant en évidence votre dossier.
- **Mercure : 23 TRAFIC** – les pourparlers s'éternisent, d'autant qu'un nouvel intervenant propose un concurrent. Vous avez une chance sur deux de l'emporter.
- **Mercure : 24 NOUVELLE** – bonne nouvelle. Le coup de pouce providentiel d'un ami vous a donné le feu vert.

Avec Mars : 37 FEU

Le hasard vous a mis sur une grosse affaire, mais les temps sont difficiles et il va vous falloir lutter contre toutes sortes d'obstacles : grèves, délais à tenir, mauvais payeurs, retards de la part des fournisseurs. Vous risquez de vous trouver dans une situation catastrophique au niveau financier. Voyons Mercure :

- **Mercure : 18 CHANGEMENT** – un changement dans l'ambiance générale économique vous permet de redresser la barre rapidement. Vous voilà sauvé.

- **Mercure : 19 ARGENT** – un nouveau coup de chance vous fait bénéficier d'une grosse somme d'argent. Elle va vous permettre de tenir le coup, malgré les difficultés.
- **Mercure : 20 L'INTELLIGENCE** – il faudra faire preuve de beaucoup d'ingéniosité pour résoudre les problèmes au fur et à mesure qu'ils se présenteront. Ce n'est pas gagné.
- **Mercure : 21 VOL-PERTE** – vous risquez fort de ne pouvoir redresser la situation. Vous êtes mal parti.
- **Mercure : 22 ENTREPRISES** – vous réussirez de justesse à sauver votre entreprise. Mais ce n'est pas le beau redressement escompté.
- **Mercure : 23 TRAFIC** – à force de lutter vous arriverez à redresser vos finances, mais de justesse.
- **Mercure : 24 NOUVELLE** – les nouvelles économiques sont bonnes. Votre situation matérielle va s'améliorer.

Avec Mars : 38 ACCIDENT

Alors que la chance semblait vous sourire, un accident ou une catastrophe vient tout anéantir. Soit vous vous retrouvez à l'hôpital sans pouvoir travailler, soit, s'il s'agit d'une entreprise, une catastrophe naturelle ou accidentelle vient détruire votre usine ou votre stock. Au premier abord, c'est l'écroulement d'un espoir. Mercure nous dira s'il existe encore une porte de sortie. Voyons Mercure :

- **Mercure : 18 CHANGEMENT** – si vous êtes hospitalisé, vous sortirez plus rapidement que prévu de l'hôpital et serez encore à même d'honorer votre contrat. S'il s'agit d'une destruction matérielle, elle est moins grave que prévu.
- **Mercure : 19 ARGENT** – vous ne pourrez honorer votre contrat. Vous recevrez néanmoins de grosses indemnités qui vous permettront d'envisager l'avenir avec sérénité.
- **Mercure : 20 L'INTELLIGENCE** – vous allez profiter de votre arrêt pour envisager un recyclage ou de nouvelles études.
- **Mercure : 21 VOL-PERTE** – cette fois le choc est sévère. Il vous faudra du temps pour remonter la pente financièrement parlant.

- **Mercure : 22 ENTREPRISES** – tout n'est pas perdu, mais vous avez subi d'énormes pertes.
- **Mercure : 23 TRAFIC** – vous ne vous avouez pas battu et envisagez déjà des plans pour l'avenir, mais le choc reste rude. Vous êtes pratiquement ruiné.
- **Mercure : 24 NOUVELLE** – bonne nouvelle. Vous recevez d'autres propositions auxquelles vous pourrez donner suite.

JUPITER avec SATURNE
44 LE HAZARD 51 RETARD

Alors que la chance semblait enfin à votre portée, voilà que, tout à coup, les choses se bloquent. La promotion attendue, le contrat promis, la place que l'on vous réservait, le prix qui devait vous revenir, comme on vous l'avait annoncé tardent. Vous commencez à vous inquiéter. Mars et Mercure vont nous donner le fin mot de l'histoire.

Avec Mars : 32 MÉCHANCETÉ

Le retard est dû aux efforts de personnes mal intentionnées qui font tout pour déplacer les dossiers, ou même les faire disparaître, ou encore faire courir des bruits désobligeants sur votre compte. Voyons Mercure :

- **Mercure : 18 CHANGEMENT** – un nouveau coup de pouce du destin intervient en votre faveur. On retrouve toutes les pièces de votre dossier, on ne prête pas l'oreille aux propos malveillants. Vous allez recevoir rapidement ce que vous attendiez.

- **Mercure : 19 ARGENT** – on attendait les fonds. Ils arrivent. Vous allez recevoir votre promotion ou votre prix.
- **Mercure : 20 L'INTELLIGENCE** – c'est plus la reconnaissance de vos talents que vous attendiez que de l'argent. Cette reconnaissance ne va plus tarder.
- **Mercure : 21 VOL-PERTE** – le retard risque fort de se transformer en perte. Entre-temps, la roue a tourné, vous n'êtes plus dans une période de chance.
- **Mercure : 22 ENTREPRISES** – le retard ne durera pas. Vous pouvez commencer à préparer le travail, le contrat va arriver.
- **Mercure : 23 TRAFIC** – le contrat ou le prix est déjà en route, bien que vos ennemis continuent encore à comploter contre vous.
- **Mercure : 24 NOUVELLE** – la bonne nouvelle arrive. Le retard est rattrapé.

Avec Mars : 33 PROCÈS

Au moment où l'on se préparait à vous envoyer un contrat ou à vous octroyer un prix ou une promotion, on apprend que l'on vous attaque en justice. Ou encore, au moment où la décision venait d'être prise pour vous remettre le prix, quelqu'un menace d'attaquer en justice les décideurs. On repousse la décision. Voyons Mercure :

- **Mercure : 18 CHANGEMENT** – la menace du procès s'éloigne. La route est libre à nouveau.
- **Mercure : 19 ARGENT** – l'argent que vous attendiez sera débloqué, après le procès. Il faut attendre encore un peu.
- **Mercure : 20 L'INTELLIGENCE** – votre valeur sera finalement reconnue. Vous aurez votre prix, mais quand le procès sera terminé.
- **Mercure : 21 VOL-PERTE** – le procès va vous faire perdre le contrat ou la promotion que vous attendiez. Le retard se termine en refus.

- **Mercure : 22 ENTREPRISES** – le procès risque de s'éterniser. Le contrat risque d'être attribué à quelqu'un d'autre. Orientez-vous différemment.
- **Mercure : 23 TRAFIC** – les choses ne vont plus vraiment traîner. Vous pouvez d'ailleurs les faire activer.
- **Mercure : 24 NOUVELLE** – bonne nouvelle. Procès ou pas, vous recevez votre promotion, votre prix, ou votre argent.

Avec Mars : 34 DESPOTISME

Le retard est nettement marqué. Il est lié à toutes sortes de contraintes. Ceux qui doivent vous décerner le prix ou vous prendre sous contrat, dépendent eux-mêmes d'un tas d'obligations et de formalités qui prennent du temps et qui peuvent même parfois sembler insolubles. Il va falloir vous armer de patience. Mais le résultat n'est pas pour autant négatif.
Voyons Mercure :

- **Mercure : 18 CHANGEMENT** – de nouvelles dispositions légales ou financières vont rapidement dégager la route. Votre attente ne sera plus très longue.
- **Mercure : 19 ARGENT** – après une longue attente, les fonds vont enfin être débloqués.
- **Mercure : 20 L'INTELLIGENCE** – c'est une reconnaissance de vos talents que vous attendez. Vous pouvez attendre. Elle va forcément arriver.
- **Mercure : 21 VOL-PERTE** – quelque chose bloque. On remet la décision aux calendes. Votre période de chance est passée.
- **Mercure : 22 ENTREPRISES** – votre affaire est solide. Vous avez tout votre temps. Heureusement car l'attente va être longue.
- **Mercure : 23 TRAFIC** – vous êtes en mesure de faire vous-même avancer les démarches. Le retard ne va pas trop durer.
- **Mercure : 24 NOUVELLE** – les blocages sont partis. La bonne nouvelle que vous attendiez arrive enfin.

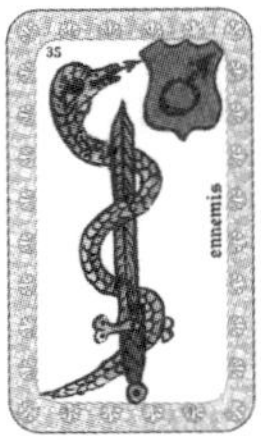

Avec Mars : 35 ENNEMIS

Vous n'avez pas que des amis. Vous avez intérêt à ne pas faire trop confiance à ceux qui affirment faire tout pour vous aider. Certains, au contraire, font tout pour faire obstacle à votre marche vers le succès. Ils peuvent tenter de vous discréditer. Soyez vigilant ; ouvrez les yeux. Voyons Mercure :

- **Mercure : 18 CHANGEMENT** – vos ennemis sont écartés ; les obstacles sont levés. Vous pouvez continuer à grimper les marches de la réussite.
- **Mercure : 19 ARGENT** – vous allez recevoir une grosse somme d'argent qui va encore susciter des jalousies. Soyez discret et les choses s'arrangeront.
- **Mercure : 20 L'INTELLIGENCE** – vos ennemis ne sont pas très malins. Ils ne peuvent que retarder un temps la promotion ou le prix que vous attendez.
- **Mercure : 21 VOL-PERTE** – vos ennemis sont plus puissants que vous le croyiez. Ils peuvent carrément bloquer définitivement votre promotion.
- **Mercure : 22 ENTREPRISES** – cela fait un moment que vos ennemis tentent de détruire votre réputation. Ceci dit, vous n'offrez guère de prise à leurs attaques. Le retard ne sera pas éternel.
- **Mercure : 23 TRAFIC** – vos ennemis sont nombreux. Mais les chiens aboient, la caravane passe. Encore un peu de patience et tout s'arrangera.
- **Mercure : 24 NOUVELLE** – pendant que vous attendez une promotion qui n'arrive pas, on vous fait d'autres propositions.

Avec Mars : 36 POURPARLERS

Le retard est dû à des discussions qui n'en finissent pas. Les décideurs ont tout simplement du mal à se mettre d'accord sur les détails ou sur les formalités. Certains peuvent aussi être opposés à votre promotion. Il ne faudrait pas que les discussions s'enlisent : la roue tourne et la chance passe.
Voyons Mercure :

- **Mercure : 18 CHANGEMENT** – un nouvel intervenant emporte la décision finale. Vous laissez derrière vous une période difficile et commencez une vraie carrière.
- **Mercure : 19 ARGENT** – c'était le montant de la somme à vous attribuer qui faisait débat. Cela valait la peine d'attendre. Votre contrat est assorti d'une beau chèque.
- **Mercure : 20 L'INTELLIGENCE** – votre œuvre littéraire ou scientifique va être couronnée. Les discussions arrivent à leur terme.
- **Mercure : 21 VOL-PERTE** – les discussions ne tournent pas en votre faveur. La promesse d'un prix ou d'une promotion s'éloigne. La roue a tourné.
- **Mercure : 22 ENTREPRISES** – il serait bien que vous alliez vous-même défendre vos idées et vos projets, sinon on n'arrivera à rien.
- **Mercure : 23 TRAFIC** – inutile de vous pousser à vous mêler aux discussions. Vous saurez défendre vos idées, mais, attention, ne soyez pas agressif, si vous voulez emporter la décision finale.
- **Mercure : 24 NOUVELLE** – vous n'avez plus rien à faire. Les obstacles sont levés. On vous annonce la bonne nouvelle.

Avec Mars : 37 FEU

Vous vous êtes toujours battu pour atteindre vos objectifs. Mais vous n'êtes pas le seul. La chance qui a semblé vous sourire, tout à coup, parait faire marche arrière. Vous étiez sur le point d'obtenir un superbe contrat, une belle promotion, ou un prix et, plus rien. C'est que vous avez un concurrent aussi acharné que vous. Voyons Mercure :

- **Mercure : 18 CHANGEMENT** – votre concurrent est évincé. La route vers le succès est libre. Vous pouvez saisir la chance.
- **Mercure : 19 ARGENT** – vous allez remporter le contrat que vous attendiez. Les retombées financières seront énormes.
- **Mercure : 20 L'INTELLIGENCE** – votre talent sera récompensé de haute lutte.

- **Mercure : 21 VOL-PERTE** – la compétition a trop duré. Pendant ce temps la chance a tourné ; c'est votre concurrent qui l'emporte.
- **Mercure : 22 ENTREPRISES** – votre dossier est le meilleur. Votre sens de l'organisation, vos œuvres, votre travail l'emporta. Ne vous faites pas de souci.
- **Mercure : 23 TRAFIC** – il va être très difficile de vous départager. Le résultat est indécis. Mais vous ne serez pas perdant d'une façon ou d'une autre.
- **Mercure : 24 NOUVELLE** – vous recevrez des informations qui vous permettront de faire pencher la balance de votre côté.

Avec Mars : 38 ACCIDENT

Le retard risque de se transformer en catastrophe, suite à un accident corporel qui vous met dans l'incapacité provisoire d'assumer un nouveau poste, une nouvelle fonction ou d'honorer un contrat. Ce peut être aussi un concours de circonstances désastreux qui met fin à un espoir. Pourtant la chance est encore là, bien que, pas pour longtemps. Voyons Mercure :

- **Mercure : 18 CHANGEMENT** – la roue tourne très vite. Après l'espoir, la catastrophe ; après la catastrophe la chance à nouveau. Vous allez traverser une période dure, mais le destin vous offrira une nouvelle opportunité.
- **Mercure : 19 ARGENT** – la roue a tourné, vous êtes dans l'incapacité de donner suite à la promotion qui vous était quasiment acquise. Vous recevrez de grosses indemnités qui vous permettront d'attendre le retour de la chance.
- **Mercure : 20 L'INTELLIGENCE** – votre œuvre est digne d'éloges, mais, par suite de circonstances indépendantes de votre volonté, la récompense promise est repoussée à une date ultérieure. Mais non pas annulée.
- **Mercure : 21 VOL-PERTE** – vous aviez misé sur cette possibilité de promotion. Mais elle s'est envolée.
- **Mercure : 22 ENTREPRISES** – tout n'est pas détruit. Votre affaire va sortir de l'ornière, mais il faudra beaucoup de temps.

- **Mercure : 23 TRAFIC** – le retard ne durera pas très longtemps. Vous récupérez vite. Mais les événements contraires aussi. La roue tourne. La chance reviendra.
- **Mercure : 24 NOUVELLE** – la roue du hasard fait bien les choses. Vous avez raté une promotion à la suite d'un accident, mais d'autres propositions arrivent.

JUPITER avec SATURNE
44 LE HAZARD — 52 CLOÎTRE

La chance pourrait vous sourire, mais il faudrait encore que vous sortiez de votre splendide isolement. Si vous vous êtes isolé provisoirement, ou si votre profession vous amène à travailler dans un lieu clos ou secret, comme un laboratoire, un hôpital, un zoo, une prison ou encore dans le secret défense tout va bien. La roue de la fortune peut tourner en votre faveur. Mais ce n'est pas ce qu'il y a de plus courant.

La plupart du temps, la carte indique un enfermement, qui n'est pas de bon augure. Vous faites une déprime, vous ne supportez plus vos semblables, vous êtes coupé du monde.

Cependant, la carte peut aussi indiquer que vous avez choisi de travailler dans la discrétion, afin que les concurrents ne vous volent pas vos idées.

Avec Mars : 32 : MÉCHANCETÉ

Vous avez choisi de vous protéger des curieux ou des concurrents éventuels, qui chercheraient à vous voler vos idées ou vos secrets industriels. Elle peut aussi indiquer, que, ne supportant plus le monde agressif qui vous entoure, vous vous soyez replié sur vous. Dans ce cas, Mercure ne pourra pas grand-chose pour vous. Voyons Mercure :

- **Mercure : 18 CHANGEMENT** – après une longue période de travail dans l'ombre, vous réapparaissez au grand jour pour récolter le fruit de vos efforts.
- **Mercure : 19 ARGENT** – vous avez bien fait de protéger vos secrets de fabrication ou vos idées : vous allez pouvoir en toucher les importants dividendes.
- **Mercure : 20 L'INTELLIGENCE** – c'était pour écrire et réfléchir que vous vous étiez isolé du monde. Mais il faudrait songer à communiquer. Car la roue tourne et ne vous attend pas.
- **Mercure : 21 VOL-PERTE** – vous vous êtes replié sur vous-même, car vous êtes fragile psychiquement. Pendant ce temps-là la chance vous file sous le nez.
- **Mercure : 22 ENTREPRISES** – vous protégez jalousement vos secrets de fabrication, mais vous avez oublié d'entretenir vos relations. Vous êtes incapable de faire connaître vos produits.
- **Mercure : 23 TRAFIC** – vous travaillez dans le secret à l'abri des regards indiscrets, mais vous ne négligez pas pour autant de communiquer. Vous êtes en mesure de saisir la chance apportée par le hasard.
- **Mercure : 24 NOUVELLE** – vous êtes peut-être dans un lieu fermé, mais vous avez gardé vos informateurs. Rien ne vous échappe. Le hasard fait bien les choses.

Avec Mars : 33 PROCÈS

On vous fait un procès et vous craignez de vous retrouver derrière les barreaux ou encore vous avez un ou plusieurs procès sur les bras et vous ne supportez plus les conflits. Vous vous repliez sur vous-même, et coupez tout contact.

Pourtant la chance ne vous a pas complètement abandonné. Encore faut-il que vous sortiez de ce repli pour l'apercevoir. Voyons Mercure :

- **Mercure : 18 CHANGEMENT** – après une crise d'enfermement, vous vous décidez à sortir par hasard, au bon moment. Vous allez pouvoir saisir la chance. Le procès n'aura pas trop d'incidence sur votre carrière.
- **Mercure : 19 ARGENT** – l'argent est pour vous. C'est vous qui gagnez le procès. Ce n'était pas la peine de faire une déprime. La chance l'a finalement emporté.
- **Mercure : 20 L'INTELLIGENCE** – pendant que votre avocat s'occupe de votre procès, vous laissez faire le hasard, au lieu de faire fonctionner votre cervelle. Réveillez-vous. Aidez votre avocat à vous défendre.
- **Mercure : 21 VOL-PERTE** – pendant que vous comptez sur votre bonne étoile et restez muré dans votre position, le destin se charge de vous faire perdre un maximum.
- **Mercure : 22 ENTREPRISES** – votre entreprise est clean. Vous n'avez rien à vous reprocher, ce n'est pas la peine de vous isoler. Réagissez, sinon, pendant ce temps-là, la roue tourne et la chance passe à quelqu'un d'autre.
- **Mercure : 23 TRAFIC** – vous êtes quasiment cloîtré, mais vous continuez à vous battre par messages interposés. Le destin est mitigé.
- **Mercure : 24 NOUVELLE** – les nouvelles sont bonnes. Le destin a bien fait les choses.

Avec Mars : 34 DESPOTISME

Vous avez toujours laissé faire le hasard. Vous ne vous battez pas, vous ne réagissez pas et vous vous laissez mener par le bout du nez par tout le monde ou par les événements. Le résultat risque de ne pas être brillant. Mais il se peut aussi que vous soyez tombé sous la coupe d'un gourou, d'une secte, ou d'une personne influente.
Voyons Mercure :

- **Mercure : 18 CHANGEMENT** – le hasard, sous forme d'une lecture ou d'une émission de télévision, vous fait prendre conscience de votre dépendance. Vous réagissez et réussissez après une longue période à prendre votre liberté.
- **Mercure : 19 ARGENT** – on vous a peut-être enlevé, auquel cas vous serez libéré grâce à une rançon. Sinon vous gagnez au Loto et cela vous encourage à prendre votre liberté.
- **Mercure : 20 L'INTELLIGENCE** – l'intelligence ne suffit pas. Vous avez bien conscience de votre dépendance, mais la force vous manque.
- **Mercure : 21 VOL-PERTE** – au pire, il s'agit d'un enlèvement physique. Au minimum, vous vous laissez plumer et exploiter sans réaction, attendant un miracle qui ne vient pas.
- **Mercure : 22 ENTREPRISES** – les problèmes financiers vous lient les mains. Vous n'arrivez pas à donner de l'expansion à votre affaire. Le hasard ne vous aide pas.
- **Mercure : 23 TRAFIC** – vous tentez vaguement de vous libérer de tous les liens qui vous tiennent captif, qu'ils soient financiers ou familiaux, mais cela ne suffit pas.
- **Mercure : 24 NOUVELLE** – le hasard vous met en présence d'informations qui vont peut-être vous aider à sortir de là.

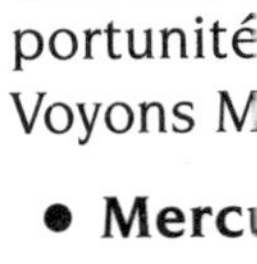

Avec Mars : 35 ENNEMIS

L'agressivité qui règne dans votre vie professionnelle vous a poussé à couper de nombreux ponts. Vous êtes devenu prudent et cessez de raconter vos projets à tout venant. Vous pensez que vous y verrez plus clair et serez mieux à même de saisir les opportunités. Mais il faut veiller à garder les contacts utiles. Voyons Mercure :

- **Mercure : 18 CHANGEMENT** – l'idée a porté ses fruits. Vous allez pouvoir avancer vers une belle réussite.
- **Mercure : 19 ARGENT** – le résultat de votre prudence est une amélioration importante de vos finances.
- **Mercure : 20 L'INTELLIGENCE** – vous pouvez continuer votre œuvre littéraire ou votre recherche à l'abri des regards indiscrets. Mais n'oubliez pas de garder des contacts.

- **Mercure : 21 VOL-PERTE** – vous vous êtes trop coupé du monde. Vous laissez passer les opportunités que, pourtant, le hasard avait mises à votre disposition.
- **Mercure : 22 ENTREPRISES** – vous vous êtes un peu trop isolé. Vos affaires stagnent. Il faut sortir de votre enfermement.
- **Mercure : 23 TRAFIC** – vous avez bien fait les choses. Vous vous gardez de vos ennemis, tout en maintenant les contacts utiles. Mais ceux-ci sont vigilants et guettent les occasions en même temps que vous.
- **Mercure : 24 NOUVELLE** – on vous tient au courant des occasions qui se présentent. Vous allez pouvoir profiter de la chance.

Avec Mars : 36 POURPARLERS

Vous avez posé votre candidature pour faire partie d'un groupe ou d'une société fermée, car vous pensez que cela pourrait faire progresser votre carrière. Des pourparlers sont déjà engagés. La carte peut aussi indiquer que vous souhaitez faire une percée dans un marché très réservé. Voyons Mercure :

- **Mercure : 18 CHANGEMENT** – après une certaine attente, les portes s'ouvrent. Vous entamez une nouvelle route vers le succès.
- **Mercure : 19 ARGENT** – pour faire partie du groupe, il vous faut verser une forte somme. Vous pouvez le faire.
- **Mercure : 20 L'INTELLIGENCE** – on étudie votre dossier et l'on apprécie sa valeur. Vous pourrez certainement entrer.
- **Mercure : 21 VOL-PERTE** – votre candidature sera refusée. Les portes restent closes. Ce sera une grosse déception.
- **Mercure : 22 ENTREPRISES** – vous tentez de faire une entrée dans un marché jalousement préservé. Vous avez des atouts, mais vous êtes trop statique.
- **Mercure : 23 TRAFIC** – vous tentez de défendre votre candidature, mais quelqu'un s'oppose à votre entrée. Vous ferez une tentative plus tard. L'heure n'a pas encore sonné.
- **Mercure : 24 NOUVELLE** – bonne nouvelle, vous êtes accepté.

Avec Mars : 37 FEU

Méfiez-vous de votre caractère querelleur. Il risque de vous couper des autres, de la société. Cette carte peut aussi indiquer que vous êtes en concurrence pour entrer dans une société ou un groupe très fermé. Ou encore, en concurrence pour obtenir un prix dans un groupe élitiste.

Voyons Mercure :

- **Mercure : 18 CHANGEMENT** – Vous avez pris conscience des conséquences de votre mauvais caractère. Vous faites preuve de diplomatie. La voie vers le succès s'ouvre.
- **Mercure : 19 ARGENT** – vous vous êtes battu jusqu'au bout pour obtenir une belle réussite financière. Aujourd'hui cette réussite vous donne la possibilité de faire une percée sur un marché très fermé.
- **Mercure : 20 L'INTELLIGENCE** – vous vous êtes enfermé pour mener à bien l'écriture d'un livre qui devrait vous ouvrir les portes d'une élite. Mais vous n'avez pas encore terminé.
- **Mercure : 21 VOL-PERTE** – votre mauvais caractère vous a coupé du monde. Vous êtes dans l'incapacité de saisir la chance qui se présente.
- **Mercure : 22 ENTREPRISES** – pour entrer dans ce club très fermé qui vous fait tant envie, vous avez construit un petit chef-d'œuvre. Mais vous devez encore vous battre pour le défendre.
- **Mercure : 23 TRAFIC** – vous ne cessez de vous agiter pour forcer l'entrée du marché, mais vous êtes en concurrence avec un adversaire de votre taille. Les chances sont à égalité.
- **Mercure : 24 NOUVELLE** – bonne nouvelle vous êtes accepté.

Avec Mars : 38 ACCIDENT

À la suite d'un accident, vous avez dû être hospitalisé pour un moment. Ou bien une catastrophe naturelle ou accidentelle a détruit une partie de vos biens et vous vous trouvez très limité financièrement. Vous vous sentez enfermé dans les soucis sans pouvoir agir.
Voyons Mercure :

- **Mercure : 18 CHANGEMENT** – après une période noire, vous ressortez de votre hospitalisation ou de vos soucis qui n'étaient pas insurmontables, car vous n'aviez pas tout perdu. Vous retrouvez votre place au soleil.
- **Mercure : 19 ARGENT** – les indemnités reçues compensent les pertes financières dont vous avez été victime.
- **Mercure : 20 L'INTELLIGENCE** – vous êtes pour le moment enfermé dans les problèmes, mais vous avez toute votre lucidité, votre ingéniosité pour préparer une reconversion, lorsque la roue tournera en votre faveur.
- **Mercure : 21 VOL-PERTE** – le hasard a mal fait les choses. Vous avez beaucoup perdu. Il vous faut accepter une période de restrictions difficile avant que la roue ne tourne à nouveau en votre faveur.
- **Mercure : 22 ENTREPRISES** – certes, c'est un vrai coup du sort, mais vous êtes quelqu'un de bien structuré et bien équilibré, vos compétences sont reconnues. Vous saurez redémarrer et utiliser les opportunités qui se présenteront.
- **Mercure : 23 TRAFIC** – limité par les pertes dont vous avez été victime, ou, immobilisé à l'hôpital, vous ne perdez pas pour autant le nord, vous surfez sur le net pour trouver une solution et des appuis.
- **Mercure : 24 NOUVELLE** – des messages d'encouragement vous parviennent ainsi que des propositions de travail. La roue tourne pour vous à nouveau.

CHAPITRE IV

TIRAGES AMOUR

22 cartes et 343 combinaisons

LES sept cartes de la Lune, combinées avec les sept cartes du Soleil et les sept cartes de Vénus.

Avant de poser la question, vous devez décider sur qui plane le doute. Si c'est vous qui ne savez pas si vous voulez faire votre vie avec quelqu'un, vous choisissez la carte qui vous représente et la placez sur la carte de la Lune ; **l'étoile de l'homme** si vous êtes un homme et **l'étoile de la femme** si vous êtes une femme. Si c'est vous qui avez des doutes concernant la personne aimée, placez la carte de la personne concernée suivant son sexe sur la carte de la Lune. Puisque c'est la Lune qui représente le problème. Pour l'interprétation il suffit d'inverser les rôles.

Pour effectuer les tirages Amour, vous allez utiliser :

1 carte Jupiter : 45 Bonheur.

7 cartes Lune : 11 Trahison ; 12 Départ ; 13 Inconstance ; 14 Découverte ; 15 L'eau ; 16 Les pénates ; 17 Maladie.

7 cartes Soleil : 4 La nativité : 5 Réussite ; 6 Élévation ; 7 Honneurs ; 8 Pensée-Amitié ; 9 Campagne-Santé ; 10 Présents.

7 cartes Vénus : 25 Plaisirs ; 26 La paix ; 27 Union ; 28 Famille ; 29 Amor ; 30 La table ; 31 Passions.

JUPITER avec LUNE
45 BONHEUR 11 TRAHISON

Vous pensiez accéder au bonheur et maintenant vous éprouvez de noirs soupçons. Vous pensez que la personne aimée vous trahit, qu'elle ne vous aime en réalité pas du tout, et a sans doute une liaison avec quelqu'un d'autre. Il est vrai que votre vie amoureuse avec cette personne ne tient plus qu'à un fil. Le Soleil va nous dire ce qui la motive afin que vous puissiez agir dans le sens de ses motivations et Vénus le résultat.

Avec le Soleil : 4 LA NATIVITÉ

Ce qui la motive c'est le destin. Elle a sans doute rencontré la personne, qui, croit-elle en tout cas, s'accorde le mieux avec son propre thème. Elle recherche une harmonie entre son thème et celui d'une autre personne. Voyons Vénus pour savoir ce que vous pouvez faire et la conclusion que vous pouvez espérer.

- **Vénus : 25 PLAISIRS** – avec vous, ce qui prime, c'est le plaisir ou les plaisirs. C'est déjà beaucoup, mais ce n'est pas forcément suffisant pour une union durable.
- **Vénus : 26 LA PAIX** – avec vous, c'est le calme, la tranquillité, la sérénité, la paix. Avec vous il n'y aura pas de dispute ni de passion. Si vous réussissez à vivre avec cette personne vous n'obtiendrez rien de plus.

- **Vénus : 27 UNION** – finalement après une période confuse, votre histoire d'amour se terminera par une union. L'amour sera présent dans votre couple.
- **Vénus : 28 FAMILLE** – vous serez choisi, car ce qui l'emporte chez la personne aimée, c'est le besoin de créer une famille et c'est là votre point fort. Vous inspirez confiance. Vous aurez des enfants.
- **Vénus : 29 AMOR** – vous allez vivre un grand amour, mais rien ne dit que vous ferez votre vie avec cette personne.
- **Vénus : 30 LA TABLE** – vous pouvez vous entendre pour vous retrouver dans les dîners, les soirées entre copains, mais ce n'est pas l'amour. C'est avec quelqu'un d'autre que la personne aimée fera sa vie.
- **Vénus : 31 PASSIONS** – la personne aimée est en proie à des passions diverses ; c'est une bombe sexuelle, la trahison est consommée.

Avec Soleil : 5 RÉUSSITE

Vous avez peur d'être trahi par la personne aimée. En fait ce qui la motive avant tout dans la vie c'est sa réussite socioprofessionnelle. Votre statut n'est peut-être pas à la hauteur de ses ambitions. En tout cas c'est une chose sur laquelle elle est en train de réfléchir. Voyons Vénus :

- **Vénus : 25 PLAISIRS** – vous êtes une source de plaisirs, ce qui est apprécié mais non suffisant pour la réussite. Vous avez comme rival quelqu'un de mieux placé dans la société.
- **Vénus : 26 LA PAIX** – vous pouvez enterrer la hache de guerre, mais non pas espérer une union.
- **Vénus : 27 UNION** – vous êtes capable de répondre à son ambition. Votre histoire d'amour finira bien.
- **Vénus : 28 FAMILLE** – c'est votre capacité à fonder une famille qui l'emporte. Cela fait partie du statut social dont rêve votre partenaire.
- **Vénus : 29 AMOR** – vous vivrez un bel amour, mais si vous souhaitez que cette histoire dure, vous devez faire un effort sur le plan professionnel ou relationnel.

- **Vénus : 30 LA TABLE** – pour séduire définitivement la personne aimée, votre table doit être un lieu chic où se retrouvent les gens importants.
- **Vénus : 31 PASSIONS** – la personne aimée vit de multiples passions. Vous aurez du mal à être serein.

Avec Soleil : 6 ÉLÉVATION

Ce qui motive avant tout la personne que vous aimez est la vie spirituelle, la recherche de la vérité. Si elle ne trouve pas en vous la même recherche, elle se dirigera vers quelqu'un d'autre ou même renoncera à avoir une vie amoureuse. Voyons Vénus :

- **Vénus : 25 PLAISIRS** – vous procurez des plaisirs à l'être aimé, vous partagez des plaisirs, mais cela n'est pas forcément suffisant. Vous risquez d'être trahi pour une autre personne.
- **Vénus : 26 LA PAIX** – la paix peut être un facteur de chance pour vous, si vous procurez à la personne aimée la paix intérieure. Mais ce n'est pas la grande passion.
- **Vénus : 27 UNION** – vous pouvez espérer une union, à condition de suivre vous-même une voie spirituelle.
- **Vénus : 28 FAMILLE** – si vous souhaitez créer une famille avec la personne aimée, il vous faut d'abord faire partie de la même famille spirituelle.
- **Vénus : 29 AMOR** – vous n'avez rien à craindre, vous cheminez sur une même route.
- **Vénus : 30 LA TABLE** – il y a table et table. Si les nourritures terrestres priment sur les nourritures spirituelles, vous n'avez aucun espoir. Elle est déjà partie vous êtes déjà trahi.
- **Vénus : 31 PASSIONS** – c'était une passion, mais contraire à sa voie. Elle vous a déjà quitté en esprit.

Avec Soleil : 7 HONNEURS

La personne aimée rêve d'honneurs. Si vous ne lui êtes d'aucune aide dans ce domaine ou pire encore, lui faites obstacle, elle se tournera vers quelqu'un d'autre. Sa passion des honneurs est plus forte que son amour pour vous. Vous risquez fort de vous sentir trahi. Voyons Vénus :

- **Vénus : 25 PLAISIRS** – avec vous, elle éprouve du plaisir. Vous êtes une distraction. Mais rien de plus.
- **Vénus : 26 LA PAIX** – vous avez déjà failli perdre la personne aimée, mais vous pouvez encore faire la paix.
- **Vénus : 27 UNION** – si vous faites les efforts nécessaires pour l'aider à accéder à un rang important dans la société, vous ferez un grand et beau mariage.
- **Vénus : 28 FAMILLE** – mettez en avant vos liens familiaux intéressants, montrez l'importance de la famille pour la réussite et vous aurez vos chances, à votre tour, de fonder une famille.
- **Vénus : 29 AMOR** – l'amour est plus fort que la soif des honneurs, mais rien ne prouve que tout se terminera par un mariage.
- **Vénus : 30 LA TABLE** – vous devez vous montrer capable de recevoir. C'est très important pour la personne aimée. Mais ne vaut-il pas mieux la laisser filer ?
- **Vénus : 31 PASSIONS** – vous vivez des moments passionnés, mais n'espérez pas une union légale ou la fidélité.

Avec Soleil : 8 PENSÉE-AMITIÉ

Vous rêvez d'amour, la personne aimée d'amitié. Elle ne vous voit pas du tout sur le même plan. Un chien n'épouse pas une fleur. Elle se tourne vers d'autres partenaires. Vous vous sentez trahi. Vous avez peu de chances, mais on ne sait jamais. Les choses peuvent évoluer, l'amitié se transformer en amour. Cependant les chances sont minces. Voyons Vénus :

- **Vénus : 25 PLAISIRS** – l'amitié, la camaraderie, l'affection n'empêchent pas les plaisirs partagés. Cela n'ira pas au-delà, mais c'est mieux que rien.
- **Vénus : 26 LA PAIX** – vous ne pouvez espérer mieux que la paix de votre esprit en faisant une croix sur vos espoirs. Gardez son amitié.
- **Vénus : 27 UNION** – la personne aimée vous a trahie ; elle va se marier avec quelqu'un d'autre.
- **Vénus : 28 FAMILLE** – vous pouvez éventuellement l'amener à fonder une famille avec vous, mais ce sera un mariage

basé sur l'amitié. Il serait préférable qu'elle fonde une famille avec quelqu'un d'autre, sinon vous vous sentirez toujours trahi.

- **Vénus : 29 AMOR** – la personne aimée est amoureuse d'une autre personne que vous.
- **Vénus : 30 LA TABLE** – vous resterez amis mais jamais plus.
- **Vénus : 31 PASSIONS** – la personne aimée a pu, un moment, éprouver un grand désir pour vous, mais aujourd'hui vous êtes trahi. Elle court vers d'autres désirs.

Avec Soleil : 9 CAMPAGNE-SANTÉ

La personne aimée est préoccupée par sa santé. Elle est partie se ressourcer à la campagne, sans vous. Vous vous sentez trahi. Il faut lui laisser le temps de se rétablir ou de reprendre goût à la vie. Ne précipitez pas les choses si vous voulez avoir une chance. Voyons Vénus :

- **Vénus : 25 PLAISIRS** – pour le moment la personne aimée se satisfera de plaisirs sains, mais sans souci d'avenir. Rien ne vous empêche de la rejoindre, à condition qu'elle sente qu'elle ne vous doit rien. Aucun engagement.
- **Vénus : 26 LA PAIX** – laissez la personne de vos pensées en paix. C'est tout ce qu'elle demande. Peut-être alors que vous finirez par lui manquer. Mais quelque part vous êtes trahi, car elle ne vous aime pas d'amour.
- **Vénus : 27 UNION** – il n'est pas impossible qu'après une longue période de désintérêt, l'amour refleurisse et que tout se termine bien. Mais il faudra beaucoup de patience et ce n'est pas sûr que vous puissiez encore attendre.
- **Vénus : 28 FAMILLE** – la personne aimée rêve de fonder une famille paisible et de vivre à la campagne. Si cela vous suffit, vous avez toutes vos chances. Le bonheur est à votre portée.
- **Vénus : 29 AMOR** – vous avez intérêt à filer rejoindre la personne aimée à la campagne, car quelqu'un d'autre est en train de prendre votre place. Il est déjà presque trop tard. La trahison n'est pas loin. Loin des yeux loin du cœur.

- **Vénus : 30 LA TABLE** – la personne aimée ne pense qu'à se régénérer. Elle n'est pas amoureuse. Vous devez attendre qu'elle aille mieux avant de renoncer.
- **Vénus : 31 PASSIONS** – c'est sans doute une vie quelque peu chaotique qui a conduit la personne aimée à la fatigue.

Avec soleil : 10 PRÉSENTS

La personne aimée est avide de biens matériels. Honneurs, pouvoir, argent, qu'elle dilapide d'ailleurs sans compter. Elle ne conçoit pas la vie sans présents. Elle est aussi capable d'en faire. Mais si la manne se tarit, elle se tourne vers quelqu'un d'autre. Vous vous sentez complètement trahi.
Voyons Vénus :

- **Vénus : 25 PLAISIRS** – tant que vous procurez du plaisir ou des plaisirs à la personne aimée tout va bien. Elle est aussi elle-même capable de vous faire des cadeaux. Mais n'espérez pas le bonheur. Des moments de bonheur oui ; une union sûrement pas.
- **Vénus : 26 LA PAIX** – vous aviez trouvé le bonheur, mais vous avez été trompé. La personne aimée vient se faire pardonner en vous faisant des cadeaux. Vous pouvez faire la paix, pour le moment en tout cas.
- **Vénus : 27 UNION** – après une belle trahison, l'être aimé revient avec une pluie de cadeaux et vous demande en mariage.
- **Vénus : 28 FAMILLE** – après une belle trahison, l'être aimé va tout faire pour se faire pardonner. Il(elle) veut fonder une famille avec vous.
- **Vénus : 29 AMOR** – l'infidèle va revenir repentant avec une pléthore de cadeaux et de promesses. Il ou elle vous aime.
- **Vénus : 30 LA TABLE** – la personne aimée vous est infidèle, mais elle souhaite rester amie et partager avec vous les plaisirs de la vie mondaine et des plaisirs. Vous ne pourrez pas construire une vie à deux.
- **Vénus : 31 PASSIONS** – l'infidèle revient les bras pleins de cadeaux, mais ses amours ne sont que des feux de paille. Tout n'est que de la frime.

JUPITER avec LUNE

45 BONHEUR 12 DÉPART

Au moment où vous pensiez trouver le bonheur, la personne aimée vous annonce qu'elle part au loin. Pourquoi s'en va-t-elle ? Est-ce qu'elle vous abandonne ou est-elle obligée de partir pour des raisons professionnelles ou politiques ? Ou encore va-t-elle revenir ? Voyons les cartes du Soleil pour comprendre les raisons de ce départ et le fin mot de l'histoire avec Vénus.

Avec Soleil : 4 LA NATIVITÉ

La personne aimée s'en va au loin pour prendre un nouveau départ dans la vie. C'est ailleurs qu'elle pense avoir trouvé les meilleures opportunités. Peut-être retourne-t-elle dans son pays natal. Mais cette carte annonce également une naissance pour une nouvelle vie. Cette nouvelle vie, qui peut être avec vous. Voyons Vénus :

- **Vénus : 25 PLAISIRS** – la personne aimée a pris du plaisir avec vous, mais elle ne vous a rien promis. Elle ne vous demande pas de la suivre. Si vous allez la rejoindre, elle en éprouvera du plaisir sans plus.
- **Vénus : 26 LA PAIX** – la personne aimée est partie pour fuir les conflits avec vous. Elle est partie chercher la paix.
- **Vénus : 27 UNION** – c'est un départ dans la vie avec lui que vous propose l'être aimé et non pas un abandon.

- **Vénus : 28 FAMILLE** – la personne aimée vous propose de fonder une famille. C'est un départ pour une nouvelle vie.
- **Vénus : 29 AMOR** – c'est un nouvel amour qui s'annonce, porteur d'un nouvel envol dans la vie amoureuse.
- **Vénus : 30 LA TABLE** – il n'est pas question d'amour, mais de vie mondaine, de sorties. La personne aimée part mener joyeuse vie, loin de vous.
- **Vénus : 31 PASSIONS** – la personne aimée part rejoindre une nouvelle conquête dont elle est follement amoureuse.

Avec Soleil : 5 RÉUSSITE

La personne aimée part au loin tenter sa chance. Passer un concours, participer à un championnat, tenter de décrocher un prix ou un grand rôle. Ou encore tout simplement chercher une récompense prestigieuse. Voyons Vénus :

- **Vénus : 25 PLAISIRS** – pour l'être aimé, les plaisirs d'abord. Ainsi le plaisir de décrocher un triomphe ou un prix passe avant votre amour.
- **Vénus : 26 LA PAIX** – l'être que vous aimez ne part pas fâché ni sur un coup de tête, il part chercher des lauriers bien mérités et reviendra. Ses explications vous apaisent.
- **Vénus : 27 UNION** – rien ne vous empêche de partir avec la personne aimée. Vous pouvez très bien vous marier à l'étranger.
- **Vénus : 28 FAMILLE** – l'être aimé décide de partir à l'étranger dans l'espoir d'une plus grande réussite, mais il compte bien y fonder avec vous une famille.
- **Vénus : 29 AMOR** – vous n'avez aucun souci à vous faire, la personne aimée vous aime. Elle reviendra une fois les lauriers reçus.
- **Vénus : 30 LA TABLE** – la personne aimée va chercher au loin ses récompenses et espère bien profiter de son séjour pour en tirer un maximum de plaisirs et mener joyeuse vie. Elle ne vous est pas vraiment attachée.
- **Vénus : 31 PASSIONS** – sous prétexte d'aller chercher une récompense, la personne que vous aimez, va, en fait, se rapprocher d'une nouvelle conquête ou même va-t-elle l'emmener avec elle loin de vous.

Avec Soleil : 6 ÉLÉVATION

La personne que vous aimez s'en va loin de vous. Soit pour entreprendre des études, soit pour suivre un stage, soit encore pour suivre une voie spirituelle. Ses raisons sont donc très honorables. Il s'agit de voir si vous pouvez vous aussi vous envoler avec elle et vous élever de concert avec elle. Si vous pouvez attendre son retour ou si vous risquez d'être laissé pour compte. Voyons Vénus :

- **Vénus : 25 PLAISIRS** – s'il s'agit d'études intellectuelles, vous pouvez toujours partir avec elle. Mais en dehors de plaisirs partagés, vous ne pouvez rien attendre de plus. S'il s'agit d'une voie spirituelle laissez la partir sans vous.
- **Vénus : 26 LA PAIX** – faites-vous une raison, vous ne faites plus partie de son monde. La personne aimée va suivre une voie qui ne vous concerne pas. Mais elle ne vous quitte pas pour une autre personne.
- **Vénus : 27 UNION** – vous partez ensemble pour suivre un même chemin, qu'il soit intellectuel ou spirituel.
- **Vénus : 28 FAMILLE** – cette personne ne compte pas suivre un chemin solitaire. Vous allez partir avec elle fonder une famille et vivre longtemps ensemble.
- **Vénus : 29 AMOR** – la question ne se pose même pas. Vous partez ensemble dans l'espoir d'une vie meilleure.
- **Vénus : 30 LA TABLE** – la personne partira sans doute sans vous. Elle préfère les plaisirs qui l'attendent dans un autre pays à l'amour que vous lui portez.
- **Vénus : 31 PASSIONS** – ce serait de la folie de partir avec cette personne. Ses passions ne durent pas.

Avec Soleil : 7 HONNEURS

La personne que vous aimez est appelée à l'étranger pour recevoir une distinction honorifique, un prix international ou pour accéder à un poste important qui la met en vedette.

A-t-elle besoin de vous ? Va-t-elle vous demander de la suivre ou au contraire va-t-elle en profiter pour mettre fin à la relation que vous entreteniez avec elle ? Son départ va-t-il servir de prétexte à une rupture ? Voyons Vénus :

- **Vénus : 25 PLAISIRS** – la personne que vous aimez aime les plaisirs, les distractions. Vous pouvez, si vous en avez les moyens, la suivre et profiter des jours agréables et des réceptions qui font être offertes, mais n'attendez pas un engagement pour une vie à deux.
- **Vénus : 26 LA PAIX** – la personne à laquelle vous tenez part recevoir un prix ou une médaille, mais elle en profite pour fuir les conflits qui vous gâchaient la vie. Vous devrez trouver la paix sans elle.
- **Vénus : 27 UNION** – vous partirez obligatoirement avec la personne qui vous est chère, car votre amour est renforcé par les événements. C'est un mariage heureux qui s'annonce.
- **Vénus : 28 FAMILLE** – vous vivez déjà ensemble et avez des enfants. C'est toute votre petite famille qui s'envole vers d'autres cieux.
- **Vénus : 29 AMOR** – c'est quasiment un voyage de noces que vous accomplissez. Vous allez profiter de l'invitation qui est faite à la personne chère pour partir à deux.
- **Vénus : 30 LA TABLE** – la personne qui vous est chère ne pense qu'aux festivités qui l'attendent. Vous passez largement au second plan.
- **Vénus : 31 PASSIONS** – la personne que vous aimez pense déjà à toutes les occasions qui vont se présenter, pour séduire tous les cœurs, et faire de nouvelles conquêtes.

Avec Soleil : 8 PENSÉE-AMITIÉ

La personne à laquelle vous pensez éprouve de l'amitié pour vous et non de l'amour. Elle s'apprête à partir pour l'étranger. Vous en éprouvez de la douleur et vous voudriez bien savoir si cette amitié pourrait se transformer en amour, si le fait d'être séparés pouvait lui faire comprendre qu'il pourrait y avoir plus que de l'amitié. A priori cela semble utopique mais on ne sait jamais. Voyons Vénus :

- **Vénus : 25 PLAISIRS** – vous avez pris bien du plaisir à être ensemble car vous avez des goûts communs pour les arts, ou la littérature, ou la musique. Mais c'est tout. Rien n'indique qu'il pourrait y avoir autre chose.
- **Vénus : 26 LA PAIX** – finalement vous retrouvez la paix. L'éloignement vous fait oublier un amour impossible.
- **Vénus : 27 UNION** – il n'est pas impossible que l'absence et l'éloignement changent les choses. L'amitié pourrait se transformer en amour.
- **Vénus : 28 FAMILLE** – vous pourriez fonder une famille, mais les relations seraient basées sur la raison et l'estime plutôt que sur l'amour.
- **Vénus : 29 AMOR** – l'amour n'est pas loin. À peine arrivé à destination, l'élu de votre cœur pourrait bien vous appeler à le(la) rejoindre.
- **Vénus : 30 LA TABLE** – cessez d'espérer, il n'y a jamais eu autre chose qu'une joyeuse camaraderie entre vous.
- **Vénus : 31 PASSIONS** – la personne à laquelle vous pensez n'est pas du tout pour vous. Tout ce qu'elle peut faire c'est vous raconter ses conquêtes et ses folles passions qui ne vous concernent pas.

Avec Soleil : 9 CAMPAGNE-SANTÉ

La personne que vous aimez s'en va. La raison de son départ peut être le refus de continuer à vivre dans les grandes villes polluées, un besoin de changer de vie pour une vie plus saine et différente, ou, encore, pour des raisons de santé.

Allez vous la suivre ? Désire-t-elle que vous la suiviez ? Vous aime-t-elle ou l'aimez-vous suffisamment pour quitter vous aussi les grandes cités qui vous sont chères ?

Voyons Vénus :

- **Vénus : 25 PLAISIRS** – vous aimez trop les plaisirs de la ville, les sorties, les musées, les concerts. Votre amour n'est pas assez fort pour aller vous enterrer à la campagne.
- **Vénus : 26 LA PAIX** – cela ne vous dérange pas de partir à la campagne. Au fond vous aspirez au calme, à la paix.

Vous pourrez trouver le bonheur à deux, mais ce n'est pas la grande passion. Réfléchissez bien.

- **Vénus : 27 UNION** – il n'y a pas d'hésitation. Vous tenez fortement l'un à l'autre. Vous pouvez trouver le vrai bonheur à la campagne, ou, en tout cas, hors des grandes métropoles.
- **Vénus : 28 FAMILLE** – vous aspirez l'un comme l'autre à fonder une famille, à élever des enfants dans le calme et loin de la pollution des villes.
- **Vénus : 29 AMOR** – votre amour est très fort. Vous êtes tous les deux prêts à tout pour vivre ensemble. Vous pouvez trouver le bonheur.
- **Vénus : 30 LA TABLE** – ce sont les plaisirs que vous recherchez, les fêtes, les sorties toutes choses incompatibles avec la vie retirée à la campagne. Votre amour n'est pas assez fort. Il vaut mieux renoncer.
- **Vénus : 31 PASSIONS** – vous pouvez vivre momentanément une passion partagée à l'abri des regards et loin de tout. Mais cela n'aura qu'un temps.

Avec Soleil : 10 PRÉSENTS

La personne que vous aimez part loin de vous et vous fait de multiples présents avant son départ. Cela ressemble fort à des cadeaux d'adieu. Elle vous jure que non, mais, en fait, la question reste posée : va-t-elle revenir ou allez vous la rejoindre ? Est-ce qu'elle vous aime ? Et vous, l'aimez-vous assez pour partir si elle vous le demande ? Voyons Vénus :

- **Vénus : 25 PLAISIRS** – vous avez partagé de nombreux plaisirs. Vous êtes sortis ensemble, avez écouté de la musique. Mais cela ne suffit pas pour construire une vie à deux. Vous n'avez pas envie, de votre côté, de vous expatrier et de quitter vos chères habitudes de belle vie pour l'inconnu.

- **Vénus : 26 LA PAIX** – finalement, vous respirez. Il y avait entre vous des conflits latents. Le départ de la personne que vous pensiez aimer vous soulage, en définitive.

- **Vénus : 27 UNION** – soit la personne aimée revient assez rapidement, soit vous la rejoignez. Votre histoire va se conclure par un mariage. Vous allez trouver le bonheur.
- **Vénus : 28 FAMILLE** – votre petite famille est comblée l'homme (ou la femme) de votre vie a dû s'éloigner mais il (elle) vous comble de cadeaux que vous recevez régulièrement en attendant son retour ou la possibilité de le (la) rejoindre.
- **Vénus : 29 AMOR** – les cadeaux que l'être aimé vous a faits avant son départ sont bien des gages d'amour et non des présents d'adieu. Vous allez trouver rapidement une solution pour vous retrouver. Le bonheur vous attend.
- **Vénus : 30 LA TABLE** – vous avez reçu les cadeaux de départ comme des cadeaux d'adieu. Vous avez passé ensemble de bons et joyeux moments. Mais maintenant, c'est une histoire qui se termine.
- **Vénus : 31 PASSIONS** – vous recevez une pluie de cadeaux car c'est encore la passion, une fois séparés, les feux de votre passion, s'éteindront comme un feu de paille.

JUPITER avec LUNE
45 BONHEUR 13 INCONSTANCE

La personne que vous aimiez et avec laquelle vous espériez trouver le bonheur n'a pas l'air de savoir ce qu'elle veut. Un jour elle vous jure de vouloir faire sa vie avec vous, un jour elle vous explique que cela n'est pas raisonnable. Vous avez besoin de savoir quelles sont les raisons qui la font douter et changer d'avis. Si vous pouvez espérer avant de prendre vous-même une décision.

Avec Soleil : 4 LA NATIVITÉ

Cette carte, dans le cas de la lune **inconstance** est ambiguë : elle annonce une naissance ou une renaissance, un nouveau cycle amoureux. Ce peut être la renaissance de votre amour ou la naissance d'un nouvel amour pour une autre personne. Tout dépendra de Vénus. Voyons Vénus :

- **Vénus : 25 PLAISIRS** – vos relations sont surtout basées sur les plaisirs. Aussi auront-elles du mal à supporter les épreuves du quotidien. Quand tout va bien l'élu(e) de votre cœur ne pense qu'à vivre avec vous mais, à la moindre contrariété, qu'à s'enfuir.
- **Vénus : 26 LA PAIX** – la carte indique que vous vous usez les nerfs à ne pas savoir sur quel pied danser. Vous allez traverser une période d'accalmie : profitez-en pour faire le point. Une bonne fois pour toutes.
- **Vénus : 27 UNION** – cette fois il s'agit bien d'une renaissance. Vous allez vers une union solide, probablement un mariage.
- **Vénus : 28 FAMILLE** – la carte indique, avec la nativité une naissance. Un enfant va naître de votre union. Cela va emporter la décision, vous allez fonder une famille.
- **Vénus : 29 AMOR** – la carte indique un amour sincère, en dépit des apparences. Vous allez vers une renaissance de votre couple.
- **Vénus : 30 LA TABLE** – la carte annonce un repas, scellant le renouveau de votre amour. Un repas de fiançailles par exemple.
- **Vénus : 31 PASSIONS** – l'inconstance de la personne aimée sera toujours présente. Elle ne peut être fidèle, c'est tout à fait contraire à sa nature. Elle vient d'entamer une nouvelle aventure.

Avec Soleil : 5 RÉUSSITE

La personne aimée est préoccupée avant tout par sa réussite professionnelle. Elle vous semble inconstante. C'est qu'en réalité, elle n'est pas sûre que vous soyez en mesure de lui apporter assez de prestige, d'aide ou de relations pour l'aider dans sa réussite socioprofessionnelle.

Voyons Vénus :

- **Vénus : 25 PLAISIRS** – avec vous, elle partage les plaisirs. L'entente sexuelle est excellente. Mais cela ne suffit pas pour un mariage ou une union officielle si c'est cela que vous attendez.
- **Vénus : 26 LA PAIX** – après des reproches véhéments face à l'inconstance de l'être aimé, vous faites la paix. La paix ? Mais non, l'union consacrée. Vous pouvez rester bons amis.
- **Vénus : 27 UNION** – vos objectifs s'accordent : entente sexuelle et intérêts bien compris. Vous allez cette fois officialiser votre union. C'est la fin des tergiversations.
- **Vénus : 28 FAMILLE** – la famille de la personne aimée peut s'opposer à votre mariage et fait pression sur elle. Elle vous juge assez bas dans l'échelle socioprofessionnelle.
- **Vénus : 29 AMOR** – la force de l'amour est aussi forte que celle de l'ambition. Vous pouvez espérer.
- **Vénus : 30 LA TABLE** – l'être aimé pense que vous pouvez lui apporter les relations mondaines dont il a besoin. Mais ce sera un mariage d'intérêt.
- **Vénus : 31 PASSIONS** – passions et ambition ne font pas bon ménage. Les passions successives de l'être aimé varient en fonction de ses intérêts.

Avec Soleil : 6 ÉLÉVATION

La personne que vous aimez ne cesse de progresser, de s'améliorer sur tous les plans, en tout cas, elle s'y efforce. Elle va se sentir obligée de prendre une décision dans un sens ou dans l'autre et de cesser de vous faire souffrir par ses atermoiements.

Voyons Vénus :

- **Vénus : 25 PLAISIRS** – la personne aimée partage avec vous exclusivement les plaisirs, mais ce n'est pas suffisant pour une union définitive car la vie n'est pas faite que de plaisirs.
- **Vénus : 26 LA PAIX** – avec vous, la personne aimée trouve la paix mais elle recherche dorénavant autre chose. Son objectif est plus élevé.
- **Vénus : 27 UNION** – c'est la fin de vos soucis. La personne aimée en a terminé avec ses doutes et trouve en vous l'idéal qu'elle recherchait. Vous allez officialiser cette union.
- **Vénus : 28 FAMILLE** – c'est l'idée de fonder une famille qui l'emporte sur les indécisions de la personne aimée. Arrivée au dernier échelon de sa réussite, elle pense qu'elle est en mesure d'assumer le fait d'avoir des enfants.
- **Vénus : 29 AMOR** – vous œuvrez dans la même direction. Vous vous retrouvez dans une osmose amoureuse et spirituelle.
- **Vénus : 30 LA TABLE** – jusqu'à présent la personne aimée se contentait de partager avec vous une vie mondaine bien remplie. Mais aujourd'hui, elle aspire à autre chose.
- **Vénus : 31 PASSIONS** – les passions restent le point faible de l'être aimé. Il lui est impossible d'être fidèle. Inutile d'espérer de le changer.

Avec Soleil : 7 HONNEURS

La personne aimée est avide d'honneurs. Elle est très exigeante, il lui faut un mariage qui la valorise. C'est la première condition pour elle d'une union durable. Pour le moment, elle hésite et soupèse le pour et le contre. Elle n'arrive pas encore à prendre une décision en votre faveur. Voyons Vénus :

- **Vénus : 25 PLAISIRS** – les plaisirs partagés n'ont rien à voir avec une valorisation sociale. Cet atout ne fait pas le poids face aux ambitions de la personne aimée.
- **Vénus : 26 LA PAIX** – la hache de guerre, même enterrée, indique de forts conflits latents. Un sursis ne suffit pas à indiquer une prochaine union.

- **Vénus : 27 UNION** – vous avez les mêmes ambitions, les mêmes idéaux, les mêmes goûts. L'infidèle arrive au bout de ces atermoiements. Le mariage est proche.
- **Vénus : 28 FAMILLE** – le rang des deux familles va compter dans la décision finale. S'il n'y a pas harmonie entre les deux, le mariage ne pourra se faire.
- **Vénus : 29 AMOR** – vous aimez les honneurs autant l'un que l'autre et œuvrez dans le même sens. Le bonheur est proche.
- **Vénus : 30 LA TABLE** – votre atout est l'organisation des dîners mondains, les relations. C'est important pour la personne aimée, mais cela ne suffit pas pour être fidèle et prendre une décision de mariage.
- **Vénus : 31 PASSIONS** – vous n'étiez qu'une passade. Il faut vous faire une raison.

Avec Soleil : 8 PENSÉE-AMITIÉ

La personne que vous aimez n'est pas vraiment amoureuse, elle oscille entre l'amitié et l'amitié amoureuse.

Voyons Vénus :

- **Vénus : 25 PLAISIRS** – certes, vous partagez des plaisirs intellectuels ou artistiques mais votre amour restera platonique. De plus vous ne pouvez pas compter sur une présence permanente.
- **Vénus : 26 LA PAIX** – mais il ne demande rien d'autre, surtout pas d'amour et encore moins de passion. Et il n'apparaît à vos côtés que quand il ressent le besoin épisodique d'un havre de tranquillité. L'amour, il le cherchera toujours ailleurs.
- **Vénus : 27 UNION** – vous pouvez toujours espérer un mariage mais basé sur l'amitié plutôt que sur un amour véritable. C'est la raison pour laquelle il cherche régulièrement fortune ailleurs.
- **Vénus : 28 FAMILLE** – vous pouvez toujours espérer fonder une famille. L'être aimé n'est pas contre, mais il ne sera jamais très fidèle.

- **Vénus : 29 AMOR** – vous avez une chance de voir l'amitié de l'être aimé transformée en amour. Mais il ne sera jamais totalement fidèle. Son amour risque de ne pas durer.
- **Vénus : 30 LA TABLE** – vous en resterez toujours à l'amitié amoureuse, aux dîners partagés, aux soirées mondaines.
- **Vénus : 31 PASSIONS** – Vous avez été l'objet d'une grande passion. Mais, aujourd'hui, il n'en reste que de l'amitié.

Avec Soleil : 9 CAMPAGNE-SANTÉ

La personne que vous aimez a du mal à savoir ce qu'elle veut. Elle est partie au vert pour faire le point. Elle n'a pas l'énergie suffisante pour prendre une décision qui engagerait sa vie. Pour le moment, le vent souffle indécis. Voyons Vénus :

- **Vénus : 25 PLAISIRS** – la personne aimée, pour le moment, n'aspire qu'à des plaisirs simples et sans émotion. Elle n'a pas envie de se trouver confrontée avec un ultimatum de votre part.
- **Vénus : 26 LA PAIX** – la personne aimée ne pense qu'à une chose : la paix, la tranquillité, voire végéter jusqu'à ce qu'elle retrouve des forces. Pour le moment vous ne pouvez qu'attendre.
- **Vénus : 27 UNION** – si vous êtes prêt à assumer une vie à la campagne avec une personne quelque peu infidèle, vous pouvez espérer un mariage.
- **Vénus : 28 FAMILLE** – la personne aimée ne demande pas mieux que de créer une famille avec vous, mais vous devrez lui laisser une marge de liberté et supporter des infidélités.
- **Vénus : 29 AMOR** – le vent tourne ; la personne aimée va vous déclarer son amour. Vous pourrez accéder au bonheur.
- **Vénus : 30 LA TABLE** – bien manger, bien boire et vivre tranquillement à la campagne, c'est facile. S'engager et faire un effort, c'est au-dessus des forces de la personne que vous aimez.
- **Vénus : 31 PASSIONS** – c'est pour cacher des amours coupables que la personne que vous aimez est partie au vert.

Avec Soleil : 10 PRÉSENTS

La personne que vous aimez est assez vénale. Elle se laisse acheter par des cadeaux. Elle n'aime ni les soucis, ni les contrariétés. Elle disparaît au moindre indice de problème. Cela ne l'empêche pas de vous combler de cadeaux quand tout va bien. Mais, vous ne pouvez pas compter sur elle en cas de besoin.

Voyons Vénus :

- **Vénus : 25 PLAISIRS** – tant que vous êtes à même d'offrir des occasions de plaisirs partagés, la personne aimée sera toujours prête. Mais n'en attendez rien d'autre.
- **Vénus : 26 LA PAIX** – cessez de vous énerver et prenez ce que la personne aimée peut vous offrir. Certainement pas un mariage.
- **Vénus : 27 UNION** – tous les espoirs sont permis. La personne aimée est vraiment tombée amoureuse. Elle souhaite légaliser votre union et fera tout pour vous être fidèle.
- **Vénus : 28 FAMILLE** – la personne aimée vient se faire pardonner en vous offrant un maximum de présents et met tous ses biens à votre disposition. Elle souhaite fonder une famille avec vous.
- **Vénus : 29 AMOR** – l'amour l'emporte sur l'inconstance. L'infidèle fait tout pour se racheter. Le bonheur n'est pas loin.
- **Vénus : 30 LA TABLE** – la personne que vous aimez ne recherche que les plaisirs de la vie mondaine que vous pouvez lui procurer. Vous ne ferez pas votre vie avec elle mais vos échanges seront bénéfiques.
- **Vénus : 31 PASSIONS** – la personne aimée ne peut s'empêcher de courir d'une passion à l'autre. Elle vous revient périodiquement en vous couvrant de cadeaux... Jusqu'à la prochaine passion.

JUPITER avec LUNE
45 BONHEUR 14 DÉCOUVERTE

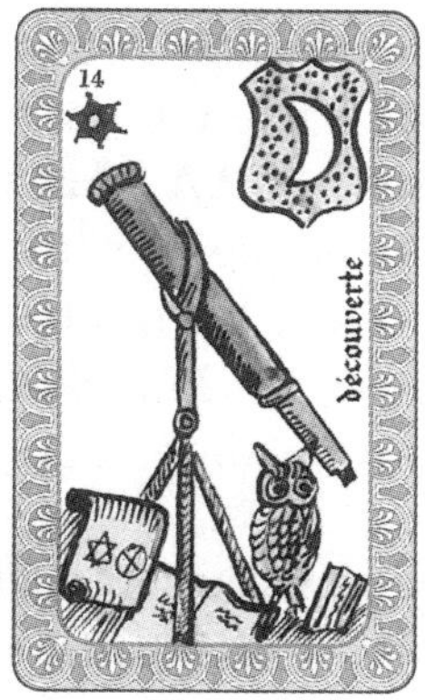

Vous êtes d'une nature extrêmement jalouse et passez votre temps à surveiller, espionner même, la personne aimée. Vous risquez fort de la faire fuir définitivement. Vous pouvez d'ailleurs aussi découvrir des choses qui ne vous plaisent pas vraiment. Mais aussi des choses qui vous séduisent. Le Soleil va nous aider à comprendre ce qui se passe.

Avec Soleil : 4 LA NATIVITÉ

Vous découvrez que l'être aimé a un enfant dont il vous avait caché l'existence. Comment allez vous réagir ?

Voyons Vénus :

- **Vénus : 25 PLAISIRS** – avec vous, la personne aimée partage de nombreux plaisirs, mais pas le bonheur. Étant donné les événements et les cachotteries il vaut mieux rompre.
- **Vénus : 26 LA PAIX** – vous réclamez des explications et vous faites la paix, mais quelque chose est brisé. La hache de guerre peut être déterrée d'un moment à l'autre.
- **Vénus : 27 UNION** – vous profitez de cette découverte pour mettre les choses au clair. Tout va bien, vous allez pouvoir vous marier sans arrière-pensée et trouver le bonheur.

- **Vénus : 28 FAMILLE** – un enfant n'est pas un problème. Vous allez l'adopter et faire d'autres enfants.
- **Vénus : 29 AMOR** – votre découverte n'enlève rien à votre amour. En fait vous êtes plutôt soulagé. Vous pouvez profiter de votre bonheur désormais sans nuages.
- **Vénus : 30 LA TABLE** – vous découvrez de plus que la personne aimée ne s'intéressait qu'à vos relations. Le mieux est de couper les ponts.
- **Vénus : 31 PASSIONS** – vous découvrez, de plus, que la personne aimée court d'une aventure à l'autre.

Avec Soleil : 5 RÉUSSITE

Vous n'aviez jusque-là pas pris conscience de la vraie personnalité et des aspirations de la personne aimée. Quelqu'un ou quelque chose vous ouvre les yeux. Vous découvrez qu'elle est très ambitieuse et que son ambition prime tout. Cela n'est pas obligatoirement pour vous déplaire. Le tout est de savoir si elle vous aime et si vous pouvez être en harmonie avec elle. Voyons Vénus :

- **Vénus : 25 PLAISIRS** – vous avez des goûts communs pour les arts, les distractions, les parures, la musique. Mais l'ambition extrême de votre partenaire vous gêne. Il ou elle n'est pas vraiment amoureux.
- **Vénus : 26 LA PAIX** – la personne aimée recherche surtout la tranquillité en amour afin de pouvoir se consacrer à ses aspirations ambitieuses. Vous ne recherchez pas la paix mais l'amour bien vivant.
- **Vénus : 27 UNION** – le désir de réussite, même poussé à l'extrême, n'est pas pour vous déplaire, au contraire. Vous êtes en phase, le mariage est proche.
- **Vénus : 28 FAMILLE** – vous désirez avant tout fonder une petite famille et vous comprenez que votre partenaire ne rêve que de réussite socioprofessionnelle. Ce n'est pas incompatible, mais il va falloir trouver un équilibre.
- **Vénus : 29 AMOR** – le désir de grande réussite n'est pas pour vous déplaire au contraire. Votre amour est renforcé. Vous êtes complémentaires.

- **Vénus : 30 LA TABLE** – vous comprenez que la personne que vous aimez ne voit en vous qu'un tremplin pour ses relations mondaines. L'amour n'est pas au rendez-vous.
- **Vénus : 31 PASSIONS** – vous découvrez à la fois que la personne aimée est extrêmement ambitieuse et qu'en plus, elle utilise ses aventures pour se faire des relations utiles.

Avec Soleil : 6 ÉLÉVATION

Vous découvrez chez la personne aimée des qualités exceptionnelles. Une grande intelligence, une grande élévation d'esprit qui risque de la placer hors de votre portée. Elle est un peu sur une autre planète. Vous vous demandez tout à coup si vous êtes à la hauteur et si elle vous aime. Voyons Vénus :

- **Vénus : 25 PLAISIRS** – vous vous découvrez des goûts communs, notamment pour les arts et la musique. Mais ce n'est pas là l'amour. La personne que vous aimez n'a même pas pris conscience de votre amour.
- **Vénus : 26 LA PAIX** – la personne que vous aimez est en paix avec elle-même. Elle est à mille lieux de penser que vous pouvez songer à elle.
- **Vénus : 27 UNION** – vous n'avez pas à douter de vous-même. Vous êtes bien son âme sœur. Le bonheur est à votre portée.
- **Vénus : 28 FAMILLE** – tandis que vous rêvez à fonder une famille avec de nombreux enfants, la personne aimée plane à mille lieux au-dessus de ces rêves.
- **Vénus : 29 AMOR** – vous découvrez que vous aussi, vous avez suivi un cheminement semblable. La découverte est mutuelle. C'est la révélation d'un grand amour.
- **Vénus : 30 LA TABLE** – vous pouvez toujours inviter la personne aimée à votre table. Elle y viendra courtoise et vous honorera. Mais inutile de songer à autre chose.
- **Vénus : 31 PASSIONS** – votre amour impossible n'était qu'une passion passagère comme vous en avez eu d'autres. Vous n'êtes intéressé que par ce qui vous échappe. Redescendez sur terre.

Avec Soleil : 7 HONNEURS

Vous découvrez que la personne que vous aimez ne rêve que d'honneurs. Vous pouvez la voir comme une vaniteuse ou bien comme quelqu'un qui ne songe qu'à réussir avec fierté.
Voyons Vénus :

- **Vénus : 25 PLAISIRS** – la course aux honneurs n'empêche pas les plaisirs. Vous trouvez agréable de sortir avec une vedette. Mais vous ne songez ni l'un ni l'autre, en définitive, à aller plus loin dans vos relations.
- **Vénus : 26 LA PAIX** – vous préférez la paix. Vivre avec quelqu'un qui fait la course au vedettariat ne vous dit rien.
- **Vénus : 27 UNION** – vous vous sentez impliqué dans la course au succès de la personne aimée. Vous partagez les mêmes ambitions. Vous décidez de concert d'officialiser votre union.
- **Vénus : 28 FAMILLE** – vous n'êtes pas sûr de vouloir créer une famille avec une personne aussi égocentrique et tournée vers sa propre gloire.
- **Vénus : 29 AMOR** – vous vous aimez follement. Vous vous sentez prêt à franchir tous les obstacles. Ne boudez pas votre bonheur.
- **Vénus : 30 LA TABLE** – la personne aimée ne songe qu'à se servir de vos relations. Cela vous flatte d'avoir une vedette à votre table. Mais l'amour est absent.
- **Vénus : 31 PASSIONS** – vous avez vécu ensemble une grande passion, mais vous ne souhaitez pas suivre la personne aimée sur son chemin ponctué de passades brèves.

Avec Soleil : 8 PENSÉE-AMITIÉ

Vous découvrez, par une indiscrétion, que la personne que vous aimez n'éprouve pour vous que de l'amitié et que cela n'effleure même pas son esprit qu'il puisse y avoir autre chose entre vous.
Voyons Vénus :

- **Vénus : 25 PLAISIRS** – à défaut d'amour, vous pouvez partager des plaisirs platoniques. Vous risquez d'en souffrir.

- **Vénus : 26 LA PAIX** – vous admettrez qu'il ne peut y avoir que de l'amitié avec la personne aimée. Vous finirez par trouver la paix avec vous-même.
- **Vénus : 27 UNION** – vous apprenez que la personne aimée va se marier. La découverte est brutale. C'est la fin de vos espoirs.
- **Vénus : 28 FAMILLE** – vous apprenez que la personne aimée est mariée et a plusieurs enfants. C'est l'écroulement de vos rêves.
- **Vénus : 29 AMOR** – vous découvrez que la personne que vous aimez file le parfait amour avec quelqu'un d'autre. Cela vous ouvre enfin les yeux.
- **Vénus : 30 LA TABLE** – vous découvrez au cours d'un dîner que seule l'amitié vous relie. Vous n'en faites pas un drame.
- **Vénus : 31 PASSIONS** – vous apprenez brutalement que la personne aimée va de passion en passion. Vous ne faites pas partie de ses relations amoureuses. Elle a trop d'estime et d'amitié pour vous.

Avec Soleil : 9 CAMPAGNE-SANTÉ

Vous découvrez que la personne que vous aimez est une personne simple, honnête, mais peut-être un peu simple pour vous. Si vous aimez la vie citadine, cela risque de poser des problèmes si vous envisagez une vie à deux.

Voyons Vénus :

- **Vénus : 25 PLAISIRS** – vous pourrez trouver l'harmonie, si vous vous contentez des plaisirs que l'on peut trouver à la campagne et si vous pouvez vous passer de l'excitation de la vie citadine. C'est à vous de voir.
- **Vénus : 26 LA PAIX** – une vie simple à la campagne avec la personne aimée peut vous sembler reposante et vous donner la paix à laquelle vous aspirez. Mais par la suite, vous pouvez avoir des regrets.
- **Vénus : 27 UNION** – vous n'hésitez pas. Vous pensez que le bonheur se trouve à la campagne dans une vie simple. Vous allez légaliser votre union.

- **Vénus : 28 FAMILLE** – vous pensez que la vie à la campagne avec la personne que vous aimez est idéale pour créer une famille et élever des enfants. Vous avez assez d'imagination pour trouver de quoi vous occuper.
- **Vénus : 29 AMOR** – une visite à la campagne, où se trouve la personne aimée, va fortifier votre amour mutuel. Vous allez trouve le bonheur.
- **Vénus : 30 LA TABLE** – vous espérez bien ne pas rester isolé dans votre maison et y faire venir des amis. Vous saurez parfaitement vous débrouiller et trouver le bonheur.
- **Vénus : 31 PASSIONS** – vous pouvez très bien retrouver la personne aimée, retirée loin de la ville. Mais vous risquez fort de faire demi-tour, une fois les feux de la passion éteints.

Avec Soleil : 10 PRÉSENTS

Vous découvrez que la personne que vous aimez n'est pas seulement généreuse, c'est un panier percé, elle jette l'argent par les fenêtres, fait des dettes, dilapide allègrement ses biens et risque fort de dilapider ceux des autres. Voyons Vénus :

- **Vénus : 25 PLAISIRS** – tant que l'argent coulait à flot vous pouviez partager les plaisirs de la vie citadine et vous illusionner sur vos sentiments. Aujourd'hui, vous comprenez que lorsque l'argent sera tari, il ne restera pas grand-chose de votre amour.
- **Vénus : 26 LA PAIX** – seule une séparation de biens, en cas de mariage, pourra vous apporter une certaine sérénité. Mais on ne change pas un caractère.
- **Vénus : 27 UNION** – en fait, la personne aimée ne jetait l'argent par les fenêtres que pour vous éblouir. Vous allez sceller une union sans arrière-pensée et trouver le bonheur.
- **Vénus : 28 FAMILLE** – vous pensez que la personne aimée, ayant la charge d'enfants, va apprendre à compter. Vous prenez le risque.
- **Vénus : 29 AMOR** – vous comprenez que les extravagances financières de la personne aimée n'avaient pour but que de vous séduire. Vous pouvez profiter de votre bonheur.

- **Vénus : 30 LA TABLE** – l'argent que la personne que vous aimez dépense allègrement, a pour but de jeter de la poudre aux yeux de vos relations. La vie mondaine passe avant tout.
- **Vénus : 31 PASSIONS** – vous apprenez que l'être aimé jette son argent par les fenêtres à chaque conquête. Vous pouvez profiter de ses largesses, mais, vous n'obtiendrez rien de plus.

JUPITER avec LUNE
45 BONHEUR — 15 L'EAU

La personne que vous aimez vous semble passive, lointaine, toujours prête à prendre le large. Ayant tendance à fuir les contingences matérielles ou même asociales, perdue dans ses rêves, ne sachant pas vraiment si elle vous aime. Mais elle peut aussi vous emmener au loin pour un beau voyage physique ou en esprit. Mais peut-on construire sur l'eau ? Vous pouvez également avoir vous-même tendance à perdre le sens des réalités. Le Soleil et Vénus nous en diront plus.

Avec Soleil : 4 LA NATIVITÉ

C'est la naissance d'une idylle. Tout nouveau, tout beau. Vous êtes prêt à partir en voyage n'importe où, à la découverte de cet amour.
Vénus nous dira la suite :

- **Vénus : 25 PLAISIRS** – c'est une aventure faite de plaisirs partagés que vous allez vivre. Mais, sans doute sans suite. Car la vie n'est pas faite que de plaisirs. Cela aura été un joli rêve.
- **Vénus : 26 LA PAIX** – ce sera surtout une période de calme, de paix, qui vous fera oublier un temps, la dureté du monde. Un beau commencement mais sans conséquence.
- **Vénus : 27 UNION** – l'idylle du début se transformera en véritable amour. Vous n'aurez plus qu'à partir en voyage mais en voyage de noces cette fois.
- **Vénus : 28 FAMILLE** – cet amour à peine né, vous songez déjà à fonder une famille, mais est-ce bien raisonnable ? Vous voilà vous aussi emporté par le rêve.
- **Vénus : 29 AMOR** – c'est à un voyage pour le septième ciel que vous convie l'être aimé. Pour le moment vous ne pensez à rien d'autre. Vous allez vivre une belle histoire. Peu importe la suite.
- **Vénus : 30 LA TABLE** – votre idylle démarre dans les festivités. Vous ne pensez qu'à profiter de la vie. Vous ne vous sentez pas vraiment engagé(e) émotionnellement.
- **Vénus : 31 PASSIONS** – vous n'avez pas réfléchi, vous vous êtes laissé entraîner corps et âme dans une aventure sans lendemain. Vous allez vous retrouver meurtri(e).

Avec Soleil : 5 RÉUSSITE

Votre imagination part au grand galop. Vous voyez déjà votre amour, couronné par un grandiose mariage, digne des contes de fées.

Voyons Vénus :

- **Vénus : 25 PLAISIRS** – vous risquez de tomber de haut. Il ne s'agissait que de plaisirs et non d'une union consacrée. Mais au moins, vous en avez profité.
- **Vénus : 26 LA PAIX** – après une période d'exaltation, vous allez entrer dans une période de tranquillité. La passion est retombée comme un soufflet.
- **Vénus : 27 UNION** – vous aviez raison d'espérer le bonheur. Votre union trouve son apothéose, grâce à un beau mariage.

- **Vénus : 28 FAMILLE** – vous avez l'accord des familles et allez à votre tour en fonder une. Votre rêve se réalise.
- **Vénus : 29 AMOR** – ce qui n'était qu'un rêve se transforme en un grand amour. L'harmonie est parfaite.
- **Vénus : 30 LA TABLE** – le grand amour dont vous aviez rêvé, est en train de s'éteindre progressivement. Il en restera une complicité.
- **Vénus : 31 PASSIONS** – votre rêve va se briser brutalement. Vous allez vous retrouver seul(e) et blessé(e).

Avec Soleil : 6 ÉLÉVATION

Votre imagination fait des siennes. Vous avez placé l'être aimé sur un piédestal. C'est tout juste si vous ne le considérez pas comme une divinité ou tout au moins comme un gourou. Attention ! Le réveil risque d'être dur. Mais il est vrai que vous-même, placez la barre très haut pour les autres et pour vous-même.
Voyons donc Vénus :

- **Vénus : 25 PLAISIRS** – en fait, ce n'était qu'un chant de sirène. Vous avez vécu des moments de plaisir, mais ce n'était pas la personne de votre vie.
- **Vénus : 26 LA PAIX** – votre exaltation est retombée. Vous avez retrouvé votre équilibre, mais vous avez perdu une grande illusion.
- **Vénus : 27 UNION** – la personne aimée n'est pas tombée de son piédestal. Elle vous entraîne vers un même objectif et votre amour est réciproque. Votre union sera confirmée.
- **Vénus : 28 FAMILLE** – la personne aimée, bien qu'ayant des aspirations élevées, a les pieds sur terre et possède la stabilité nécessaire à la fondation d'une famille.
- **Vénus : 29 AMOR** – vous travaillez avec les mêmes aspirations, avec les mêmes buts que la personne aimée. L'amour, entre vous, prend une grande force.
- **Vénus : 30 LA TABLE** – finalement, l'être aimé n'était qu'un vulgaire jouisseur. Il tombe de son piédestal.
- **Vénus : 31 PASSIONS** – vous aviez cru avoir affaire à un être supérieur. Ce n'était qu'un(e) vulgaire séducteur(trice).

Avec Soleil : 7 HONNEURS

Vous rêvez d'une réussite brillante voire d'un vedettariat – et d'ailleurs vous n'en êtes pas loin – qui vous permettra de conquérir les plus brillants et les plus beaux (belles) partenaires. Si la réussite est accessible, elle n'apporte pas forcément le bonheur. Des conquêtes oui ; mais ensuite ?
Voyons Vénus :

- **Vénus : 25 PLAISIRS** – on a toujours du plaisir à sortir avec des gens en vue. Vous profitez de votre aura, mais cela ne vous apporte pas le grand amour, uniquement des fêtes.
- **Vénus : 26 LA PAIX** – vos conquêtes ne vous apportent pas le bonheur, mais au moins elles vous valorisent. Vous prenez confiance en vous cela vous apaise.
- **Vénus : 27 UNION** – grâce à votre brillante carrière, vous allez faire le grand mariage auquel vous rêviez. Le bonheur n'est pas loin.
- **Vénus : 28 FAMILLE** – vous avez su suivre votre instinct, oubliant les honneurs et avez trouvé le bonheur. Vous allez fonder une famille.
- **Vénus : 29 AMOR** – porté par des courants chanceux, vous avez fini par trouver l'âme sœur et le bonheur.
- **Vénus : 30 LA TABLE** – vous êtes invité partout. On vous célèbre et on fait tout pour vous séduire. Mais l'amour vous fuit.
- **Vénus : 31 PASSIONS** – vous volez de conquête en conquête, d'illusion en illusion, mais sans arriver à trouver le bonheur.

Avec Soleil : 8 PENSÉE-AMITIÉ

Toujours porté par vos rêves, vous avez du mal à être lucide. Vous avez tendance à croire lorsqu'on est aimable avec vous qu'il s'agit d'amour. Vous avez du mal à comprendre qu'il y a des êtres qui ne peuvent aller ensemble, ou encore, des obstacles infranchissables.
Voyons Vénus :

- **Vénus : 25 PLAISIRS** – la personne sur laquelle vous avez jeté inconsidérément votre dévolu ne vous aime pas d'amour. Elle vous aime simplement et partage avec vous des plaisirs sans équivoque.
- **Vénus : 26 LA PAIX** – après beaucoup d'agitation dans votre tête, vous allez finir par comprendre que la personne à laquelle vous pensez n'éprouve que de l'amitié.
- **Vénus : 27 UNION** – la personne que vous convoitez vous parle de mariage. En réalité, il s'agit de son mariage et non du vôtre.
- **Vénus : 28 FAMILLE** – cessez donc de rêver. La personne à laquelle vous pensez est mariée et a des enfants.
- **Vénus : 29 AMOR** – vous pouvez rencontrer l'amour, mais à condition d'oublier la personne à laquelle vous songez. Elle est amoureuse, mais pas de vous.
- **Vénus : 30 LA TABLE** – la personne à laquelle vous pensez ne vous aime pas d'amour, mais elle peut vous inviter à des soirées au cours desquelles vous pourriez rencontrer l'âme sœur.
- **Vénus : 31 PASSIONS** – cessez de vous précipiter tête baissée dans des relations amoureuses qui vous font souffrir. Emporté par votre imagination vous n'avez aucun esprit critique.

Avec Soleil : 9 CAMPAGNE-SANTÉ

La personne que vous aimez est partie faire un tour dans sa maison de campagne. Aussitôt votre imagination débridée s'emballe. Vous êtes en proie aux plus noirs soupçons. Il (elle) ne vous aime plus, se cache de vous, vous fuit. C'est peut-être vrai. Mais peut-être aussi que la personne aimée a besoin de faire le point, loin des bruits de la vie citadine. Vous rêvez de la rejoindre. Voyons Vénus :

- **Vénus : 25 PLAISIRS** – il semble que l'être aimé préfère les plaisirs sains de la campagne au grand amour que vous voulez lui faire partager. Laissez cette personne prendre seule sa décision.

- **Vénus : 26 LA PAIX** – c'est la paix que la personne que vous aimez est allée chercher loin de vous. Une paix que vous ne pouvez lui donner.
- **Vénus : 27 UNION** – il n'y avait pas de quoi s'affoler. L'être aimé prépare un petit nid douillet pour vous accueillir.
- **Vénus : 28 FAMILLE** – la personne qui vous est chère envisage de vivre définitivement à la campagne, de vous proposer de fonder une famille avec vous. Vous allez recevoir une invitation.
- **Vénus : 29 AMOR** – vous n'y tenez plus. Vous sautez dans votre voiture et vous voilà parti. Vous avez bien raison, on vous attend de pied ferme. À vous les folles nuits d'amour !
- **Vénus : 30 LA TABLE** – vous allez être invité à un grand raout à la campagne, chez la personne qui vous est chère. Tout peut encore arriver.
- **Vénus : 31 PASSIONS** – vous êtes invité à rejoindre la personne chère dans sa campagne, mais il n'y aura pas de suite. N'allez pas vous brûler les ailes.

Avec Soleil : 10 PRÉSENTS

La personne dont vous êtes tombé(e) amoureux(se) vous fait de somptueux cadeaux. Vous prenez ces cadeaux pour une déclaration d'amour. Votre imagination galope. Vous vous voyez déjà voguer avec elle vers des îles ensoleillées, au cours d'un voyage de noces somptueux. Voyons Vénus :

- **Vénus : 25 PLAISIRS** – en fait, l'être aimé aime faire des cadeaux. C'est sa façon à lui de se faire plaisir. Il aime faire profiter ses amis de ses largesses. Cela, à ses yeux, n'engage à rien.
- **Vénus : 26 LA PAIX** – l'être aimé voulait simplement se faire pardonner un oubli ou une négligence. Ce n'est pas une déclaration.
- **Vénus : 27 UNION** – votre imagination n'était pas délirante. La personne qui vous est chère vous comble de cadeaux et vous offre de partager sa vie. Vous allez faire votre voyage vers les îles.

- **Vénus : 28 FAMILLE** – votre imagination ne vous jouait pas des tours. La personne aimée veut fonder une famille avec vous. Vous échangez des cadeaux.
- **Vénus : 29 AMOR** – le plus beau cadeau que l'être aimé vous fait est la déclaration d'amour que vous attendiez.
- **Vénus : 30 LA TABLE** – les présents qui vous sont faits sont sans conséquences, c'est pour vous remercier de vos invitations qui lui sont très utiles.
- **Vénus : 31 PASSIONS** – les superbes cadeaux qui vous sont offerts sont, en réalité, des cadeaux de rupture.

JUPITER avec LUNE
45 BONHEUR 16 LES PÉNATES

Le bonheur, pour vous ne peut se réaliser en dehors d'un foyer. L'amour doit s'épanouir dans le cadre d'une vie familiale bien protégée, à l'abri des murs solides d'une maison. Vous avez besoin de vous enraciner. Il vous faut de la stabilité, de la solidité. Sinon, vous vous sentez trop mal pour aimer librement.

La carte est de bon augure pour celui qui souhaite avant tout une vie de famille.

Avec le bonheur, elle annonce en général une vie paisible, un peu égoïste.

Avec Soleil : 4 LA NATIVITÉ

Un enfant s'annonce. Cela va provoquer une décision, soit de créer un foyer, soit, s'il existe déjà, de faire la fête ou encore une séparation si l'un des deux ne veut pas d'enfant.
Voyons Vénus :

- **Vénus : 25 PLAISIRS** – ce qui avait débuté par uniquement le désir de se distraire ou d'avoir une liaison sans conséquence débouche sur un enfant. On songe qu'il est temps de créer un foyer.
- **Vénus : 26 LA PAIX** – l'annonce d'une maternité permet d'enterrer la hache de guerre au sein d'une liaison orageuse. On va créer un foyer, mais il faudra veiller à maintenir la paix si l'on ne souhaite pas un divorce par la suite.
- **Vénus : 27 UNION** – l'arrivée annoncée d'un enfant accélère un mariage déjà programmé.
- **Vénus : 28 FAMILLE** – cette naissance s'annonce au sein d'un foyer heureux.
- **Vénus : 29 AMOR** – cette annonce d'une naissance renforce les liens amoureux.
- **Vénus : 30 LA TABLE** – la naissance d'un enfant va se fêter avec de nombreux amis, invités à la maison
- **Vénus : 31 PASSIONS** – l'arrivée possible d'un enfant déclenche une crise. Elle vous fait prendre conscience qu'il n'était pas question de créer un foyer.

Avec Soleil : 5 RÉUSSITE

Jusqu'à présent, et aux yeux des autres, votre foyer est heureux. Vous donnez l'exemple d'une réussite familiale et affective. Vénus va nous dire ce qu'il en est exactement.
Voyons Vénus :

- **Vénus : 25 PLAISIRS** – en fait, votre bonheur est basé sur un partage des plaisirs, qu'il s'agisse de plaisirs intellectuels artistiques ou amoureux. Mais il n'y a pas d'osmose profonde. Ni de passion.

- **Vénus : 26 LA PAIX** – votre foyer n'est pas toujours calme. Pour le moment la hache de guerre est enterrée, mais, elle peut ressurgir.
- **Vénus : 27 UNION** – vous décidez de légaliser votre foyer car vous nagez dans le bonheur.
- **Vénus : 28 FAMILLE** – ce qui prime dorénavant, c'est la famille que vous avez créée, les enfants. La famille est le ciment qui maintient votre couple.
- **Vénus : 29 AMOR** – vous nagez en plein bonheur. Le monde autour de vous n'existe plus.
- **Vénus : 30 LA TABLE** – votre foyer est accueillant. Vous ne vous enfermez pas dans votre bulle de bonheur. C'est que l'amour a perdu de son exaltation première.
- **Vénus : 31 PASSIONS** – des aventures mettent en péril votre réussite sentimentale.

Avec Soleil : 6 ÉLÉVATION

La création d'un foyer, l'achat d'une maison bien à vous, vous sécurise et permet à votre vie amoureuse de se développer harmonieusement et d'atteindre ses limites. Mais il peut aussi vous arriver de rêver d'autre chose et de penser que le foyer vous emmure ou vous étouffe. Voyons Vénus :

- **Vénus : 25 PLAISIRS** – vous êtes dans une période heureuse. Vous n'avez pas le temps de vous ennuyer et prenez plaisir à vivre heureux dans votre foyer.
- **Vénus : 26 LA PAIX** – vous êtes dans une période de calme, mais rien ne permet de penser qu'elle durera. Le torchon pourrait de nouveau brûler au sein de votre couple.
- **Vénus : 27 UNION** – vous allez pouvoir réaliser votre rêve : mariage, maison, foyer. Tout va bien.
- **Vénus : 28 FAMILLE** – vous avez trouvé l'équilibre au sein d'une famille heureuse. Inutile de rêver d'autre chose.
- **Vénus : 29 AMOR** – vous entrez dans une période de plénitude amoureuse. Le septième ciel est proche.

- **Vénus : 30 LA TABLE** – vous désirez faire partager votre bonheur. Votre table ne désemplit pas.
- **Vénus : 31 PASSIONS** – vous vivez une grande passion que vous avez réussi à apprivoiser.

Avec Soleil : 7 HONNEURS

Couvert(e) d'honneurs, vous éprouvez dorénavant le désir de joies plus simples. Un foyer, une maison, loin des bruits, des fureurs de la jet set et de la vie citadine.

Voyons Vénus :

- **Vénus : 25 PLAISIRS** – vous avez choisi de vivre en esthète, écouter de la musique, lire et avoir des liaisons sans conséquences.
- **Vénus : 26 LA PAIX** – vous rêvez de vous installer dans une maison tranquille, hors d'atteinte des passions et des émotions fortes. Vous trouvez que vous avez déjà assez donné.
- **Vénus : 27 UNION** – couvert(e) d'honneurs, vous rêvez de continuer votre vie avec l'élu(e) de votre cœur, loin des plaisirs artificiels de la vie citadine. Le mariage est proche.
- **Vénus : 28 FAMILLE** – après les succès, le vedettariat, fonder une famille et vivre en paix à l'abri des foules vous paraît la meilleure vie. À la limite qu'importe l'élu(e). Vous n'aurez pas longtemps à attendre.
- **Vénus : 29 AMOR** – vous avez trouvé le grand amour. Vous décidez de quitter la ville et les honneurs pour vivre avec l'élu(e), loin des tentations car vous êtes un peu jaloux(se).
- **Vénus : 30 LA TABLE** – vous quittez la ville et les honneurs seulement en apparence. Vous vous retirez dans votre maison de campagne. C'est une très belle maison, vous y donnez de grandes réceptions et comptez bien séduire vos invités.
- **Vénus : 31 PASSIONS** – loin des yeux curieux vous allez vivre votre passion du moment, que vous croyez éternelle dans une maison que personne ne connaît.

Avec Soleil : 8 PENSÉE-AMITIÉ

Vous préférez l'amitié à l'amour, ou, en tout cas, pour vous l'amour doit être basé sur une complicité intellectuelle plutôt que par le septième ciel. Vous vous méfiez des passions, vous n'aimez pas les complications. Vivre tranquillement dans votre maison bien à vous avec quelqu'un sur qui vous pouvez compter voilà votre rêve. Mais l'amour ne prévient pas toujours... Voyons Vénus :

- **Vénus : 25 PLAISIRS** – vous réalisez votre rêve de plaisirs sans complications. Vous vivez une vie à deux, basée sur l'amitié et les échanges culturels. Sans passion, mais sans douleurs.
- **Vénus : 26 LA PAIX** – c'est bien la paix que vous avez trouvée avec une personne sans histoire. Vous êtes bien, mais vous pourriez bien lever l'ancre à nouveau pour repartir à la recherche d'une nouvelle aventure amoureuse.
- **Vénus : 27 UNION** – vous croyiez vivre une belle amitié, mais vous êtes pris au piège de l'amour. C'est un mariage d'amour que vous allez faire.
- **Vénus : 28 FAMILLE** – avec une personne que vous connaissez de longue date, vous allez créer une famille.
- **Vénus : 29 AMOR** – une solide amitié va se transformer en une belle histoire d'amour, au moment où vous ne vous y attendrez pas.
- **Vénus : 30 LA TABLE** – vous vivez avec quasiment un bon copain (copine), tranquillement, en recevant de nombreux amis. C'est votre conception de l'amour.
- **Vénus : 31 PASSIONS** – l'homme propose et dame dispose : une grande passion s'apprête à bouleverser votre petite vie bien tranquille.

Avec Soleil : 9 CAMPAGNE-SANTÉ

Vous n'avez pas beaucoup le choix. Il vous faut la campagne pour être en bonne santé. De plus, vous adorez la nature. Cela limite un peu vos choix en amour. Car tout le monde n'aime pas vivre à la campagne. De nombreuses personnes préfèrent les grandes métropoles. Voyons Vénus :

- **Vénus : 25 PLAISIRS** – le grand amour n'est pas encore en vue, mais des visites agréables, des flirts sans conséquences, viennent apporter de la vie dans votre maison.
- **Vénus : 26 LA PAIX** – il vous est difficile de faire admettre à l'élu de votre cœur de vivre à la campagne, mais pour le moment vous avez trouvé un compromis. Vous essayez de couper la poire en deux.
- **Vénus : 27 UNION** – vous avez rencontré l'âme sœur. Rien ne s'oppose à votre bonheur. La vie à la campagne ne fait l'objet d'aucune opposition, au contraire.
- **Vénus : 28 FAMILLE** – vous avez trouvé quelqu'un qui partage les mêmes goûts, souhaite avant tout avoir des enfants et les élever sainement au milieu des arbres.
- **Vénus : 29 AMOR** – l'amour fait des miracles. Vous avez trouvé quelqu'un prêt à tous les sacrifices pour vivre avec vous. Il vous appartiendra de faire durer cet amour.
- **Vénus : 30 LA TABLE** – vous invitez beaucoup et espérez ainsi trouver l'âme sœur. Mais pour le moment, rien ne s'annonce. L'heure n'a pas encore sonné.
- **Vénus : 31 PASSIONS** – vous allez d'aventure en aventure mais vous n'avez trouvé personne pour rester avec vous.

Avec Soleil : 10 PRÉSENTS

Vous estimez que vous avez souvent eu de la chance. La vie vous offre fréquemment de beaux cadeaux dans votre vie affective. Vous avez eu une enfance heureuse, des parents aimants et pas de vrais chagrins d'amour. Vous voudriez maintenant à votre tour, fonder un foyer. Voyons Vénus :

- **Vénus : 25 PLAISIRS** – la vie continue à vous faire des cadeaux sous la forme de liaisons agréables, au milieu de plaisirs divers, mais ce n'est pas l'heure de LA rencontre. Il faut encore attendre.
- **Vénus : 26 LA PAIX** – vous vivez avec quelqu'un, mais il y a déjà eu des disputes. Vous êtes dans une période de calme, mais vous vous posez des questions. Ce n'était pas encore l'âme sœur.

- **Vénus : 27 UNION** – vous n'avez guère eu le temps de vous inquiéter. Vous faites confiance à votre bonne étoile et vous allez vous marier.
- **Vénus : 28 FAMILLE** – les astres continuent à vous combler. De nouveaux présents vous tombent du ciel sous la forme d'enfants désirés.
- **Vénus : 29 AMOR** – vous êtes dans une période de chance. Vous allez vivre un grand amour.
- **Vénus : 30 LA TABLE** – vous nagez dans le bonheur, mais vous n'êtes pas enfermé sur votre vie de couple. De nombreux amis se rendent à vos invitations et vous couvrent de cadeaux.
- **Vénus : 31 PASSIONS** – vous croyiez que tout tombait du ciel, oui, mais le ciel peut aussi vous reprendre ses cadeaux. Chaque fois que vous croyez avoir trouvé le bonheur, il s'envole et vous laisse meurtri.

JUPITER avec LUNE

45 BONHEUR — **17 MALADIE**

Alors qu'il vous semblait accéder au bonheur vous tombez malade. Et cela semble compromettre vos chances. Mais il peut aussi s'agir d'une maladie d'amour. Vous êtes emporté(e) au septième ciel, mais très aliéné(e). Vous n'avez plus l'esprit très clair et votre relation peut alors devenir malsaine. De plus, votre partenaire peut aussi vous laisser choir, comme l'aigle qui laisse tomber sa proie.

Enfin, la carte peut aussi indiquer que c'est votre vie amoureuse qui est malade.

Le Soleil et Vénus nous donneront le fin mot de l'histoire.

Avec Soleil : 4 LA NATIVITÉ

On n'en est qu'au commencement de votre histoire d'amour. Pour le moment il n'y a pas péril en la demeure.
Voyons Vénus :

- **Vénus : 25 PLAISIRS** – vous flottez dans les plaisirs de l'amour. Votre partenaire sait parfaitement vous faire vibrer. Prenez des précautions à tous les niveaux, soyez sur vos gardes.
- **Vénus : 26 LA PAIX** – si vous avez été malade, vous êtes dans une période de grâce. Il vous suffit de vous faire suivre. En principe, maintenant, tout va bien. Vous pouvez reprendre une vie amoureuse normale.
- **Vénus : 27 UNION** – le spectre de la maladie s'éloigne. Elle a été prise au début. Vous commencez une histoire d'amour qui se terminera par un mariage.
- **Vénus : 28 FAMILLE** – votre famille vous protège depuis le début de votre maladie. Bientôt, vous serez guéri et pourrez fonder une famille à votre tour.
- **Vénus : 29 AMOR** – vous venez de commencer une belle histoire d'amour mais vous attrapez immédiatement une maladie. N'en faites pas une histoire, ce n'est pas grave.
- **Vénus : 30 LA TABLE** – vous venez de tomber malade. Pour le moment vous ne pensez qu'à vous requinquer et à vous remplumer.
- **Vénus : 31 PASSIONS** – vous êtes dévoré par une passion qui ne vous fait que du mal.

Avec Soleil : 5 RÉUSSITE

Après bien des déboires amoureux qui vous ont laissé littéralement malade de désespoir, vous voilà sur le chemin de la guérison.
Voyons Vénus :

- **Vénus : 25 PLAISIRS** – pour le moment vous ne songez qu'à vous amuser. Après vos terribles histoires d'amour, vous préférez ne pas vous investir émotionnellement.
- **Vénus : 26 LA PAIX** – pour le moment vous souhaitez faire un break. Pour les histoires d'amour, on verra après.
- **Vénus : 27 UNION** – après ces aventures amoureuses qui vous ont poussé à la déprime, vous vous mariez dans l'espoir de retrouver le goût de la vie.
- **Vénus : 28 FAMILLE** – vous êtes allé chercher le réconfort au sein de votre famille. Cela vous a appris que fonder une famille sur des valeurs sûres était préférable à des aventures douloureuses.
- **Vénus : 29 AMOR** – un nouvel amour partagé vous guérit définitivement de votre passé.
- **Vénus : 30 LA TABLE** – vous achevez la guérison de votre maladie d'amour par de joyeuses fêtes.
- **Vénus : 31 PASSIONS** – à peine guéri(e), vous êtes sur le point de recommencer. Vous ne pouvez vivre des histoires d'amour sans drame.

Avec Soleil : 6 ÉLÉVATION

Vous allez de mieux en mieux quelle que soit l'origine de votre maladie physique ou morale. Mais une rechute est toujours possible.
Voyons Vénus :

- **Vénus : 25 PLAISIRS** – dans votre enthousiasme, vous vous jetez à corps perdu dans les plaisirs. Prudence.
- **Vénus : 26 LA PAIX** – vous avez été échaudé. Vous préférez rester au calme. Vous êtes en paix avec vous-même.

- **Vénus : 27 UNION** – la maladie ne vous avait pas fait perdre l'être aimé. Vous allez légaliser votre union.
- **Vénus : 28 FAMILLE** – vous allez de mieux en mieux. Vous envisagez de fonder une famille et d'avoir des enfants.
- **Vénus : 29 AMOR** – ce n'était qu'une maladie physique sans gravité. Votre amour ne s'est pas envolé, vous allez pouvoir le vivre pleinement.
- **Vénus : 30 LA TABLE** – vous retrouvez vos amis, mais vous n'êtes pas pressé de vous engager avec qui que ce soit.
- **Vénus : 31 PASSIONS** – vous continuez votre guérison physique et psychique. Vous résistez vaillamment à une passion naissante.

Avec Soleil : 7 HONNEURS

Pendant que vous étiez préoccupé par les honneurs, vos succès, votre réussite sociale et professionnelle, vous n'avez pas vu que vie amoureuse battait de l'aile.

Voyons Vénus :

- **Vénus : 25 PLAISIRS** – vous vous laissez griser par les succès de toutes sortes. Ce n'est pas ainsi que vous trouverez le bonheur.
- **Vénus : 26 LA PAIX** – après une discussion orageuse avec l'être cher qui se sentait délaissé, vous faites la paix ; mais pour combien de temps ?
- **Vénus : 27 UNION** – vous avez tout fait pour rattraper vos erreurs. Vous allez légaliser votre union.
- **Vénus : 28 FAMILLE** – vous vous rappelez tout à coup que vous avez fondé une famille. Vous retombez sur vos pieds.
- **Vénus : 29 AMOR** – vous avez de la chance. La personne qui vous est chère vous pardonne.
- **Vénus : 30 LA TABLE** – vous êtes incorrigible. Vous continuez à voguer de fête en fête. Pendant ce temps-là l'objet de votre flamme s'envole dans les bras d'un(e) autre.
- **Vénus : 31 PASSIONS** – non seulement vous ne pensez qu'à votre gloire mais vous manquez de discernement. Votre vrai amour est parti.

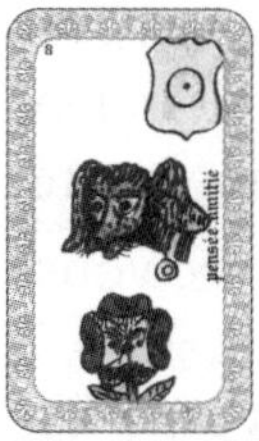

Avec Soleil : 8 PENSÉE-AMITIÉ

La personne que vous aimez risque d'être malade et d'être obligée de s'éloigner de vous pour un temps. Si ce n'est physiquement, ce peut être moralement. Elle manque d'énergie et n'a plus goût à rien. Elle peut aussi faire une déprime. C'est peut-être qu'elle est devenue incapable d'aimer. Vous pensez encore à elle. Voyons Vénus :

- **Vénus : 25 PLAISIRS** – au lieu de tenter de la secourir, vous allez vous distraire. Vous ne pouvez supporter d'être privé de plaisirs. Votre amour est mort.
- **Vénus : 26 LA PAIX** – après une période de désespoir, vous faites la paix en vous même, mais vous n'êtes plus attaché à la personne que vous croyiez aimer.
- **Vénus : 27 UNION** – vous proposez à la personne aimée de vous marier avec elle. Elle se rétablit comme par enchantement.
- **Vénus : 28 FAMILLE** – la personne aimée est votre conjoint(e). Tous les membres de la famille doivent l'entourer afin de lui faire reprendre goût à la vie.
- **Vénus : 29 AMOR** – vos lettres d'encouragement, vos messages, vont faire accélérer la guérison de l'être aimé. Votre amour est toujours bien vivant.
- **Vénus : 30 LA TABLE** – c'est en distrayant la personne aimée que vous la sortirez de son apathie. Mais il est grand temps. L'amour, entre vous, s'est beaucoup affadi.
- **Vénus : 31 PASSIONS** – la cause de la déprime de la personne aimée est votre inconstance, vos passions successives. Elle ne veut plus vivre avec vous.

Avec Soleil : 9 CAMPAGNE-SANTÉ

Votre vie sentimentale bat de l'aile. Vous l'avez mal gérée, vous avez fait n'importe quoi, vous vous êtes laissé emporter dans des histoires sans intérêt. Vous y avez même laissé des plumes et avez failli y perdre votre santé. Vous voilà au bout du rouleau. Un séjour à la campagne, loin de votre lieu de vie habituel, devrait vous permettre de récupérer, tout en faisant le point. Voyons Vénus :

- **Vénus : 25 PLAISIRS** – les plaisirs simples et sans arrière-pensée que vous pouvez trouver durant ce séjour, devraient vous aider à retrouver votre optimisme et votre bonne santé.
- **Vénus : 26 LA PAIX** – vous allez retrouver la paix avec vous-même et peut-être même avec une personne chère.
- **Vénus : 27 UNION** – vous allez réaliser que vous n'êtes pas abandonné et que le bonheur est encore accessible. Il n'est pas trop tard.
- **Vénus : 28 FAMILLE** – vous étiez sur le point de flanquer votre famille en l'air. Vous réalisez à quel point vous tenez à elle. Or elle vous attend.
- **Vénus : 29 AMOR** – c'est l'amour que vous allez trouver lors de votre séjour.
- **Vénus : 30 LA TABLE** – vous allez retrouver les distractions que vous aviez fuies. Vous risquez de retomber dans les mêmes erreurs.
- **Vénus : 31 PASSIONS** – on peut aussi tomber sottement amoureux à la campagne. Vous êtes incorrigible.

Avec Soleil : 10 PRÉSENTS

Vous avez quelque souci à vous faire concernant votre vie amoureuse, alors que vous aviez tous les atouts en main pour trouver le bonheur. Sans doute avez-vous été quelque peu égoïste. Il est temps de penser aux autres, non pas forcément en leur faisant des cadeaux matériels mais en leur faisant cadeau de votre attention, bref de votre amour.
Voyons Vénus :

- **Vénus : 25 PLAISIRS** – pour le moment, vous ne pensez qu'à vos propres plaisirs. Ne vous étonnez pas d'être régulièrement largué.
- **Vénus : 26 LA PAIX** – vous vous décidez à faire un effort envers l'être aimé. Vous obtenez la paix, mais vous ne faites pas renaître le grand amour de ses cendres.

- **Vénus : 27 UNION** – vos efforts ont payé. Vous recevez en retour toutes sortes de bonheurs. Vous aller pouvoir sceller votre union.
- **Vénus : 28 FAMILLE** – dès que vous faites le moindre geste généreux, vous découvrez que vous êtes très aimé. Votre famille fait corps autour de vous.
- **Vénus : 29 AMOR** – vous avez compris qu'il fallait donner pour recevoir. Vous ne refaites pas deux fois la même erreur. Vous allez connaître un grand amour.
- **Vénus : 30 LA TABLE** – vous allez de fête en fête, vous déversez des pluies de cadeaux. Mais c'est artificiel. Cela ne vous apporte pas le vrai bonheur pour autant.
- **Vénus : 31 PASSIONS** – vous faites des cadeaux sans cesse, mais c'est pour séduire. Vous avez un cœur d'artichaut.

CHAPITRE V

TIRAGES SPIRITUALITÉ

22 cartes et 343 combinaisons

JUPITER **Sagesse** indique une recherche spirituelle. Si vous recherchez une voie spirituelle ou si vous avez déjà commencé un cheminement spirituel, vous devez placer cette carte sur la table. Ensuite, vous la combinerez avec une carte de Saturne, puis avec une de la Lune et une de Mercure. Saturne indiquera les obstacles majeurs, le karma ou les difficultés qui pourront se transformer en une aide inestimable, pouvant par exemple, indiquer la voie à suivre. Saturne, en effet, indique le dépouillement, mais aussi par là même, la libération, le « moksha » des Hindous. La Lune indique l'état d'esprit du consultant, les dons reçus à la naissance, au niveau psychique et spirituel, la voie à suivre. Mercure, les moyens de contourner les épreuves et aussi la voie à suivre.

Pour effectuer les tirages Spiritualité, vous allez utiliser :

1 carte Jupiter : 42 Sagesse.

7 cartes Lune : 11 Trahison ; 12 Départ ; 13 Inconstance ; 14 Découverte ; 15 L'eau ; 16 Les pénates ; 17 Maladie.

7 cartes Saturne : 46 Infortune ; 47 Stérilité ; 48 Fatalité ; 49 La grâce ; 50 Ruine ; 51 Retard ; 52 Cloître.

7 cartes Mercure : 18 Changement ; 19 Argent ; 20 L'intelligence ; 21 Vol-Perte ; 22 Entreprises ; 23 Trafic ; 24 Nouvelle.

JUPITER avec SATURNE
42 SAGESSE 46 INFORTUNE

La recherche de la sagesse passe par le dépouillement. La loi du karma indique un passé trop tourné vers les biens matériels. Il ne s'agit pas de partir en moine errant, comme en Inde, mais d'apprendre le détachement, détachement des biens, comme détachement des honneurs. Ce détachement peut aussi être induit par une série d'épreuves, destinées à vous faire prendre conscience de la voie que vous devez suivre.

Avec la Lune : 11 TRAHISON

Avez-vous tenté, honnêtement, de vous voir tel que vous êtes ? Avez-vous réfléchi aux raisons des épreuves que vous avez subies ? Vous confronter avec votre moi intérieur est la première chose à faire, car vous devez cesser de vous leurrer sur votre compte. Vous devez aussi extirper de vous les pensées négatives qui vous empêchent d'avancer.
Voyons Mercure :

- **Mercure : 18 CHANGEMENT** – vous allez réussir à changer votre façon de voir les choses. Cela va entraîner un changement de vie important. Vous allez pouvoir vous engager sur le chemin, sans pour autant mourir de faim !
- **Mercure : 19 ARGENT** – vous allez recevoir une somme d'argent importante. Cela vous donnera les moyens d'agir.

- **Mercure : 20 L'INTELLIGENCE** – votre plus bel atout est l'intelligence. La lecture des textes sacrés sera le point de départ de votre chemin.
- **Mercure : 21 VOL-PERTE** – une autre épreuve vous attend encore. Elle va vous aider à vous dépouiller de votre ego.
- **Mercure : 22 ENTREPRISES** – vous pouvez entrer dans une voie initiatique comme le compagnonnage ou la franc-maçonnerie.
- **Mercure : 23 TRAFIC** – soigner les autres, faire partie d'un OGN qui vous donnera l'opportunité de visiter divers pays et de comprendre le sens de la vie. Ce sera votre meilleur point de départ dans la voie.
- **Mercure : 24 NOUVELLE** – c'est une rencontre inattendue, une lecture due au hasard, qui va vous donner la clef.

Avec Lune : 12 DÉPART

Les voyages lointains vous attirent. Vous êtes déjà bien avancé sur la voie de la spiritualité. Ne résistez pas à l'appel. C'est ailleurs, au loin ou en voyage que vous pourrez trouver le fil conducteur qui vous mènera sur la voie. Voyons Mercure :

- **Mercure : 18 CHANGEMENT** – c'est un changement de vie radical qui s'annonce, une installation à l'étranger. C'est de cette façon que vous arriverez à vous dépouiller de votre ego. C'est ailleurs que vous trouverez les guides dont vous avez besoin.
- **Mercure : 19 ARGENT** – vous devez terminer un travail afin d'avoir l'argent nécessaire pour payer le prix d'un séjour à l'étranger. Vous y suivrez un enseignement spirituel auprès d'un maître qui vous aidera à trouver le détachement.
- **Mercure : 20 L'INTELLIGENCE** – vous avez déjà beaucoup étudié les livres sacrés. Il vous faut continuer, mais vous avez besoin d'aller chercher d'autres livres, introuvables dans votre pays, et apprendre une langue étrangère.
- **Mercure : 21 VOL-PERTE** – pour partir, il vous faut tout abandonner. C'est l'épreuve qui vous est demandée. Vous ne pouvez avoir le beurre et l'argent du beurre.

- **Mercure : 22 ENTREPRISES** – c'est ailleurs que vous allez vous construire. Vous avez déjà de très bonnes bases, mais vous devez terminer l'œuvre commencée à l'étranger, et, pour cela, quitter le confort auquel vous êtes attaché.
- **Mercure : 23 TRAFIC** – c'est grâce à une série de voyages à l'étranger que vous allez pouvoir avancer, grâce aussi à de nombreux échanges. Vous devez vous connecter à plusieurs voies. Vous comprendrez que toutes, prônent le détachement.
- **Mercure : 24 NOUVELLE** – vous allez recevoir un courrier de l'étranger. Cela va vous donner l'opportunité de partir faire le voyage dont vous avez besoin, pour vous séparer de votre routine confortable.

Avec Lune : 13 INCONSTANCE

Vous avez beaucoup de mal à vous concentrer, et, ayant trouvé une voie, à vous de vous y tenir. Vous sautez d'une chose à l'autre, d'un enseignement à l'autre, sans avoir le temps d'approfondir. Un jour, vous vivez en ascète, un autre vous vous jetez sur les biens matériels. Voyons Mercure :

- **Mercure : 18 CHANGEMENT** – un changement obligé dans votre vie professionnelle va vous pousser à comprendre la vanité des attachements au succès ou à l'argent.
- **Mercure : 19 ARGENT** – une très grosse somme d'argent va vous ôter vos angoisses et vous permettre de suivre une voie modérée, sans osciller d'un extrême à l'autre.
- **Mercure : 20 L'INTELLIGENCE** – c'est grâce à une lecture que vous allez comprendre qu'elle est la voie qui vous convient le plus, celle du détachement.
- **Mercure : 21 VOL-PERTE** – une grosse perte, un cambriolage ou la perte d'un être cher, va vous faire prendre conscience de « l'impermanence » des choses. Vous allez comprendre l'intérêt du détachement.
- **Mercure : 22 ENTREPRISES** – Vous ne pouvez avancer seul. Votre énergie a besoin d'être canalisée. Le mieux serait d'entrer dans un groupement initiatique.

- **Mercure : 23 TRAFIC** – encore beaucoup d'oscillations en perspective dans la voie du dépouillement, mais, malgré les apparences, vous avancez.
- **Mercure : 24 NOUVELLE** – une nouvelle va emporter votre adhésion. Vous allez trouver la motivation nécessaire pour suivre la voie qui vous est destinée.

Avec Lune : 14 DÉCOUVERTE

Vous êtes déjà très avancé dans la voie du détachement. Vous avez fait de grandes découvertes dans le domaine ésotérique. Il ne vous faut plus qu'un petit coup de pouce pour faire un nouveau bond en avant, peut-être trouver un nouveau maître spirituel ou une ultime découverte par vos propres moyens. Voyons Mercure :

- **Mercure : 18 CHANGEMENT** – après une période confuse, malgré vos recherches, vous allez accéder à une sorte d'illumination.
- **Mercure : 19 ARGENT** – maintenant que vous avez fait de grands progrès dans la voie du détachement, vous recevez les fonds nécessaires pour progresser dans vos recherches.
- **Mercure : 20 L'INTELLIGENCE** – la lecture des textes sacrés vous est familière. Il vous semble que vous auriez pu les écrire vous-même. Vous êtes parti sur la voie de la sagesse.
- **Mercure : 21 VOL-PERTE** – après une période d'euphorie et de grandes découvertes spirituelles, vous traversez une période très difficile. Il vous semble n'avoir rien compris. Il vous faut patienter.
- **Mercure : 22 ENTREPRISES** – vous avez bien compris d'où venaient toutes vos épreuves, vous avez réussi à extirper de vous les pensées négatives. Vous avez maintenant des bases solides.
- **Mercure : 23 TRAFIC** – la période d'épreuves est finie. Vous en avez tiré les leçons ; vous êtes sur une phase ascendante sur tous les plans.
- **Mercure : 24 NOUVELLE** – encore une découverte sur le chemin de la compréhension.

Avec Lune : 15 L'EAU

Vous vous êtes laissé porter par les courants divers. C'est bien de faire confiance et de lâcher prise, mais dans le cas présent de l'infortune, il faut faire un effort. La voie du détachement ne consiste pas à se laisser aller, mais à ne pas s'attacher aux fruits du travail. Il ne s'agit donc pas de se transformer en SDF. Voyons Mercure :

- **Mercure : 18 CHANGEMENT** – vous avez pris votre destin en mains et commencez à remonter la pente matériellement et spirituellement.
- **Mercure : 19 ARGENT** – vous faites de gros efforts sur le plan matériel et vous commencez à en récolter les fruits. Vous avez compris que le détachement ne signifie pas la paresse.
- **Mercure : 20 L'INTELLIGENCE** – vous laissez les épreuves derrière vous. Vous filez vers des horizons plus lumineux, grâce à votre nouvelle compréhension des lois du karma.
- **Mercure : 21 VOL-PERTE** – vous avez abandonné toute idée de faire un effort ; vous continuez à vous enfoncer dans les problèmes. Il faut vous ressaisir.
- **Mercure : 22 ENTREPRISES** – après une période d'errance, vous avez fini par vous décider à utiliser vos atouts et à reconstruire votre vie, tant sur le plan matériel que spirituel.
- **Mercure : 23 TRAFIC** – vous avez fini par apprendre à saisir les opportunités et à profiter des courants porteurs. Vous allez bientôt sortir des épreuves et retrouver la sérénité.
- **Mercure : 24 NOUVELLE** – une brusque révélation semble tomber du ciel. Vous naviguez maintenant vers la sagesse.

Avec Lune : 16 LES PÉNATES

Vous avez besoin de faire une retraite loin des bruits de l'existence quotidienne pour vous retrouver et repartir sur des bases solides. Vous ne savez trop comment vous y prendre, car votre infortune matérielle ou psychologique vous paraît très grande.
Voyons Mercure :

- **Mercure : 18 CHANGEMENT** – un nouveau concours de circonstances vous permet de vous rétablir sur le plan professionnel et psychologique. Vous allez être en mesure de faire la retraite dont vous avez besoin.
- **Mercure : 19 ARGENT** – vous allez recevoir une somme d'argent inespérée. Elle va vous donner les moyens de payer la longue retraite à laquelle vous aspirez, qu'il s'agisse d'un couvent ou d'un ashram.
- **Mercure : 20 L'INTELLIGENCE** – vous êtes capable de pratiquer, chez vous, la méditation. Vous n'avez besoin que de quelques conseils pour vous remettre sur les rails. Vous êtes déjà très avancé sur la voie de la sagesse.
- **Mercure : 21 VOL-PERTE** – vous êtes victime d'une nouvelle épreuve professionnelle. Avant de songer à aller faire une retraite, vous devez d'abord rétablir votre équilibre financier et psychique.
- **Mercure : 22 ENTREPRISES** – vous avez beaucoup travaillé sur vous-même. Vous avez maintenant acquis de bonnes bases. Vous pouvez avancer vers la sagesse.
- **Mercure : 23 TRAFIC** – vous mettez tout en œuvre pour rétablir votre situation tant sur le plan matériel que spirituel. Vous avez pris conscience de vos erreurs passées.
- **Mercure : 24 NOUVELLE** – vous recevez des réponses à vos demandes. Vous êtes accepté dans une organisation initiatique ou spirituelle.

Avec Lune : 17 MALADIE

Vous êtes persuadé que votre mauvaise santé est la cause de tous vos problèmes. Vous vous sentez sans énergie, sans grand espoir, sans idées. Il vous semble errer depuis des siècles, sans recevoir la moindre lumière. Il est temps de faire le point et de trouver une solution. Voyons Mercure :

- **Mercure : 18 CHANGEMENT** – après une ultime période d'errance, vous commencez à y voir plus clair. Vos problèmes de santé n'étaient qu'un prétexte. Vous avez encore de nombreuses possibilités. Une ouverture se profile à l'horizon.

- **Mercure : 19 ARGENT** – décidez-vous à faire des dons plutôt que de toujours quémander. Vous n'êtes pas aussi démuni que vous le pensez. Il y a plus malheureux que vous. Ce sera un pas vers la sagesse.
- **Mercure : 20 L'INTELLIGENCE** – vous vous sentez sans force. Vous êtes néanmoins assez intelligent pour comprendre que si vous dirigiez votre mental vers la voie du succès, tout irait mieux pour vous.
- **Mercure : 21 VOL-PERTE** – vous êtes au fond du gouffre. Souvenez-vous que la roue tourne. Reprenez espoir. Il est temps de réagir.
- **Mercure : 22 ENTREPRISES** – malgré les épreuves, vous avez un bel acquis derrière vous. Vous devez cesser de vous laisser décourager et emporter par les pensées négatives.
- **Mercure : 23 TRAFIC** – vous avez déjà œuvré pour remonter la pente. Mais c'est difficile. Vous oscillez entre les pensées négatives et l'espoir. Encore un effort.
- **Mercure : 24 NOUVELLE** – un message ou une rencontre soudaine vous ouvre les yeux. Vous cessez de vous laisser entraîner par le défaitisme.

JUPITER avec SATURNE
42 SAGESSE — 47 STÉRILITÉ

Cette carte, sur le plan spirituel, peut indiquer en positif une élévation spirituelle, le détachement du monde profane, l'accès à la sagesse, au royaume intérieur. En négatif, elle indique la stérilité de ses efforts, un manque d'ouverture. Tout dépendra des cartes d'accompagnement. Quant à la voie spirituelle conseillée, il s'agit essentiellement d'une voie de retraite solitaire, une vie d'ermite, au propre ou au figuré.

Avec Lune : 11 TRAHISON

Vous vous trahissez vous-même, vous refusez de voir clair dans vos motivations ou dans celles des autres. Vous voyez les autres comme des ennemis. Cette façon de voir fausse votre jugement et vous empêche d'accéder à la sagesse.

Voyons Mercure :

- **Mercure : 18 CHANGEMENT** – tout est encore possible. Vous n'êtes pas encore complètement raidi dans vos positions. Un concours de circonstances va vous aider à changer de mentalité.
- **Mercure : 19 ARGENT** – cette corne d'abondance vous protège. Elle représente toutes vos richesses. Il suffit de la laisser s'ouvrir et de cesser de douter de vous-même.
- **Mercure : 20 L'INTELLIGENCE** – vous avez décidé d'entreprendre la lecture d'un texte sacré. Cela a toutes les chances d'ouvrir une porte dans votre esprit
- **Mercure : 21 VOL-PERTE** – vous vous détruisez vous-même. Cessez d'accuser les autres.
- **Mercure : 22 ENTREPRISES** – normalement, vous êtes fait pour une voie initiatique. Un moment donné, vous avez perdu pied. Vous pouvez vous retrouver.
- **Mercure : 23 TRAFIC** – vous faites exactement le contraire de ce pourquoi vous êtes fait. Cessez donc de vous agiter et de courir plusieurs lièvres à la fois.
- **Mercure : 24 NOUVELLE** – vous allez recevoir un message qui va vous faire comprendre vos erreurs et vous remettre sur le droit chemin.

Avec Lune : 12 DÉPART

Vous avez décidé de partir à la recherche de la sagesse. La route est remplie de dangers. Mais vous n'êtes pas seul sur cette voie. Vous allez la suivre au sein d'une communauté. Loin du monde profane, mais pas en ermite. Il faudra donc apprendre à supporter les autres. Voyons Mercure :

- **Mercure : 18 CHANGEMENT** – plus vous avancez, plus la route s'aplanit. Après une période particulièrement difficile, vous entrez dans une phase heureuse.
- **Mercure : 19 ARGENT** – vous avez appris le partage et ne rechignez pas à partager vos connaissances. Cela vous est rendu au centuple.
- **Mercure : 20 L'INTELLIGENCE** – vous n'avez aucun mal à progresser. Vous pouvez faire part de vos lumières au sein de votre groupe.
- **Mercure : 21 VOL-PERTE** – vous allez traverser une rude épreuve ; vous aurez l'impression d'avoir travaillé en vain. C'est la traversée du désert.
- **Mercure : 22 ENTREPRISES** – vous avez bien commencé. Il ne vous reste qu'à continuer de la même manière.
- **Mercure : 23 TRAFIC** – vous foncez vers les sommets, mais prudence : attention à la chute.
- **Mercure : 24 NOUVELLE** – vous savez communiquer au sein de votre groupe. Vous vous sentez ainsi épaulé.

Avec Lune : 13 INCONSTANCE

C'est un manque de persévérance, de concentration, qui vous fait défaut. Vous n'êtes pas sûr de savoir quelle voie est la vôtre. Vous devez mûrir et prendre des forces.
Voyons Mercure :

- **Mercure : 18 CHANGEMENT** – encore un changement, mais cette fois, vous êtes sûr d'être sur le bon chemin. Alors maintenez le cap.

- **Mercure : 19 ARGENT** – vous n'arrivez pas à faire les choses modérément. Vous gaspillez vos forces. Après vous voilà incapable de reprendre la route.
- **Mercure : 20 L'INTELLIGENCE** – vous êtes, en réalité, apte à suivre n'importe quelle voie. Mais il faut tout de même faire un choix et vous y tenir.
- **Mercure : 21 VOL-PERTE** – à force de tirer à hue et à dia vous perdez tout le bénéfice de vos efforts. Il va falloir apprendre à garder le cap.
- **Mercure : 22 ENTREPRISES** – vous avez des crises de doute avec des envies de changement, mais vous tenez bon.
- **Mercure : 23 TRAFIC** – vous êtes en train de suivre deux voies à la fois. Est-ce bien raisonnable ?
- **Mercure : 24 NOUVELLE** – on vous offre deux possibilités de voie spirituelle. Faites votre choix et tenez-vous y.

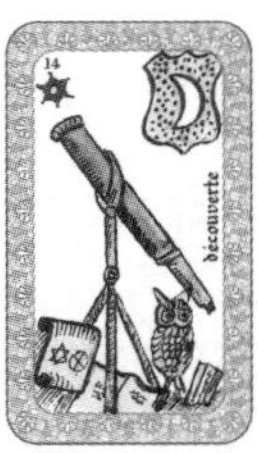

Avec Lune : 14 DÉCOUVERTE

Vous étiez prédestiné à la voie choisie : la recherche dans le calme et la solitude. Il ne se passe guère de temps sans que vous fassiez une découverte. Notamment, dans les sciences occultes, astrologie, kabbale, symbolisme, yoga. D'une façon générale vous vous débrouillez très bien tout seul. Voyons Mercure :

- **Mercure : 18 CHANGEMENT** – après une courte période un peu sombre, la route s'ouvre, lumineuse, devant vous à nouveau.
- **Mercure : 19 ARGENT** – vous arrivez à une période particulièrement féconde de votre esprit. Vous progressez à grands pas.
- **Mercure : 20 L'INTELLIGENCE** – vous accédez à de nouveaux mystères. Vous approchez de la sagesse.
- **Mercure : 21 VOL-PERTE** – vous prenez conscience d'un certain vide, d'une certaine stagnation, voire d'un recul sur la voie. Vous allez vous reprendre.
- **Mercure : 22 ENTREPRISES** – vous possédez dorénavant des bases solides au niveau de la connaissance. Vous allez pouvoir accéder à un autre niveau de compréhension.

- **Mercure : 23 TRAFIC** – vous allez très vite. Vous êtes peut-être en train d'éveiller la kundalini. Prudence.
- **Mercure : 24 NOUVELLE** – vous faites coup sur coup deux avancées spectaculaires.

Avec Lune : 15 L'EAU

Vous vous laissez porter par le destin avec confiance, mais attention à ne pas être trop insouciant. C'est bien de se laisser guider par le destin vers la voie qui nous est assignée, mais il faut tout de même veiller aux écueils.

Voyons Mercure :

- **Mercure : 18 CHANGEMENT** – vous venez de traverser une période d'angoisse et de doute. Cela vous a permis de comprendre qu'il faut quand même faire quelques efforts. Vous n'êtes pas du tout arrivé au bout de votre route.
- **Mercure : 19 ARGENT** – le destin a été généreux envers vous. Les choses vous sont relativement faciles. Et vous avancez sans vous faire de souci.
- **Mercure : 20 L'INTELLIGENCE** – votre intuition vous pousse vers les bonnes lectures, mais vous lisez un peu trop vite. Prenez le temps d'assimiler. Ne restez pas à la surface du sens.
- **Mercure : 21 VOL-PERTE** – à force de vous laissez porter, vous perdez l'habitude du travail et de la concentration. Vous voilà retourné à la case départ.
- **Mercure : 22 ENTREPRISES** – parce que vous avez fait de gros efforts au début de votre cheminement, vous croyez que tout va se faire tout seul. Ce n'est pas le cas. Prenez garde.
- **Mercure : 23 TRAFIC** – vous ne vous contentez pas de suivre les courants, vous travaillez avec ardeur. Vous faites de grands progrès.
- **Mercure : 24 NOUVELLE** – des idées nouvelles viennent vous stimuler. Mettez-les à profit avant qu'elles ne s'envolent.

Avec Lune : 16 LES PÉNATES

Vous avez l'impression d'être sans âme ; vous vous sentez abandonné ; vous ne voyez pas comment avancer. Pourtant, vous souhaitez trouver un chemin spirituel. Vous pensez que faire une retraite à l'intérieur d'une communauté aidera la petite flamme qui est en vous à renaître.

Voyons Mercure :

- **Mercure : 18 CHANGEMENT** – faire une retraite est une bonne idée. Après une période stérile, la voie s'ouvrira à nouveau.
- **Mercure : 19 ARGENT** – après une retraite, les trésors, qui étaient enfouis en vous, vont pouvoir à nouveau se déverser. Vous ne pouviez pas avancer complètement seul.
- **Mercure : 20 L'INTELLIGENCE** – lors de cette retraite vous découvrez des livres qui vont vous aider à progresser.
- **Mercure : 21 VOL-PERTE** – la retraite ne vous servira à rien. Ce sera même encore pire. Vous ne ferez qu'y laisser de l'argent.
- **Mercure : 22 ENTREPRISES** – vous choisissez finalement d'entrer dans une société initiatique. Vous y trouverez votre bonheur.
- **Mercure : 23 TRAFIC** – au sein de cette communauté pourtant retirée du monde, vous apprendrez à communiquer avec vos semblables ce que vous sembliez avoir oublié.
- **Mercure : 24 NOUVELLE** – cette retraite va vous apporter de brèves illuminations.

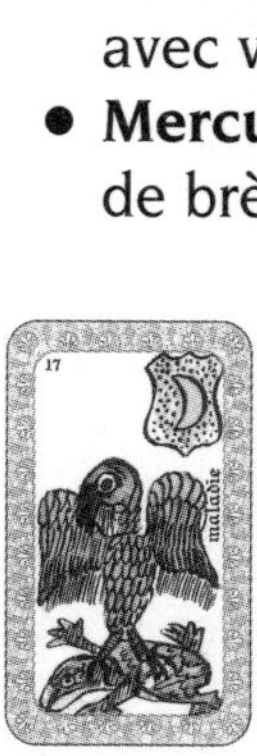

Avec Lune : 17 MALADIE

Vous voilà en panne. N'avez-vous pas voulu brûler les étapes, rechercher une forme d'ascétisme exagérée, une solitude sans contrôle, des exercices psychiques sans guide ? Toutes choses qui ne sont pas sans risques : hallucinations, ou, au contraire, un grand sentiment de stérilité ou de désolation, après une période de grande excitation.

Voyons Mercure :

- **Mercure : 18 CHANGEMENT** – reprenez la route vers la sagesse avec prudence.
- **Mercure : 19 ARGENT** – vous avez brûlé toute votre énergie. Elle reviendra, mais après un long temps de repos.
- **Mercure : 20 L'INTELLIGENCE** – c'est l'orgueil de comprendre qui vous a poussé à aller trop vite. La maladie, la fatigue, vous donne une leçon que vous n'allez pas oublier de sitôt.
- **Mercure : 21 VOL-PERTE** – vous voilà KO pour un moment. Cela aurait pu être pire. Vous auriez pu sombrer dans la folie.
- **Mercure : 22 ENTREPRISES** – heureusement que vous aviez des bases solides. Vous allez reprendre vos esprits.
- **Mercure : 23 TRAFIC** – on n'éveille pas la kundalini n'importe comment, tout seul et sans un maître averti, de même on ne joue pas avec ses énergies. Mais vous avez de la chance. Ce n'était qu'une crise passagère.
- **Mercure : 24 NOUVELLE** – vous allez recevoir un message. Soyez attentif.

JUPITER avec SATURNE
42 SAGESSE — 48 FATALITÉ

La carte peut indiquer qu'il y a une épreuve à traverser. C'est le karma ou la fatalité. De ce genre d'épreuve on peut sortir transformé, ou, au contraire, perdu pour la voie de la sagesse. Elle peut aussi indiquer la fin d'une étape, passage obligatoire pour une autre vie. Tout va dépendre des autres cartes.

Avec la Lune : 11 TRAHISON

Vous avez été victime d'une illusion ou d'une tromperie. Soit vous avez pris vos délires pour de l'inspiration, soit vous avez été trompé par un faux gourou. Voyons Mercure :

- **Mercure : 18 CHANGEMENT** – vous prenez conscience de votre erreur ou de la manipulation, dont vous avez été victime. Vous allez pouvoir reprendre une démarche saine.
- **Mercure : 19 ARGENT** – victime d'un charlatan, on vous a de plus soutiré une grosse somme d'argent pour rien.
- **Mercure : 20 L'INTELLIGENCE** – vous sortez de votre erreur grâce à la lecture d'un texte qui vous est prêté ou sur lequel vous êtes tombé par hasard.
- **Mercure : 21 VOL-PERTE** – vous découvrez qu'on vous a volé votre temps et votre argent. C'est le commencement de la sagesse.
- **Mercure : 22 ENTREPRISES** – heureusement que vous aviez des bases solides. Vous découvrez à temps l'illusion dont vous avez été victime. Vous pouvez réagir.
- **Mercure : 23 TRAFIC** – vous n'êtes pas quelqu'un de statique ; vous tentez de faire le point, mais vous avez encore du mal à voir clair dans cette histoire.
- **Mercure : 24 NOUVELLE** – vous recevez des messages qui vont vous permettre de réagir.

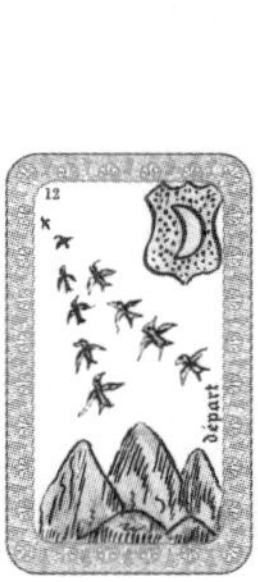

Avec Lune : 12 DÉPART

C'est la fin d'une étape. Vous êtes arrivé au bout d'une recherche. Il vous faut franchir un nouveau cap, partir dans une autre direction. C'est un nouveau voyage au propre ou au figuré.
Voyons Mercure :

- **Mercure : 18 CHANGEMENT** – c'est un grand changement qui vous attend, un nouvel envol accompagné d'un départ pour l'étranger.

- **Mercure : 19 ARGENT** – vous allez éprouver un grand sentiment de liberté. De nouvelles connaissances vont seront accordées sans compter.
- **Mercure : 20 L'INTELLIGENCE** – vous allez accéder à un nouveau niveau de connaissance. Votre esprit s'est éveillé.
- **Mercure : 21 VOL-PERTE** – vous partez pour une nouvelle aventure spirituelle. Attention à ne pas vous égarer en cours de route.
- **Mercure : 22 ENTREPRISES** – vous pensez à entrer dans une société initiatique après avoir tiré un maximum d'un enseignement précédent.
- **Mercure : 23 TRAFIC** – vous hésitez entre deux voies. Les deux sont bien et ne sont pas incompatibles.
- **Mercure : 24 NOUVELLE** – on vous propose plusieurs options. Vous allez opter pour un enseignement que vous recevrez à l'étranger

Avec Lune : 13 INCONSTANCE

Votre épreuve vient de la difficulté que vous éprouvez à vous maintenir dans une seule direction à la fois. Vous n'êtes pas sûr d'avoir fait le bon choix. Cela vous ôte, par moments, toute votre énergie. Voyons Mercure :

- **Mercure : 18 CHANGEMENT** – votre période d'indécision prend fin. Une nouvelle compréhension va vous permettre de suivre une route dans laquelle vous vous sentirez en phase.
- **Mercure : 19 ARGENT** – vous déversez vos énergies à droite et à gauche. Il est vrai que vous n'en manquez pas, mais il est temps de vous canaliser.
- **Mercure : 20 L'INTELLIGENCE** – vous finissez par trouver votre voie. C'est le début d'une nouvelle étape.
- **Mercure : 21 VOL-PERTE** – vous dépensez votre énergie en pure perte. Vous devriez demander conseil.
- **Mercure : 22 ENTREPRISES** – vous avez depuis toujours tendance à vous disperser, mais finalement vous avez réussi à faire une synthèse.

- **Mercure : 23 TRAFIC** – vous finissez par faire converger les différentes voies que vous suivez.
- **Mercure : 24 NOUVELLE** – vous allez vous trouver à nouveau face à plusieurs options. Cette fois il va falloir vous décider.

Avec Lune : 14 DÉCOUVERTE

Vous êtes fait pour suivre une voie ésotérique ou occulte. C'est votre destin. Vous allez de découverte en découverte.
Voyons Mercure :

- **Mercure : 18 CHANGEMENT** – à la suite d'une découverte fondamentale, une nouvelle route s'ouvre pour vous dans l'ésotérisme.
- **Mercure : 19 ARGENT** – votre destin arrive à une étape importante. Vous êtes sur le point d'engranger de nouvelles richesses intérieures.
- **Mercure : 20 L'INTELLIGENCE** – vous allez écrire un livre qui marquera une fin d'étape par rapport à vos recherches.
- **Mercure : 21 VOL-PERTE** – vous risquez de vous faire voler vos découvertes. Ne divulguez pas vos connaissances sans discernement.
- **Mercure : 22 ENTREPRISES** – vous allez maintenant pouvoir entreprendre un travail au sein d'un groupe, peut-être même créer un centre de recherches ésotérique.
- **Mercure : 23 TRAFIC** – vous arrivez à la fin d'une étape. Votre conscience va s'éveiller et s'approcher de la sagesse.
- **Mercure : 24 NOUVELLE** – encore des idées lumineuses qui vous tombent du ciel. Une nouvelle étape va être franchie.

Avec Lune : 15 L'EAU

Vous vous laissez porter avec insouciance, car vous croyez à un destin écrit. S'en remettre à la providence, c'est bien, mais il faut aussi agir et prendre son destin en mains, sinon le destin vous jouera des tours quand la roue tournera. Voyons Mercure :

- **Mercure : 18 CHANGEMENT** – la roue tourne en votre faveur. Vous allez prendre conscience du fait qu'il faut faire un effort pour accéder à la vraie sagesse.
- **Mercure : 19 ARGENT** – pour le moment, le destin continue à vous déverser sa manne spirituelle.
- **Mercure : 20 L'INTELLIGENCE** – la lecture des textes sacrés vous fait prendre conscience du fait qu'il faut prendre son épée pour combattre l'ignorance.
- **Mercure : 21 VOL-PERTE** – vous n'avez pas fait vraiment d'efforts. La roue a tourné, la providence vous a laissé tomber. Votre barque n'avance plus.
- **Mercure : 22 ENTREPRISES** – vous avez pris en mains votre destin ; vous vous êtes donné les outils nécessaires pour accéder à la sagesse.
- **Mercure : 23 TRAFIC** – vous allez rencontrer des courants contraires. Il est temps de monter sur le pont de votre barque pour tenir la barre.
- **Mercure : 24 NOUVELLE** – des messages vous tombent du ciel. Vous continuez à croire à votre bonne étoile.

Avec Lune : 16 LES PÉNATES

Vous vous sentez protégé sur le plan occulte. Pour le moment, tout est facile. À l'abri dans un lieu calme, vous pensez continuer ainsi indéfiniment. Mais le destin sonne la fin d'une étape.
Voyons Mercure :

- **Mercure : 18 CHANGEMENT** – vous allez devoir quitter votre tour d'ivoire et vous confronter à la vie profane. Cela vous fera progresser.
- **Mercure : 19 ARGENT** – vous allez devoir vous occuper de biens matériels et pour cela être confronté à la vie matérielle. Cela est nécessaire à votre avancée sur la voie.
- **Mercure : 20 L'INTELLIGENCE** – à la suite de votre recherche, vous avez écrit un livre. Vous ne pourrez rester longtemps dans l'ombre.

- **Mercure : 21 VOL-PERTE** – pendant que vous ne pensiez égoïstement qu'à « votre » évolution spirituelle, on vous a dépouillé de vos biens. Vous allez devoir réapprendre la lutte.
- **Mercure : 22 ENTREPRISES** – il est temps de sortir et de faire partager vos connaissances. C'est la prochaine étape obligée sur la voie de la sagesse.
- **Mercure : 23 TRAFIC** – les événements vont vous obliger à sortir d'un isolement qui ne vous apportait plus rien.
- **Mercure : 24 NOUVELLE** – des nouvelles du monde extérieur vont vous obliger à sortir de votre confortable isolement. Il était temps, vous commenciez à vous endormir.

Avec Lune : 17 MALADIE

Vous souhaitez accéder à la sagesse. Mais il vous semble que la fatalité met sans cesse des obstacles en travers de votre route. Vous avez l'impression d'être né dans ce domaine sous une mauvaise étoile. Soit vous tombez malade au moment précis où vous aviez décidé de commencer une voie, soit vous vous trouvez devant une impossibilité financière ou matérielle.
Voyons Mercure :

- **Mercure : 18 CHANGEMENT** – vous avez pris conscience du fait que vos maladies étaient un refuge contre une indécision, une angoisse. La route s'ouvre à nouveau.
- **Mercure : 19 ARGENT** – vous recevez un héritage. Vous n'avez donc plus d'excuse pour stagner, mais n'allez-vous pas vous inventer un autre problème ?
- **Mercure : 20 L'INTELLIGENCE** – vos yeux se sont ouverts sur votre part de responsabilité dans ce qui vous arrive. Il ne vous manque plus que le courage d'agir.
- **Mercure : 21 VOL-PERTE** – vous avez complètement baissé les bras. Il serait temps de réagir.
- **Mercure : 22 ENTREPRISES** – vous en restez toujours au début : deux pas en avant deux pas en arrière. Pourtant, vous aviez bien commencé. Il vous reste de bonnes bases.

- **Mercure : 23 TRAFIC** – vous avez décidé de réagir plutôt deux fois qu'une. Il semble que vous ayez compris que vous aviez une part de responsabilité dans vos épreuves.
- **Mercure : 24 NOUVELLE** – de bonnes nouvelles vous arrivent : vous n'êtes plus malade et vous avez encore de l'argent. C'est à vous de jouer.

JUPITER avec SATURNE

42 SAGESSE **49 LA GRÂCE**

La Sagesse alliée à La grâce : vous êtes béni des dieux. Les cartes de la Lune et de Mercure ne pourront pas grand-chose contre votre marche vers la sagesse.

Vous pouvez recevoir une véritable illumination.

Avec Lune : 11 TRAHISON

La carte indique qu'il reste encore une zone d'ombre dans votre conscience. Elle vous empêche d'accéder à une véritable sagesse.

Voyons Mercure :

- **Mercure : 18 CHANGEMENT** – après une ultime descente en vous-même, vous allez dissiper les ténèbres qui vous décourageaient et repartir dans votre marche vers la lumière.

- **Mercure : 19 ARGENT** – il vous faut patienter jusqu'à ce qu'une nouvelle grâce vienne vous illuminer et dissiper les ténèbres qui vous empêchaient de continuer votre marche vers la sagesse.
- **Mercure : 20 L'INTELLIGENCE** – après avoir repris courageusement l'étude des textes sacrés, vous allez pouvoir élucider un point qui entravait votre marche vers la connaissance.
- **Mercure : 21 VOL-PERTE** – vous allez traverser une période de doute et de confusion, mais elle ne durera pas.
- **Mercure : 22 ENTREPRISES** – après une brève chute dans les ténèbres, vous allez retrouver votre solidité habituelle. Votre sagesse n'est pas bâtie sur du vent.
- **Mercure : 23 TRAFIC** – vous n'avez jamais perdu espoir. Vous allez récupérer toute votre lucidité et reprendre votre marche ascendante vers la lumière.
- **Mercure : 24 NOUVELLE** – une inspiration va guider vos pas et vous sortir de l'ornière.

Avec Lune : 12 DÉPART

C'est un bel envol vers la lumière qui vous est promis. Vous êtes dans une période hautement privilégiée.

Voyons Mercure :

- **Mercure : 18 CHANGEMENT** – vous vous élevez encore d'un niveau vers la sagesse.
- **Mercure : 19 ARGENT** – votre compréhension est de plus en plus efficace. Vous récoltez le fruit de vos efforts.
- **Mercure : 20 L'INTELLIGENCE** – malgré vos progrès immenses, vous savez que la route n'est jamais finie. Continuez modestement vote travail intérieur.
- **Mercure : 21 VOL-PERTE** – vous vous êtes envolé un peu trop vite. Un petit accident de parcours est à craindre.
- **Mercure : 22 ENTREPRISES** – il est temps d'aller plus loin. Vos bases sont plus que solides. Prenez votre envol.

- **Mercure : 23 TRAFIC** – votre montée est fulgurante. Peu de personnes sont capables de vous suivre.
- **Mercure : 24 NOUVELLE** – votre sagesse accède à la renommée. On vous demande conseil d'un peu partout.

Avec Lune : 13 INCONSTANCE

Votre potentiel est énorme, et, vous n'avez eu jusque-là, que peu d'efforts à fournir pour avancer vers la sagesse. Mais tout ne tombe pas toujours tout cuit du ciel. Votre problème est que tout vous est facile. Aujourd'hui, l'heure du choix et de la constance dans une voie a sonné.

Voyons Mercure :

- **Mercure : 18 CHANGEMENT** – vous faites un effort de discipline. La voie s'ouvre beaucoup plus lumineuse.
- **Mercure : 19 ARGENT** – vous récoltez des enseignements divers, riches et nombreux. Mais il est temps de faire le tri.
- **Mercure : 20 L'INTELLIGENCE** – vous allez comprendre tout seul que vous ne pouvez courir plusieurs lièvres à la fois. Tout ira mieux
- **Mercure : 21 VOL-PERTE** – la grâce vous abandonne momentanément. Il faut vous reprendre.
- **Mercure : 22 ENTREPRISES** – vous retrouvez vos marques et votre solidité. Les tentations de vous disperser s'en vont.
- **Mercure : 23 TRAFIC** – vous menez deux voies de front, mais vous pouvez y arriver. Au stade où vous vous trouvez, ce n'est plus de l'inconstance.
- **Mercure : 24 NOUVELLE** – de nouvelles informations vous aident à tenir bon.

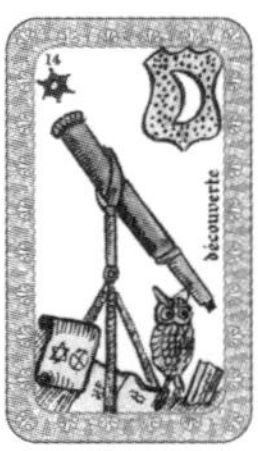

Avec Lune : 14 DÉCOUVERTE

Sagesse, La grâce et Découverte, les trois meilleures cartes associées, en ce qui concerne la spiritualité et la compréhension du monde invisible et subtil. Vous êtes en pleine période de grâce. Vous pouvez accéder aux plus hauts niveaux de la sagesse.

Voyons Mercure :

- **Mercure : 18 CHANGEMENT** – encore une étape de franchie. Vous avancez sans entrave vers la lumière.
- **Mercure : 19 ARGENT** – les dons que le ciel vous promettait dès votre naissance vous sont distribués sans compter.
- **Mercure : 20 L'INTELLIGENCE** – rien ne vous a détourné de votre but. Vos connaissances sont profondes et vous mènent indiscutablement vers la sagesse.
- **Mercure : 21 VOL-PERTE** – une maladie ou une fatigue interrompt brusquement votre marche, mais ce n'est que momentané.
- **Mercure : 22 ENTREPRISES** – vous décidez de faire profiter les autres de vos connaissances. Vous allez pouvoir créer le centre de recherches qui vous tenait à cœur.
- **Mercure : 23 TRAFIC** – votre cerveau travaille à plein rendement. Intuition et logique fonctionnent de concert.
- **Mercure : 24 NOUVELLE** – on s'intéresse à vos recherches. Vous commencez à avoir des correspondants un peu partout dans le monde. Cela vous soutient.

Avec Lune : 15 L'EAU

Cette carte indique une très grande réceptivité face à l'inspiration qui tombe du ciel. La voie la plus indiquée dans votre cas est une voie de lâcher prise. Voyons Mercure :

- **Mercure : 18 CHANGEMENT** – après une période un peu terne, une nouvelle inspiration vous fait progresser d'un seul coup.
- **Mercure : 19 ARGENT** – la grâce se déverse sur vous sans interruption. Vous traversez une période exceptionnelle.
- **Mercure : 20 L'INTELLIGENCE** – vous écrivez et étudiez quasiment sous la dictée d'un ange. Vous êtes en pleine inspiration.
- **Mercure : 21 VOL-PERTE** – l'inspiration va vous être ôtée durant un temps. Cela vous fera comprendre, par contraste, l'importance de la grâce qui vous est faite quand tout va bien.

- **Mercure : 22 ENTREPRISES** – vous allez pouvoir, bientôt, à votre tour, construire une œuvre ou un centre pour faire profiter les autres de toutes les largesses que vous avez reçues.
- **Mercure : 23 TRAFIC** – sous la grâce qui se déverse sur vous, vous vous éveillez rapidement à la sagesse.
- **Mercure : 24 NOUVELLE** – des nouvelles de l'extérieur vous tirent momentanément des hautes sphères sur lesquelles vous naviguez.

Avec Lune : 16 LES PÉNATES

La voie qui vous est indiquée est une voie de réclusion au sein d'une communauté dans laquelle vous vous sentirez protégé des tentations profanes. Mais elle n'est pas obligatoirement permanente. Il peut s'agir de retraites plus ou moins longues. En tout cas, Sagesse, La grâce et Les pénates indiquent de très hautes protections pour votre vie spirituelle. Voyons Mercure :

- **Mercure : 18 CHANGEMENT** – après un séjour dans un ashram ou un couvent, vous sortirez transformé. Vous allez progresser beaucoup plus facilement.
- **Mercure : 19 ARGENT** – le séjour au sein d'une communauté ou lors d'une retraite va vous apporter énormément. Vous ne serez pas déçu.
- **Mercure : 20 L'INTELLIGENCE** – un séjour dans un lieu isolé va vous permettre d'avancer sérieusement dans l'étude des textes qui vous feront progresser.
- **Mercure : 21 VOL-PERTE** – vous risquez de ne pas faire le bon choix en ce qui concerne un lieu de retraite spirituelle. Soyez vigilant. Ne prenez pas une secte pour un lieu de spiritualité.
- **Mercure : 22 ENTREPRISES** – c'est au sein d'un groupe de recherche ésotérique que vous avez le plus de chance d'accéder à la sagesse. Il vous faut une structure solide et qui a fait ses preuves.
- **Mercure : 23 TRAFIC** – une retraite plus ou moins longue doit vous faire retrouver toute votre énergie mentale.

- **Mercure : 24 NOUVELLE** – vous allez recevoir des informations qui vous permettront de faire un choix pour un lieu de retraite. Prenez votre temps.

Avec Lune : 17 MALADIE

Alors que tout allait bien sûr la voie de la connaissance et de la sagesse, une maladie semble tout détruire. Il peut s'agir d'une épreuve physique, mais aussi d'une épreuve psychologique. Peut-être aussi, avez-vous voulu brûler les étapes. Quoi qu'il en soit, vous êtes sur le point de tout laisser tomber. Mais la grâce vous sortira de là ce n'est qu'une période difficile à passer. Voyons Mercure :

- **Mercure : 18 CHANGEMENT** – attendez-vous à une période difficile, mais vous en sortirez grandi.
- **Mercure : 19 ARGENT** – vous avez dépensé votre énergie sans compter. Aujourd'hui vous en payez les conséquences. Il faut maintenant attendre que le temps fasse son effet. Prenez patience, tout va s'arranger.
- **Mercure : 20 L'INTELLIGENCE** – vous avez oublié que l'intelligence ne suffit pas. Il faut de l'énergie, de la santé. Maintenant c'est le repos forcé. Cela vous permettra de faire le point.
- **Mercure : 21 VOL-PERTE** – vous vous êtes laissé prendre toute votre énergie. Vous voilà bien fatigué, comme vidé de votre substance. Pour une fois, vous allez être obligé de faire une halte.
- **Mercure : 22 ENTREPRISES** – la fatigue ou le découragement vous oblige à faire une pause. Cela vous fera du bien. Vous aviez oublié que de temps en temps il faut souffler.
- **Mercure : 23 TRAFIC** – vous n'êtes arrêté que physiquement. Grâce à cette immobilisation forcée, vous allez pouvoir continuer à réfléchir et à descendre en vous-même. Finalement c'est une chance.
- **Mercure : 24 NOUVELLE** – la fatigue vous sert d'avertissement. Désormais vous avancerez avec prudence, laisserez mûrir les choses. Et tout ira bien.

JUPITER avec SATURNE
42 SAGESSE — 50 RUINE

Alors que vous vous dirigiez vers la sagesse, tout s'écroule sur le plan spirituel. Peut-être avez-vous péché par orgueil en vous croyant arrivé aux sommets. Peut-être vous êtes-vous trompé de voie. Il reste cependant de la lumière dans cette tour que l'on voit filtrer à travers la fenêtre. Tout n'est peut-être pas perdu. Tout dépendra des cartes de la Lune et de Mercure.

Avec Lune : 11 TRAHISON

Soit, vous êtes tombé sur une secte ou sur un faux gourou, soit, vous vous êtes trompé de voie ou encore vous vous êtes illusionné sur vos progrès. Quoi qu'il en soit, vous avez été victime d'illusions ou de tromperie. On vous a trompé, ou, vous vous êtes trompé. Voyons Mercure :

- **Mercure : 18 CHANGEMENT** – un concours de circonstances va vous aider à vous remettre sur la bonne voie. Mais il faudra presque repartir de zéro.
- **Mercure : 19 ARGENT** – vous trouverez en vous les ressources nécessaires pour comprendre les causes de votre épreuve. Vous pourrez ainsi vous reconstruire sur le plan spirituel.
- **Mercure : 20 L'INTELLIGENCE** – vous devez vous diriger vers une voie d'étude des textes sacrés avant de vous embarquer, à nouveau, dans une voie psychique dangereuse.

- **Mercure : 21 VOL-PERTE** – vous vous êtes fait surtout escroquer. Vous avez perdu du temps, de l'argent et des illusions.
- **Mercure : 22 ENTREPRISES** – vous n'avez pas tout perdu, loin de là. Vous aviez acquis des connaissances solides. Vous pourrez repartir sur ces bases qui ne vous feront jamais défaut.
- **Mercure : 23 TRAFIC** – vous devez partir à la recherche d'une école de sagesse éprouvée et cesser de courir d'un charlatan à l'autre.
- **Mercure : 24 NOUVELLE** – vous n'êtes pas le seul dans cette situation. Vous recevrez des messages d'amitié, ainsi que des renseignements précieux pour repartir dans la bonne direction.

Avec Lune : 12 DÉPART

Après un cuisant échec sur le plan spirituel, dû sans doute à une erreur d'aiguillage, vous allez pouvoir prendre un nouveau départ, cette fois, averti des dangers que l'on peut rencontrer sur la voie.
Voyons Mercure :

- **Mercure : 18 CHANGEMENT** – vous avez pris la bonne direction. Après la chute, vous allez avancer librement vers la sagesse.
- **Mercure : 19 ARGENT** – vous allez prendre conscience de vos richesses intérieures, de toutes vos potentialités qui avaient été étouffées jusque-là.
- **Mercure : 20 L'INTELLIGENCE** – c'est un nouveau départ, guidé par un vrai maître, qui va vous aider à étudier dans une voie reconnue.
- **Mercure : 21 VOL-PERTE** – vous êtes en train de prendre un nouveau départ mais en vous apprêtant à commettre les mêmes erreurs. Attendez avant de vous décider.
- **Mercure : 22 ENTREPRISES** – cette fois, le nouveau départ est pris correctement. Vous ne serez pas seul et aidé par des gens compétents.

- **Mercure : 23 TRAFIC** – il va vous falloir un certain temps avant de trouver la voie qui vous convient le mieux.
- **Mercure : 24 NOUVELLE** – vous allez recevoir toutes sortes de conseils. Prudence. Prenez le temps de réfléchir.

Avec Lune : 13 INCONSTANCE

Si vous êtes en période d'échec sur le plan spirituel, cela est dû en grande partie à votre manque de concentration et de persévérance. Vous n'êtes peut-être pas sûr d'avoir choisi la voie qui vous convenait. Si vous essayez plusieurs voies à la fois, ne vous étonnez pas de ne pas avancer, pire encore, de vous retrouver dans le brouillard le plus complet.
Voyons Mercure :

- **Mercure : 18 CHANGEMENT** – une nouvelle rencontre, une nouvelle lecture, va dans quelque temps vous éclairer. À partir de là, vous allez trouver, vraiment, la voie qui vous convient et avec un peu d'efforts vous y tenir.
- **Mercure : 19 ARGENT** – cette épreuve vous a donné le temps de réfléchir. Après une rencontre avec un maître spirituel, vous découvrirez en vous, d'étonnantes ressources.
- **Mercure : 20 L'INTELLIGENCE** – ce n'est pas l'intelligence qui vous manque mais la volonté, l'énergie psychique. Il vous faut un guide.
- **Mercure : 21 VOL-PERTE** – votre inconstance vous fait perdre à chaque fois le bénéfice de vos efforts. Vous n'avez pas encore compris la leçon. Ouvrez les yeux.
- **Mercure : 22 ENTREPRISES** – le mal n'est pas très grave. Vous avez encore des bases et de la ressource. Mais vous devez vous reprendre en mains.
- **Mercure : 23 TRAFIC** – vous allez mettre un certain temps avant de trouver votre voie et de vous y tenir. Vous avez encore besoin d'expérimenter et de prendre des claques.
- **Mercure : 24 NOUVELLE** – vous recevez un message qui vous fait découvrir une option à laquelle vous n'aviez pas pensé. C'est peut-être la bonne.

Avec Lune : 14 DÉCOUVERTE

Votre échec est un mal pour un bien. Vous comprenez que vous aviez pris une voie qui n'était pas du tout pour vous et vous découvrez ce à quoi vous étiez prédestiné. Vous allez pouvoir avancer avec enthousiasme et profit.

Voyons Mercure :

- **Mercure : 18 CHANGEMENT** – après l'épreuve, c'est une vraie résurrection. La route vers la connaissance et la sagesse s'ouvre toute grande.
- **Mercure : 19 ARGENT** – la nouvelle voie que vous avez choisie vous dévoile ses richesses. Vous allez nager dans le bonheur
- **Mercure : 20 L'INTELLIGENCE** – votre intelligence va pouvoir donner toute sa mesure dans la voie que vous avez choisie.
- **Mercure : 21 VOL-PERTE** – vous allez mettre un certain temps avant d'accepter votre échec. Cessez de regarder en arrière. Cela vous empêche d'avancer.
- **Mercure, 22 ENTREPRISES** – vous allez pouvoir construire vraiment. Cela prendra du temps, mais vous avez toutes les qualités requises.
- **Mercure : 23 TRAFIC** – vous allez vous élever très rapidement dans cette nouvelle voie. Soyez tout de même prudent.
- **Mercure : 24 NOUVELLE** – vous allez trouver de nombreux correspondants dans cette voie. Vous n'êtes pas seul.

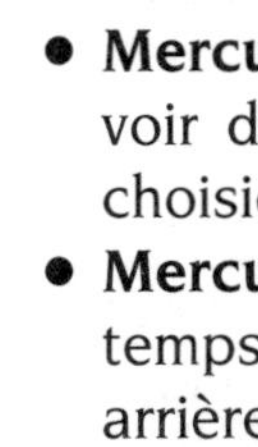

Avec Lune : 15 L'EAU

C'est votre passivité qui est la cause de votre échec. C'est bien de ne pas se crisper, mais il faut travailler avec fermeté et constance.

Voyons Mercure :

- **Mercure : 18 CHANGEMENT** – vous avez compris la leçon, mais il faut d'abord traverser une période difficile avant de retrouver la lumière. Mais, vous allez y arriver.

- **Mercure : 19 ARGENT** – vous n'avez pas su canaliser votre énergie. Elle s'est dispersée à tous les vents. Pourtant, vous avez en vous toutes les richesses nécessaires pour vous reprendre.
- **Mercure : 20 L'INTELLIGENCE** – votre intelligence et votre intuition sont largement supérieures à la moyenne. Mais cela ne suffit pas. Vous en avez eu la démonstration. Il serait donc temps de vous mettre au travail.
- **Mercure : 21 VOL-PERTE** – après cet échec, vous avez tout à fait baissé les bras. Il n'y aura pas de miracle, si vous ne bougez pas.
- **Mercure : 22 ENTREPRISES** – vous avez bien compris la leçon de l'échec et vous avez déjà retroussé vos manches. Vous voilà dans la bonne direction.
- **Mercure : 23 TRAFIC** – vous avez retrouvé votre énergie. L'échec que vous avez subi vous a permis de rebondir.
- **Mercure : 24 NOUVELLE** – vous recevez de nombreux messages. On vous demande ce qui se passe. Cela vous redonne courage.

Avec Lune : 16 LES PÉNATES

Vous aviez cru construire un bel édifice et tout s'écroule. Enfermé dans votre tour d'ivoire, sans vous confronter avec de vrais guides ou avec d'autres chercheurs, vous vous êtes illusionné sur vos progrès. Il vous faut dorénavant vous ouvrir aux autres et chercher un enseignement auprès d'une voie reconnue. Voyons Mercure :

- **Mercure : 18 CHANGEMENT** – vous avez compris la leçon. Vous ne resterez pas longtemps dans l'ombre. Une opportunité va vite se présenter ; vous allez pouvoir suivre un enseignement traditionnel de haut niveau.
- **Mercure : 19 ARGENT** – vous allez recevoir une somme d'argent qui va vous permettre de payer l'enseignement dont vous avez besoin.

- **Mercure : 20 L'INTELLIGENCE** – votre intelligence est vive. Vous saurez vite vous adapter à l'enseignement traditionnel de votre choix.
- **Mercure : 21 VOL-PERTE** – vous êtes dans une période de découragement. Reprenez courage, vous avez quand même appris des choses qui vous serviront pour redémarrer.
- **Mercure : 22 ENTREPRISES** – tout n'est pas perdu. Il ne vous sera pas très difficile d'utiliser votre acquis dans une nouvelle voie.
- **Mercure : 23 TRAFIC** – vous avez du ressort. Vous allez vite trouver un enseignement qui va vous remettre sur les rails.
- **Mercure : 24 NOUVELLE** – une idée lumineuse va vous traverser la cervelle. Grâce à cette idée, vous allez trouver la voie qui vous attendait

Avec Lune : 17 MALADIE

Vous avez franchi rapidement les différents degrés de la connaissance, mais sans prudence, dans votre enthousiasme de néophyte. Vous avez pu, par exemple, forcer sur les exercices psychiques en vue d'accéder à certains pouvoirs. Mais pouvoirs n'est pas sagesse. Vous pouvez même être en proie à des hallucinations. Non seulement vous n'avez pas accédé à la sagesse, mais vous avez parcouru le chemin inverse.
Voyons Mercure :

- **Mercure : 18 CHANGEMENT** – après avoir admis votre erreur et parcouru un long tunnel, la route vers la sagesse va pouvoir s'ouvrir à nouveau.
- **Mercure : 19 ARGENT** – vous avez en vous encore de belles richesses. Mais il vous faut comprendre que vous n'y êtes pour rien. Elles vous viennent d'une puissance supérieure. Faites en donc dorénavant bon usage.
- **Mercure : 20 L'INTELLIGENCE** – votre intelligence avait été aveuglée par votre ego. L'épreuve que vous traversez, va vous permettre d'y voir plus clair.

- **Mercure : 21 VOL-PERTE** – vous n'arrivez pas à admettre votre erreur. Vous ne voyez pas que vous vous enfoncez vers les ténèbres. Il est temps de réagir.
- **Mercure : 22 ENTREPRISES** – votre restructuration va demander du temps, mais vous y arriverez. Votre problème de base était d'avoir trop de facilités. D'où votre orgueil.
- **Mercure : 23 TRAFIC** – vous êtes prêt à recommencer, mais recommencer comment ? Ne refaites pas les mêmes erreurs.
- **Mercure : 24 NOUVELLE** – vous tombez sur une lecture qui vous apparaît comme un message venu du ciel. On y explique tous les problèmes que vous avez rencontrés. Vous avez compris.

JUPITER avec SATURNE

42 SAGESSE **51 RETARD**

Vous avez l'impression de ne plus avancer. Vous vous sentez bloqué dans votre progression spirituelle sans trop savoir pourquoi.

Allez-vous pouvoir à nouveau avancer ? Cet arrêt va-t-il durer longtemps ? Comment en sortir ?

La Lune et Mercure vont nous en dire plus.

Avec Lune : 11 TRAHISON

Vous êtes trahi par quelque chose ou quelqu'un. Trahi par votre organisme fatigué ou malmené, trahi par quelqu'un qui vous a induit en erreur.
Voyons Mercure :

- **Mercure : 18 CHANGEMENT** – ce n'était qu'un passage à vide. Il vous suffit d'un peu de réflexion et de repos pour repartir vers la lumière.
- **Mercure : 19 ARGENT** – les bienfaits de votre recherche spirituelle vont vous être à nouveau, très rapidement, largement donnés.
- **Mercure : 20 L'INTELLIGENCE** – vous aviez besoin de faire le point. C'est votre esprit critique qui vous avait fait défaut.
- **Mercure : 21 VOL-PERTE** – l'arrêt dans votre progression risque de durer. Vous êtes parti dans une mauvaise direction. Peut-être avez-vous été mal conseillé.
- **Mercure : 22 ENTREPRISES** – vous êtes quelqu'un de très organisé et prudent. Il vous faut tout simplement le temps de comprendre l'évolution qui se manifeste en vous.
- **Mercure : 23 TRAFIC** – votre arrêt est très provisoire. Votre organisme avait juste besoin de récupérer.
- **Mercure : 24 NOUVELLE** – vous devez simplement digérer les nouveaux messages qui vous sont parvenus des plans subtils.

Avec Lune : 12 DÉPART

Ce qui vous retarde, c'est l'idée de partir. Vous pensez en effet que vous ne pouvez plus avancer là où vous demeurez. Ou encore, qu'il vous faut travailler dans une autre direction, partir dans une autre voie.
Voyons Mercure :

- **Mercure : 18 CHANGEMENT** – cette fois c'est l'envol. Vous avez réussi à partir vers un lieu plus propice ou dans une autre voie.

- **Mercure : 19 ARGENT** – vous aviez besoin d'argent pour pouvoir partir. Vous allez recevoir la somme qui vous faisait défaut.
- **Mercure : 20 L'INTELLIGENCE** – votre compréhension s'est débloquée. Votre esprit va pouvoir s'envoler vers les cimes.
- **Mercure : 21 VOL-PERTE** – il va falloir être patient. Vous êtes sans énergie. Vous avez besoin d'un guide.
- **Mercure : 22 ENTREPRISES** – le retard est dû à votre grande méticulosité. Ne soyez pas si perfectionniste, sinon vous n'avancerez jamais.
- **Mercure : 23 TRAFIC** – vous aviez du mal à effectuer une synthèse, mais les choses s'arrangent. Vous allez rapidement trouver la solution.
- **Mercure : 24 NOUVELLE** – vous attendiez une réponse pour partir faire un stage dans un pays lointain. Elle arrive.

Avec Lune : 13 INCONSTANCE

À force de changer d'opinion, à force d'osciller entre plusieurs voies spirituelles, vous n'arrivez à rien. Votre esprit s'embrouille, puis se bloque. Il faut vous décider et vous tenir à un seul chemin à la fois, et, une fois choisi, à le suivre jusqu'au bout.

Voyons Mercure :

- **Mercure : 18 CHANGEMENT** – vous avez fait un choix. Tâchez de vous y tenir, votre route sera alors lumineuse.
- **Mercure : 19 ARGENT** – trop d'abondance de dons peut aussi poser des problèmes. Même si vous êtes doué pour tout, il faut faire un choix.
- **Mercure : 20 L'INTELLIGENCE** – vous adhérez à toutes les voies. Tous les textes vous parlent. Il est temps de fermer les livres et de méditer.
- **Mercure : 21 VOL-PERTE** – à force de courir plusieurs lièvres à la fois et n'importe comment, vous ne savez plus où aller. Vous avez même perdu l'envie d'avancer.

- **Mercure : 22 ENTREPRISES** – appuyez-vous sur ce que vous maîtrisez le mieux et repartez de là sans chercher ailleurs.
- **Mercure : 23 TRAFIC** – vous allez bientôt en finir avec vos hésitations. D'ailleurs, vous le sentez déjà. Les forces vous reviennent.
- **Mercure : 24 NOUVELLE** – une illumination brève traverse votre esprit. Elle va vous aider à faire le bon choix.

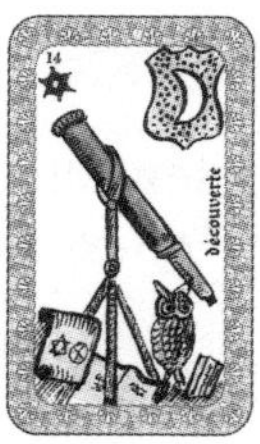

Avec Lune : 14 DÉCOUVERTE

Vous avez fait une découverte.
Vous avez compris quelque chose d'important.
Votre retard n'est rien d'autre qu'un palier, dû au besoin légitime de méditer sur ce que vous venez de découvrir.

Voyons Mercure :

- **Mercure : 18 CHANGEMENT** – la découverte, que vous venez de faire, vous ouvre plus largement la route. De nombreuses zones d'ombre s'évacuent.
- **Mercure : 19 ARGENT** – cette découverte va vous enrichir énormément une fois que vous en aurez compris tous les tenants et les aboutissants.
- **Mercure : 20 L'INTELLIGENCE** – cette découverte fait faire un bond à votre compréhension globale de la Voie.
- **Mercure : 21 VOL-PERTE** – votre esprit s'envole. Il est comme happé par l'illumination.
- **Mercure : 22 ENTREPRISES** – cette découverte vient s'ajouter à des bases déjà très solides. Prenez votre temps sans vous inquiéter.
- **Mercure : 23 TRAFIC** – l'arrêt sera bref. La découverte, que vous avez faite, relance votre énergie et votre montée vers la lumière.
- **Mercure : 24 NOUVELLE** – à la découverte fondamentale que vous avez faite s'en ajoutent encore d'autres qui en découlent. Vous allez accéder à des plans supérieurs.

Avec Lune : 15 L'EAU

Un certain laisser-aller vous retarde. Jusque-là vous avanciez sans faire trop d'efforts, poussé par l'inspiration divine à laquelle vous êtes particulièrement réceptif. Mais cette fois, le ciel attend de vous un petit effort, sinon, vous resterez dans l'ornière.

Voyons Mercure :

- **Mercure : 18 CHANGEMENT** – vous vous décidez à prendre conscience de ce que vous avez reçu, et, maintenant, vous œuvrez à sa mise en pratique. Vous pouvez repartir sur le chemin qui mène à la sagesse.
- **Mercure : 19 ARGENT** – une nouvelle pluie de bienfaits spirituels vous tombe du ciel. Votre barque repart encore toute seule.
- **Mercure : 20 L'INTELLIGENCE** – cette fois, vous allez devoir travailler et faire un effort de concentration. Il faut aussi suivre un enseignement sérieux.
- **Mercure : 21 VOL-PERTE** – à force de vous laisser porter par l'inspiration, vous risquez de perdre tout le bénéfice de ce que vous avez reçu et de rester dans l'ornière indéfiniment.
- **Mercure : 22 ENTREPRISES** – vous allez décider de vous prendre en mains et entrer dans une organisation initiatique, qui vous obligera à mettre en ordre vos connaissances.
- **Mercure : 23 TRAFIC** – votre arrêt ne dure pas. Vous prenez le taureau par les cornes et réagissez à votre paresse.
- **Mercure : 24 NOUVELLE** – vous avez demandé conseil. On vous répond. Cela va vous aider à repartir.

Avec Lune : 16 LES PÉNATES

Vous travaillez seul, chez vous, ou enfermé au sein d'une communauté. Vous vous sentez protégé. Protégé vous l'êtes. Vous ne risquez pas grand-chose. Votre vie spirituelle se déroule normalement. Mais vous êtes pour le moment bloqué. Ce n'est pas très grave. Vous avez peut-être juste besoin d'un petit coup de pouce. Voyons Mercure :

- **Mercure : 18 CHANGEMENT** – ce n'était qu'un arrêt normal, tel qu'on les rencontre dans toute voie spirituelle. Il n'y avait pas de quoi s'inquiéter.
- **Mercure : 19 ARGENT** – votre patience est récompensée. Vous recevez à nouveau des bienfaits célestes.
- **Mercure : 20 L'INTELLIGENCE** – durant cet arrêt, les choses ont mûri en vous. Votre esprit s'éclaire à nouveau ; de nouvelles portes vont s'ouvrir.
- **Mercure : 21 VOL-PERTE** – vous vous êtes impatienté. Ce n'était pas la bonne attitude. Vous avez reculé dans votre marche vers la sagesse, mais ce n'est pas un drame. Juste un apprentissage de la patience.
- **Mercure : 22 ENTREPRISES** – vous êtes maintenant solide, capable de patience. Votre attente portera ses fruits à condition que vous soyez tout à fait assez décontracté.
- **Mercure : 23 TRAFIC** – vous n'êtes pas tout seul. D'autres personnes peuvent vous aider. N'hésitez pas à faire appel à elles. Vous repartirez rapidement.
- **Mercure : 24 NOUVELLE** – vous recevez de l'aide spontanément. Ce qui vous paraissait incompréhensible s'éclaire.

Avec Lune : 17 MALADIE

Vous manquez de maturité. Au cours d'une ascension trop rapide, l'apparition de certains phénomènes psychiques vous a paralysé. Vous imaginez déjà les pires horreurs. En fait, ces phénomènes font partie de la Voie. Vous n'avez rien à craindre. Inutile de vous rendre malade. Voyons Mercure :

- **Mercure : 18 CHANGEMENT** – vos craintes s'apaisent. Vous allez repartir sans crainte vers des niveaux supérieurs.
- **Mercure : 19 ARGENT** – vous comprenez que ces phénomènes étranges sont des signes positifs, des signes d'ouverture sur les plans subtils. Libéré de vos craintes, vous allez avancer.
- **Mercure : 20 L'INTELLIGENCE** – vous avez besoin d'approfondir le sens de ce qui vous arrive. Il vous faudra pour cela un certain temps, mais cela fait partie de la voie.

- **Mercure : 21 VOL-PERTE** – les phénomènes qui sont apparus vous ont fait un peu perdre la tête. Vous devriez demander conseil. Seul, vous aurez du mal à faire le point.
- **Mercure : 22 ENTREPRISES** – vous retomberez sur vos pieds rapidement. Vous avez la tête solide. Ce n'était qu'un arrêt passager.
- **Mercure : 23 TRAFIC** – vous avez sans doute éveillé la kundalini sans le vouloir. Il serait bon de demander conseil.
- **Mercure : 24 NOUVELLE** – vous allez recevoir des messages qui vont vous éclairer.

JUPITER avec SATURNE

42 SAGESSE **52 CLOÎTRE**

La voie qui vous convient le mieux pour une recherche spirituelle fait partie de celles qui requièrent un environnement fermé, à l'abri du monde profane.

Une retraite d'assez longue durée, qui se compte au moins en mois, voire en années.

Vous vous sentez incapable de progresser, au moins au début, au milieu des agressions physiques et psychiques du monde profane.

Cette carte suggère aussi une vie communautaire, ce qui n'empêche pas des périodes d'isolement. Plus modérément, cette carte peut indiquer l'entrée dans une société initiatique. La Lune et Mercure nous en diront plus.

Avec Lune : 11 TRAHISON

Cette carte indique que ce que vous recherchez avant tout, c'est de vous extraire du monde profane, qui, vous semble-t-il, vous empêche par ses bassesses, d'accéder à une vie intérieure.

Cependant, vous oubliez que, dans une vie communautaire, vous devrez aussi apprendre à supporter les autres. Mais bien sûr le contexte sera différent.
Voyons Mercure :

- **Mercure : 18 CHANGEMENT** – prendre une de ces voies est la bonne décision. Votre vie va changer. Vous allez pouvoir progresser spirituellement.
- **Mercure : 19 ARGENT** – vous êtes prêt à tous les sacrifices matériels et financiers pour pouvoir réaliser cette voie. Vous ne le regretterez pas.
- **Mercure : 20 L'INTELLIGENCE** – vous allez pouvoir, enfin, étudier dans le calme. Vous trouverez dans cette voie tous les enseignements dont vous avez besoin.
- **Mercure : 21 VOL-PERTE** – vous allez vous retrouver confronté aux mêmes problèmes que dans la vie profane : la difficulté de vous adapter aux autres. Il va falloir faire de gros efforts de tolérance.
- **Mercure : 22 ENTREPRISES** – entrer dans une société initiatique serait une meilleure solution qu'un véritable enfermement.
- **Mercure : 23 TRAFIC** – vous avez besoin de sortir et entrer à votre gré. Le mieux serait pour vous des retraites assez longues, mais ponctuelles.
- **Mercure : 24 NOUVELLE** – vous aurez beaucoup de mal à ne pas communiquer avec l'extérieur. Des retraites ponctuelles ou l'entrée dans une société initiatique seraient préférables à une longue retraite.

Avec Lune : 12 DÉPART

La carte indique que vous souhaitez quitter le monde profane et que vous pensez trouver votre bonheur à l'étranger, pour mieux couper les ponts avec votre vie actuelle. Mais vous ne souhaitez pas, pour autant, être enfermé entre quatre murs. Voyons Mercure :

- **Mercure : 18 CHANGEMENT** – le changement de vie est très marqué. Il vous sera bénéfique sur le plan spirituel.
- **Mercure : 19 ARGENT** – ce changement de vie va vous coûter cher sur le plan matériel, mais vous apporter de nombreuses richesses sur le plan spirituel.
- **Mercure : 20 L'INTELLIGENCE** – vous allez partir à l'étranger, auprès d'un chef spirituel qui vous aidera dans votre lecture des textes sacrés.
- **Mercure : 21 VOL-PERTE** – ne vous emballez pas. Ne vous laissez pas griser par les belles paroles d'un soi-disant maître spirituel. Continuez dans la voie tracée.
- **Mercure : 22 ENTREPRISES** – vous allez partir à l'étranger avec un groupe de bénévoles pour participer à la construction d'une œuvre humanitaire.
- **Mercure : 23 TRAFIC** – vous ne resterez pas sur place. Vous irez dans différents lieux, là où l'on aura besoin de vous.
- **Mercure : 24 NOUVELLE** – alors que vous aviez fixé votre destination, des messages vous rattraperont en cours de route. Cela modifiera votre point de chute.

Avec Lune : 13 INCONSTANCE

Seul, vous ne vous sentez pas la force de persévérer dans la voie de la sagesse. Vous souhaitez, sinon vous enfermer dans une communauté, du moins être encadré par un groupe ou un maître spirituel. Votre problème est que vous manquez de fermeté dans vos objectifs. Voyons Mercure :

- **Mercure : 18 CHANGEMENT** – vous allez trouver rapidement l'encadrement dont vous avez besoin. Vous n'aurez aucun mal, à partir de là, à avancer vers la sagesse.

- **Mercure : 19 ARGENT** – vous ne choisirez pas une voie de dépouillement, mais une voie qui vous laisse dans la vie profane, tout en étant encadré. Vous y trouverez de grandes joies.
- **Mercure : 20 L'INTELLIGENCE** – l'ascèse ne vous fait pas peur. Le besoin de connaissance et d'étude est, chez vous, primordial. Une fois trouvé le guide qui vous aidera à ne pas papillonner, tout ira bien.
- **Mercure : 21 VOL-PERTE** – courant d'un guide à l'autre, vous risquez fort de vous fourvoyer. Il serait plus sage d'attendre d'avoir un peu mûri avant de prendre une grande décision.
- **Mercure : 22 ENTREPRISES** – vous êtes prêt à entrer dans une société initiatique. C'est le moment de frapper à la porte.
- **Mercure : 23 TRAFIC** – vous aurez du mal à supporter un encadrement. Il vous faut une structure souple. Ne vous précipitez pas.
- **Mercure : 24 NOUVELLE** – vous allez recevoir des informations précieuses qui vous permettront de faire un choix judicieux.

Avec Lune : 14 DÉCOUVERTE

Votre voie doit se relier à l'ésotérisme. Vous avez soif d'apprendre et vous êtes capable d'envisager de longues études, de patientes recherches. Vous envisagez d'entrer dans une communauté ou dans un groupe axé sur les mêmes recherches.

Vous avez de grandes connaissances. Il vous faut un groupe de haut niveau. Voyons Mercure :

- **Mercure : 18 CHANGEMENT** – vous ne trouverez pas le groupe dont vous avez besoin dans votre environnement proche. Vous devrez sans doute déménager.
- **Mercure : 19 ARGENT** – il vous faudra disposer d'une certaine sécurité matérielle avant d'intégrer ce groupe de recherche, mais vous serez payé de vos efforts par la richesse des découvertes que vous ferez ensuite.

- **Mercure : 20 L'INTELLIGENCE** – c'est à la suite d'une longue recherche que vous allez trouver le groupe dont vous avez besoin, et, seulement, après mûre réflexion.
- **Mercure : 21 VOL-PERTE** – vous devez faire très attention car vous risquez de tomber sur des gens malhonnêtes qui exploiteront vos talents et vos connaissances.
- **Mercure : 22 ENTREPRISES** – vous allez trouver un groupe intéressant avec lequel vous allez construire une œuvre importante.
- **Mercure : 23 TRAFIC** – il va vous falloir beaucoup chercher avant de trouver le groupe dont vous rêvez. Il vous faudra peut-être vous expatrier dans un pays frontalier.
- **Mercure : 24 NOUVELLE** – vous allez commencer par échanger de nombreux messages avant de vous décider.

Avec Lune : 15 L'EAU

Vous rêvez régulièrement d'aller dans un couvent ou un ashram pour tenter d'accéder à la sagesse, et ce, dans le cadre d'une stricte discipline.
La plupart du temps, vous vous laissez porter par les événements, en vous disant que, quand le moment sera venu, quelque chose vous y poussera. En attendant, les années passent.
Voyons Mercure :

- **Mercure : 18 CHANGEMENT** – un nouveau concours de circonstances va vous obliger à prendre en mains votre destin. Vous allez finir par, sinon entrer dans un couvent, mais trouver un enseignement qui tiendra compte de votre caractère.
- **Mercure : 19 ARGENT** – une soudaine rentrée d'argent va vous permettre, sans difficulté, d'entrer au sein d'un groupe spirituel et de trouver le guide qui vous aidera à conduire votre barque à bon port, en souplesse.
- **Mercure : 20 L'INTELLIGENCE** – vous avez eu le temps de réfléchir et vous sentez le moment venu de vous donner une discipline afin d'aller plus loin. Mais pour le moment vous pensez que l'étude des textes sacrés vous suffise.

- **Mercure : 21 VOL-PERTE** – l'idée de perdre votre liberté vous effraie. Vous repoussez une fois de plus aux calendes l'idée de vous soumettre à une discipline qui ne viendrait pas uniquement de vous.
- **Mercure : 22 ENTREPRISES** – vous avez acquis une structure nouvelle. Vous êtes prêt à vous intégrer dans un groupe organisé.
- **Mercure : 23 TRAFIC** – finalement vous préférez encore naviguer seul. On verra plus tard.
- **Mercure : 24 NOUVELLE** – des nouvelles vous arrivent. Vous allez devoir atterrir et affronter un certain nombre de réalités. Cela vous aidera à faire un pas en avant vers une prise de responsabilité dans votre démarche spirituelle.

Avec Lune : 16 LES PÉNATES

Vous pensez fermement que vous ne pouvez trouver la sagesse, que vous êtes tout à fait coupé du monde profane. Vous sentez le besoin d'être protégé contre les sollicitations du monde extérieur, au moins le temps de vous forger une structure intérieure et d'être capable d'affronter à nouveau le monde. L'isolement, l'enfermement au sein d'une communauté religieuse ou spirituelle est votre plus cher désir.
Voyons Mercure :

- **Mercure : 18 CHANGEMENT** – un changement dans votre famille ou votre vie professionnelle vous donne l'opportunité de quitter le monde pour intégrer une vie monastique communautaire.
- **Mercure : 19 ARGENT** – un héritage ou un gain inattendu vous donne la possibilité de quitter votre vie professionnelle plus tôt que prévu.
- **Mercure : 20 L'INTELLIGENCE** – vous pouvez déjà commencer par suivre l'enseignement, celui qui prépare à l'entrée dans la voie que vous avez choisie.
- **Mercure : 21 VOL-PERTE** – vous risquez de vous aiguiller sur des charlatans. Si le groupe choisi n'appartient pas à une tradition reconnue, fuyez.

- **Mercure : 22 ENTREPRISES** – vous savez ce que vous voulez. Vous êtes bien décidé à faire votre demande. Rien ne vous en empêche.
- **Mercure : 23 TRAFIC** – vous allez mettre du temps avant de trouver votre voie. Vous irez suivre des cours et écouter divers enseignements, et, même, faire des petites retraites avant de trouver vraiment ce qui vous convient.
- **Mercure : 24 NOUVELLE** – par message, quelqu'un va vous mettre sur la voie.

Avec Lune : 17 MALADIE

Après une élévation solitaire trop rapide et non contrôlée à travers les différents degrés de la connaissance, vous vous retrouvez fort perturbé sur le plan psychique et mental. Vous avez l'impression d'être parfois au bord de la folie. Vous pensez donc qu'il serait sage d'intégrer une organisation spirituelle ou une communauté, afin d'y trouver les garde-fous nécessaires à votre équilibre intérieur.
Voyons Mercure :

- **Mercure : 18 CHANGEMENT** – après une courte période d'angoisse, vous allez trouver l'organisation dont vous aviez besoin. Vous retrouverez votre équilibre en même temps que le chemin de la sagesse.
- **Mercure : 19 ARGENT** – dynamisé par votre acceptation au sein d'un groupe traditionnel, vous allez retrouver toute votre énergie ainsi que votre richesse intérieure.
- **Mercure : 20 L'INTELLIGENCE** – entré dans un groupe de recherche traditionnelle et initiatique, vous retrouverez progressivement votre équilibre. Vous ferez la différence entre vos folies et une véritable initiation.
- **Mercure : 21 VOL-PERTE** – vous êtes trop mal en point pour le moment pour prendre une décision. On ne vous acceptera pas.

- **Mercure : 22 ENTREPRISES** – vous avez déjà entrepris une reconstruction par vos propres moyens. Ce n'est plus vraiment nécessaire d'entrer dans un groupe. Mais cela peut vous intéresser.
- **Mercure : 23 TRAFIC** – vous retrouvez très rapidement votre équilibre. Il y a eu plus de peur que de mal. Mais vous pouvez toujours faire une retraite.
- **Mercure : 24 NOUVELLE** – vous aviez fait diverses demandes. On vous répond favorablement. Vous pouvez continuer les démarches pour entrer dans une organisation spirituelle.

CHAPITRE VII

DATER AVEC L'ORACLE

TROUVER la semaine avec les 52 cartes numérotées

- **Semaine 1** - du 1er au 7 janvier
- **Semaine 2** - du 8 au 14 janvier
- **Semaine 3** - du 15 au 21 janvier
- **Semaine 4** - du 22 au 28 janvier
- **Semaine 5** - du 29 janvier au 4 février
- **Semaine 6** - du 5 au 11 février
- **Semaine 7** - du 12 au 18 février
- **Semaine 8** - du 19 au 25 février
- **Semaine 9** - du 26 février au 4 mars
- **Semaine 10** - du 5 au 11 mars
- **Semaine 11** - du 12 au 18 mars
- **Semaine 12** - du 19 au 25 mars
- **Semaine 13** - du 26 mars au 1er avril
- **Semaine 14** - du 2 au 8 avril
- **Semaine 15** - du 9 au 15 avril

- **Semaine 16** - du 16 au 22 avril
- **Semaine 17** - du 23 au 29 avril
- **Semaine 18** - du 30 avril au 6 mai
- **Semaine 19** - du 7 au 13 mai
- **Semaine 20** - du 14 au 20 mai
- **Semaine 21** - du 21 au 27 mai
- **Semaine 22** - du 28 mai au 3 juin
- **Semaine 23** - du 4 au 10 juin
- **Semaine 24** - du 11 au 17 juin
- **Semaine 25** - du 18 au 24 juin
- **Semaine 26** - du 25 juin au 1er juillet
- **Semaine 27** - du 2 au 8 juillet
- **Semaine 28** - du 9 au 15 juillet
- **Semaine 29** - du 16 au 22 juillet
- **Semaine 30** - du 23 au 29 juillet
- **Semaine 31** - du 30 juillet au 5 août
- **Semaine 32** - du 6 au 12 août
- **Semaine 33** - du 13 au 19 août
- **Semaine 34** - du 20 au 26 août
- **Semaine 35** - du 27 août au 2 septembre
- **Semaine 36** - du 3 au 9 septembre
- **Semaine 37** - du 10 au 16 septembre
- **Semaine 38** - du 17 au 23 septembre
- **Semaine 39** - du 24 au 30 septembre
- **Semaine 40** - du 1er au 7 octobre
- **Semaine 41** - du 8 au 14 octobre
- **Semaine 42** - du 15 au 21 octobre
- **Semaine 43** - du 22 au 28 octobre
- **Semaine 44** - du 29 oct. au 4 novembre
- **Semaine 45** - du 5 au 11 novembre
- **Semaine 46** - du 12 au 18 novembre
- **Semaine 47** - du 19 au 25 novembre
- **Semaine 48** - du 26 nov. au 2 décembre
- **Semaine 49** - du 3 au 9 décembre
- **Semaine 50** - du 10 au 16 décembre
- **Semaine 51** - du 17 au 23 décembre
- **Semaine 52** - du 24 au 31 décembre.

Le problème de la datation est toujours difficile en voyance.

Avec l'Oracle Belline, il vous suffit de tirer une carte parmi les 52 cartes numérotées puisqu'il y a 52 semaines dans l'année et de trouver la date avec le tableau des semaines (pages 355 et 356).

Après avoir battu les 52 cartes numérotées, vous tirez une carte au hasard.

Exemple : **vous tirez la carte 29.** L'événement aura donc lieu lors de la vingt neuvième semaine, **autrement dit, la semaine du 16 au 22 juillet.**

Si vous voulez savoir quel jour aura lieu tel ou tel événement :

Après avoir battu les 52 cartes numérotées il vous suffit d'en tirer une.

S'il s'agit d'une carte de Mercure l'événement aura lieu un mercredi.

Autrement dit l'événement aura lieu le mercredi de la semaine du 16 au 22 juillet, puisque les jours de la semaine – mais vous le savez sans doute – sont consacrés aux sept planètes de la façon suivante :

- **Dimanche** au SOLEIL
- **Lundi** à la LUNE
- **Mardi** à MARS
- **Mercredi** à MERCURE
- **Jeudi** à JUPITER
- **Vendredi** à VÉNUS
- **Samedi** à SATURNE.

Une carte du Soleil donnera un Dimanche une carte de la Lune un Lundi et ainsi de suite…

TABLE DES MATIÈRES

Anne Dessau

Abschied von Buddenhagen

Erzählung

Fischer Taschenbuch Verlag

Die Frau in der Gesellschaft
Herausgegeben von Ingeborg Mues

Veröffentlicht im Fischer Taschenbuch Verlag GmbH,
Frankfurt am Main, Juni 1998

Das Buch erschien 1992 unter dem Titel
›Weisheit eines Sommers‹ im Forum Verlag Leipzig

Gesamtherstellung: Clausen & Bosse, Leck
Printed in Germany
ISBN 3-596-13661

Abschied von Buddenhagen

Ich fahre zu mir.
Ich steigere das Tempo, treibe es unzulässig hoch.
Es hilft nicht, dem Druck zu entkommen.
Er sitzt wie ein Alp auf mir, in mir.
Schneller. Ankommen. Ich brauche den Abstand, tiefen Atem.
Zwei Jahre Arbeit ohne Wirkung. Wieder einmal.
Ich wollte *Rosa* nicht ein zweites Mal verraten.
Ich legte die Arbeit nieder.
Das war um Ostern.
Seither der Druck.
Judas und Jesus und *Rosa* und all die anderen, sie fahren mit mir.
Der Hund erhebt sich im Heck des Wagens, schnüffelt Seewind, seufzt und wedelt frohe Erwartung.
Ankunft.

Ich zünde das Feuer an im Herd, gehe vors Haus
und sehe zu, wie der Rauch aufsteigt aus dem Kamin.
Auf der Bank, inmitten der Wiese, sitzt der Mann.
Rauch steigt auf aus seiner Pfeife.
Wir sehen uns an.
Ankunft. Erst jetzt.

Welche Hoffnungen, Wünsche knüpfte ich an diesen Ort, zu dem ich fahre seit mehr als einem Vierteljahrhundert? Mein Refugium? Darin steckt Refugié: politischer Flüchtling. Daran habe ich nicht gedacht, als ich ihn entdeckte. Niemals. Freiraum für die Kinder sollte er sein, ein Platz für Begegnungen mit Freunden. Bräuche sollten bewahrt werden und entstehen. Weg von den vorgefertigten Formen, Urlaub zu machen. Das wollten wir, und es gelang uns. Lange Zeit.

Das Haus sieht so aus: Es hat zwei kleine Stuben und eine schöne Küche. Davor hängt die Veranda wie ein Vogelhaus. Drum herum, im Wechsel der Jahreszeiten, blühen Geißblatt, Rosenstock und Waldrebe. Geranien ranken vom Fensterbrett, und zwei Oleander zieren – weiß und rot – rechts und links die Eingangstür. Dem Haus ist ein Strohhut aufgesetzt, er bietet Schutz bei jedem Wetter. Ringsum ist Natur. Wiesen, Sträucher, Bäume, Hügel, Wald, Wild und wilde Blumen.
Ein Ort zum Verweilen. In dem Wort steckt »die Weile«: kurze Zeit, und lange Weile: eine zu lange Zeit. Also muß man das Maß finden fürs Hiersein. Wo es guttut zu verweilen und wo es not tut, wieder in der Welt zu sein, sich dort zu rühren, damit es rechtens bleibt – in einem selbst –, sich das Treiben auch einmal vom Rande her anzusehen, nachzudenken darüber, welcher Platz in dem Getriebe könnte meiner sein.

So steht es in meiner Kladde. So habe ich es gelebt, empfunden. Jahr um Jahr. Heimkehr, Einkehr. Nachdenken, begreifen. Wieder zurück in das »Getriebe«. Versuchen, das Machbare zu machen. Diesmal ist die Betroffenheit nachhaltig. Ich bin älter, mürber auch. Vom Benannten und noch nicht Benannten.
Nichts, was wir an Hoffnungen und Wünschen an dieses Land gebunden hatten, was wir Jahre hindurch gelebt haben, ist zu halten. Niemand ist da, an den wir weitergeben können, was wir erhalten möchten. Eines der Kinder ist abgereist, das andere will reisen. Die Kinder gehen und nehmen ihre Kinder mit. Sie wollen sich nicht mehr festsetzen; sie wollen ihre Freiheit nicht als Einsicht in die Notwendigkeit begreifen, begrenzen.
Wir sind allein, mein Freund, der Mann und ich. Angeschlagen. Auf gleiche und verschiedene Weise beschädigt. Es fehlt die Kraft, und es fehlt die Überzeugung, leisten zu müssen, was ein besonderer Platz, dies Haus nötig haben.
Abschied.
Dieser Sommer muß der letzte sein.
Krankheit und Zeitverläufe, Krankheiten an Leib und Seele also, bedingen den Abschied hier, wo ich angekommen bin, zum ersten Mal in meinem Leben einen Ort als meinen Platz erkennen konnte. Abschied für immer. Den Gedanken gilt es zu begreifen. Diesen Sommer. Ich muß das schaffen, um nicht mehr zu verlieren als diesen Ort.

Am Anfang war Otto, der Kauz.
Als der Boden verteilt wurde, damals, zur Stunde Null unserer neuen Zeit, da wollte Otto dieses Tal. Eine grüne Senke, mittendrin ein großer Sumpf. Unland, sagten verächtlich die, die nach fetten Gründen gierten. Otto stimmte denen freundlich zu und blieb bei seinem Entschluß. War wieder einmal, wie so oft in seinem Leben, hintersinnig. Mit der Urkunde von der Bodenreform stand er wenig später auf seinem Land: blanke Wiesen hügelsanft um einen moorigen Grund. Da, wo er stand, würde das Haus sein. In Richtung Sonnenaufgang säumen Felder die Dauerweide, wie seine Gemarkung im Volksmund heißt, Sonnenuntergang liegt der Tagebau der Kreide. Hinter dem Haus, das Otto baute aus teerigen Schiffsplanken, Schießzielen von anno damals, die er an Land zog und friedlichen Zwecken zuführte, hinter dem Haus also schützt die Stubnitz, größtes Waldgebiet auf Rügen, das Hüsung vor dem Wind der offenen See. Hebt man vor der Haustür die Nase über den Berg, sieht man den Bodden blinken, den kleinen und den großen Jasmunder. So geheißen wie die Halbinsel, auf der Otto seine Gräben zog, die das Land trocknen halfen, Weiden pflanzte als Schutz gegen Wildverbiß und Birken setzte gegen den Wind. Er wandelte Unland in fruchtbare Erde, setzte dem Haus eine Mütze auf aus Rohr und innen hinein Öfen, daß es warm war.
Zäh baute er an seinem Traum für Gret.
Dazu mußten Tiere her. Kaninchen, Katzen, Hunde. Echte Hunde. Rottweiler. Das brauchte es hier in der Einsamkeit. Die stellten was dar und liebten ihre Leute. So sagte Otto, und so ist das auch. Otto. Seine Gestalt war hager, der Rücken krumm, die Haut faltig, ledrig wie gebeizt, das Gesicht ewig stopplig. Stand er reglos weitab in der Landschaft, war es leicht möglich, ihn

für einen Windflüchter anzusehen: knorrig, wurzelfest, unnachgiebig.
Sein Lachen war wie ein Baumschütteln, seine Sprache hatte Poesie. Er kannte die Tiere und deren Zeichen, das Wetter und seine Vorboten, er liebte das Bier, den Klaren und Hefeklöße mit Zucker und Zimt. Er konnte Fische räuchern! Ob Flunder, Hering, Makrele, Forelle oder Lachs, es wurden goldene Tafelkrönungen daraus. In Gesellschaft sang er gern Seemannsschnulzen, trank dann und wann bis zum Umfallen. Ich glaube, er übte auf diese Weise seinen Tod. An diesem Ort und sonst nirgends wollte er sterben und begraben sein. Er liebte diesen Erdenfleck. Er hatte sich ihn ausgeguckt und darauf sein Paradies errichtet.
Vor mehr als einem Menschenalter ließ Otto uns ein in dieses Paradies, und das kam so.
Otto hatte das Gret betrogen. Zugegeben aus Trotz und Bock, wie ich auf einem anderen Blatt noch zu erzählen entschlossen bin, trotzdem: Er hatte sein Gret hintergangen. Wochen und Monate lebte er im Haus von Gret mit einer, deren Name nichts zur Sache tut, sie kommt nicht wieder vor auf diesen Seiten. Das Gret bestand auf Abschied vom allerliebsten Erdenfleck ihres Otto. Gret sagte: Abschied oder Scheidung. So ist das. – Und Otto tobte. Er tobte heftig. Nachdem er kräftig ausgetobt, die Axt mal da, mal dorten eingeschlagen hatte, dem schönsten Kirschenbaum wutschnaubend die schönsten Äste abgebrochen hatte, gab er auf und nach, setzte eine Anzeige in die beliebteste Tageszeitung der Hauptstadt, daß da, weit entfernt vom Wasser, dennoch an der Ostsee, ein Sommerhaus abzugeben sei. – Ich las das. Und weil ich Frühaufsteher bin, war ich der erste von einem halben Schock Bewerber. Das hätte wenig Nutzen gebracht, wäre mir nicht beiläufig und unwissentlich – Hintergründe betreffend – die Frage gekommen, ob der

Herr Otto nicht einen Menschen kennte, der treu und gewissenhaft diesen Flecken hier behüten würde in unserer Abwesenheit, die sicher häufig sein würde.
Da legte mir Otto seine harte, ständig ruß- und erdenschwarze Hand auf meine Schulter und sagte: »Sei kreign dat.« Er lachte so, daß es ein Echo gab ringsum und alle Vögel hoch ins Blaue flogen.
Ich wußte nicht, warum ihm und mir so geschah, doch ich war völlig einverstanden.

Es gab Zeiten, da konnte ich Schwierigkeiten in meinem Leben schreibend begreifen, annehmen.
Die Verletzungen mehren sich.
Soll ich aufhören, schreibend was zu wollen? Soll ich auch weggehen, nicht nur die Landschaft hier, sondern das Land verlassen? Meine Arbeiten anderswo verkaufen? Versteht man mich da? Wird man mich anderswo nicht lediglich anders benutzen? –
Ich habe meine Zeichen stets bewußt gesetzt, hier, für uns. Ich war froh über den Versuch, neue Formen des Eigentums, des Zusammenlebens zu proben, in einem guten Klima, mit Freundlichkeit, in einem Land für Kinder, wo die Klugheit eines jeden gebraucht wird, wo man sein möchte, einfach Da-Sein. Offener, vertrauensvoller Umgang miteinander, das hätten wir von Anbeginn dieser Zeit, der neuen nach dem Niedergang, gebraucht. –
Statt dessen steigt der Konsum an Alkohol und Psychopharmaka in diesem Land, mehr als zwei Millionen Bürger wollen es verlassen. Die Zahl der Selbsttötungen klettert hinauf in die Weltspitze. Ich habe meine Arbeit über *Rosa* abgebrochen.
Man küßte mich auf beide Wangen für diese meine Einsicht in die Notwendigkeit.
Ich küßte wieder und erhielt einen neuen einträglichen Auftrag. Seither der Druck.

DAS HAUS MUFFELT, es war zwei Jahreszeiten lang verschlossen. Fenster auf, frische Luft strömt ein, und die Überrumpelung durch die Natur beginnt. Jauchz-Zeit. Feldlerchen trillern, ein Sprosser schluchzt sein Liebeslied. Wind braust in den Baumwipfeln. Einfach da sein, das ist gut.
Spinnen werden behutsam aus dem Fenster gesetzt, Fensterscheiben blinkend gerieben, Betten gelüftet, bezogen, die Pfannen vom Rost befreit und die Mausekötel sorgsam aus der Backröhre entfernt.
Freude.
Über das Haus, die Landschaft, das Hiersein.
Vorfreude.
Auf die Arbeit, die eigentliche, meine Arbeit. Alles zusammen läßt mich fröhlich den Staublappen schwingen, den Schimmel aus dem Teppich bürsten. Blumen in die Vase.
Geschafft.

So war das Jahr für Jahr, ereignete sich immer wieder.
Diese Freude. Ja.
Plötzlich ist sie wieder da, die Lust auf Arbeit. Und die Idee entsteht, das Land, das Haus, die Menschen, was hindurchging durch mich aufzuschreiben.
Am Ende des Sommers – vielleicht – wegzugehen und »es« mit mir zu nehmen, mein Leben hier.
Ich halte die Zeit an. Das ist es.

Besuch kommt. Über den Berg ein Reiter. Dann ein Kutschwägelchen, einspännig, darin sitzen sie und das Kind. Ausspannen. Die Pferde, fremd hier, nervös, zerstampfen die Wiese. Die Roßlenkerin, berühmte Protagonistin vom Film, rautendeleinmäßig in lochgesticktes, gebleichtes Linnen gekleidet, lehnt ihre Wange an das Haus und sagt: Ein Haus! – Im Wald umschlingt sie einen Baum und vermittelt mit innigem Ausdruck ihre Erkenntnis: Ein Baum! – Mit übermächtiger Anstrengung wird dann das Thema »Schlaf« von ihr bewegt. Schlaf betrügt uns ums Leben. Wer schläft, begeht Selbstmord auf Raten. Das Auslöschen des Bewußtseins löscht gleichsam das Leben. Teile eines Tages verlöschen im Unbewußten. Und so fort. Ihr derzeit ständiger Begleiter trinkt inzwischen Bier. Das Kind versucht, vorsätzlich Arm oder Bein zu brechen per Absturz von einer Buche. Es will die Aufmerksamkeit von ihr, die sie mit Vornamen, nicht Mutter nennt. Sie sieht nur sich. Ist ganz hingegeben dieser oder jener Pose, passend zum jeweiligen Hintergrund. Wie sie den Hut hält! Wie! Sie geht durch den Tag wie durch einen Traum. Teilt nachts, im Nebenbett, flüsternd und angespannt Einsichten zu ihrer Person mit. Für sich? Für mich? –
Wie macht sie das? Woher die Befähigung, wunderliches, gescheites, sonderbares Weibsein so eindrucksvoll unverwechselbar vorzuführen? Im Film. Auf der Bühne. – Dieses Durchgleiten von Tag und Nacht. Das totale Ichsein. Die absolute Annahme, Wahrnehmung nur ihrer selbst. Woher weiß sie von anderen? Wie die sind. Leben, lieben, arbeiten. – Ich schlafe ein. Viele Gäste, viel Freude, viel Arbeit. Morgens am Zaun. Wir stehen und winken, der Mann und ich. Wie so oft. Hoch zu Roß und im Wagen, zu dritt und jeder sehr für sich, reiten, kutschieren sie davon. Fünf andere Freunde auch. Mit Motorkraft. Die Wiese ist ein Pflügfeld.

Wenige Tage später kommt Luftpost. Aus Venedig. Sie beschreibt darin mit spitzwegscher Liebe zum Detail, mit Witz die Landschaft hier, unser Haus und seine Gäste, dankt für den leuchtenden Tag. – Die Tageszeitung, mit gleicher Post zugestellt, zeigt auf der Seite für Kultur ihr Bild, wie sie den Preis des Jahres, ihr in Venedig zugesprochen, entgegennimmt. Nachdenklich lege ich meine Wange an das Haus.

Die Bitterkeit vergeblicher Zeichensetzung ist anhaltend.
Sätze mit dem Verdacht auf Signalwirkung werden gestrichen, andere mißtrauisch gedeutet, als Reizsätze getilgt.
Konflikte werden kleingeschrumpft, denn: Unsere Menschen sind nicht »so«. Sie sind ohne Fehl und Tadel, fleißig und voller Schöpferkraft. – Das klingt zynisch, ich weiß, aber mir ist so. –
Kommen Sie doch kurz vorbei, sagte der Kopf einer Körperschaft von Bedeutung am Telefon, wir wollen ein paar kleine Striche vorschlagen, ein paar Sätze nur, die …
Verzweifelt sagte eine Schülerin zu ihrem Lehrer, der sie nicht begreift: »Warum sind hier nur Zwerge zugelassen?« – Sie sucht nach diesem Ausbruch den Tod. – Das ist so ein Satz. Zensiert.
Der Lebensbericht über eine Nonne, die ihr Kleid ablegte und ihre Arbeit als Krankenschwester aufnahm, hieß »Die Hölle ist bewohnbar!« – »Hölle« stand für DDR, das Land, wohin die Nonne später übersiedelte, ihr Ordenskleid ablegte, heiratete, Kinder hatte und – siehe oben. »Hölle« hatte die Mutter Oberin die Welt benannt, in der Menschen gottlos leben, und ihre Ordensschwester gewarnt vor Gefahren, die dort auf sie lauern würden. Der Teufel selbst würde sie hart prüfen auf ihrem letzten Weg in die Welt vor ihrem ewigen Gelübde, der sie »dahin« führen mußte, zu Mutter und Schwester, die in der Hölle lebten, Genossinnen des Teufels. –
Als ich das namhafte Wochenblatt aufschlug, las ich, daß meine Geschichte »Die wundersame Reise der Maria Magdalena« hieß. – Ein Titel, der *für* dieses Land sprach (das war in den sechziger Jahren), wurde aus Angst vor Fehlinterpretation in die Unschärfe gerückt.

Und nicht nur der Titel.
Für die Entwicklung jener Nonne war es prägend wichtig, davon bin ich überzeugt, daß sie – im Novizenstand – ein starkes sinnliches Erlebnis hatte, so kräftig und genußvoll, wie es der Orden und seine Gebote damals ihr zu empfinden nicht erlaubten. Für sie die erste nachhaltige Irritation vor dem ewigen Gelübde.
Ich schrieb sinngemäß: Sie stand am Meer, es war kalt, eisiger Wind wehte, der Himmel himmlisch blau, und die Sonne strahlte, beglänzte dies prächtige Märchen vor ihren Augen. Der Strand lag voller Apfelsinen. Die goldenen Früchte schaukelten auf blauem Wasser, kullerten über den weißen Sand, breiteten sich vor ihr aus, überrollten sie, ihre Empfindungen. Sie war glücklich und floh. Sie floh, weil sie glücklich war. – Als ich das namhafte Wochenblatt aufschlug, las ich, daß die kleine Nonne in Eiseskälte vor gestrandeten Äpfeln stand und floh! –
Man stelle sich gefrorene Äpfel vor, die das Meer an den Strand geworfen hat! Ein übelriechender Matsch wäre das, und kein sündhaftes Verlangen würde er auslösen.
Die Ursache für diesen Eingriff ist unglaublich und doch leicht faßlich für den, der sich an die Versorgungslage erinnert, damals.
Ich fragte: Wen oder was fürchten wir? –
Es war stets der Klassenfeind, innerhalb der Mauern und jenseits der Grenzen. Er lag auf der Lauer und wollte unsere Schwächen erbarmungslos nutzen.

Der Rottweilerhündin Elli hatte es Struppi angetan. Struppi, der hielt, was sein Name versprach: struppiges Fell, ruppiges Benehmen, aber ein Kumpel und herrlicher Wettläufer. Die beiden liebten sich. Und der sehr rassereine, standesgemäße Herr Pompe hatte das Nachsehen. Es kam, wie es nicht kommen sollte: Elli und Struppi hielten Hochzeit. Vor meinen entsetzten Augen und trotz lautstarken Protestes. »Es« war geschehen.
Der Tierarzt verordnete regelrecht eine Spritzkur, die Gefahr war gebannt. Für diesmal. Acht Wochen vergingen, Elli zeigte ein seltsames Verhalten, auch schwollen ihre Milchdrüsen mächtig an. Der Tierarzt erkannte auf Scheinträchtigkeit und empfahl kalte Umschläge, die Milch sollte so vertrieben werden. Also verbrachte ich meine Zeit am Boden liegend neben Elli-Sabeth und belegte ihren eingebildeten Zustand mit nassen Tüchern und Worten, die keinen Zweifel zuließen, daß ich künftig eiserne Maßnahmen durchführen würde, um sie an so liederlichem Tun zu hindern. Elli schaute still und vornehm von mir weg in eine entfernt gelegene Ecke.
Wieder einmal führte uns eine Fahrt vom Festland zur Insel. Mit Hündin. Leicht verdickt vom eingebildeten Zustand und »vom Winterspeck«, sagte der Mann, ihr bester Freund.
Wir fuhren.
Elli zeigte ungewöhnliche Unruhe und ließ bisher unbekannte Seufzer hören. Wir hielten an, um ihren Bedürfnissen gerecht zu werden. Sie hockte sich seltsam nieder, ohne ein Ergebnis zu befördern. Zurück ins Auto. Wir fuhren. Erneute Unruhe, und heftig entströmte Wäßriges aus Ellis achterlichem Leibteil.
Sieht aus wie Fruchtwasser, sagte ich. Quatsch, sagte mein Mann. Wir hielten, stippten das Wasser auf und breiteten eine alte Decke unter die Hündin, die hechelte, anders als sonst bei Hitze. Mit einem leisen,

wehen Ton vermischt. Ich streichelte sie und getraute mich nicht, laut zu vermuten, daß – es wäre doch denkbar. Plötzlich erhob sie sich, hockte nieder, drückte, und dann geschah es: Zwei Beine tauchten auf (Läufe natürlich), dann folgte, sorgsam in eine feine weiße Haut verpackt, der Leib des Welpen. Ein Rüde. Eindeutig. Ich schrie: Da kommt der erste! – Der Mann: Das kann nicht sein. – Doch! Da ist es! Und mit dem Steiß zuerst! Was soll ich machen!? Wie herum kommen Hunde zur Welt?! – Er: Das weiß ich doch nicht! – Ich wieder: Anhalten, anhalten! Ich muß ihr doch helfen, das Kleine erstickt sonst! – Gramvoll sah Elli-Sabeth mich an während unseres Zwistes und biß in die Nabelschnur, leckte den Welpen aus seiner feinen Verpakkung, löste die Verknüpfung mit sanften Lippen, leckte und leckte.
Endlich stand der Wagen. Ortsteil Plüggenthin, teilte das Schild mit, vor dem wir parkten.
»Und so taufen wir dich Otto von Plüggenthin, von und zu Rügen, auf Buddenhagen«, sagte der Mann und lachte. Endlich.

Ich sitze und schaue aus dem Fenster. Sein Rahmen umschließt blauen Himmel, Seehimmel, mit weißen Haufenwolken. Wirklich Wolken. Nicht die in Streifen von Düsenjägern. Himmlischer Himmel ohne die Technik, die schützen will und stete Beunruhigung ist. Die Birken rollen ihre Blätter aus, die Wiese knallt ihr Gelb gegen das junge Grün. Bald segeln die Samen der Pusteblumen hundertfach den sich neigenden Wiesengrund hinab. In meinem Fensterbild hängt ein Hubschrauber. Büsche und Bäume beugen sich in seinem Wind. Grenzkontrolle. Magrittes Fensterbilder geraten in meinen Sinn. In seinen gemalten Rahmen führt er Mensch und Natur zu scheinbar absurder Konfrontation, setzt sie so in überraschende Beziehungen zueinander. Die Sicht des Malers bringt dem Betrachter neue Einsicht: Seine Bildwelt, die gestörte, zerstörte, berstende Welt, erweitert mein Weltbild.
Der Maler hat's gut, man kann seine Zeichen weltweit lesen. Vorausgesetzt, die weite Welt kriegt sie zu sehen.

Mit jedem beliebigen Stoff stoße ich an die Grenzen des Machbaren. Porträtiere ich eine Wissenschaftlerin, darf ich nicht sagen, daß ihr Mann als Alkoholiker und ihr Sohn als Schwererziehbarer (Heimeinweisung) auf dem Wege ihrer Entwicklung zurückblieben. Will ich über Kraniche schreiben, Eingriffe benennen, die ein Biotop tödlich bedrohen (durch Melioration, chemische Düngung, Schädlingsbekämpfung aus der Luft, einen Hafenbau, einen Umschlagplatz für Container), muß ich den wirtschaftlichen Nutzen als wahren Sieg über alle Bedenken ausstellen.
Schreibe ich über ein Melkkarussell, darf ich nicht sagen, daß es nicht ökonomisch und zudem umweltverheerend produziert. Im *Weissen Haus* jedoch, beim Rapport, wird der Chefredakteur belobigt für meine Arbeit. Sie ist beispielhaft für *unsere* sozialistische Produktionsmethode. (*Kühe fahren Karussell* hieß der Beitrag). Ich hingegen entdecke, daß in meinen Geschichten über Menschen keine Menschen mehr vorkommen. Scheinbar von Geisterhand betrieben, laufen sie ab: Produktionsprozesse von Milch, Porzellan, Sprit oder Kreide. Wohin ich komme, wen immer ich befrage, meine Gesprächspartner bestehen darauf, daß ich ihre kritischen Aussagen, die das Dilemma der Wirtschaft benennen, nicht zitiere.
Ohnehin würden sie vom Redaktionskollegium manipuliert.
Die Publizistik ist auf den Hund gekommen.

Der Buchenwald ist aufgeräumt nach dem Einschlag. Hell und dunkel ist er, durchsichtig, wie die Innenräume mancher Kathedralen. Der harte Winter, seine heftigen Schneefälle brachten die Quellen wieder zum Fließen. Im Tümpel, bedeckt mit Entengrütze, wassert ein Vogelpaar.
Lichtgrau. Der Hund stört bei dem Versuch, sie zu beobachten.
Lautlos schrauben sie sich steil in die Höhe.
Unwillig tuten die Unken.

FREUNDE KOMMEN. Sie bringen gute Laune und einen Hecht, achtpfündig. Für meine Küche bauen sie ein Regal.
Der Mann, mein Mann, steht dabei, gibt Rat. Er hätte es gern selbst gemacht. Weisend hebt er mal den einen Krückstock, mal den anderen. Mischt sich ein, ist deutlich im Wege. Still schwingt er davon, schon mit Routine die Gehhilfen nutzend.
Als er im Gipsbett lag, Monate ohne jede Bewegung, ein Loch achterlich in der lebensrettenden Planke für das Unumgängliche, schien ihm der jetzige Zustand die höchste Erwartung wert. Der ist nun erreicht, und alles ist anders, und das ist richtig so.
Er kämpft noch gegen den unerbittlichen Eingriff in sein und unser Leben. Es ist zu früh, sich lebenslang eingeschränkt zu wissen. Seit sein Leben wieder gesichert ist (vor dieser Krankheit sicher), sagen wir, der Preis ist zu hoch. Nolo. Ich will nicht.
So ist der Mensch.
Das Regal ist angebracht, Töpfe und Teller verstaut. Es kann gekocht werden. Die schönste aller Tätigkeiten. Neben dem Schreiben. Zwei Hechtfilets, groß wie ein Kuchenblech, schneidet einer der Freunde aus dem Fisch. Der Hund knackt geräuschvoll und genüßlich den Kopf des Raubtieres. Das weiße Fischfleisch wird mit Dill, grün, bestreut und mit Chilipaste, rot, betupft. Die Freunde sind von der bildenden Kunst, ihr ästhetischer Anspruch ist unerbittlich, auch in Kleinigkeiten. Die Hechtschnitten werden im Ofenloch gebacken. Weißwein und Weißbrot vollenden das Mahl. Man fühlt sich wohl und matt. Mein Platz unterm Fenster bleibt leer. Viele Monate haben viele Tage, denke ich. Der nächste Tag wird bringen, was mir zu meinem Glück an diesem fehlte.

Ottos Frau hieß Gret. »Das Gret«, wie er sie nannte. Gret lebt nicht mehr. Ich wollte sie an ihrem Grab besuchen und band einen Strauß Karthäusernelken, die sie besonders liebte. Otto zog sie deshalb Jahr um Jahr, die stille Blume in den Farben alter Seiden, wie unsere Großmütter sie trugen. So einen Strauß in der Hand, bat ich Otto, mich zu begleiten zur letzten Ruhestätte von »dem Gret«.

»Das Grab? Das Grab von Gret? Ich habe es nicht gesehen, seit wir sie dort gebettet haben. Lang ist das her. Drei Jahre oder so. Weiß der Teufel, wohin die Zeit entschwindet. Sie geht wie der Wind. Von dem weiß man auch nicht, wo er bleibt. – Der Stein ist noch nicht gesetzt. Daran ließe sich die Stelle leicht erkennen, daß da kein Stein ist. Nicht, daß du denkst, ich bin ein Knauser. Nein. Der Stein ist gekauft. Weiß. Marmor. Mit der Grabstätte zusammen hat mich das mehr gekostet, als meine Rente ausmacht in einem Monat. Es ist das Blattgold. Das verdammte Blattgold fehlt. Für die Schrift,verstehst du? Daran liegt es. Die Schwester wollte es von drüben schicken. Sie hat nicht. Bis heute nicht. Drei Jahre nicht. Vielleicht ist sie schon tot inzwischen, was? Ich schreib ja nicht. Das Schriftliche, das war Gret. – Bevor du jetzt wütend wirst, und ich sehe, daß du wirst, das Rote im Gesicht ist nicht allein vom heißen Tag, also, bevor du loslegst, denke daran: Wenn man wütend ist, spürt man besonders stark, daß man lebt. Genieße das, min Deern, genieße das. Die da auf Gottes Acker liegen, wie die Frommen sagen, die müssen Ruhe halten. Wir können lachen, heulen, wütend sein. Ist das nicht herrlich, Muning? Sag doch selbst: Fühlst du nicht, was ich meine? – Das Gret war oft hitzig. Heiß ging es her mit ihr, im Leben und beim Lieben. Kein Tag war ohne Überraschung. Nun läuft es nicht mehr weg, das Gret. Nun liegt es fest, irgendwo dort. Sie hätte

auch noch bleiben können. Sie konnte wohl nicht mehr, hat einfach aufgehört zu husten. Ärzte, Medikamente von hier und anderswo. Nichts. Asthma. Eines Tages ist eben Schluß. – Wir haben eine weise Frau bestellt, obwohl die Genossen sehr dagegen waren. Aus Prinzip, so meinten sie und: Wissen ist Macht, Glauben nicht. Uns jedoch, uns wäre alles recht gewesen, was geholfen hätte. Auch der liebe Gott.
Genossen, sagte ich, Genossen, bei Gürtelrose hilft's doch auch, und niemand weiß, wieso. Denkt an den Vorsitzenden des Kreises. Der hat sich auch aufs Übersinnliche eingelassen, und seine Krankheit war wie weggeblasen. Da haben sie Ruhe gegeben.
Die wahrsagende Alte meinte, der böse Fluch stecke in den alten Möbeln. Irgend jemand hätte den Ohrensessel und das Kanapee verwünscht. Geschickt und sehr vorwurfsvoll hat sie dann auf unser fehlendes Gottvertrauen angespielt. Da habe ich sie rausgesetzt. Die Möbel habe ich vorsichtshalber doch zerhackt. Man kann nie wissen, Muning. Lache nicht! Das Gret bekam den feinsten Fernsehsessel, der sich finden ließ. Mit Kopfstütze, Fußteil und Leselampe, resedagrün mit Schwenkarm!
Er hat sie nicht aufhalten können, sie ist fortgegangen.
Und du willst hin zu ihr mit diesem Blumenstrauß?
Wenn ich nur wüßte, wo es ist, das verdammte Grab. Wir passen beide rein, das Gret und ich. Es ist für zwei. Ich hab es so gemacht, daß wir zusammenliegen. Das ist verfügt, schriftlich. Ich freue mich darauf, jawohl. Es ist was Sicheres. Heute genieße ich den Vogelsang, jage dem Bussard den Igel ab, erschlage die Kreuzotter, wenn sie die Erdkröte schlucken will. Alles freut mich, denn ich weiß: Das Gret erwartet mich. Ja, jetzt sitzt sie wohl da oben und schaut auf mich herab, pliert mit den Augen auf mich runter, ob ich auch ohne Sünde lebe. Hoho! Mein Ast ist noch grün, Gret. Wenn ich

wollte, könnte ich noch manche Hochzeit halten. Oho! Aber ich will nicht, daß du neben Petrus stehst, wenn ich komme, und mich durchklopfst mit einem himmlischen Handfeger wie zu Lebzeiten, wenn ich heimkam auf rollenden Füßen und bannig Schlagseite, weil ich zu schwer geladen hatte. Das ist vorbei, Gret. Aus und vorbei. Bald lege ich mich zu dir, mein Mädchen. Zuvor noch das Blattgold. Es muß Gold sein. Es soll auf unserem Grab glänzen wie die Golddisteln hier auf der Dauerweide.«

Ich ging ins Haus und gab den Blumen Gretes eine Vase und Wasser. An ihrer Grabstatt hatte ich nicht gestanden, doch ein Gefühl war da, als hätte ich sie gesehen.

Zwei Rehböcke bellen sich an. Der eine steht im Revier des anderen. Er muß verjagt werden. Das gelingt. Der Eindringling zieht sich zurück. Naturgemäß unter Protest. Da und dort verharrt er hinter einem Busch, gibt Widerworte, bellt.
Die Tiere tragen noch ihr Winterkleid.
Jetzt wendet sich der Vertriebene endgültig ab. Bellend.
Seine weiße Blume leuchtet Frühling.

HINTER DEM HAUS EIN HÜGEL, hinter dem Hügel der Tagebau.
In Stufen, kreideweiß, wird der Berg abgebaut. Grünlich steht Wasser auf dem Grund des kreidigen Kraters, der gesäumt ist vom Grün der Buchen und ihren elefantengrauen Stämmen. Wieder und wieder greift der Bagger in die Wand, beißt ein Stück ab vom Geschiebe vergangener Zeiten, schwenkt seine Klaue, öffnet sie, und die Wagen schlucken Geschichte. Ein Pfiff, ein Ruck, die nächste Lore steht bereit. Spielzeugland vom Hügel herab betrachtet. Lehr- und Luststück für Freunde und Gäste. Waghalsig turnt der Hund am Rande der Abraumhalde, hält Ausschau nach Hasen, die er endlos vergeblich jagt. Ungeduldig treten seine Pfoten das milchweiße Kreidegemenge, schlierig von Regen- und Grundwasser. Hin und wieder schmatzt er den milchigen Brei.
Bald wird er mit lieblicher Stimme bellen wie der Wolf aus dem Märchen, lachen und sagen die Freunde.
Am Waldsaum, hoch über dem Tagebau, gefährliche Absturzmöglichkeit besonders nach nassen Wettern, entdecken der Mann und der Hund ein Pony. Schwarz mit weißer Blesse. Ziellos, auffällig unruhig, läuft es am Rande des Abgrundes.
Ein Pony? – Ein Pony. Tatsächlich. Ich laufe los. Der Mann zwingt den Hund an seine Seite, der das fremde Tier nasennah riechen will. Über Findlinge, durch Schlamm und kreidige Senken, mit schmatzenden Schuhen, klumpenschwer, strebe ich keuchend dem Tier zu. Das nimmt mich auf, aber nicht an. Ich flehe, finde zärtliche Worte. Auf Handnähe, nicht weiter. Es trägt keinen Halfter, ich habe keine Leine. Wild entschlossen stürze ich auf seinen Schwanz zu, klammere mich fest. Mühelos zieht mich das Tier über die gleitglatte Fläche. Dann reicht's ihm, es keilt aus, ich lasse es los, doch es bleibt in meiner Nähe.

Ein schönes Tier. Was tun? Ratlos sehe ich mich um. Die Latzhose! Schnell ist sie abgestreift, die Beinlinge und Träger verknotet, und – gewitzt vom Vorspiel – streife ich dem Pferdchen das Hosenbeinhalfter über den Hals, winde meine Hand in die Schlinge, dränge das Tier damit dicht mir zur Seite, und willig läßt es sich führen. Ein Graben. Der Gefleckte steht wie ein Esel. Ich springe, lasse aber nicht von ihm, stürze. Das Pferd will, muß den Sprung mitvollziehen und streift mit dem Huf meinen Schädel. Peng. – Weiter geht es. Es sieht unser Haus, den Hof, wiehert. Der Hund steht steil in der Kette, tobt. Ahnungsvoll hat ihn der Mann festgemacht. Friedlich weidet der Gescheckte auf der Wiese. Wir sehen uns an. Mann und Frau seit mehr als zwanzig Jahren, da braucht's wenig Worte. Und wenn wir ihn umstreichen, fragt er listig, doch ohne Hoffnung. Seufzer auf beiden Seiten. – Rufe am Tor. Wir suchen ein Pony. Schwarz mit weißer Blesse. – Wir führen das Tier seinem Eigner zu. Das ist ein Mädchen. Klein wie ein Däumling nimmt es sich aus neben dem Pony, das plötzlich groß ist. Das Tier wird gesattelt, das Mädel vom Vater hinaufgehoben. Sicher trabt es vom Hof. Grußlos. Ohne zu danken. –
Wir machen Ferien auf einem Gestüt, sagt der Fremde. Er ist Tierarzt. Das Pony, nervös vom Transport und mit der Umgebung nicht vertraut, brach aus, erzählt er und schaut seinem Kind nach, das ihm ungeduldig mit der Peitsche winkt. – Ihre Mutter hat uns verlassen, verraten und verlassen, sagt er noch und: Das Tier soll ein Trost sein. –
Ich schaue dem Kind nach, wie es im Sattel sitzt, mit der Gerte unnachsichtig das Pferd dirigiert, sehe den stolzen Vater und habe meine Zweifel.

Morgens ist es noch kalt, da hält die Wiese ihre Augen zu. Frei ist der Blick ohne das Blattgrün. Noch behaupten sich ringsum die fahlen Schattierungen von Braun, Grün und Silber. Die Gräser vom Vorjahr tragen die Farben der Schafwolle. Dann glänzt Morgensonne auf. Inmitten der matten Gräser des vergangenen Sommers Inseln von Veilchen. Tausende, Abertausende blaßlila, zartblaue Blütentuffs den Wiesenhang auf und ab. Schwalbenblume heißt das Veilchen im Volksmund. Wenn es blüht, kommen die Schwalben.

Der Putz fällt von den Wänden, die Dächer von Haus und Scheune haben Löcher, der Zaun stürzt ein, das Wasser steigt in den Wiesen. Die Weiden wandern wachsend auf uns zu und schlagen eines Tages über uns und dem Haus zusammen. Die Natur will uns, wird sie nicht von uns aufgehalten, überrennen. Dann würden nur noch Brennesseln Signale geben: Hier lebten Menschen.

Das Abgehaltensein vom Eigentlichen ist anhaltend. Überall Natur. Ich bin ihr ausgeliefert. Erfahre, atme, liebe sie. Sehe ihre wechselnden Gesichter. Schaue in den Himmel, spüre den Wind, die Stille danach, trage den Regen auf der Haut, Nebel im Haar, das platzende Grün auf der Netzhaut, die Frische in mir. Ich bin verstrickt in Farnkraut und Schachtelhalm. Und doch bleibt die unablässige Empfindung des Abgehaltenseins. Wovon? – Den Sinn zu finden für sich selbst, dann den Zusammenhang des Ganzen. Flucht ist keine Lösung. Wozu habe ich mich beschäftigt mit den Geschichten von Frauen in Vergangenheit und Gegenwart, ihre Haltungen, Entscheidungen bedacht? Um die meinen besser bestimmen zu können. Ich habe mich zu ihnen gesellt bis zur Schlaflosigkeit: In der Todeszelle, auf dem Appellplatz, beim Gelübde des absoluten Schweigens, ledig mit Kind in fremdem Land und einem vergangenen Jahrhundert, nadelschluckend in der Irrenanstalt, zwangsernährt im Knast, die Leibesfrucht mit Erde erstickend, ich stand neben ihr, als sie die Nachricht hörte, daß man ihre Kinder aufgehängt hatte, sah, wie sie den Kopf auf den Bock legte in Plötzensee, hörte, wie man sie Hure schimpfte mit mehr als sechzig, und sie hatte doch stets nur mit einem Kanarienvogel gelebt. Hure meinte Jude, damals, achtunddreißig. – Um ihnen nahezukommen, um ihr Leben wenigstens im Kopf auszuhalten, habe ich Alkohol und Tabletten geschluckt, alles blieb Annäherung. Ich habe nicht bestanden. Aber der Versuch muß gemacht werden. Wieder und wieder. Das ist meine Gewißheit. –
Bleibt die Frage an mich: Warum habe ich ihre Stille gestört, wenn ich nichts begriffen habe für mein Leben? Den Sinn zu finden, den Zusammenhang des Ganzen …
Harte Arbeit. Man kriegt dafür lebenslänglich.
Die Zeit ist kurz bemessen.

»ICH HAB ES«, ruft Otto aus dem ehemaligen Moor herauf, wo er jetzt hundertpfundweise Erdbeeren erntet und kopfgroße Kohlrabi, »ich hab es!« – Mit schwerem Tritt, weit pendelnden Armen, prustend den Atem regulierend, der aus dem Rhythmus gerät, kommt man hastig vom Tief her zum Haus, stapft Otto näher. »Neben dem Gret liegt Auguste, Gutsköchin von Rempnau. Wenn wir das Gustchen haben, ist das Gret uns gewiß. Daß wir nun da beieinanderliegen werden – das Gret, das Gustchen und ich mittendrin –, ist mehr als gediegen.«
Er schüttelt sein stilles Lachen aus sich heraus. »Das ist, wie wenn der liebe Gott ein Augenplinkern hat. – Es gab da nämlich ein kuschliges Verhältnis zwischen Auguste und mir, damals, im Winter anno neunzehn/zwanzig, ja. Und das kam so: Also, Winter war's. Und was für einer. Das funkelte und glitzerte an den Zweigen von Schnee und Eis, der Himmel blau, die Sonne blendete und setzte goldene Lichter auf das Geblinke. Im Winter, so war das damals, wenn man tagelöhnerte auf dem Lande, mußte man zusehen, wo man Arbeit fand außerhalb der Saison. Das waren harte Zeiten. Guste nun, sie hatte ein Auge auf mich und holte mich auf das Gut. Als Pferdeknecht und in ihr Bett. Das war die Bedingung. Ich war jung und stark und hungrig dazu. Mir war es recht. Unterschlupf auf Rempnau, das war wie Speck frisch aus dem Rauch. Wenn sie auch älter war, die Guste, ein wenig dröge, nahrhaft war sie und warm dazu. So ein Glück ließ man nicht fahren. – Verflixt war nur, das Gret war schon mein Bräutchen, damals. Dreißig Kilometer weit von Rempnau war sie in Stellung. Küchenmädchen. In einer Pension. Daher kochte sie auch so verständig. Herrschaftlich. Nicht wie fürs Gesinde. Das Gret war also weit, so dachte ich, auch kam es nur einmal frei im Monat. Dann lief ich zu

ihr, lief unbeirrlich wie der Fuchs auf der Hühnerfährte. Dreißig Kilometer Seligkeit im Herzen und müde Füße. So waren die Zeiten damals in Sachen Liebe, und dagegen hatten wir nichts vorzubringen. Im Winter sah man sich selten. Es gab keinen Notstand deswegen, man war einander versprochen, das galt. Also, dieser Winter anno neunzehn/zwanzig. Die Köchin, die Guste, die reizte der Blinddarm. Sie wurde in die Stadt geschafft, und ich durfte am Sonntag, per Pferd, so hatte es die Gnädige bestimmt, die Guste besuchen und ihr gute Dinge bringen. Ich, hoch zu Roß, auf nach Bergen. Hin in die Krankenstube. Ui, Donner! Da greifen vier Arme auf einmal nach mir, und zwei zärtliche Stimmen zirpen: ›O Otto, wie schön!‹ – Ich war rot im Gesicht wie die Brust von 'nem Gimpel, und das kam nicht von der klirrenden Kälte. Das Gret, verdammter Zufall, war mit einem gebrochenen Bein dort zum Liegen gekommen, direkt neben Guste, wovon mir naturgemäß jede Nachricht fehlte. Mein Eichkätzchen wurde zur Wildkatze und warf mir den Verlobtenring und schlimme Wörter heftig an den Kopf, wovon ›Sauhund, verhurter‹ noch das feinste war. Ich raus aus der Stube, aufs Pferd, aufs Pferd und geritten, was der Gaul hergab. Ich dachte, die Weiber, die bringen es und tun sich zusammen und setzen mir nach. Einen Besen, dachte ich, werden sie finden. Hexen, griffige, handliche, dreimal vermaledeites Hexenvolk!
Wir haben gelacht über den Tag. Später. Aus war's mit dem kuschligen Bett von Auguste. Nun liegen sie wieder beieinander, da auf dem Friedhof, warten auf mich. Ich komme, das ist beschlossene Sache.«
Ich sage: Wir könnten auch bei der Friedhofsverwaltung …
»Nein«, sagt Otto. »Wenn wir suchen, eines Tages, wenn, dann finden wir sie. Ohne Verwaltung.«

Frühstück im Freien. Das ist wie Kinderfreude oder festliche Musik. So: Hummels Konzert für Trompete, zweiter Satz. Man sitzt inmitten einer Ansichtskarte. Der Storch kommt wie in jedem Jahr. Vor seiner Landung klappert er hart und wild mit dem Schnabel, dann stakst er seinen eigenwilligen Gang durch die Wiese. Reiche Beute nach dem nassen Frühjahr.

Am Waldrand trödelt der Rottweiler. Ich sehe ohne Absicht die Dorfstraße hinauf und herunter. Ein Fahrrad liegt da, unter ihm eine Frau. Neben ihr wartet ergeben ein sehr alter Hund. Die Hundeleine liegt auf dem Kopfsteinpflaster. Die Gestürzte rührt sich nicht. Ein Mann steht hinterm Gartenzaun, regungslos, ochsengleich sind seine Augen auf die Frau gerichtet. Die liegt immer noch unter dem Fahrrad. Beunruhigt gehe ich zu ihr. Ich helfe Ihnen, warten Sie. Vorsicht beim Aufstehen, Sie liegen mit den Händen in Scherben. Können Sie aufstehen? Sind Sie verletzt? – Ich hebe das Rad von ihr. Mühselig richtet sie sich an mir und dem Fahrgestell auf. Der Lenker ist beidseitig steinschwer bestückt. Das Rad schwankt unter der doppelten Last von Taschen, Flaschen und den Klimmzügen der Frau. Endlich steht sie. Vor mir schwankt ein weißes Gesicht, Augen ohne Blicke sind auf mich gerichtet, zufällig, ziellos. Tief in sich versunken ist diese Frau. Ertrunken im Alkohol. Von ihrem Zustand betroffen, verwirrt auch, sage ich: Sie sind ja betrunken, sturzbetrunken. –
Jaa? kommt es von ihr aus Brunnentiefe. Jaaa? –
Ja, sage ich, und Sie dürfen nicht wieder versuchen, das Rad zu besteigen. –
Jaa. –
Wieder dieses abwesende »Ja«, ohne innere Beteiligung, monoton, wie ein Äußerstes, aufgebracht zu unerläßlicher Verständigung. Der Mann hinter dem Zaun steht unverändert, reptilienstarr. Eigentlich erwarte ich, daß er sein Maul aufklappt, den gierigen Rachen und die mörderischen Zahnreihen zeigt. Die Frau pendelt hilflos neben ihrem Rad, das ich halten muß, damit Taschen und Fahrgestell sie nicht erneut zu Boden schlagen.
Wohnen Sie hier in der Nähe? –
Jaa. –
Kommen Sie, ich helfe Ihnen. –

Plötzlich ist in ihren Augen zu erkennen, daß sie versucht, aufzutauchen aus dem Sog Alkohol.
Ich merke das gar nicht, sagt sie und dehnt die Silben, kaut sie zäh und versucht, an ihren Worten Halt zu finden.
Sie ist vielleicht vierzig, sieht sauber aus. Ordentlich. Letzter Versuch, für sich und andere, ihre Katastrophe zu verbergen.
Durch Ordnung und Sauberkeit.
Sie merken nicht, wie sehr betrunken Sie sind? –
Jaaa. –
In Behandlung? –
Ja. –
Und es gelingt Ihnen nicht, aufzuhören? –
Ja. –
Immer noch dieser Kerl hinterm Gartenzaun.
Bewegt, betroffen und sehr erschrocken vor dieser Not, streichle ich ihren Arm und sage: Eine schlimme Krankheit, schlimm. – Da taucht sie, torkelnd, ja, aber sie taucht für einen Augenblick aus ihrem Abgrund, richtet die eben noch blicklosen Augen auf mich und sagt mit soviel Schmerz, Erschütterung: Sie wissen das? Sie wissen das?! –
Und hält mich fest mit einem Blick voll Zweifel, Fassungslosigkeit und Hoffnung, will näher zu mir, will sich mitteilen vielleicht. Aber der Strudel Alkohol zieht sie unerbittlich ins Bodenlose, ihr Blick taucht ab, willenlos, haltlos stürzt ihr Körper hinterher. Wieder liegt sie am Boden, ihre schnüffelnde Hündin über sich.
Der Rottweiler beobachtet aus gehöriger Entfernung den Vorgang. Er mag den Geruch von Alkohol nicht.
Ich mustere den Mann hinterm Zaun. Von ihm ist wohl nichts zu erwarten. Der hat sich verändert, sieht her wie ein Mensch. Ich weiß, wo sie wohnt, sagt er und öffnet die Tür.

In einem kleinen sichernden Bogen, die Schlagwucht des Mannes kennend, seine Reichweite also genau bemessend, läuft die Hündin um den Mann, ihren Herrn, und verschwindet wieselflink in der Hütte hinter dem Gartenzaun.

DER WALDMEISTER BLÜHT und bestimmt derzeit mit seinen weißen Dolden die Farbe des Waldbodens. »Unansehnlich« teilt das Bestimmungsbuch für Planzen über den Blütenstand des Waldmännchens mit. Ich finde ihn schön wie verschleierte Bräute.
Vor der Blüte pflücke ich dicke Büschel dieser duftenden Pflanze. Jetzt hängen und liegen sie getrocknet in Schränken und Schüben. Dreifache Freude: Sie geben Sicherheit vor wollefressenden Motten, die Chemie ist durch sie verbannt, und es duftet herrlich beim Öffnen der Laden und Türen.
Praktischer ist es, das trockne Kraut in Leinensäckchen zu geben, wie unsere Urmütter taten, aber das Grün und sein Aroma erfreuen mehr, als mich die Kräuterkrümel ärgern.

Ich hatte bei ihr geklingelt, und nun steht sie vor mir. Groß, eindrucksvoll, streng. Streng, nicht unhöflich. Und sehr zurückhaltend. Ich friere sehr. Von innen her und von außen. –
Daß ich in der Gegend zu tun habe, sage ich, ob es erlaubt wäre, ihre Arbeiten, die Werkstatt anzusehen, frage ich, neugierig von Beruf, füge ich hinzu. Dann nenne ich meinen Namen, warte.
Ihre Zurückhaltung ist unverändert. Derlei Anfragen kommen häufig vor in ihrem Alltag. Sie hat eine weithin gerühmte Weberei und wird deshalb oft und besonders bei schlechtem Wetter heimgesucht von gelangweilten, langweiligen Touristen.
Ich sage eine Empfehlung von dritten, gemeinsamen Bekannten, hoffe, es wird eine Parole daraus. Nein. Sie lehnt ab. Sei eben im Aufbruch und überhaupt. Ihre kräftige Hand weist auf ein graphisch eindringlich gestaltetes Schild »Kein Verkauf, Nachfragen zwecklos«.
Mir ist elend. Ich merke, daß ich kein bißchen überzeugend bin, meine Bitte war matt vorgetragen. Erneuter Ansatz! Mein Mann, sage ich und wollte das eigentlich nicht sagen, liegt hier in der Klinik. Sie haben ihn operiert. Diese Stunde. Es geht ihm nicht gut nach diesem Eingriff, dem dritten. Mich haben sie dort rausgesetzt. Ich störte. Da auch. – Jetzt zögert sie, räumt ein, daß ich vielleicht morgen, ja, wiederkommen könnte? Recht so? –
Ich nicke. Sie schließt die Tür. Ich bleibe stehen. Zwecklos, zwecklos knallt das Schild in meine Augen. Wohin? Das Hotelzimmer ist kahl und kalt, der Gastraum gar nicht gastlich. In meinem Kopf dreht ständig die Frage: Wird er es schaffen, wird er? –
Irgendein Ort, einen Menschen, Teilnahme. Ich hatte das – undeutlich – hier erhofft. Warum? Ihre Arbeiten sind sehr besonders. Sie webt Teppiche. Teppichbilder.

Unikate zu erschwinglichen Preisen für beinahe jedermann. Das ist ihr Prinzip, heißt es im Katalog ihrer letzten Ausstellung. Nicht darin vermerkt waren die amtlichen Kennmarken: Sie ist vierzig, geschieden und hat ein Kind. Das erzählten mir Freunde.
Ich stand vor ihren Bildteppichen – aus Wolle, Leinen, Metallfäden und Seiden, Steinen und Leder erfindet und webt sie wunderliche, wundervolle Landschaften –, stand also vor diesen Arbeiten, staunend, glücklich.
Da machte eine mit ihrem Handwerk genau das, was ich mit meinem versuche, wenn ich Natur beschreibe, Landschaft. Bilder, in die man sich einlassen, selber einbringen kann. Zum Drinherumspazieren. So wie sie möchte ich einen Ort, seine Bedeutung für mich aufzeichnen. Seht, so ist das für mich. »Mein« Rügen, »mein« Buddenhagen, »mein« Wind und Wald und Meer und Schilf und alles zu allen Jahreszeiten. In der Kunst muß man »ich« sagen. In der Kunst ist es Pflicht. Ihre Handarbeiten sind Herzarbeiten. Da sind die Farben der Küste, der Kreide, der Wiesen und Steine, sogar der Wind, der unverwechselbare Meereswind, weht mir aus ihren Bildern entgegen. Wer war sie, die mir so schwesterlich entgegentrat aus ihren farbenfrohen Gegenden? Wer steckte hinter den empfindsamen Gebilden aus Phantasie, natürlichen Zutaten und großer handwerklicher Fertigkeit? Immer noch stehe ich vor ihrer Tür. Die sie verschlossen hat. Unerwartet wird sie wieder aufgemacht.
Für einen Tee reicht die Zeit noch, sagt die Frau und ist nicht mehr ganz so streng, nimmt mich in ihre Wärme. Später, Jahre später, wird sie mir sagen, daß da ein Zeichen war, ein Gefühl, etwas schwer Sagbares, was sie bewegt hatte, die Tür wieder aufzumachen, wie sie es schon zwei-, dreimal zuvor getan und woraus Bindungen entstanden waren, die immer noch halten.

Zudem, das hatte sie vom Werkstattfenster her gesehen, hätte ich dagestanden wie aus der Zeit gefallen.
Wir trinken Tee. Ich erwärme mich an ihm, an ihren Arbeiten. – Dann erzähle ich von meinem Tun, und sie fragt mir ab, was zum Thema Schreiben, öffentliches Sich-Äußern, heute, an Fragen in ihr ist. Noch immer hält sie Abstand, hat – sehr verdeckt – Zweifel an dem, was das wohl sein könnte, was ich da, schreibend, ausrichten wollte. In einem Massenmedium! Immer vorausgesetzt, daß ich mein Brot ehrlich verdiene. Sie setzt das voraus, wenn sie sich einläßt. Dann gab es den Urknall zwischen uns. Wenige Wochen vor diesem Tag hatte sie einen Film gesehen, der sie umtrieb für eine Nacht und Denkstoff gab für viele Tage. Er lief im Programm von »Drüben« und war von uns. Den haben drei Frauen gemacht, sagt sie und will von mir wissen, wer diese drei sind. Es liegt nahe, daß ich es wissen könnte. Sie erzählt die Geschichte. Es ist meine. Jetzt ist sie nicht mehr zurückhaltend. Wir trinken Tee und schwatzen, am Abend gibt es zum Gespräch Käse und Rotwein, und in der Nacht schwatzen wir ohne jedes Zubrot. Annette aus ihrem Bett heraus, ich von einer Matratze am Boden zu ihr hinauf. Wir breiten unsere Leben aus und wundern uns bis in den Morgen, daß es möglich ist, mit so verschiedenen Grundmustern einander so nahe zu kommen. Der Vorgang ist hitzig und bedarf gewiß künftiger Klärung, aber wir genießen ihn, diesen ersten Tag. Ihm sollten viele folgen, das wollten wir.
So war das, als zwischen uns die Tür aufging.

Sie hatte mitgeteilt, daß sie an diesem Morgen kommen würde. Das freute mich. Seit sie mich eingelassen in ihr Haus und Leben, hatten wir einander nicht gesehen, das lag jetzt Monate zurück. Inzwischen breiteten sich Zweifel aus. War unsere Begegnung wirklich so, wie ich

sie schilderte? Dem Mann, unseren Freunden? Sie alle waren in besonderer Erwartung, wie sie nun wirklich sei, diese »Neue«, von der so viel die Rede war. Ich war so erfüllt von ihr, dem tiefen Eindruck, den sie auf mich gemacht hatte, daß die Menschen um mich unsicher waren über meine Urteilskraft. So leuchtend waren die Farben, mit denen ich sie malte, so stark die Empfindungen, die ich ihr entgegenbrachte, so beeindruckend erschienen mir ihre Haltungen. Sie hatte mich aufgenommen in ihr Haus wie eine Schwester. Aus war's mit Hotel und Einsamkeit, ich konnte meine Ängste bei ihr zeigen, meine Tränen laufen lassen, kam ich zurück von meinem Mann, aus der Klinik. Sie war da.
Ich mußte sie preisen. Ich fand sie heiter, kraftvoll, ausgeglichen, fleißig, zärtlich, stark, vor allem stark, begabt zum Schaffen und Träumen, zum Kochen, Nähen, Sträußebinden, ein Nest zu bauen, Wärme abzugeben, faul zu sein, Musik zu lieben, die auch mir die liebste war. Sie kann hart arbeiten, gelassen sein, ein Kraftfeld für jedermann, kurz: Sie ist schön, rundherum schön, obwohl sie eigentlich nicht schön ist.
So fand und so schilderte ich sie.
Nun also kommt sie. Diesen Morgen. Ein Wagen surrt heran. Der Hund bekämpft mit wütender Stimme das Geräusch des unbekannten Motors. Wir stehen aufgereiht am Zaun. Da ist sie. Die Spannung weicht, mühelos ergibt sich vertrauensvolles Miteinander. Der Rottweiler wedelt, schmeichelt ihr, sie ist angekommen. Es ist kein Wetter für den Strand, sagt der Mann. Für ihn ist das unerheblich. Jedoch weiß er, daß Gäste und Freunde besonders Badewetter lieben. Seine Anmerkung will sagen, daß dieser – ihm unerhebliche – Umstand nun doch zu bedauern ist, weil sich ihr vielleicht eine Erwartung nicht erfüllt. Ich hatte kein Ziel, als ich herkam, sagt sie, ich bin nur weggefahren. Weg. – Der

Mann schaut sie an. Genau. Nein. Sie ist heiter, freundlich, stark, entspannt und noch mehr. Alles, wie die Frau, seine Frau, sagte. Der glücklich verbrachte Tag ist zu Ende.
Schlaf.
Nachts geht der Mann vor das Haus. Es ist seine Gewohnheit. Still steht er, schaut hin zum Mond, zu den Sternen, hört auf die Grillen, den Kauz und den Wind. Manchmal macht er ein Lied aus solchen Nächten. In dieser Nacht hört er Annette weinen. Aus dem Fenster, hinter dem sie schlafen sollte, dringt es zu ihm. Hilflos, trostlos, sehr in Not. Er weckt mich. Ich gehe zu ihr.

Auch Annette hatte in ihrem Freundeskreis von der Fremden, schnell Vertrauten (also von mir) viel gesprochen. So zu Lisa, ihrer Freundin. Sie lobte mich im Überschwang hoch hinauf auf einen Sockel, damit es ja recht deutlich wurde, wie wichtig das Erlebte für sie war.
Die Freundin Lisa reagierte spröde. Annette war jedoch ganz sicher, daß ihr Zustand ansteckend wirken mußte. Ein von ihr beschlossenes Treffen aller Freundinnen mit der neu gewonnenen würde ohne viele Worte klären, was sie, Annette, offenbar nicht am Telefon ausdrücken konnte, um Lisa zu überzeugen, daß sie einen Menschen für sich und damit – möglich wär's doch – Gewinn für alle gefunden habe. Lisa machte Annettes Ausbruch einsilbig. Die sprach nun von anderen Sachen, da sie wußte, das Gesagte würde sich beweisen, bald. Es folgten besonders gute Tage für Annette. Sie leuchtete und glänzte, entwickelte neue Pläne für die Arbeit, für eine Reise, ein Fest mit Freunden. Sie wußte, das war die Zeit, ihre Zeit, in der, was sie wollte, sein würde. Ohne Anstrengung. Einfach so. Im steten Wechsel von Tätigsein und Mußestunden mit und ohne Menschen. Annette funkelte, war witzig, anziehend, ein Weib rundum von großem Reiz.

An einem dieser guten Tage fand Leo sich bei Annette ein. Leo, auch von der bildenden Zunft, mit Annette – wie seine Frau – herzlich befreundet durch ein Jahrzehnt. Er hatte den Entwurf für ein Wandbild gemacht, das er sich nunmehr zweifach ausgeführt wünschte: gemalt und gewebt. Er kam, um die Umsetzung ins Handwerklich-Technische mit ihr zu beraten. Das war ein Vorgang, wie es ihn manchmal schon gegeben hatte, den sie genossen, weil sie gern zusammen arbeiteten. Sein Sachverständnis, ihr Geschmack, die Empfindsamkeit für Farben und Materialien, die Geduld, mit der er knifflige technische Probleme mit ihr beriet – das hatte ihnen stets gute Gespräche gebracht, und sie freuten sich auf diesen neuen Anlaß zur Gemeinsamkeit. Annette sprühte Einfälle, kochte nebenher ein köstliches Mahl, zog sich zum Essen um – grüner Samt, knöchellang – und legte eine Platte auf. Turmmusik. Alles war wie immer. Nur heute war diese Zutat, dieses überströmende, freudige Selbstgefühl. Leo staunte. Er sah die Freundin an. Wieder und wieder. So lange schon saß ihr Bild fest in ihm, gefirnißt sozusagen, daß er ganz überrumpelt war von dem Wesen, das sich ihm überraschend so sehr anders zeigte. Befestigt war in ihm die Vorstellung von einer zuverlässigen, mütterlichen Frau, die Herz und Magen wärmte, wenn man bedürftig war, gut zuhören konnte und mit ihrer Arbeit oftmals zum Anreger und Herausforderer wurde für das, was ihn beschäftigte. Man tauschte Bücher, teilte Freud und Leid, besprach den Entwicklungsgang der Kinder. Viel war das. Und heute, an diesem Abend, war da mehr, war alles anders. Urplötzlich wollte er, sie aber auch, ja, auch sie, über gar nichts mehr miteinander reden, sie wollten sich berühren, einander fühlen, atmen. Musik und Rotwein fluteten über das Wunder hin, zärtlich liebten sie sich, einer den anderen entdeckend, lösten sie die Span-

nung. Auch nach der Berührung zersprang der Zauber nicht. Doch der neue Tag brachte taghelle Gedanken. Leo fuhr heim. Mit keinem Wort hatte er, hatte Annette, seine Frau genannt, ihre Freundin. Sie wollten keine Gemeinsamkeit gegen sie, nicht auch noch mit Worten. Ihnen war etwas geschehen, das sie begreifen mußten. Begreifen und bewahren, soviel wußten sie auch ohne Worte. Bewahren, nicht wiederholen. Auch das war klar, ohne ihre Gedanken austauschen zu müssen.
Dann kam der Schmerz zu Annette. Als Leo die Gasse hinaufging, ohne Wendung seines Körpers die Handflächen zu ihr hinblinken ließ, da wußte sie es: gewonnen und verloren. Er, der es hätte sein können fürs Leben, fürs ganze Leben. Heiß, wild und ganz hoffnungslos brannte sich die Gewißheit in ihr ein, daß diese Nacht, das Erleben, niemals wiederholbar wäre. Niemals mehr. Das dachte sie. Und auch daran dachte sie, daß sie erst wenig über vierzig ist. –
Sie lief durch die Landschaft in den Wald, lief und stöhnte, litt, weinte und wußte am Ende des Tages, daß sie ihn liebte, daß sie gelebt hatte, einmal, diese eine vergangene Nacht gelebt hatte, so wie sie immer gewußt hatte, daß es das geben muß, daß es so sein möchte, das Leben mit einem Mann.

Wenige Tage darauf stand Lisa vor Annettes Tür. (Sie sind seit fünf Jahren befreundet, wie gesagt.) Tagsüber gab es viel Arbeit, da ging die eine der anderen zur Hand oder hatte zugeschaut, wie es sich eben ergab. Nur, daß alles anders war als sonst. Sie hatten miteinander erreicht in den Jahren, daß sie zusammensein konnten mit und ohne Worte, und es war schön. Bei der Arbeit oder im Ausruhen, bei Festen und in schwierigen Zeiten. Heute war da etwas zwischen ihnen, was sie vorsichtig sein ließ miteinander. Das hatte Sprödig-

keit zur Folge. Sprachen sie miteinander, wurde Gerede daraus, matt. Vor allem lachten sie nicht gemeinsam an diesem Tag. Ihr kullerndes, herzliches Lachen, ihre Übereinstimmung in diesem und jenem fehlte. Es war Abend geworden. Annette fand nichts mehr zu tun.
Sie machten sich's gemütlich, wie sie es immer taten, mit Rotwein, Kerzenlicht und Musik. Sie bedienten das Ritual, wie es zwischen ihnen entstanden war.
Schweigen dehnte sich aus. Zäh. Annette wußte noch immer nicht, ob – und wenn, wie weit – Leo gestanden hatte, was sich ereignet hatte. Sie sah die Not der Freundin. Offenbar wußte sie. Annette mußte ihr helfen, den Anfang, wenigstens das.
Da atmeten beide tief durch, und beinahe gleichzeitig setzten sie an. Ich muß mit dir reden, ich kann so nicht weiter, sagte Lisa. Noch ehe sie ihren Satz beendet hatte, bekannte Annette ihr die blaue Stunde mit dem Freund, Lisas Mann.
Abwartend sah Annette zu Lisa. Bei ihr lag nun, was aus der Freundschaft wurde, die ihnen allen wichtig war und die sie, Annette und Leo, in Gefahr gebracht hatten, eine Nacht.
Der kostbarsten, wußte Annette.
Sie würde viel bezahlen müssen. Das sah sie nun. Denn auf dem Gesicht ihrer Freundin war ein Staunen, eine Fassungslosigkeit, ein stummes Rufen, daß die Erkenntnis wie ein Schlag durch Annette fuhr: Lisa wußte nichts, sie wußte *das* nicht!
Weiß, starrr, unfähig zu denken, zu sprechen saß Lisa. Völlig in sich gekehrt, unerreichbar. – Annette blieb stumm. Sie konnte und konnte ihr nicht sagen, daß es Nichts war, flüchtig, ohne Bedeutung. Sie konnte nur warten. So saßen sie lange und froren.
Wieder dämmerte ein Tag. Ein sehr anderer Tag. Für beide.

Lisa stand auf, sagte hin zur Tischplatte: Ich hatte Angst, dich zu verlieren an die Neue. Diese, deine neue Freundin, fürchtete ich, würde mich verdrängen. Ich wollte dir sagen, du bist mir wichtig. Deswegen war ich gekommen. Deswegen. –
Sie wollte gehen. Ein langer, tiefangesetzter Ton kam plötzlich aus ihr, sie konnte nichts machen, sie mußte ihn bis zur Atemlosigkeit heulen. Gegen ihren Willen. Ich wußte das nicht, sagte sie. Ich habe nichts davon gewußt. – Dann ging sie.

Nun ist Annette hier. Sie kann nicht aufhören zu weinen, sage ich dem Mann neben mir im Bett. Wir rücken zusammen. Vorsichtig, weil er noch immer nicht heil ist, mein Mann. Und ich weiß einmal mehr und wieder neu, wie gut es ist, neben ihm einzuschlafen. Einer, der eine, atmet neben mir, mit mir. Manchmal zu laut. Diese Nacht finde ich das nicht.

Das ist das Haus von Heinrich, sagt Otto. Wir setzen die Karre ab. Er zeigt auf weiße Wände, blanke Fenster, Ziegeldach. Seit Heinrich tot ist, wohnen Kinderreiche hier, die haben's billig kaufen können von unserem Staat. »So-zi-al-politische Maßnahmen« nennen sie das. Ich finde es einfach prachtvoll, daß soviel Leben in Heinrichens Villa ist. Er war der reichste Mann hier. Kreidebruchbesitzer. Altnazi. Trotzdem ein Freund und Arbeitgeber. Obwohl ich rot war. Das Gret war KPD seit einundzwanzig, ich SPD im selben Jahr. Ui, das hat Krach gegeben zwischen uns, lebenslänglich. »Du bist nicht rot«, hat Grete oft im Zorn gesagt, »rosa bist du, und Rosa ist keine Farbe, ist nur verwaschenes Zeug!« Inzwischen hat sie ja Fürsprache von den Geschichtsschreibern für ihre Theorie.
Apropos: Heinrich. Er liegt auch in einer Reihe mit uns auf dem Friedhof. –
Ein Lachen, lautlos, heftig, kämpft sich aus Ottos Leibesmitte, schüttelt den ganzen Mann und kommt gepreßt als Nasenluft aus ihm heraus. – Das Weib von Heinrich hat auf seinen Stein geschrieben: Hier ruht in Gott mein ewig unvergessener Heinrich – er war mein Alles hier auf Erden. –
Wieder pumpt Otto seine Lungen voll und läßt die Luft in kleinen Schüben weichen. –
Ihr »Alles« kann er ja gewesen sein. Von ihm weiß ich, daß da noch andere waren, die er hatte. Ein Kuckuck war er, liebte fremde Nester. – Nachdem die Freunde uns geholfen hatten, Hitler loszuwerden, mußte Heinrich persönlich in der Kreide kratzen. Im eigenen Bruch! Ehemals eigen. Ich war jetzt bei den Regierern, denn ich hatte gesessen, war kein Nazi, wurde also ausgerüstet mit Kanone und Polizeigewalt. Ich war die neue Ordnung im Dorf, ob ich das wollte oder nicht. Eines Tages, es war ein früher Morgen, ein Lastwagen

schaukelte heran und mit ihm die Weisung, bei Heinrichen die Entfernung seines Hausrates durchzuführen. Mir war die *Befehls-Gewalt* übertragen. Ui, da kam ich ins Schwitzen. Fakt war, er hatte mir Brot und Arbeit gegeben bis hin zum Zuchthaus. Allerdings war das Gret steif und fest der Meinung, daß Heinrich ein Rückversicherer war, nichts weiter. Ich traute seinem Sinneswandel: Heinrich war Jäger aus Leidenschaft. Jagen wollte er. Was der Graf nicht zugelassen hatte. Aber die braunen Bonzen nahmen ihn in ihre Jagdgesellschaft, wenn er Mitglied wurde, Parteigenosse. Also wurde Heinrich Mitglied, jagte und trank mit ihnen, hörte ihre besoffenen Reden und begriff, daß er die falsche Fährte eingeschlagen hatte. Seine Witterung hatte versagt. So was passiert. Die Spur zu wechseln während des Treibens wagte er nicht. Man konnte dabei leicht vor einen Flintenlauf geraten. Also blieb er, half mir, vielleicht auch anderen, das weiß ich nicht. Fünfundvierzig jedenfalls, Hut ab, da hat er geschuftet, klaglos, bis er umgefallen ist, kreideweiß und mausetot. –
Ich sollte nun die Elster spielen und seiner Frau die Löffel stehlen. Verfluchter Umstand, dachte ich und: Braucht die Re-vo-lu-ti-on, braucht sie Heinrichens silberne Löffel? Einstimmig, ohne Gegenstimme, entschied ich: Nein, braucht sie nicht. –
Und so habe ich die Männer von der Fuhre nach Dekken und Planen im alten Spritzenhaus geschickt und bin – wieselflink eine Abkürzung nutzend – voraus und hin zu Heinrichs Villa. Das Meißner Porzellan, komplett für eine Mandel Hochzeitsgäste, das Silber und alle Bilder, echtes Öl, das haben wir noch beiseite schaffen können. Nur das Eßzimmer, Eiche, linksgeschnitzt, Tisch und Stühle für zwei Dutzend Breitseiten, das ging flöten. Sternhagelvoll war ich nach der Aktion. Heinrich und ich haben gemeinsam einen halben Ballon Obstler

über die gelungene List gekippt. Obstler macht bekanntlich runde Füße. Als ich mit »rolling home« in unsere Stube trudelte, folgte eine Grundsatzerklärung zwischen Gret und mir. Die »Praxis« ihrer Ansichten bewies sie mit dem Handfeger, den sie wie Hagelschläge auf mein Jackstück prasseln ließ, dann folgte die Theorie. Rot im Gesicht und feuerrot im Herzen schrie sie: »Versöhnler, Versöhnler, du!« – Immer wieder sang sie denselben Vers. – »Ich werde dir den Klassenkampf noch beibringen! Nichts hast du begriffen seit anno achtzehn, gar nichts. Hast die Revolution ein zweites Mal verraten, Karl und Rosa hast du verraten, du, du Sozi-al-demokrat, du!« Dazu klopfte sie, wohin sie treffen konnte. Das machte, sie stammt von der Landarmut her, die überzeugen einander auf diese Art. Ui, ihr Zorn nahm kein Ende, weil ich so lachen mußte, wenn sie mich haute. Das war, wie wenn ein Vögelchen pickte, so lüttenklein, so spinnwebig war das Gret. Aber sie hatte eine feste Hand und ebensolchen Charakter. Eine Kämpfernatur. Leicht wäre es gewesen, den Spieß umzudrehen, aber ich ließ das Donnerwetter über mich hinziehen, denn ich liebte die Stimmung nach dem Gewitter. So sah der »Vereinigungsparteitag« zwischen Gret und mir aus. Weh getan hat der »Versöhnler« – darum ging es manchmal zwischen uns. Einmal ging es sogar ums Leben. Vergangene Zeiten. Nicht vergessen. – Heftig nimmt Otto die Karre hoch, ich lege mir eilig den Gurt über die Schulter. Er schiebend, ich ziehend, geht's heimwärts mit der schwankenden Last. Rohr für das Scheunendach.

Mein Weg führt zu den Wasserschwertlilien. Stolz, abweisend ziehen sie mich eben deswegen an. Im Wald ein Tümpel, darin die Versammlung der iris pseudacoris L. – Hoch, dicht gedrängt, doch voller Würde, die gelben Häupter in ernster Bestimmung aufrecht haltend, verteidigen sie sich, ihren Grund, vielleicht noch mehr? Ich will sie haben.
Vorsichtig sucht mein Fuß Halt auf igligen Büscheln von Riedgras. Schritt für Schritt erkunde ich die Tragfähigkeit der Grasnarbe, die inselartig gesiedelt hat im schlierigen Boden. Plötzlich überfällt mich wirbelnde Angst. Strudelnd, saugend, unerbittlich sinkend, schmatzt und schluckt der Sumpf nach meinem Bein. Ein angstvoller Griff in die Lilien, die schlagen mit ihren Schwertern, verletzen meine Hände. Die verdorrten Zweige einer entwurzelten Buche geben mir Halt, ich winde, ziehe mich aus dem Morast. Land. Es kann gar nichts passieren. Dieses Moor ist flach, gefahrlos, und doch wirkt die Angst durch Druck in der Gegend, wo vermutlich die Seele sitzt. Atavistische Rudimente? Oder die Furcht von Generationen, deren natürliche Einbindung in das *Stirb* und *Werde* verlorengegangen ist? Nun sind wir besetzt von der Angst, nicht zu wissen, wohin wir gehen, wenn wir gehen müssen, weil wir zugelassen haben, daß nur noch das *Sein* unser *Bewußtsein* regieren durfte. Was aber ist es, daß unser *Unterbewußtsein* bestimmt, das genetische Muster aus Erfahrungen, Ängsten und Ahnungen von damals bis in unsere Gegenwart?
Wer oder was hilft uns, wenn wir erfahren müssen, unser Stundenmesser wird bald stillestehen?
Hier wäre eine Armee notwendig, eine Hilfsmacht von Spezialisten, welche denen, die aus dem Leben gehen, helfen anzunehmen, was angenommen werden muß. Wir sind noch weit entfernt vom Miteinander, von Zu-

wendung, Wärme, Geborgenheit, vom Händehalten in den letzten Schlaf. Brot und Kohle, ja. Das ist viel und doch nur die Hälfte des Lebens, ein Teil, auf den zu verzichten viele bereit sind, wie wir erkennen müssen. Auch das macht angst. Todesangst.
Ich ziehe den Stiefel aus schmatzendem Grund. Erlöst und immer noch nicht frei von dumpfen Empfindungen, sehe ich porzellanblauen Himmel zwischen den mächtigen Baumkronen.
Diesmal noch nicht.

Lebendfrisch holen die Männer den Plattfisch vom Fischer. Schlachten, Ausnehmen, Salzen. Die Schollen sollen geräuchert werden. Voll von Leitsätzen über diesen besonderen Vorgang, hocken die Freunde am eisernen Tönnchen. Sie tragen komische Hüte, über sich einen – von unterschiedlichen Wettern – gebogenen Sonnenschirm. Bier ist wichtig. Der luftgetrocknete Fisch wird, wie es im Buche steht, gespießt und übers laue Feuer aus Buchenscheiten gehängt. Die Freunde üben »zurück zur Natur«, lachen, singen ein wenig zur Klampfe, derweil der erste Fisch ins Feuer plumpst, ein weiterer folgt. Sorgfältig abgespült, trockengerieben und diesmal am Schwanz, kopfabwärts gehängt, sieht sich das Flachvieh die Flamme von oben an. Dem Fachmann graust's bei solcher Kunde. Die Männer, zu lustigen Burschen fest entschlossen, erklären das Plattvieh zu fliegenden Fischen, die Tonne wird zur Versuchsanlage. Der Rückzug ins Gegenwärtige ist offenkundig. Eiche macht den Goldbutt gar, der Rauch von Rinde macht Farbe und Geschmack, so steht's in der Anleitung, die unsere Vorväter nicht brauchten. Absturz auf Absturz hat der akademische Umgang mit dem Meeresgetier zur Folge. Sie lachen und trinken. Wir Frauen hören das Echo ihres Vergnügens ringsum auf den Hügeln beim langen Spaziergang. Auf den Köpfen balancieren wir behutsam die Hüte unserer Großmütter. Am Ende des Tages ist der Hund gesättigt vom Fisch. Auf dem Abendbrottisch, auf einem Teller aus Steingut, biegt sich ein goldschwarzes Meertier. Bitterliche Haut, süß das Fischfleisch. Einsam hielt es der Feuerprobe stand. Der Versuch ist mißraten, die Theorie vielfach verbessert, erläutern die lustigen Burschen mit Ernst und öffnen die Dosen mit der Aufschrift »Makrele in Tomatentunke«. Beim Bier, im Mondschein, entsteht zur Gitarre die Ballade der geschundenen Flunder. Die Tonart ist vorwiegend Moll.

Der Nebel steht bis dicht ans Haus.
Es ist warm und dunstig, die Umwelt ist versunken.
Fern singt das Nebelhorn sein Eintonlied.
Siebenschläfer. Das kann ja heiter werden. –
Unverhofft, schnell, leckt die Sonne den Glast aus dem Tal. Goldener Tag. Im Grase funkeln tausend diamantene Netze. Der Spinnen ganze Beute ist der Morgentau. »Korrk«, sagt der Kolkrabe streng zu uns, »korrk«, knarrt er unwillig, und auch das Bleßhuhn warnt seine Brut vor mir und dem Hund. Das Gras steht schulterhoch, und meine Hosen sind naß bis zum Gürtel. Vor mir steigen Staubwolken auf. Blütenstaub. Der Hund streift durch das blühende Grün, das über ihm zusammenschlägt und seine Samen ausschüttet ringsumher. Ein Dukatenfalter, blutorangerot, obwohl aus der Familie der Bläulinge, und feingebaute blitzgrüne Libellen nutzen den Hundepfad als Flugschneise. Noch immer blühen Vergißmeinnicht am Bachlauf.
Siebenschläfer. –

Wie bunte Wunder leuchten die Lampions im Apfelbaum. Die Nacht ist still, schwarz und voller Sterne. Der Grill strahlt Hitze ab. Das prächtige Rippenstück ist verzehrt, jetzt knacken Holzscheite in der Glut. Grillen zirpen, Frösche tümpeln und quarren ihr gemütliches Abendlied. Düfte von Schöllkraut, Labkraut und anderen Gräsern steigen aus der Wiese. Dieser Sommer! So sagen wir in jedem Jahr. Lachen und Plaudern im Haus und im Hof. – Ich hocke auf dem Tritt vor dem Haus, neben mich setzt sich ein Freund. Wir haben Wein getrunken. Zum guten Essen viel Wein. Ich brauch nur 'ne Scheune, den Stein und die Scheune, dann hacke ich los, sagt er leise, in Not. Jetzt bin ich vierzig, bin stark für den härtesten Marmor. Ich müßte für mich sein, um alles zu machen: Lidice, von Bobrowski die Verse, die gemordeten Zigeuner. – Ich und der Stein. Klopfen den ganzen Tag. –
Stumm sitze ich und denke: Und die Frau, das Kind? –
Die Lampions schaukeln jetzt leise im Wind. Auch der Mond aus Papier schwankt, als hätte er seine Zweifel.
Die Stelen und Steine des Freundes sind von schwer sagbarer Schönheit. Voller Liebe. Wissen. Schmerzliche Schönheit. Sie drücken das Herz, das Gewissen. Machen Tränen und Zorn, Sanftsein miteinander. Alles das schlägt er aus Steinen.
So möchte ich Zeichen setzen können auf Papier, daß sie wirken, nachhaltig, nachhallend, ein Echo machen in anderen. –
Er geht.
Ich bleibe zurück. Denke: Manchmal stößt auch mich der Gedanke, mich einem Rhythmus angepaßt zu haben, der sehr anders ist als meiner, und daß ich vielleicht deswegen meine Melodie nicht finde, nicht meinen Vers. –
Der Mann, mein Freund, sitzt und singt eines seiner

schönsten Lieder. Er singt vom Stern von Bethlehem, der nur einmal in dreihundertdreißig Jahren zu sehen ist. Der Himmel bleibt jedoch verschlossen, der Stern ist nicht zu sehen, und es müssen wieder dreihundertunddreißig Jahre vergehen, bis die Menschen ihn – vielleicht – sehen werden. Das Prinzip Hoffnung.
Er singt so selig schön, hat diesen »reinen Ton«, wie es bei Laxness heißt, daß alles in mir im gleichen Maße mit ihm schwingt.

Verlassen wir das Haus, wird der Hund an die Laufleine gehängt. Es hat keine Nachbarn, das Haus, ist einsam gelegen. Zwischen Tür und Tor, fünfunddreißig Meter in der Länge, darf der beste Freund des Menschen auf und ab gehen. Hin und her. Her und hin. Ein gewaltiges Sicherungssystem aus Drahtseilen, Laufrollen, Schraubzwingen und klirrenden Ketten hält den mächtigen Kerl in Abhängigkeit.
Grund: möglicher Einbruch ins Paradies und daraus folgende Verelendung des Besitzers.
Fast wie ein Mensch fühlt sich der Hund ohne das stählerne Gängelband. Obwohl an den gewohnten Plätzen liegend, als wäre er angekettet.
Nicht angekettet zu sein ist Glück. Auch für den Hund.

De Lewe Jott hat grosse Wäsche. Nicht viele wissen, wie er wirklich heißt, »De Lewe Jott!«. Er wohnt am Waldrand im ehemaligen Maschinenhaus eines alten Kreidebruches. Er ist groß, schweigsam, bärenstark und trägt Brillengläser dick wie Aquarienglas. Die Sehschwäche prägte wohl seine Lebensart, dachte ich.
Er arbeitet im Wald, hegt ein paar Beete und wird von den Anrainern »De Lewe Jott« genannt, so urtümlich, bergmäßig schaut er aus, taucht er auf da und dort, unerwartet. Weiße Wäsche über mohnroter Wiese, der Himmel königsblau, nur der Wind hat keine Farbe. Die Schwalben füttern ihre Brut und machen mittendrin ein Schwätzchen auf dem Draht, der den Strom bringt in diese Einsamkeit. De Lewe Jott steht vor der Tür, verfolgt ihren Beuteflug. Der ist hoch. Schönwetter. Ich gehe vorbei, grüße und denke: Die Welt ist in Ordnung. – Etliche Meilen von diesem Ort, in einer anderen Landschaft, zerfällt ein Haus, seit Jahren. Durch die geborstenen Fenster sieht man den rostenden Herd, wurmstichige Schränke. Der Teekessel hockt auf dem Ofen wie eben abgestellt, der Rest einer Küchenschürze baumelt an einem ins Spinnennetz verwebten Haken, Pantoffeln modern unter der Wasserbank, und staubbedeckte Weckgläser mit mulmigen Früchten füllen die Borde. Die Küchenlampe schaukelt quietschend im Wind. Im Hintergrund des anstoßenden Raumes zipfeln Deckenfransen über den Rand eines Korbtisches. Bilder, Fotos blieben unberührt von Menschenhand. Jetzt hat sie der Regen, der Wind.
Über dem Tisch, im eirunden Rahmen, hängt das prächtig kolorierte Porträt eines Brautpaares. Unwirklich schön das Mädchengesicht, der junge Mann kraftvoll, rothaarig und – Brillengläser, dick wie Aquarienglas. De Lewe Jott. – Sie starb. Von einem Tag zum anderen war sie nicht mehr da. Als man den Sarg mit ihr aus der Tür

trug, verließ er das Haus, den Ort. »Ließ alles fahren«, wie es in alten Geschichten heißt, und lebt seither am Waldrand in einer Hütte, anderswo. –
De Lewe Jott steht vor der Tür. Er wartet. Manchmal besucht ihn ein sehr junger Mann und liest ihm seine ersten Verse vor. Er, der Junge, der eben beginnt, sich außerhalb des Kreises zu bewegen, in dem man sich gemeinhin dreht, findet Aufmerksamkeit, Verständnis sogar bei diesem Außenseiter, den man – teils bewundernd, teils mit Spott – »De Lewe Jott« nennt.
Er sucht den Sonderling, der vor seiner Hütte steht und wartet, daß einer wie dieser vorbeikommt, ihn und sein gelebtes Leben braucht. Sie haben ihre stillen, manchmal auch stummen Gespräche.
Laubfrösche knarren Abendgrüße in den Wiesengrund, der Wind hat auf West gedreht, bald wird Regen sein. Wieder einmal gehe ich vorbei an *De Lewe Jott*, grüße und denke: Ja, doch, die Welt ist in Ordnung. –

Genug Natur.

Die Mücken pieken, die Fliegen stechen. Das Gras steht hüfthoch und ist schwer begehbar. Nun auch noch Regen. Seit der Mond gewechselt hat, regnet es. Klatschnaß sind die Hosen nach jedem Spaziergang. Die Schafe lärmen. Wegschnecken in Massen rasieren das Kräuterbeet zu einem Kahlschlag. Ich ersäufe sie in Bier.

Den Rest der Aussaat ersäuft der Regen. Myriaden psylla mali verkleben mit Honigtau die Apfelblüten. Der kleine Blattfloh ist ein großes Ärgernis. Zerfrißt die Blätter und macht aus den prächtigen Bäumen elende Strumpel. Am Meer ist es auch nicht besser. Man sieht nichts. Alles ist vom Dunst verhangen. Grauer Himmel. Eintönig grau. Ewig rauscht es.

Täglich heizen. Asche raus, Kohlen rein. Mitten im Sommer. Natur? Nein, danke.

Kuckuckuckuck.

Da ist er wieder. Trotz Regen und Wind. Kuckuckukkuck. Der stotternde Kuckuck. Er bringt mich zum Lachen. Meisen, Finken und Wiesenschmätzer freuen sich über den reich gedeckten Apfelbaumtisch. Apfelblattsauger sind ihre Lieblingsspeise.

Herrlich ist es, vom Wind durchweht, triefend und tropfend, die Stiefel verdreckt vom kreidigen Schlamm, heimzukommen vom Streifzug durch die Natur. Das Haus ist gemütlich warm, die Socken aus Schafwolle auch. Die Hosen trocknen am Kachelofen. Fröhlich spielt das Nebelhorn mit bei Händels »Wassermusik«. Ja, die Natur!

Sie schaut aus, als hätte sie sich etwas vorgenommen. Was Bestimmtes. Ihr Mann ist im Ausland. Wie sie duftet! Schon ehe sie aus dem Wagen steigt, duftet sie. Autohandschuhe. Echte. Solche, wo ein Stück fehlt. Ja, die. Und Schmuckstücke die Menge. Flirrend und schön. Schuhe – weiß der Himmel, wie sie damit laufen will. Hier! Was fange ich nur mit ihr an? Kartoffeln, Möhren und Kräuter holen wir aus der Erde direkt in die Küche. Eimerweis wird das Wasser von der Quelle ins Haus geschleppt. Für Menschen und Tiere. Bei der Hitze müssen die Schafe täglich getränkt werden. Was hat sie vor? Sie ist meine Freundin. Seit langer Zeit. Seit sehr langer Zeit. Da war sie noch stud. phil., nicht die gefeierte Sängerin. – Was ist nur los mit ihr? Mein Blick trifft auf den Mann, meinen Mann. Nein. Der raucht Pfeife und teert die Dächer der Hundehütten. Meine Latzhose, na ja, die flotte Blume, die ein Malerfreund mir ans linke Hosenbein gemalt hat, lenkt wohl nicht ab von ihrem insgesamt verheerenden Zustand. Eine Sicherheitsnadel hält die Träger, seitlich klafft die Hose unverschließbar. Ich muß meine Taille in letzter Zeit verloren haben. Sie hingegen! Auch über Mitte Vierzig, aber die Figur! Da kommt sie aus dem Haus. Hosen an, die ihr nicht stehen, weil sie so lang ist, verblichenes Hemd, ein Knopf fehlt (Ha!). – Sie rennt in den Wald mit Beutel, Messer und dem Hund. Pilze! höre ich sie rufen. – Es ist zu trocken, rufe ich zurück. – Weg ist sie und kommt wieder: Beutel, Taschen, Halstuch voller Pilze. Verschwitzt und schmutzig, Tannennadeln im Haar und Kletten an der Hose. Abends rennen wir Hand in Hand in den Sonnenuntergang. Die Wiese hinunter, den Berg hinauf und sehen zu, wie die Sonne hennarot ins fliederblaue Wasser taucht.

Nu gucke, wie sie neiditscht, sagt die Freundin, und wir lachen und gehören zusammen. –

Nach wenigen sehr vergnügten Tagen reist sie ab. Wieder duftet sie, und die Pretiosen blitzen. Nur die Hände … Dafür sind Handschuhe da. Sie startet den Motor, öffnet das Fenster, duftet. Dann sagt sie mir, daß sie ihr Leben verändern werde. Sie sagt das ganz sicher, aus einer großen Gelassenheit heraus. Stolz ist dabei, Glück auch und vor allem diese Sicherheit, daß es richtig ist, was sie vorhat. Danke, sagt sie noch und: Ich schreibe dir. Winkt und fährt weg. Von der Pforte zurück zum Haus sagt der Mann: Irgendwas ist mit ihr. – Ja, sage ich und staune, daß er es auch bemerkt hat. – In einer langen, maßvollen Kurve ist sie von der Straße ab in den Wald direkt auf eine Kiefer gefahren.
Wir haben dort Blumen hingelegt, aber das hilft nicht.

Ich stehe am Meer. Alle Fragen hören auf. Es ist kristallklar. Seine Farben, von meinen Fußspitzen bis hin zum Horizont, fließen vom Türkis bis Lavendel über alle Schattierungen des Blau: leuchtendes Lapislazuli, schimmernder Opal, klarer Aquamarin, geheimnisvoller Amethyst, festlicher Saphir. Juwelengefunkel vom Grunde des Wassers.
Ein Küstenschutzschiff zerteilt die reine Linie zwischen Himmel und Erde, zerschneidet die Empfindung und verändert meine Betrachtung.
Ich stehe am Meer, und alle Fragen fangen an.

Ein Haus braucht Handwerker. Unvermeidlich. Die Unvermeidlichen sind eingetroffen, um die Möglichkeit des Deckens eines Daches zu erörtern. Das sieht so aus: Der Chef der Truppe erscheint mit Frau Gemahlin. Sie hat das Sagen über sämtliche Termine. Tatortbegehung. Das ist die erste Sprosse der Leiter zum gedeckten Dach. Bedächtig, Bierflasche in der Hand, umkreisen die Männer das schadhafte Dach. Die Geschickelenkerin indes thront in der Veranda und will unterhalten sein. Füllig ist sie, rosig und eigentlich doch nett, sage ich mir, rede ich mir zu, denn was soll's, bei uns regnet's durch, also sitze ich mit ihr und suche einen Faden zu spinnen, in den sie sich hoffentlich wickeln läßt. Sie, die Königin von Jasmund, Gattin des mächtigen Instandsetzers, der allein noch dieses Handwerks kundig ist auf diesem Eiland.
Unsere Enkelin Henriette, vierjährig, spielt störfrei am Tisch, an dem wir sitzen. Die bessere Hälfte des Rohrdachdeckergeschäftes schweigt hartnäckig und nippt an einem Kornschnaps. Ich schleiche mich an, beginne vom Wetter, der Obsternte, Heumahd, vom Färben der Wolle und wie man gute Marmelade macht aus den Früchten der Eberesche. Meine Wortflut verebbt am wogenden Busen der Frau gegenüber. Sie bleibt ganz Gattin und nippt am zweiten Kornschnaps. Ich kippe den Gebrannten, atme durch und will eben mit streng vertraulichem Tratsch aus der Hauptstadt die Feste stürmen, da schiebt sich Großtochter Henriette her zu mir über die Tischplatte, blondlockig, sternäugig, ein liebliches Kind von ebensolchem Wesen. Sie schaut mich an, so schräg von unten, lüstern, ein wenig mit Schauder, im Bewußtsein des Unbotmäßigen, das nun folgt, vorwiegend aber nicht aufzuhalten und entschlossen, der Großma auf den Grund zu helfen, denn wie die sich windet und schindet seit nunmehr einmal um die

Uhr herum, ist länger nicht mit anzuhören. Und das holde Kind sagt zu mir: Toofes Arschloch. –
Ganz sachte sagt sie's, ohne ihre Stimme anzuheben. Die Stille danach ist von der Art, wie wenn zwei Waggons aufeinanderkrachen. Erwartungsvoll schaut sie auf mich, was wohl jetzt folgt. – Ich muß lachen. Die Gattin auch. Sie lacht, kippt ihren Kornschnaps so wie ich und erzählt von ihrer Kinderschar und wie sie nun mal sind, die lieben Kleinen.
Ich habe keine Not mehr mit dem Dialog. Jetzt führt die zwiefach Angeheiterte Rede und Gegenrede ganz allein, verwandelt flugs die winzige Veranda in eine Kommandozentrale, diktiert alle Erfordernisse für die Abdichtung des Daches einschließlich der dabei anfallenden Mahlzeiten, inklusive Getränke. Alkoholfrei! bekräftigt sie fröhlich mit einem weiteren Kornschnaps. Uff! Wir sind uns einig, einig, einig, und Henriette trollt zufrieden aus dem Häuschen, denn ihre Oma ist nun, wie sie immer ist.

DER WAGEN HIER, sagt Otto, hat mich direkt hin zum Volksgerichtshof kutschiert. »Beteiligung am Hochverrat«, lautete die Anklage vom »Sondergerichtshof«. Nun steht sie da, die alte Klapperkiste, sarggroß, damals mit Deckel. Drin lag das »U-Boot« und obenauf Netze. So zuckelte ich quer durch die Stadt zum Hafen hin, meinen lütten Kastenwagen fest an der Deichsel. Im Hafen übernahmen Fischer die gefährliche Last und brachten sie sicher in dänisches Gewässer. Ich seh dir an, daß du nicht weißt, was ein »U-Boot« meint in diesem Fall. Illegale. Menschen eben, die untertauchen mußten. Weg von der Oberfläche, klar? Die Sache kam auf und vor Gericht. Siehst du, und nun kam die Stunde, wo das Gret wollte, daß ich mich biege vor den Talaren. Jetzt sollte ich rosa sein, damit der Kopf blieb, wo er hingehört. Plötzlich war min Gret allens recht, nur wiederkommen sollte ich alte Wurzel. Ein Gna-den-ge-such spukte in ihrem Kopf herum. Man denke. Das wollte Gret. Mein standhaftes Weib. Wer war nun der »Versöhnler«, was?! Gnade. Von denen. Nie. Wenn sie um Gnade barmen würde, das war absolut feststehend für mich, ich wäre nicht zu ihr zurückgegangen. Sie hat das geschluckt. Wie eine Pechmarie stand sie nach dem Urteilsspruch. Rundum voll Teer und Tränen.
Ich kam ins Moor. Neun Monate habe ich das durchgestanden, dann war ich fertig, und die Genossen haben es gemacht, daß ich zur Backstube kam. Erst schwarz, dann weiß; erst Moorhund, dann Mehlmaus. Geschunden wurde da auch. Aber man konnte Genossen, die am Verhungern waren, mit Brot wieder zum Leben bringen. Das half fürs eigene Überleben. Viermal vier Jahreszeiten hielt das so an, die U-Haft aufgeschlagen. Wenn das Gret nicht gewartet hätte, draußen, ich hätte sie nicht überlebt, diese Jahre.
Dann wurde ich entlassen. Ich weiß bis heute nicht,

wieso, aber Gret stand am Tor mit eben dem Karren hier. Sie setzte mich rein, ich war wie ein Heuhalm, sie zog mich bis in die gute Stube. So war es, das Gret. – Die alte Karre steht nur da, schweigt sich aus übers Gelebte.

Ich habe viel Welt gesehen.
Das hier ist mein Ort. –
Mittel- und Ostasien, Südafrika und Südindien. Die Arbeit führte mich nach West-, Ost- und Nordeuropa. –
Hier ist mein Ort.
Hier ist, was in mir Nebel war, nicht faßbar zuvor, hier ist Heimatland.
Ich konnte es entdecken, weil ich andere Länder, andere Inseln sah, sie riechen durfte, schmecken. Seither weiß ich, wo mein Platz ist.
Das Herz tut weh, und der Vorsatz, mich fortzuschreiben von diesem Ort, mißlingt. Ich schreibe mich fest.
Ich muß es anders angehen.
Das »Refugium« wird mehr und mehr zu einer Insel inmitten der Insel.
Damals, als Otto diesen Platz markierte, war das Haus von naturgewachsenen Wiesen eingeschlossen; seltene Blumen blühten ringsumher. Die Wiesen-Küchenschelle läutete im Frühling ihren kleinen Ton, hier wächst Knabenkraut in Fülle, goldene Disteln überglänzen im späten Sommer Hänge und Matten. In jener Zeit führte der Schäfer mit seinen Hunden die Herde über die Weiden. Die Schafe ernteten, düngten und zogen weiter, ohne die Landschaft zu verletzen. Ein ewiger Kreislauf. Intakt bis zu dem Tag, da die Gemeinschaft der Bauern mit schwerem Gerät kam, umbrach, was Jahrtausende versammelt hatten auf kreidigem Grund. Ein Flurstück nach dem anderen wurde eingezäunt mit stachligem Draht, damit die Tiere nun ohne Aufsicht weiden können. Dort, wo einst Veilchen, Fingerkraut, Odermennig, Johanniskraut Glockenblumen in mannigfacher Ausführung, die Witwenblume nebst Ochsenzunge blühten, beherrschen Klee, Löwenzahn und Brennessel die, zugegeben, fetteren Weidegründe. Den Wiesen, die wir wie unsere Kinder

hätten schützen müssen, hat der Mensch seine Kultur gebracht.
Es ist jetzt Kulturland.

Im Wiesengrund, zwischen brennenden Kerzen und unterm Mondschein, steht ein Clown und setzt seine kleine Trompete an. Die Nacht ist still und sternenklar, kein Wind bewegt Blätter und Zweige. Gesammelte Stille. Aus ihr heraus steigt rein und hell die sanfte Melodie des alten Liedes, das nach der Zahl der Sterne fragt. So schön und herzberührend bläst der kleine Clown, daß die ansonsten sangesfreudige Runde statuarisch sitzt und lauscht. Der letzte Ton weht über den kreidigen Hügel, die bunte Maske verneigt sich, winkt mit ihrer weißen Handschuhhand, winkt und weicht aus dem Lichtstrahl des Mondes, verschwindet, entschwindet in den dunklen Hintergrund aus Büschen und Sträuchern. Nur die Hand ist noch zu sehen. Ein weißer, saugender Punkt, der hinter diesen seltsamen Zauber gesetzt ist. Die Freunde sitzen stumm. Eingehüllt in den Mondschein und in den magischen Bannkreis dieser kleinen Person, der es gelingt – womit, wodurch? –, jung und alt glänzende Augen zu machen. Man rückt zusammen, zündet das Feuer an, schwatzt, lacht, genießt den besonderen Abend, die prachtvolle Nacht.
Sie hat sich umgekleidet und kommt nun zurück. Sie, der Clown. Hinkend tritt sie in den Kreis. Eine Kiste wird ihr zugeschoben, ein Glas Wein in die Hand gedrückt. Große und kleine Leute bekennen ungehemmt ihr Berührtsein. Man möchte losgehen und Gutes tun, sagt einer. Ich könnte euch alle umarmen, ein anderer. Morgen kommt Wind auf, wollen wir einen Drachen steigen lassen, sagt der Mann, der Älteste in dieser Runde. Ich kündige an, mir eine rote Nase zu malen und mit dieser Herausforderung durch die Stadt zu gehen. Wer lacht, dem wird auf der Stelle eine rote Nase verliehen.
Wir tragen alle rote Nasen, sagt der Clown. Wir müssen nur Mut haben, das zu bekennen.

Sie ist so ein Mutmacher, weiß ich inzwischen.
Der Clown steht auf, hinkt ein wenig beiseite, um eine kleine Distanz zu legen zwischen sich und der ausgelösten Begeisterung. Sie mag nicht, wenn Empfindungen, die sie bewußt geweckt hat, auf sie zurückkommen.
Phantasie freisetzen, Freundlichkeit vervielfältigen, Träume auslösen – das will ich, sagt sie mir in einem unserer Gespräche. Ich möchte diese Anregungen, falls sie sich ereignen, von den Menschen mit in den Alltag genommen wissen. Dafür arbeite ich. Das ist mein Traum. –
Wir sehen uns an. Sie hinkt noch mehr ins Abseits der fröhlichen Runde. Meine Blicke folgen ihr. Und wieder ist da dieses starke Gefühl, das mich bei unserer ersten Begegnung überfiel: sie behüten zu müssen.
Das fing so an: Der Zirkus ist da! riefen die Plakate von den Bäumen. Ich mußte dahin. Ich liebe den Zirkus, seine Gerüche, die spannungsgeladenen Geräusche, die erwartungsvollen Gesichter der Zuschauer, die harte, glitzernde Arbeit der Artisten, seine Musike. Vorhang auf. Da kommt ein Mensch in die Manege, klein, zierlich, durch einen grellen Scheinwerfer schmerzhaft aus der Dunkelheit ins Licht geholt. Einsam hinkt er, wie unter einer schweren Last, von Hunderten Augenpaaren verfolgt, ins Zentrum des Zirkusrunds. Lachen kommt auf. Ein Clown, hinkend, das ist gewiß ein ulkiger Anfang. Plötzlich wird klar: Der hinkt tatsächlich, ist beim Gehen behindert. Die Einsicht löst Unruhe aus. Eine Spur Unwillen schwingt mit. Die kleine Person in der Manege ist so gesammelt, so nadelspitz darauf gerichtet, ihre Absicht auf die Menschen ringsum zu übertragen, daß Stille eintritt von der Art, die es in unseren Ohren rauschen macht. Da! Ein Schmetterling taumelt aus der Kuppel herab, er fällt, stürzt. Der Clown erkennt seine Not, zaubert eine winzige Flöte herbei und läßt

nun eine Melodie aufklingen, so süß und rein, so jubilate, daß Sonne und also Licht wird für den schönen Falter himmelblau. Er steigt und gaukelt im Auf und Ab der Töne, tanzt, schwingt, schwebt in der breiter und heller werdenden Scheinwerferbahn, kuppelhoch flirrt er jetzt im gleißenden, fließenden Licht in seine Freiheit. Licht aus. Tosender Applaus. Der Clown verneigt sich. Mit ihr der Schmetterling. Ein Mensch von kleinem Wuchs. Sie stehen da, sie lächeln und senden schüchterne Gesten als Gruß hin zu den Menschen, die ihre Botschaft angenommen haben.
Es war sogleich beschlossene Sache, daß ich dieser Zauberin ihre Geheimnisse abfragen wollte, mußte. – Wir standen einander gegenüber. Sie auf dem Kopf, ich auf den Füßen. Extreme Haltungen. Ist es die Art, wie wir die Welt anschauen? Schweigen. Ich lasse meine Augen umgehen im spartanisch eingerichteten Wohnwagen. Viele Fotos berühmter Spaßmacher aus der Vergangenheit und Gegenwart an den Wänden. Flöten, Trommeln, ein Tamburin und Kastagnetten liegen griffbereit, die Gitarre lehnt am Stuhl. Von einem Riesenposter her streckt mir Einstein die Zunge entgegen. Zeitungsausschnitte und ein Kleistertopf bedecken die kleine Tischplatte. Sie steht noch immer auf dem Kopf. Yoga. Ihre Augen allerdings sind jetzt auf mich gerichtet. Ich sage meinen Namen, meine Absicht. Sie sagt, immer noch die Beine himmelwärts, daß sie keine Auskunft gibt zur Person. Alles, was sie mitzuteilen hätte, würde von ihr abends unterm Chapiteau gesagt, per Klang und Pantomime. Ich muß ihr auf den Grund kommen. Plötzlich ist das lebenswichtig. –
Sie wollen alle Menschen auf den Kopf stellen, ihr Unterstes zuoberst kehren, sie durchschütteln sozusagen. Ist das richtig? – Keine Reaktion.
Ich sage: Ich wußte nicht, daß Sie die Nacht durcharbei-

ten. – Nichts. Nun muß ich gehen. Da löst sie ihre Haltung, stellt sich vom Kopf auf die Füße, steht mir gegenüber, sieht mich fest an. Sehr locker, wach, sehr für sich, nicht unfreundlich. Unabhängig, ja. Wie jemand, der sich nicht einlassen muß, der stark ist. Merkwürdig. In der Manege bewirkt sie, daß man ihr helfen möchte, sie stärken will, damit sie nicht zerbricht an ihrem Vorhaben. Man ist bereit, ein Stück von sich wegzugehen, um sich ihrem Anderssein zuzuwenden. Bluff! Man kommt *sich* näher! Die Gauklerin schaut wie absichtslos zur Tür. Ich gehe nicht. Nein. Jetzt glimmen Fuchslichter in ihrem Blick, die zu verbergen, wendet sie sich ab. Über den Umweg des Spiegels am Schminktisch aber hält sie mein Gesicht fest. Forschend. Ohne eigene innere Vorgänge preiszugeben. Ich bleibe. Das ist offenbar angenommen von ihr. Mehr nicht. Zögernd, doch zwanghaft, redet es nun aus mir, daß ich die Menschen verloren habe aus meinen Geschichten. – Ich wundere mich. Es stimmt. Aber ich hatte das nie so scharf gedacht und folglich auch nicht ausgesprochen. – Exakte Schilderungen von Produktionsabläufen, naturgetreue Abbilder der Natur, kunstvolle Stilübungen an Gegenständen bildender Kunst – mehr nicht seit geraumer Zeit. Menschen teilen sich mir mit im Gespräch und bitten danach, eben das Gesagte nicht öffentlich zu machen. Andere schweigen eindrucksvoll, und ich bin nicht mehr naiv und stark genug, nicht mehr ausreichend ungehemmt, um sie zu bewegen, zu verführen, mir zu sagen, wer sie sind, was sie denken, fühlen. Es ist mir peinlich geworden, Einlaß zu erbitten in ein anderes Leben. Diese Absperrung besteht und wird dichter. Da hilft auch Erfahrung nicht. Ein todbringender Vorgang für einen, der schreibt.
Der Clown nimmt sein Gesicht aus dem Spiegel und hält es mir entgegen. Aufmerksam. Ich taste weiter.

Wie kommt man Menschen nahe, ohne ihnen zu nahe zu treten! Wie entwickelt man die Fähigkeit, Freundlichkeit zu vervielfältigen? Aus welchem Stoff sind Ihre Zaubereien gemacht? Das aufzuschreiben bin ich hier. Nach der Übereinstimmung von Denken und Tun – danach suchen doch alle. – Manche, sagt sie leise. – Ich hoffe, notwendig hoffe ich auf eine Antwort. Gibt es sie, muß sie öffentlich gemacht werden. Für alle. –
Sie stippt einen Finger in den Schminktopf mit der roten Farbe, tupft ihn auf die Nasenspitze, sagt: Die Philosophie des Spaßmachers wollen Sie hören? Nicht von mir. Ich müßte fürchten – nein, in dem Wort stecken Furcht und Angst, die ich nicht habe, nicht mehr. Clowns, die philosophieren, waren schon immer verdächtig, wurden abgewiegelt als Philosophaster. Ich will nicht gelten als eine, die sich einbildet zu denken. – Peng. Ihr Mißverständnis ist absichtsvoll. Es wäre einfach, jetzt von ihr enttäuscht zu sein. Zu einfach. Es ist meine Schwierigkeit. Ich muß das einsehen. Ich komme nicht mehr heran an die Menschen. Das wächst sich aus.
Ich drücke mich ab von der Holzwand, löse mich von der Hoffnung, mich ihr zu nähern, entferne mich.

Anderentags hinkt sie in mein Haus, sagt ganz nebenbei, in ihrem Leben sei so dies und das geschehen, darüber habe sie nachgedacht und daß aus diesen Bruchstücken doch was zu machen sein müßte. Dabei sei eben *das* herausgekommen. Nichts weiter. –
Ich bin gespannt. –
Und ob es tatsächlich erforderlich wäre, die Person zu zerlegen, um eine Leistung zu ergründen, und überhaupt, wenn man beschreiben wolle, was sie macht, wird da nicht zwangsläufig ihre Arbeit und deren Wirkungskraft beschädigt? Gelingt, was ich vorhabe, wird die Vorstellung gut, ist das wie – ein Duft, ein Klang.

Läßt sich das mit Worten sagen? Ich glaube, ein guter Clown gibt sich selbst. Nicht durch Sprache. Nein. Man erfährt sich, bündelt sein Gutes und Schlechtes, das Wilde, Laues, Kaltes; legt Hoffnung, Staunen, Unschuld wieder frei, überwindet Ängste, Schmerz, bringt das alles in eine Form, die, wenn es gelingt, für andere zu verlockenden Märchen wird von Versunkenem, Vergessenem, in ihnen verschlossenen Schätzen. Zu dem Schluß bin ich gekommen heute nacht. – Fassungslos erst, dann total verblüfft und randvoll vergnügt genieße ich ihren perfekten Salto vitale. Ich möchte sie umarmen. Sie ist der Typ, der das nicht zuläßt, das spürt man und wagt den Versuch nicht. *Wie* »erfährt« man sich? *Wie* bündelt man Fähigkeiten, überwindet man Nöte? *Wie* taucht man auf aus schmerzlichen Erlebnissen? – Gelassen sitzt sie da und behauptet einfach, sie habe zuerst gefragt.
»Seltsamer Plan, sich zu träumen, diesen Plan greifbar zu machen, um dann wieder zum Traum zu werden in anderen Menschen.« Ist es das, frage ich.
Sie ist betroffen, herzlich, sehr, sehr nah und sagt, daß es ebendiese Sätze sind, die ihre Idee vom Clown-Sein benennen. Ein Zuhälter, Strichjunge, ein Mörder ...
... ein Poet ...
... hat das Unaussprechliche gesagt, das Unbeschreibliche beschrieben. Jean Genet. Ist das nicht eine große Hoffnung für uns alle, fragt sie zu mir hin.
Sie steht auf, hatscht durch den Raum, befragt die angepinnten Fotos. Ich habe Ihre Geschichte gelesen. Ich mag sie. – Verrückt, total verrückt zu erfahren, daß etwas bleibt in einem anderen von dem, was man selber tut. Genets Traum als Wirklichkeit. – Vor einem Foto bleibt sie stehen. Es zeigt eine Figur unbestimmten Alters an einer Reling. Rollkragen bis unter die Nasenspitze gezogen, Schirmmütze tief über die Augen. Eine

unkenntliche Person. Ich hatte es eingeschickt, als man für eine Ausstellung über schreibende Frauen ein Konterfei von mir wollte. Es wurde abgelehnt. – Das sind Sie? – Ich lache. – Na bitte, sagt sie, auch Sie mögen sich nicht ins Gesicht schauen lassen, wollen Ihre Arbeit angenommen wissen ohne Kenntnis der Person. –
Kluge Sätze, Narrenweisheiten – sie füllen Bände, sind gewachsen in lebenslanger Erfahrung im Umgang mit dem Lachen. Woher aber wissen Sie, ich schätze wenig über zwanzig …
… nicht wenig über dreißig. Liebe ist eine wichtige Zutat, sagt sie urplötzlich und riecht am Goldlack, purpur und gelber Samt. Es ist die tollste, verrückteste, schwierigste, herrlichste Aufgabe. Tag für Tag den Schwebezustand zu erreichen, diese bunte Blase Fröhlichkeit, Lachen, Freude zu balancieren, diesen empfindsamsten aller Zustände täglich neu zu erreichen, daß die Menschen im Zirkus, daß wir zusammen auch *miteinander* sind. Das ist eine Herausforderung, ein Zwang wie – wie wenn man mondsüchtig ist. Der Absturz droht. Trotzdem ist man ausgeliefert, »es« immer wieder zu tun. –

Wir sind hierher gefahren. Wortlos bis hierher. Buddenhagen. Ottos Ort. Mein Ort. Wir stehen auf dem Kamm, schauen übern Wiesengrund hin zum Bodden, von ihm aus geht der Blick bis zum Meer. Hinter uns, zwischen Birken und Buchen kuschelt das Haus. Bei Wind, der vom Festland kommt, hört man die Lautsprecheranlagen des Fährhafens. Transit Trelleborg. Zauberwort für Urlauber. Gedrängt stehen sie am Ende der schmalen Sackgasse und starren auf die dickleibigen Schiffe, Transportriesen, die ganze Eisenbahnzüge schlucken, Autos die Menge, Container, Waren und Menschen. Doch keiner von denen, die da stehen und schauen,

Jahr für Jahr, Tag für Tag, zu jeder Stunde, die ein Fährschiff bringt oder ablegen läßt, hin zu einem Ufer, das sie nicht betreten dürfen, das ihre Phantasie darum ausstattet mit lockenden Köstlichkeiten, keiner von ihnen behauptet seinen Traum lautstark, öffentlich. Sie stehen und schauen. Verharren reglos – allein und als Masse – in der Ursehnsucht: das andere Ufer. Seltsam. Sie sind doch viele. –
Es ist wesentlich für die Selbsterfahrung: Wind um die Nase, andere Gerüche. –
Sie hockt sich ins Gras, redet. Es bricht, stürzt, strudelt aus ihr wie das Wasser des Stausees, ist das Wehr hochgezogen. Ich weiß, wie das ist, gefangen sein, hypnotisch den Blick auf einen Punkt gerichtet: den Tag der Freiheit. Solcher Druck verengt das Blickfeld, macht doppelt unfrei. Es war die Zeit, wo ich dachte, ich kriege nie 'ne Chance. Ich wollte nicht mehr leben. Zweieinhalb Jahre Knast in drei verschiedenen Einrichtungen. Achtzehn Jahre war ich alt, als ich da reinkam. Andere Mädchen hatten ihre erste Liebe, und ich Kind, ich war ein Kind, kam in die Haftanstalt für Frauen. Doch das ist nicht der Anfang von der Geschichte, die du wissen willst. Ich bin ein Heimkind. Bett mit Karodecke, einen Stuhl, die Hälfte von einem Spind, ein Viertel von einem Tisch. Wir waren vier in einem Zimmer. Zum Geburtstag singen die Heiminsassen mit dem Erzieher ein Lied für dich, und jemand von der Jugendhilfe schenkt dir Briefpapier, vergißt aber, dir zu sagen, an wen du schreiben sollst, denn da ist niemand. Meine Eltern sind tot. Unfall. Unerwartet meldet sich eine Tante, Schwester meiner Mutter, aus Westberlin. Wir treffen uns, mögen uns, es wird beschlossen, daß ich zu ihr ziehe, sobald ich volljährig bin. Das hatte nichts mit Politik zu tun, verstehst du. –
Sie ist aufgeregt. Sieht nicht den Zug der Wolken und

wie der Bussard sich vom Wind tragen läßt, bis er im Sturzflug losbricht, seine Klauen in ein kleines Pelztier schlägt und jetzt hoch aufsteigt mit seiner Beute. Sie ist ganz verstrickt in ihre Geschichte. Ich wollte endlich wieder irgendwo dazugehören, weiter nichts. Dann kam die Mauer. Ich schrieb verzweifelte Briefe an Tante und schimpfte maßlos auf alles, was mich von ihr trennte. Diese Briefe verschafften mir gesicherten Aufenthalt, diesmal in einem Raum für acht Personen. Die Briefe waren konfisziert worden, weil ich sie ohne Absender geschickt hatte. Es war derzeit »in«, die Initialen und nichts weiter auf den Umschlag zu malen. Poststempel und die Unterschrift im Brief machten ohnehin den Absender fest. Na, das haben sie ja auch. Das Aufbegehren einer Jugendlichen gegen dies uneinsehbar ungerechte Schicksal, wieder eine wichtige Bezugsperson, wie es im Jugendhilfedeutsch heißt, zu verlieren, galt nichts gegen das Rütteln am schützenden Wall, den Antifaschisten und Demokraten in Sorge um mein Wohlergehen errichtet hatten. Ich werde es nicht begreifen bis ans Ende meiner Erdentage. Möglich – ich mußte einen Präzedenzfall abgeben. Aber mit diesem Lebensverlauf! Welche Ohnmacht markiert das Urteil einer Staatsmacht, die ein Mädchen dreißig Monate einsperrt, das in einem Brief seiner Verzweiflung freien Lauf läßt. Dreißig Monate mit Gewalttätigen, Mörderinnen, Prostituierten, Lesbierinnen. Auch eine ehemalige Aufseherin aus Buchenwald war dort. Sie hatte lebenslänglich. Die Zeit war abgesessen, sie jedoch blieb, arbeitete, aß sozusagen Gnadenbrot. Sie hatte Angst, sich mit ihrer Vergangenheit der Gegenwart zu stellen. Erst Konzentrationslager, dann Haftanstalt. Sie wußte nicht mehr, wie man draußen lebt. Du siehst, für die Ausbildung meines Charakters war gute Vorsorge getroffen. Besonders die zärtlichen Frauen waren bereit, mich zu lieben und zu belehren. Ich war jung, zum Glück sehr naiv, und weil sich überall auch gute Frauen fanden, die mich schützten, nahm ich keinen Schaden. Wir waren sogar lustig. Nein. Manchmal waren wir vergnügt. Ich hatte einen starken Nachahmungstrieb und Erfolg mit kleinen Pantomimen. Damals fing ich auch mit der Flöte an. Der Gefängnispastor hat mich angeleitet. So entstanden Programme. Die Frauen lachten. Das machte mir Mut. Dort im Knast begriff ich, daß in jedem Menschen die Entwürfe zu vielen Möglichkeiten stecken. Was aus ihm wird, hängt von mancherlei ab, nicht allein von ihm. – Zu unseren Füßen laufen Wolkenschatten über den Hang. Über uns Windhimmel. Es will einen heben, mit dem Wind zu gehen, und man spürt seine Ohnmacht gegenüber den Elementen. Da oben. – Dann kam die Berufsausbildung. Einzige Alternative für ein Mädchen mit meiner Biographie: Tankwart oder Forstarbeiter. Ich liebe den Wald, Tiere, überhaupt die Natur. Wen wundert das nach soviel Mauerwerk und Stacheldraht. Leicht und gern entschied ich mich für die Arbeit im Forst. Meine Gesundheit hielt nicht mit. Ich gab auf. Ein Schreibtischtäter wollte ich nicht werden. Was nun? Ich hatte eine besondere Erfahrung gemacht, als ich ›herauskam‹: der Empfang durch die Gemeinde. Inzwischen war ich volljährig, man entließ mich in ein eigenes Zimmer, dahin, wo ich lebte, als meine Eltern noch lebten. Das Zimmer war voller Blumen, Geschenke, Glückwünsche und Telegramme. Wildfremde Menschen drückten mir die Hand, mich an die Brust. Sie weinten. Meinetwegen! Ich hatte keine Ahnung, daß meine Eltern tätige Mitglieder der Kirchengemeinde gewesen waren. Diese freundlichen Leute hatten während meiner staatlich gesicherten Aufbewahrung stets für mich gebetet, sogar öffentlich im Gottesdienst. Das alles hat mich sehr betroffen, tief bewegt. Heute weiß ich, daß

dieser sympathische Aufwand auch eine politische Absicht verfolgte. Auf völlig andere Weise, als ich das bisher gewöhnt war. Damals wußte ich das nicht und war beeindruckt, dachte, mir allein gelte diese Fülle von Zuneigung. Nach dem mißglückten Versuch, Naturmensch von Beruf zu werden, bekam ich ein Angebot von der Kirche, Katechetin zu lernen. Gottes Wort zu lehren. Das tat ich. Im Anschluß daran ging ich in eine kleine Gemeinde, hielt Bibelstunden, sang mit den Kindern, half der Pastorin bei der Betreuung der Alten und Kranken. Es war eine gute Zeit. Allerdings – das Studium, die genaueren Kenntnisse des christlichen Dogmas, die hierarchische Ordnung der Institution Kirche, das hatte Zweifel in mir ausgelöst. Ich wurde kritisch gegenüber manchen Mitgliedern der allein Seligmachenden. Jedoch dort in der Natur, mit Kindern, Tieren, einfachen Menschen und dieser prächtigen Pastorin, der es allein um das Wohl ihrer kleinen Gemeinschaft zu tun war – es war ihre Art, Gottes Wort zu praktizieren –, da vergaß ich meine Zweifel. Dann kam der Unfall. –
Sie ist deutlich erschöpft. Streckt sich ins Grün, ruht. Ich kratze einen Seeigel aus dem Kalkstreifen im Grase und setze mein Leben in bezug zu ihrem.
Ihre Botschaft ist es, den ›reinen‹ Ton im anderen zu fördern. Meine auch. Doch mehr und mehr war ich angehalten, ihn mit gestopfter Trompete vorzutragen. Der gedämpfte Schall wird gut bezahlt. Mit Geld, Reisen und anderen Wohltaten. – Wann hätte ich mich wehren müssen? Wo liegt der Beginn der Schuld? In dem Zufriedensein, stets Teile von Wahrheit benannt zu haben? Das, was möglich war? Wo ist die Grenze? Wer steckt sie? –
Fest steht: Der Wohl-Stand ging vor den Wider-Stand. Das sehe ich heute. Das alles bewegt mich unter dieser

Sonne, an diesem Meer und seiner kreideweißen Küste, wo ich in Jahrmillionen scharre und dabei mein gegenwärtiges Dezennium hinterfragen lerne. Und durch die neben mir im Grase.
Im Anblick des versteinerten Seeigels wird klar, so gültig geprägte Form braucht viel Zeit. Die Bedenken sollten immer wieder eingebracht, Zweifel stets neu angemeldet und einem Jahrzehnt nicht abverlangt werden, was es nicht leisten kann, sagt mir das Mitglied der Untergruppe Echinoide. So nebele ich die aufsteigenden, anstehenden Fragen trostreich ein. Zudem ist der Igel über und über mit Kalkplättchen gepanzert und daher wenig empfindlich. So ausgestattet, scheint es mir einfach, schadlos uralt zu werden. Ich werfe das steinerne Wunder in ihren Schoß. Sie richtet sich auf, schaut es an, nickt ihm zu wie einem Bekannten, schüttelt ihre fuchsrote Haarfülle und spricht weiter, so gelassen, als wäre die Rede von einem Ereignis aus sehr entlegenen Zeiten.
Ein Betrunkener hat mich überfahren. Ein betrunkener russischer Soldat. Doch es ist unerwünscht, daß ich diesen Umstand erwähne. Er verzerrt den historischen Blickwinkel. Das ist sogar einzusehen. Wenn man nicht betroffen ist. Ich mußte diese Draufsicht erst erlernen. Zeit genug wurde mir eingeräumt. Todkrank und für Monate bewegungslos lag ich im Krankenhaus. Zwei Jahre. Dreizehn Operationen. Ein Krüppel auf Lebenszeit. Hinkend und unfähig, Kinder zu kriegen. Ich wollte nicht mehr leben. Wozu. Für wen. Ein Krüppel, ein Krüppel, ein Krüppel. So hämmerte es in meinem Schädel. Und auch das Motiv wurde ich nicht los: Warum trifft es immer mich? Schuldlos Waise, Knast, Unfall. Wieder einmal fühlte ich mich ausgeliefert an einen Zustand, den ich nicht beeinflussen konnte. So empfand ich das damals. Und: Wo war Gott in all den Tagen kör-

perlicher Qualen, auswegloser Gedanken und Gefühle? Wo?! Wer konnte mich lieben? Ich dachte nicht an die Gegenprobe: Wen liebe ich. Nein. Daß es eine Möglichkeit gibt, sein Leben über diesen Weg anzunehmen, lernte ich von Frauen in den Betten neben mir, den Schwestern auch. Sie alle haben mir geholfen, wieder aufzustehen. Eine Schwester arbeitete nur nachts. Sie tat das, um am Tage frei zu sein für ihren Sohn. Er ist Spastiker und Epileptiker. Weißt du, was das heißt? Der Mann hat die Frau und den Sohn verlassen, als der unheilbare Zustand des Jungen unwiderruflich war. Diese Frau ist so stark, so sanft, man kann sich ihren Gründen, leben zu müssen, nicht entziehen. Andere waren da, mit todbringenden Krankheiten hoffnungslos geschlagen, die trotzdem – oder dadurch? wer weiß das? – fähig waren, Mut zu machen. Sie holten mich wieder in dieses Leben. Durch sie lernte ich, es anzunehmen, wie es ist. Sie gaben sterbend Lebenshilfe.
Ich ging dann zurück in mein Dorf. Es war schwer für mich, mit den Texten, die ich weitergab, die Art von Lebendigkeit zu fördern, die ich suchte, nötig hatte. Mein Zwiespalt gegenüber diesem Auftrag wuchs. Eines Tages kam der Zirkus. Die brauchten jemand für die Pferde, für die Kasse, um Eis oder Grog zu verkaufen, Billette abzureißen. Niedere Arbeit. Ich machte alles. Und sonntags habe ich ihnen aus der Schrift vorgelesen, weil sie es so wollten. Mitten in der Manege. Das Blasorchester intonierte »Nun danket alle Gott« – es waren polnische Musiker –, dann las ich. Herrliche Zeiten. Unvergessen. Es war ein Privatzirkus. So was gibt es nur einmal. In dieser Zeit habe ich viel nachgedacht. Wozu wohl alles gut sein kann im Leben und daß sich ein Sinn entdecken lassen muß in allem, was einem widerfährt. Unabhängig von »da oben«. Wirklich. Ich bin darauf gekommen, daß wir den Sinn nur selber geben

können. Sonst geschieht nichts. Freude ist ein rares Gut. Sie wird dringend gebraucht. Aus dieser Erfahrung entstand mein Programm: Es lebe der Spaß, Tod dem Klamauk, der Klamotte. Fröhlich weise sein – das wollte ich versuchen. Große Schuhe und Hosen runter, Knalleffekte und Tschingderassassa, was soll das?
Im Zeitalter der Fertighäuser, Fertiggerichte, des Vorgefertigten und des oftmals Abgefertigtseins ist es notwendig, die Phantasie der Menschen am Leben zu erhalten, und daß sie die *Phantasie* als etwas Wichtiges in ihrem Alltag erkennen. Ohne Vorstellungskraft begreift man nicht, was das bedeutet: Atomkrieg, Umwelttod, biologische Kriegführung, genetische Manipulation. Das ist ernst gedacht für eine lustige Person, wird mir oft gesagt. Ja. Aber ich glaube, erst wenn der Mensch sich wieder als ein Teil von Natur begreift, empfindet, wie schön es ist zu *sein*, wird er sich einsetzen, hoffe ich, Leben zu erhalten. Ulkiger kann ich das, was in unserer Zeit abläuft, nicht beschreiben. Vielleicht doch. Vor dem Jahreswechsel stand in einer Zeitung unter Kleinanzeigen dies: Schmücke Ihren Weihnachtsbaum mit Ihrem Material! Ich hätte das in die Rubrik für Todesanzeigen gesetzt. Ankündigend den Tod von Phantasie, Liebe, Tradition. Ein kleiner Tod, könnte man sagen und lächeln. Das Sterben der kleinen Dinge aufzuhalten, der Verarmung der Gemüter vorzubeugen, die zunehmende Bewußtlosigkeit der Menge zu durchbrechen, ihre Empfindsamkeit zu stärken, das wollte ich versuchen zu machen. Eines Nachmittags, das ist jetzt drei Jahre her, erkrankte der Clown. Das Chapiteau war voller Kinder. Ich fragte die Chefin, ob ich hinausgehen dürfe. Sie hat ja gesagt. Ohne zu zögern. Ich glaube, weil sie nicht gezögert hat, mir vertraute – das war der Anfang. Ich nahm meine Instrumente und ging in die Manege. Mehr war nicht. –

Die goldenen Disteln gleißen wie Messing in der Abendsonne, die eben hinter den Berg rutscht und Wolken einfärbt: orangerot, lilarot, purpurrot – ein Wolkenmeer aus blutvollen Röten. Ich hänge ein Kreuz in den Himmel, und fertig ist das Bild von Caspar David Friedrich. Prächtig kommt der Abend daher. Dann ihr Auftritt im Mondschein. Ihr Abseits. Die Freunde holen sie freundlich zurück in ihre Runde. Der Mann, mein schweigsamer Mann, sagt übers knisternde, knackende Feuer hinweg: Und jetzt geht der große Vorhang auf, höre ich. Angebote aus der weiten Welt liegen vor. Der Preis von Monte Carlo schlägt um in neue Möglichkeiten, harte Münze auch. –
Eine Frage schwingt mit, unüberhörbar. Die Antwort darauf, ihre Antwort, ist so wichtig für alle, daß Stille eintritt. Der fremde Ruf des Käuzchens in das dunkle Stummsein eingebracht, macht die lange Pause bis zur Antwort länger.
Ich werde nicht gehen. –
Das ist bedacht, durchdacht. Keine vorschnelle Entgegnung. Lachen ist der höchste Preis. Dafür gibt es keine Währung. Ich habe meine Erfahrungen gemacht mit den Menschen, die hier leben, und durch sie. Deswegen gehe ich nirgendwohin.

EINE SCHWIERIGKEIT BEIM SCHREIBEN ist, man muß sich einlassen auf die Menschen, ihr Leben, und man muß sich zu gegebener Zeit wieder zurücknehmen. Ein heikler Vorgang. Erst fordert, befördert der Schreiber Vertrauen, dann braucht er Abstand, damit Eindrücke, Siegeln gleich, ihre Unverwechselbarkeit nicht einbüßen, durch zu große Nähe in die Unschärfe geraten. Einlassen – Raushalten. Ein Balanceakt. Er darf nicht gestört werden, damit die auf dem Seil nicht abstürzen, damit Verletzungen ausgeschlossen werden. Verletzungen von Menschen, die sich einzulassen bereit waren. Ihr Sturz könnte bedeuten: tiefer zurück in ihre Einsamkeit, die sie – im Vertrauen auf den Schreiber – verlassen haben.
Der Schreiber trägt also die Verantwortung, das zu vermeiden. Der Gedanke hindert mich manchmal beim Schreiben.

Ein Stein steht in der Landschaft. Vor dem Stein, auf einer Holzkiste ein Mann. Knobelbecher, Cordhosen, Unterhemd, Zigarre und Plastebrille. Eine Wand aus Stein. Marmor. Vierzig Tonnen. Das sind achtzigtausend Pfund. Lichte Höhe zwei Meter zwanzig, zehn Meter in der Breite. Davor steht er. Mit Holzkohle malt er Abnäher auf diesen Stein. Wie ein Schneider, der mit Kreide auf dem Stoff seine Markierungen macht. Der Mann tritt zurück, schiebt die Brille auf die Stirn, prüft, freut sich über das stetig wechselnde Licht durch heftig bewegten Seehimmel, das ermöglicht ihm neue Einsichten, zwingt ihm neue Entscheidungen auf, es gibt aber nur eine, die richtig ist, für ihn richtig, und so pirscht er sich ran an das Ding, belauert es seitlings, hautnah, aus respektvollem Abstand, und dann setzt er da und dort ein Zeichen, rußschwarz auf lichtgrauen glitzernden Grund. Da wird er zuschlagen, sich verbeißen, eingehen in den Stein, der seine und seine Gestalt annimmt.
Lebhaft, kraftvoll, mit Freude, wie im Spiel, scheinbar, treibt er seine Gedanken in den Stein. Der steht. Steht und schaut über den Gartenzaun von Pastors Hausgarten ehemals hin zu den Wäldern der Granitz. Weitgereist ist er, der Stein. Von Bulgariens Grenze zum griechischen Land bis hierher, wo die Fürsten von Putbus ruhen. Den Ärmsten der Armen hat er bisher zugeschaut, die für knappen Lohn Badewannen aus Marmor fräsen. Für Millionäre. Nun ist er hier. Direkt neben Fürsten. Wenn das nicht denkwürdig ist. Der Mann am körnigen Kalkstein, gastfreundlich, aber ganz eingekreist von seinem Tun, bittet uns, Tee zu kochen. Und schneidet den Rest vom Kuchen auf, der ist noch von G., der weltweit Berühmten, ruft er. Sie hat hier gesungen. Gestern. Die ist beliebt! Da kamen die Leute mit Bussen und langen Kleidern. Er lacht verschmitzt und pafft dicke Wolken hinauf in den Himmel.

Er brechtelt ein wenig. Macht er sich fein für die Akademie, trägt er auch diese Mütze mit Schirm.
Neugierige stehen am Zaun. Urlauber, Sonntagsspaziergänger. He, Meister, was wird das? Und: Wenn es nun fertig ist, was kostet das so? – Der lacht.
Wir sitzen auf einer alten Gartenbank, der Tisch ist ein Marmorklotz. Griechisch-bulgarisch, versteht sich. Rastlos erhebt sich der Mann, macht wieder und wieder Entdeckungen an der Figur, die noch halb im Stein steckt, setzt den Meißel an, klopft, kehrt mit einem Handfeger den Staub von Jahrhunderten aus steinerner Falte. Zwischendurch beim Selbstgerührten der weltweit Gerühmten geht's um Kollegen, Kinder, ein Hechtessen, Fußball. Alles umbraust vom Wind und vom Konzert auf der Orgel. Ein Organist aus der Stadt am Sund probt überm Beinhaus der Fürsten für den Abend. Erneut springt er auf: Jetzt, siehste, hier, wie das sein muß, der Oberschenkel, der muß hier rein, ja, da muß die Falte sein und da der Rücken. –
Ein Stück Kohle vom Grill vermerkt seine Gedanken auf dem grauweißen Stein. Er ist wie besessen, voll Unrast und doch gelassen, ganz Bestimmung, ist gänzlich eingebunden in sein Tun. Ein Schwebezustand, den man nicht stören darf. Den Marmelstein scharf im Blick, zieht er Gleichungen zwischen ihm und den Entwürfen, die ringsum in Pastors Garten stehen und zuschauen, wie ihre Schönheit, ihr Schmerz, Liebe und das »Barrabam« – damals, heute, zu allen Zeiten – Umschlag finden ins Überlebensgroße. Gewaltig Große. Gewaltsam ins Große? – Das fragt er eindringlich die Freunde.
Nein. Sein Kampf mit dem Marmor gibt dem an Härte nicht nach. Es schärft seine Eisen und Meißel, beißt zu, liebt ihn, schlägt seine Weisheit aus ihm, in ihn.
Abends vor dem Spiegel sehe ich mir an, was ich mache. Anatomie. Ich muß denen in der Akademie schlüs-

sig beweisen, daß die Kunstanatomie nicht stimmt. Der innere Vorgang ist wichtig. Die Spannung, die innere, muß auch zu sehen sein. Die äußere Spannung muß von einem inneren Vorgang herrühren. Ich weiß nicht, ob ich das richtig erkläre, sagt er.
Er ist ein bescheidener Mann. Voller Anspruch und sehr bescheiden. Seine Arbeiten belegen seine Betrachtung.
Um uns Orgelmusik. Vor uns der Stein.
Das ist ein Fest.
Jetzt kommt einer und sagt, wenn du hier fertig bist, er nickt in die Richtung vom Stein, was wird mit den Brettern, genutet, gefedert? Ich könnte sie brauchen fürs Tor zur Garage. Sein Blick nagelt die Plattform, gefügt aus gespundetem Holz für das gefahrlose Auf und Ab des im Freien schaffenden Künstlers. Der läßt mit sich reden. Zufrieden geht der Mann und legt einen Zander auf den Tritt vor dem Haus.
Auch das macht ihn aus. Er ist freundlich, geduldig, mitteilsam, witzig, selten scharf, gescheit und überhaupt sehr besonders. Abschied. Sein Gesicht, Hals und Hände, der ganze Mann ist gepudert mit Steinstaub, grau, stumpf. Die Augen leuchten. Wißt ihr, am Anfang, ich hab fast eingeschissen vor Angst. Jetzt ist es gut. Das ist ein Gefühl, ihr Leute. In mehr als tausend Jahren, wann immer sie ihn finden, ist der noch so, wie ich ihn wollte. Versteht ihr das? –
Lange noch hören wir seine Klopfzeichen auf unserem Weg. Das war ein Tag. Und was ein Mensch alles kann, sagt mein Freund, der Mann. Er macht, daß sein Herz in einem Berg von Marmor schlägt. In Ewigkeit. Das macht er. –
Er spaltet auch Atom, *der Mensch*. Baut Gaskammern. Mordet Völker, sage ich und frage: Was, denkst du, macht eine Atomexplosion aus Marmor? –

Schreiben. Das Machen der Sätze. Das Bewußtmachen der Dinge. Das Vergnügen, sich einbringen zu können. So hatte es angefangen.
Ich langweilte mich, war nicht ausgelastet mit kleinen Rollen auf großer Bühne, der größten, nicht nur dem Namen nach. Ich wollte mehr. Ich wollte »ich« sagen können. Ich wollte, daß man mir zuhörte. Nicht nur bei den wenigen Sätzen, die mir gestattet waren, herzusagen von den Brettern, die die Welt bedeuten. Mir bedeuteten sie das nicht. Das ergibt ohnehin ein »Ungenügend« für den, der das seine Profession nennt und sich anheuern läßt als Profi. Man muß leben oder sterben wollen. Sein oder Nichtsein. Langeweile ist auf dem Theater selbst in der kleinsten Rolle Betrug. Also: Schluß damit.
Schreiben. Ich hatte das schon längere Zeit still für mich hin betrieben. Mich interessierten Menschen, ihre Wege. Was mich interessiert, dachte ich, muß doch auch andere angehen; was mich aufregt, kann und muß doch aufregend sein für andere.
Ich begann, meine Entdeckungen aufzuschreiben: Man lebt. Zusammen mit Menschen, macht Erfahrungen, findet Geschichten, sammelt sie, macht sie dichter, läßt sie durch sich hindurchgehen, und sie werden lebbar, auch für andere. Man quält sich dabei, aber mit Vergnügen. Das ist es. –
Der Berg zerknüllter Seiten wächst, der Stoß beschriebener Seiten auch. Langsam. Ja. Jedoch stetig. Ein gutes Gefühl. Dann kommt der Tag, wo man beschließt: So, das ist es, das wolltest du sagen, da steht es. Es ist der schönste Tag. Das Geschriebene, »es«, wird gedruckt. Lesend hört man auf mich, hört mir zu. Der Widerhall, auf den ich – redend – zumeist vergeblich gewartet hatte, ist vernehmbar. Schön. Erfahrungen dichter machen, lebbar für mich und andere, dabei Spaß haben. Das ist das Ziel. So hat es angefangen.

Die Bitterkeit vergeblicher Zeichensetzung nimmt zu. Meine »Schöpferkraft«, wie es in der Landessprache heißt, ist ermattet, zermürbt von der Urteilskraft der Zensoren. – Zwanzig jüdische Kinder, Versuchsobjekte eines Nazi-Arztes, werden einen Tag vor dem Einmarsch der Engländer in Hamburg erhängt; an den Rohren der Heizung im Keller einer Schule.
Ich beschreibe die Suche einer Mutter nach ihren zwei Kindern. Sie endet in diesem Keller. In einem endlosen Schrei. –
Abgelehnt.
Es folgte das *Gut*-Achten über ein Fernsehspiel, das von Erich Mühsam erzählt. *Nolo – ich will nicht.* – Mühsam benutzte dies Wort. Es schien ihm in vielen Zusammenhängen richtig, sich zu verweigern. Er war Anarchist. Er war gegen den Staat. Er war nicht gegen die Diktatur des Proletariats. –
Er wollte uns unsere Abgründe zeigen. Die Unmenschlichkeit des Menschen. Ich wollte, daß wir sein *Ich will nicht* als Verweigerung des Menschen durch den Menschen begreifen und benutzen, und so habe ich versucht, den unbeschreiblichen Todesweg zu beschreiben. Ich schilderte den letzten Tag vor seiner Verhaftung und fügte *Voraussichten* in die Stationen dieses Tages, Blicke in seine Hölle, auf seinen nur schwer sagbaren Widerstand im Leiden. – *Abgelehnt.*
Ich paßte. Resignation breitete sich aus. Der Rückzug ins Private setzte ein. Ein Volk verweigerte sich.
Nolo.
Sein Ideenreichtum wird nicht mehr eingebracht in Wirtschaft, Wissenschaft und Künste. Eine der Ursachen für unsere wachsende Armut.
Nolo.

Das Gret, sagt Otto heute noch betrübt, es war nicht für mein Paradies. Sie mochte es nicht von Anbeginn. Als ich sie über die Schwelle tragen wollte, ins eigene Nest, ist sie mir – hastdunichtgesehen – aus dem Arm gesprungen, und los ging es: »Ich habe sie nicht nur durch die Zeiten gebracht, die Briefe von ›Spartacus‹ und ›Die rote Fahne‹, ich habe die Artikel von Rosa *gelesen! Industrie* – mäßige Produktion! Auch und vor allem auf dem Lande! Der Unterschied zwischen Stadt- und Landbevölkerung muß weg. So steht es da. Was aber machst du?« –
Sie wetterte nicht schlecht, und diesmal war mir gar nicht lachlustig. –
»Schaffst neues Privateigentum, anstatt das Eigene für alle zu vermehren. Und ich soll mittendrin sitzen, es ›be-sitzen‹, mein Leben abspulen, unbewußt? Nie und nimmer!«
Nach solchen Ausbrüchen erfolgte stets und unausweichlich die Behauptung, daß sie so und nicht anders in ebender Frage sich bereits 1917 mit Herrn Uljanow beraten habe. Thema: Die Agrarfrage im künftigen Sozialismus. Sie kennt nicht nur das Schriftliche von Rosa, nein, das genügt ihr nicht, sie weiß es von Lenin. Bevor er nach Finnland rübermachte, will sie ihm Hirschbraten vorgelegt haben in der Pension, und dabei seien sie übers Jagen von Wildbret, über Besitzverhältnisse im Imperialismus … also, jedenfalls über alles das hätten sie zum Schluß zweistimmig das Lied vom Landarbeiter auf freiem Grund gesungen. –
Erschöpft von seinen weitschweifigen Ausführungen von allgemeinem und besonderem Interesse, muß Otto die Mütze abnehmen, und mit dem Buntkarierten wischt er sich die Hitze von der Stirn.
Von wegen »Lenin«, sagt er und gibt zu, daß es immerhin möglich gewesen wäre. Er war schließlich hier zu

dieser Zeit, und Gret hat es still und zäh wiederholt, daß er mit ihr geredet habe.
Ein schrecklich unbequemes Weib war es. Potz Giersch und Maulwurfshügel, sie hat das büßen müssen.
Listig taktierte ich, sagt Otto weiter, daß doch in ihren roten Blättern auch nachzuschlagen sei, daß die Umwälzung der gesellschaftlichen Zustände unaufhaltsam sei, nämlich: »Wenn die Zeit reif ist.« Wenn dem so wäre, kann ich mir's doch ein wenig wohl sein lassen zwischendrin. Oder? Schließlich hat unsere Regierung, damals, sich für die Bodenreform im Kleinformat entschieden. Erst später kam es anders. Ich hatte auch die Ma-te-ri-a-li-en gelesen und wußte genau, warum ich mich für ein Paradies auf »Unland« entschied. Ich konnte auf meiner Scholle bleiben. Die anderen wurden »*Elpege*«. Ui, das war fehlerhaft geantwortet. –
»Aus ist es jetzt und Schluß mit deinem Schlaraffenland für zwei Personen. Mein Leben ist kein Ersterklassewartesaal«, so und ähnlich spinnwebiges Zeug kakelte Gret. »Ich geh in die Welt, bleib du nur da, betreibe die Nabelschau und sprich mit deinem Affen, wenn du blau bist.« –
So grobe Geschütze konnte sie auffahren, ja. Sagte das und ging. Ging zur Reichsbahn. Mitropa. Schlafwagen! Stell dir das vor: Schlafwagen!! Internationale Route. Paris, Stockholm und so. Fährt in die Welt. Sagt, sie will spüren, daß sie lebt. Für »andere« will sie dasein. Deckt Betten auf für andere Männer, jawohl, und wer weiß was noch. Teufelsweib, das. Du mußt wissen, sie war damals durchaus noch griffig. Ein Eichkater eben, rothaarig und flink, vor allem mit der Zunge. Noch einmal versuchte ich es in Güte bei ihr. Sorge ich nicht ausreichend für dich, Gret? – »Schon recht«, sagt sie, »wir haben, was wir brauchen, doch es genügt mir nicht, auf dich zu warten, Pantoffeln und Kartoffeln warmzuhal-

ten, bis es dir« – sie meinte mich – »einfällt, nach Haus zu kommen.« – Es war nicht zu reden mit ihr. Sie fuhr bei der »Mitropa«. Da habe ich sie reingelegt. Ich habe mir ein Liebchen angeschafft. Da kriegte Gretelein runde Augen. Klein wie eine Kaulquappe wurde sie, und ausgesehen hat sie ebenso. –
Es gab einen Vergleich. Sie ließ den Schlafwagen und ich das Liebchen sausen. Bier gab es nur noch wochenends. Harte Bedingungen, aber das war mein Gret mir wert.
Fassungslos stehe ich vor diesem männlichen Unikum. Dann frage ich nach dem Verbleib des »Liebchens«. – Die wurde eines anderen Mannes Liebste. Das ist der Lauf der Welt, sagt Otto seelenruhig, schiebt seine Füße in die Gummilatschen und schlurft mit ungebrochenem Selbstbewußtsein in den Garten.

Die Wege über die Weidewiesen sind belegt mit Teppichen blühender Kamille. Duftwolken steigen wie Balsam in unsere Nasen nach jedem Schritt. Die Lärche trägt grüne Früchte. Jungstare fallen in großen Schwärmen in den Erlengrund ein und orten, wo Kirschen reifen werden. Das dauert noch. Das Farnkraut rollt seine Blätter aus.
Wir schlürfen Natur. Wie Süchtige ziehen wir den belebenden Stoff ein, gebraut aus Himmel, Wald, Wind und Wasser, Vogelsang und Blütenpracht. Wir mittendrin.
Zurück zur Natur. Unbestimmte Sehnsucht, aus der heraus wir hier auf Nahrungssuche sind.
Unberührte Natur.
Der Weg führt weiter über duftende Minze, unter unseren Schritten breitet sich jetzt das Aroma von Waldmeister aus, die erste Libelle kreuzt den Wildpfad, der zum Bachlauf führt, und inmitten der Idylle rosten armdicke Drahtseile, meterlange Gleisteile, Kipploren.
Eiserne Hinterlassenschaften des Tagebaus, der hier abgebaut hat, nun weiter westwärts wandert, um in einem anderen zu erschließenden Bruch wieder fündig zu werden.
Der Abbau der Kreide frißt den nächsten Ort. Einen uralten Flecken, der seit dem frühen 12. Jahrhundert urkundlich beschrieben wird. Die Salzstraße führte dort vorbei, eine der ältesten Handelsstraßen im deutschen Land. Hünengräber, Bakenberge markieren die Geschichtsträchtigkeit von Promoisel. Ein Name, der Phantasie freisetzt. – Eines der Gräber wurde geöffnet in diesem Jahr. Es ist der Kreidegewinnung im Wege. Ein goldener Armreif von zeitloser Schönheit, gediegene Handarbeit, beträchtlich schwer, ein Schwert und Tonscherben, zerbrochene Gefäße, den Toten beigegeben zu ihrer Versorgung, wurden geborgen. Ich be-

trachtete die Fundstücke. Ich sah in die geöffneten Grabkammern, sah zurück in eine Zeit, die Tausende Jahre vor unserer Berechnung der Zeit festgehalten worden war, vergegenständlicht in der Arbeit eines Töpfers, eines Waffen- und Goldschmiedes. Zeit anhalten. Von den Toten keine Spur. Kein Schädel, keine Knochen, nichts. – Abraum wird dieses Grab bedekken. Der Abraum der Kreide und Schrott, unverwüstlich wie die Drahtseile und Gleisteile hier zu meinen Füßen.
Unsere Botschaften an die kommende Zeit.

Abenddämmerung. Ein sichelschmaler Silbermond steht über den hohen Birken in einem Himmel aus tiefem Lavendelblau, mit Wolken, die leuchten wie die Blüten des gefleckten Knabenkrautes. Das Filigran der Birkenzweige säumt den Himmel mit schwarzer Spitze. Über die Wiese saust, bockspringt ein Haflingerfohlen aus dem Harz. Isabellefarben mit leuchtend weißer Mähne und Schweif. Der Hund wütet gegen den Gast, Eindringling für ihn. Bedrohlich hält er das Fohlen im Blick, lauert auf seine Gelegenheit. Dann! Ein Zittern läuft durch ihn hin, entstehend aus Spannung, Kampfgier und Respekt vor dem Vierhufer.
Still grast das Tier unterm Mond.
Der Hund tobt jetzt.
Urplötzlich fegt es los, das Fohlen, überspringt die Rosenbüsche, taucht unterm Spanndraht seines Hütezauns hinweg, trabt hin zu der Hütte vom Hund. Von dem keine Spur. Die kleine Haflingerstute steht, statuarisch, schnaubt dann wild und stampft kurz mit dem Vorderhuf. Ungeniert schaut sie in das Haus des Hundes. Der, groß und stark und unerschütterlich im Kampf mit wilden Schweinen, hat sich tief darin zurückgezogen. Nicht einmal die Kette klirrt, so sehr ist er gelähmt von dem Besuch. Das Pferd trottet zurück auf die Wiese. Witternd schaut der Rottweiler aus der Hütte, baut sich auf in majestätischer Größe, knurrt zu ihm hin und vollzieht nun den Rückzug mit Würde, sehr langsam. Ein echter Souverän auf seinem Hof.
Die Fledermäuse flattern im Dämmerlicht. Sie fliegen mit Echolot. Rein biologisch. Natürlich. In des Wortes doppelter Bedeutung. Seit Jahren versuche ich zu entdecken, wo sie sich hinhängen über Tag. Vergeblich.
Der sichelschmale Silbermond überglänzt die Eberesche, die den Waldsaum ziert mit roter Perlenstickerei. Der Igel schmatzt in den Brombeeren, und die Erd-

kröten schaukeln gemächlich ums Haus auf der Suche nach Insekten.
Zeit anhalten. Jetzt. Der Versuch scheint mir vielfach lohnend.

MG-Garben, Platzpatronen zerknallen den schönen Morgen. Peng! Die Kampfgruppe übt den Sieg übern Klassenfeind, falls er angreift. Peng, Peng.
Herr Pompe sträubt sein Nackenhaar. Was hilft die »Rumpeldipumpelichbinderpanzer-Übung« gegen Raketen mit atomaren Sprengköpfen? Gegen chemische Kampfstoffe?! Wie hilft es mir, wenn ich die Blumenstöcke in das Haus einstelle, mit weißen Tüchern Tür und Fensterloch vermumme? Will ich denn solchen Angriff überleben?! Inmitten der Säule aus Feuer will ich stehen, verzischen, versengen, verlöschen und Schatten sein, ein Mensch als Graffito, von Menschen auf eines der unversehrten Materialien gemalt, gebrannt, gebannt, die den wütenden Wahnsinn überdauern sollen. Einen Lidschlag lang ist es still, Ruhe beherrscht die Landschaft. Frieden. Als sei alles vorbei, die Zeit in der Tat angehalten von dem Gedanken, daß sie hier auf Erden tödlich enden kann durch Gewalt. Täglich, stündlich, in jeder Minute. –
Peng, Peng, Peng.
Ein Verteidiger friedlichen Lebens hat sich herangerobbt, belagert Haus und Hof, erstürmt die Kräuterbeete. Herr Pompe hängt knurrend an seinem gottlob wattierten Arm, dessen Hand sichernd das Verzeichnis der Marschroute hochhält. Hilflos beteuert der friedliche Kämpfer, seine Koordinaten bestimmten ihn, justament diesen Weg zu nehmen. Auf Zuruf läßt Pompe ihn frei, doch der Eroberer von Dill, Borretsch und Lavendel darf nicht einmal das Standbein wechseln, schon wird er unzart von dem aus Rottweil belehrt, daß dieser diesen Krieg gewinnen würde. Wir erlösen den Friedensstreiter, kopfschüttelnd passiert er die Pforte und zieht – in seinen Wegeplan vertieft – von dannen.

Der Hund ist abgängig. Seit Stunden. Das beunruhigt uns. Wir fürchten Wildschweine, Füchse, die Tollwut und für einsame Urlauber. Auch die Hündin der sehr entfernten Nachbarn kommt uns in den Sinn. Die Unruhe wächst. Wir suchen den Hund. Rufend, pfeifend, schmeichelnd durchstreifen wir den Wald, die Wiese in Richtung bewohntere Gefilde. Mann und Frau in gehörigem Abstand, der größeren Übersicht wegen. Nichts. Es ist trüb, dumpfig, warm. Kaum Wind. Die Fliegen stechen, die Landschaft duftet. Holunder und Heckenrosen blühen. Wie riesige Brautsträuße sind die Büsche in die Wiese gesteckt, in Rosa und Weiß. Das Vergißmeinnicht gerät ins Vergessen, seine Hoch-Zeit ist vorbei. Noch immer krönt das gefleckte Knabenkraut die Wildblumen. Es ist wundervoll, nur: Der Hund ist weg. Plötzlich pfeift und knäkt die Ente ihre Unruhe übers Wasser, ein Eichelhäher krächzt seinen heiseren Warnruf. Ringsum verkünden die Tiere: Der Hund kommt.

Da tritt er aus dem Busch, der schwarze Riese. In der Schnauze querab ein schneeweißes Huhn. Leghorn. Jetzt nimmt er uns wahr. Verdutzt läßt er den leckeren Happen fallen. Nun liegt es tot am Boden, das Federvieh. In einer Pose, die es bei Wilhelm Busch gesehen haben muß: theatralisch die Beine gen Himmel gereckt, als wär's beim Racheschwur gestorben, verdorben, den Kopf leicht abgewinkelt hin zur Seite auf einen hilflos gespreizten Flügel geneigt. Eben tot. Die Hundeschnauze zieren Hühnerfedern, wie weiland Wilhelm Zwo sein Barthaar trug, so à la »Es ist vollbracht«. In diesem lächerlichen Schmuck umkreist er das Huhn, das tote, den Mann, dann mich. Sehr schuldbewußt. Mit tief gesenktem Kopf, die Augen aufwärts gedreht, heftig um Vergebung bemüht. Wir müssen lachen. Er wedelt befreit. Was nun? Ein längeres Palaver hebt an, das

auch eine Predigt über den Nichtsnutz von räuberndem Hund enthält. Jetzt hebt der Kerl, einhundert Pfund schwer, die mächtige Pfote und legt sie vertrauensvoll, bittend auf meinen Schoß. Sein brauner Hundeblick sagt: Du wirst das schon machen. Es wird der Beschluß gefaßt, daß der Hund sich entschuldigen muß bei der Hühnerhalterin. Gemeinsam werden wir das tote Legeding überreichen, den Vorfall bekennen, den Schaden begleichen. Die Nachbarin ist freundlich, zudem besitzt sie mehr als vierhundert Stück Flügelzeug, sie wird den Verlust verschmerzen.
Ich bücke mich also, will das nunmehr Suppenhuhn aufheben. Da springt das abgelebte Tier auf seine eben noch leichenstarren Beine, schlägt mit den scheintoten Flügeln und flitzt mit grellem »Taktaaktaktaaak« auf und davon. Hinterläßt Hund und Mensch total verblüfft und belehrt uns, daß die sprichwörtliche Dummheit dieser Spezies lediglich mangelnde Kenntnis der Menschen beweist, sprich: unsere eigene Dummheit.

Den Weg, sagt Otto, den ich vom Krankenhaus in Bergen einst galoppierend zurückgelegt habe, so flink, als wäre der Leibhaftige hinter mir, den bin ich Jahre später mit Grete in der Karre mehr gestolpert als gefahren. Ja, eben diese Karre, die mich quasi direkt vors Volksgericht rollte. Das machte, das Gret kam nieder. Beinahe hätte sie das Kind auf dem Feldweg verloren. Sie hatte dies heftige Temperament in allen Sachen. Es war unser erstes Kind. Ein Mädchen. Dasselbe, das uns später soviel Kummer gemacht hat, sich einließ mit Männern, Matrosen und Fischern. Sie liebte für Geld. Drei Kinder und kein Vater. Damals liefen Gret und ich nur mit gesenktem Kopf durch die Straßen. Wo das Kind so was herhaben mochte? Ein Mädchen. Eine Frau. Eine Hure! Meine Tochter. – Otto dreht ab, zeigt seinen Rücken, geht ziellos wenige Schritte nach da und dort. Ohne Ausweg heute noch. Diese Tochter wird mich nicht zu Grabe tragen. Dafür ist gesorgt. Schwere Zeiten waren das. Wir haben dicht zusammenstehen müssen, das Gret und ich, um diesen Sturm abzufangen. Er hat uns krumm gebogen wie Weiden im Wind. Trotzdem hat Gret gesungen. Morgens die Augen auf, und sie lachte den Tag an. Ob er nun trüb war oder heiter, sie lachte. Zwitscherte über der Waschschüssel ihr Lied, bei der Arbeit, wenn die auch trist und hart war, von ihren Lippen summte es wie Hummeln im wilden Wein. So viele Lieder sie kannte, so viele gute Mahlzeiten wußte sie anzurichten. Jede wie für eine Hochzeit. Ach, das Gret. –

Otto schaut in die jagenden Wolken, wirft seine Mütze hoch in die Luft, grüßt Grete, als hätte er sie vorüberfahren sehen. Der Vorgang ist so zwingend, daß auch ich die Arme hebe, winke. Verrückter Kerl, verrückter. Was macht er nur mit mir?

Es ist an der Zeit, sagt Otto und klappt die Mütze über

die wirblige Tolle. Meine Jüngste wartet. – Sie leitet das Kinderheim hier hinter dem Bruch. Otto hilft ihr manchmal Holz spalten, Reparaturen an Spielzeug und Herzen. Irgendwas liegt immer an. –
Gebeugt, die Arme affenlang vom lebenslänglichen Umgang mit Lasten, auf eben davon platten Füßen, nur Haut und Knochen, aber zäh, voller Energie, stapft er davon, Säge und Axt über der Schulter. In einiger Entfernung wendet er sich, ruft:
»Rückwegs bringe ich einen Baum.« –
Einen Baum? Allein einen Baum? –
Jo! Oben is he aff, un unten is he aff tau kreigen, ruft er, schüttelt seinen Leib, lacht und verschwindet im Busch.
Es war sein letzter Tag in Freiheit.
Otto starb nicht im Wald. Er durfte sich nicht zur letzten Ruhe auf seine Wiese legen, die Hunde neben sich, den Himmel über sich, hin auf das Gret gewendet.
Eine böse Krankheit warf ihn um, und es wurde ein langer, plagenreicher Weg zu »dem Gret«.

Kalt. Viel Wind. Regen wie Glasperlen an den Fenstern. Mit Gummischuhen über Echtes Mädesüß, die Wiesenplatterbse und den schierlingsblättrigen Reiherschnabel. Der Hund ist naß bis zum Bauch. Plötzlich sträubt sich sein Fell. Aus dem sumpfigen Untergrund des Erlengebüschs stampft, droht, dröhnt eine Bache. Imponiergehabe auf beiden Seiten. Respekt auch. Von Größe und Gewicht her scheint ein Unentschieden möglich. Aber die Sau, die steht im Morast. Vorteil für sie. Er kann nicht ran an die schweinernen Haxen. Gesteigerte Wut bei dem Hund, in dessen Ahnenpaß der schlichte Name Muchtar von der Grenzburg steht. Doch augenblicklich nimmt er weder diese noch eine andere Ansprache auf. Er wütet, schlägt, beeindruckt von dem dräuenden Schwarzwild, kleine, verzweifelte Bögen rückwärts. Seine stete Wiederkehr an den Ausgangspunkt ist Ehrensache. Die Leine ans Halsband gelegt, bricht die Schweine-Hund-Spannung. Er und ich zittern, von der Sau weiß ich's nicht. Zurück über Walderdbeeren, gemeinen Horn- und Rotklee.
Das Häuschen kuschelt unter windgebeugten Buchen und Weiden. Am Kachelofen haben wir's warm und träumen. Der Rottweiler von seinem Abenteuer, der Mann auf der Gitarre und ich von Philemon und Baucis. Schaue ihn an, den Mann, mein Freund seit langem schon, und denke: Das müßte doch möglich sein. Hierbleiben. Wurzeln schlagen. Eiche und Linde. Füße in die Erde gerammt, die Häupter zum Himmel hin, und Wind geht durch und durch. Rauschen in kommenden Zeiten.
Was willst du, sagt mir sein Blick. Ist es nicht so? Ist es nicht?! –
Ich glaube, die Insel macht Liebesgeschichten.

Ich nehme die Asche aus dem Ofen.
Bach, Doppelkonzert für Violine, erfüllt den Raum.
Ich weine in die Asche.
Die Kinder wollen ausreisen.
Wir haben sie nicht bedrängt, diesmal nicht, nur geredet, unsere Kenntnisse ausgebreitet, wie schon oft, ja! Diesmal ohne Nachdruck, ohne uns, unsere enttäuschten Erwartungen ins Spiel zu bringen. Die Kinder bleiben. Sie schaffen sich ihr Frei-Land hier. Sie roden Buschwerk, reißen Brennesseln aus, sie ackern, stur, ohne aufzusehen. Sie nennen es: Refugium. –
Ich stehe ohne Atem für Sekunden. Ich rufe den Hund, gehe in den Wald. Nachdenklich. –
Es bleibt dabei. Die Kinder werden ausreisen.
Ich nehme die Asche aus dem Ofen.
Bach, das Doppelkonzert für Violine, erfüllt den Raum.
Ich weine in die Asche.

Ich habe die Verstärker in die Senke der Wiese getragen. Nun wetteifert der süße Wechselgesang der Violinen mit den Trillern des Sprossers, der Singdrossel und dem Krächzen der Eichelhäher.
Die Düsenjäger haben heute Ruhetag.
Es spielen David Oistrach und Isaac Stern gemeinsam mit dem Philadelphia-Orchestra unter der Leitung von Eugene Ormandy. Die Aufnahme präsentiert eine Sternstunde des Musizierens. Das Miteinander der Solisten, ihre Freude am Werk, am Klang, ihre Präzision, die strahlende Reinheit, der unsagbare Glanz ihrer Instrumente – die Seelen aller Beteiligten müssen geleuchtet haben für diese Sache, für das »Beste«, sagt Gorki.
Es ist eine alte Aufnahme. Mono. Sie knistert, knackt und knattert und überwältigt immer wieder. Seit mehr als zwei Jahrzehnten begleitet sie mich. Ist mit mir durch Weltmeere geschifft, schlug Wellen wie ein alter Schirmpilz im Regen von 49 Grad Hitze vor Afrika und 98 Prozent Luftfeuchtigkeit an Indiens Küsten. Sie heulte, weil ihr das tropische Klima Beulen machte. Ich heilte sie mit Büchern, preßte sie zwischen Wälzern über die Geschichte der Erde. Da gab sie wieder, was in ihr steckte. Der Italiener Vivaldi, der Russe Oistrach, der Amerikaner Stern und die Beteiligten aus vielen Ländern flogen mit Picassos Taube um die Welt, vereinten Orient und Okzident, denn: Zwei ceylonesische Jungen hockten auf den Planken eines Frachters aus unserem Land, wiegten ihre schmalen Körper im Rhythmus dieser Musik, dazu summten sie heimatlichen Singsang. Und siehe, es vertrug sich, gab keine Dissonanz. Man stimmte musisch-musikalisch überein. Es ist also möglich.
Jetzt hier. Jahrzehnte danach. Die Boxen auf grüner Wiese. Die Musik sendet dieselbe Botschaft. Immer wieder. Immer noch. –

Hochsommer. Plötzlich schiebt der Wind graue Wolken über den blauen Himmelsgrund. Dichter weißer Nebel wallt von der Seeseite heran, senkt sich über den Buchenwald ab vor uns ins Tal. In wenig Zeit sind Wald und Meer unseren Blicken entzogen. Das feine feuchte Gespinst webt die Landschaft ein, wabert hierhin, dorthin, breitet sich aus. Ein märchenhaftes Schauspiel. Das Nebelhorn sendet hilfreiche Signale für Fischer und Schiffahrt. Urgewalt Natur. Wir unterschätzen sie.

Man ist verletzt von kleinen und von großen Schlägen. Ansichten anderer, eigenen Einsichten. Leere breitet sich aus, Müdigkeit. Man ist müde vom Alltag, vom Leben und wie alles so anders kam im Land und mit einem selber.
Die Kinder haben die Schuldfrage gestellt, abgefragt unsere Schuld am Zustand der Gesellschaft heute. Habe ich die vergangenen drei Jahrzehnte Arbeit wirklich nur für meinen Wohlstand gearbeitet, nur erfüllt, was mir aufgegeben war? Allein meinen Vorteil wahrgenommen?
Ja, ich habe Privilegien; zugegeben: Ich nutze und genieße sie. Es hat gedauert, bis ich den Mechanismus hinter diesem Vorgang begriffen habe, denn ich war zumeist angenehm ausgelastet mit Tätigsein und Reisen, der Familie und dem Refugium, und immer wieder Arbeit, die – oft genug – ihr Ziel nicht erreichte: die Öffentlichkeit. Das ist nicht wegzureden. –
Ich bin nicht weit genug gegangen mit meinen Aussagen in meinen Texten, ist der Vorwurf. –
Der Versuch, so weit wie möglich offen zu sein, so viel als möglich Wahrheit einzubringen, ist gemacht worden.
Ich habe Kompromisse gemacht, ja. Immer in der Verfolgung der Absicht, ein Gran, ein Gramm, ein Kleines zu erhalten vom Gesagten. War ich nicht biegsam, fügsam, wurde gestrichen oder nicht öffentlich gemacht, was ich sagen wollte.
Darüber ist Zeit vergangen. Viel Zeit. Ich bin ausgewichen. Hierher. Hier weht der Wind, Wolken jagen über eisblauen Himmel, die Bäume rauschen, Gräser beugen sich, die Feldlerchen können gegen seine Kraft nur querab starten, und plötzlich fühlt man sich gut, möchte mit den Vögeln abheben vom Grund. Ist in Übereinstimmung mit sich. Man ist, wer man ist. Steht

zu sich, ist stark für alles, auch für andere. Die Möglichkeit, die ungelösten Fragen neu zu stellen, ist wieder selbstverständlich. Gute Erfahrung.

WIR SITZEN IN UNSEREM AUSGUCK, auch Veranda genannt, zwei Meter im Quadrat, und sehen zu, wie sich der Nebel niederläßt in der Senke. Mit trockenem knackigem Laut fallen Äpfel vom Baum. Springlausgeschädigte. Ansonsten ist es still. Das feuchte Gespinst dämpft alle anderen Töne. Es ist Abend. Wir sehen und lesen, lesen und sehen. Die Dämmerung vertieft in alle Farben. Wir zünden eine Kerze an. Der Wein leuchtet rot in unseren Bechern. Dann sehen wir uns an. So ein Abend war das damals auch, vor mehr als zwanzig Jahren. Wir müssen daran denken Jahr um Jahr.

Ein Gesicht taucht auf hinter der kleinen Scheibe, bärtig, spukhaft, weil es unwahrscheinlich war, daß ein Mensch den Zaun, das verschlossene Tor und die fünfunddreißig Meter bis zum Haus passieren konnte, ohne daß die Hunde – damals waren es zwei – ihn meldeten, stellten.

Immer noch hing das Gesicht, gerahmt, im Fenster. Wir öffneten die Tür. Der Fremde stand nun vor uns, zu beiden Seiten die großen Hunde, die vertrauensvoll ihre Flanken an seine Hüften lehnten. Wir sahen uns an, der Mann und ich, und waren ganz sicher desselben Gedankens: ein guter Einstand, wer immer es sein mag. Ob wir die Stelle kennten, wollte er wissen, die Stelle, wo wenige Monate zuvor der Wartburg gefunden wurde im Wald. Mit dem Liebespaar? fragte ich. Und verwunderte mich über sein Anliegen. – Es war meine Frau, die in dem Wagen. – Er sagte das ganz ohne Leben, wendete sich, ging voraus, die Hunde mit ihm, ging in der Gewißheit, daß wir ihm folgen, ihn hinführen würden zu dem Ort, an den er mußte. Er mußte dahin, das war unabwendbar. Inmitten von Buchen wächst ein Tannenwald. Ein Weg führt zu ihm, wie er entsteht in alten Wäldern durch Abfahren von Langholz. Dort hatte man das Paar gefunden. Im Auto. Tot. Mit Blausäure

vergiftet. Ihre Hände lagen fest ineinander, neben ihnen stand eine Weinflasche. Wir sagten das nicht. Wir ließen ihm die Taschenlampe und gingen. Nur die Hunde, merkwürdig, setzten sich neben ihn.
Unseren Rückweg säumte das Kraut Rührmichnichtan und schüttete nach jedem unserer Schritte seine Samen aus.
Wieder saßen wir beim Wein. Still und randvoll von Unausgesprochenem. Dann kam er zurück, mit den Hunden, hockte sich zu uns und fing an zu sprechen.
Ich bin Seemann. Das müssen Sie wissen. Große Fahrt. Indien, Ostasien. Da ist man für Monate weg von zu Hause. Sie hatte ihn wiedergetroffen, die Inge, meine Frau. Er war ihre Jugendliebe. Das zwischen den beiden war mehr als zehn Jahre her. Nun begegneten sie sich, Karl und sie, und alles ist, wie es damals war, nur heftiger, wichtiger. –
Er stockt, schaut blicklos in die knisternde Kerze und kann und kann nicht denken, was geschehen ist. Wie ein Verdurstender stürzt er sich in den Wein.
Sie wollten sich nicht wieder loslassen. Diesmal nicht. Karl hat eine Frau, vier Kinder. Er ist Militärarzt. Als er von Scheidung redete, mußte er sich verantworten. Seine Partei gab ihm den Auftrag, dieses Verhältnis zu lösen, das Ansehen seines Standes zu wahren, ansonsten drohe ihm Ausschluß. Aus wär's mit Armee, Partei, Beruf. – Der Seemann sprach weiter: Befolgte Karl, der Doktor, den Rat nicht der drei zentralen Gewalten, käme er an den Rand seiner Existenz. Meine Frau, die Inge, ging mit einem Kind von ihm. Sie müssen wissen, zwischen uns war ausgemacht, wir wollten unsere Kinder haben, wenn Schluß ist mit der Seefahrt, damit auch ich sie aufwachsen sehe, mitmache bei ihrem Großwerden. Deshalb hatten wir bisher … –
Und wieder schüttet er Wein in sich, in ihr Grab, stürzt

ihr nach auf dem roten Strom und kann doch nicht untergehen in ihm. Die Stunde ist gekommen, wo alles aus ihm muß, ganz gleich, wer zuhört. Je fremder, desto besser. So wird es wohl sein.
Ich kam zurück von See und mußte erfahren, daß sie nun schwanger war und nicht von mir, daß sie seinen Niedergang nicht zulassen wollte, daß sie ihn liebte nach wie vor und daß wir eine Wohnung, endlich, nach Jahren endlich, aber wie grotesk, also eine Wohnung zugesprochen bekommen hatten. Sie fragte mich, was soll nun werden? – Ich liebe diese Frau, müssen Sie wissen. Auf dem Schiff, da ist das so: Die Entfernung macht alle Empfindungen groß und deutlich. Ich war sehr oft fort von ihr und wußte genau, was sie mir ist. Ich wollte sie halten, obwohl das sehr schwer zu denken war. Wir sprachen wie Freunde. Sie sollte die Wohnung richten, das Kind würde kommen, ich ging auf die letzte große Reise, um dann bei ihr und dem Kind zu bleiben. Ich wollte dasein für sie. Und sie wollte das auch. Es war sehr wichtig für mich, daß sie das sagte. Alles war bedacht, beraten, konnte fürs Öffentliche geregelt werden. Denn auch sie hatte nun Schwierigkeiten. Seine Organisation hatte ihre Organisation ins Bild gesetzt. Ein eindeutiges Bild. Von einer sehr zweideutigen, im Schuldienst kaum tragbaren Person. Alles sollte seine Ordnung haben. Sie gab einen positiven Bericht an ihre vorgesetzte Dienststelle, und ich lebte in der Hoffnung, wir könnten eines Tages wieder zusammengehören. Dann fuhr ich und kam gestern zurück. Die Nachbarin sagte mir, daß ich gleich hin zur Kripo müßte. Die gaben mir diesen Brief. – Er schiebt einen Zettel über den Tisch, auf dem steht: »Verzeih mir, ich kann nicht anders.« –
Nach einer langen Stille zwischen uns erhebt er sich, dreht ab zur Tür und sagt in den Raum: So eine Liebe

war das. – In seiner Stimme ist Wissen, Trauer und eine Klarheit, die uns gleich hätte stutzig machen sollen. Doch wir waren sehr berührt, damals – das ist jetzt mehr als ein Vierteljahrhundert her.
Tags darauf kam der Bevollmächtigte für den Abschnitt vorbei und fragte, ob uns ein Fremder auffällig geworden sei. Sehr bärtig und braungebrannt und ungefähr dreißig.
Wir sahen uns an. Mein Mann verweigerte mir mit einem heftigen Kopfschütteln meine Gedanken, die wohl auch seine waren. Ich blieb zurück. Er ging mit dem Beauftragten für Sicherheit und Ordnung zu dem Tannenwald, wo sie ihn fanden. In seiner Hosentasche war dieser Zettel von ihr. Auf der Rückseite hatte der Seemann geschrieben: Ich muß ihr nach. Sie soll wissen, daß ich sie verstehe. –
Das ist nun so lange her und reicht immer noch in unsere Tage hinein.

DASEIN. Hiersein. Ein volles Maß an Zeit hier. Warum macht das nicht froh? Einfach froh. Einfach und froh. Woher diese Unrast, dieses stete Gefühl, am Wesentlichen vorbei zu leben. Ohne Sinn dazusein. Tage gibt es, da lastet man die Ursache für das Fehlende, den Grund, die Schuld dem anderen an, dem neben sich. Man will weg. Anderswo den Sinn finden, der sich hier nicht finden ließ. Man bleibt. Aus Gewohnheit, Angst vorm Alleinsein? Dieser Abgrund, Einsamkeit, stürzt mich in böse Träume. Tag und Nacht. Ganz plötzlich, selten, gelingt es, dieses Einssein mit den Dingen und Menschen, für wenige jubelnde Momente ist jede Frage ausgelöscht: eine Libelle auf dem Handrücken, ein Buch lesen inmitten der Landschaft und den Mann ganz nahe zu wissen. Das ist es, dieses Gefühl: Ein Ding ist ein Ding, und ich bin eines davon.

Der Kaisermantel fliegt, ein prächtiger Fleckenfalter. Die schwarzen, geheimnisvollen Muster auf dem orangebraunen Grund seiner Flügel wirken magisch auf mich, wie die mir verschlüsselten Zeichen chinesischer Tuschen. Grillen und Zikaden schrillen, zirpen, streichen ihre Chitin-Bögen, beklappern ihre Flügel und erzeugen trägmachende hypnotische Tonfolgen. Tibetanischen Gebetstrommeln vergleichbar, nur schneller. Die Vögel trillern matte Laute als Kontrapunkte ins Gesumm und vollenden das Konzert.
Leben. So friedvoll. Einssein mit dem, was lebt, wächst, weht. Wunschlos glücklich.
Eine Wolkenbildung stört diesen Traum.
Sie gleicht einem Pilz.

Heute habe ich sie angesprochen. Ich weiß jetzt, daß sie Bommel heißt. Jahr für Jahr begegnete ich ihr im Wald, Pilze suchend. Der Hund hat unsere Beziehung hergestellt. Während wir einander stets zurückhaltend grüßten und weitergingen, sprang er heute entschlossen auf sie zu, wedelte freundlich mit der knapp halben Spanne Rute, die eine uneinsehbare Zuchtvorschrift dieser Rasse beläßt, und so lernten wir uns kennen, nannten unsere Namen. Bommel also.
Ein Stück Kindheit, das ihr mit diesem Namen blieb, obwohl sie beinahe sechzig Jahre zählt. Der Kosename wurde zum Markenzeichen. Von den Kollegen im Betrieb benutzt als Ausdruck von Vertrauen und Zuneigung. Doch das erfuhr ich erst viel später und nicht von ihr. Wir suchen beide Knoblauchschwindlinge.
Mögen Sie die auch? – Ich nicke, und wir tauschen Rezepte für die Anwendung aus. Im Gehen füllen wir die Körbe mit Pilzen, das Gespräch läuft munter mit.
Der Hund tobt bellend Kreise um dies Rumpelstilzchen in Erwartung, daß sie sich einlassen möchte. Angesteckt von Pompes Tobesucht, werfen wir Zweige und Zapfen, schicken den Hund zum Bad in den nahe gelegenen Tümpel. Dann hocken wir prustend und heiß auf einem durch Pilze gefällten Baumstamm.
Bommel erzählt. Ich höre zu. Sie breitet ihr Leben aus, antwortet auf heikle Fragen.
Ich schaue sie mir an. Genau. Da sitzt ein Troll neben mir. Klein, wurzelzäh, im blauen Arbeitsanzug, sicheres, zeitloses Schuhwerk. Allein die Augen hinterm Brillenglas, blitzhell und eingerahmt von sehr vergnügten Falten, zwingen die Überlegung auf, ein wacher Geist wohnt in dem, was ausschaut wie eine Arbeitsbiene.
Bis in die Dämmerung sitzen wir und reden.
So habe ich es oftmals erlebt: die Bereitschaft von Menschen, sich mitzuteilen, zu bekennen, wer sie sind.

Intensiv und scheinbar vorgeformt kam ihre Geschichte des Lebens aus ihnen, als hätten sie – sehr lange schon – darauf gewartet, daß man sie befragt nach dem Ablauf ihrer Jahre und dem Sinn, den sie darin gefunden haben. Der Widerhall in einem anderen schien stets sehr wichtig.
Bommel wollte Neulehrerin werden. Sie liebte es, mit Kindern umzugehen, je mehr es waren, desto besser. Die Prüfung für den Lehrberuf machte die ehemalige Achtklassenschülerin einer Dorfschule krank. Ekzeme, der Magen wehrte sich, sie war überfordert und gab auf. Erst durch meine Nachfrage ergibt sich, daß sie zur selben Zeit schwanger war und der Vater des Kindes spurlos verschwunden.
Für immer, sagt sie. Der Junge ist heute beinahe vierzig. Und: Ich hatte stets Pech mit meinen Partnern, sagt sie auch noch. – Es ist ein Wunschkind bis zum heutigen Tage. Sie ging dann ins Kombinat. Arbeiterin, Facharbeiterin, Meisterin. Den weiten Weg täglich vom Dorf in die Stadt am Meer, das ging nicht ohne Hilfe ihrer Mutter, die das Kind aufzog, damals, als es noch nicht in jedem Winkel eine Krippe gab. So fährt sie seit Jahrzehnten, bei Wind und Wetter, mit dem Rad zur Bahn, mit der Bahn in die Stadt, und vom Bahnhof geht es per pedes in den Betrieb, *ihren* Betrieb, wie die stets wiederkehrende Redewendung belegt. Zwölf Stunden von jedem Tag schluckt dieser Ablauf. Wenn der Zug pünktlich ist, keine Schneeverwehung die Straße sperrt und kein vom Sturm gefällter Baum sie hindert, den pünktlichen Zug pünktlich zu erreichen. Ich sitze still und höre zu. Der Wald schweigt auch. Erst das Knacken im Unterholz macht uns die Dämmerung bewußt. Wildschweine, Rot- und Damwild drängen aus dem Wald hin zu den Kleefeldern. Der Hund muß an die Leine gelegt werden. Wir stören im Revier. –

Bommel, Meisterin der Fertigung von Schleppnetzen, Senknetzen, Fangnetzen aller Art, erzählt weiter.
In ihrem Dorf das Häuschen glänzt wie ein Schatzkästchen. Sie streicht es weiß mit Karbidschlamm und Heringslake, flickt den Gartenzaun aus Weidenruten, mauert die Sickergrube, bindet den Reisigbesen neu, gräbt, sät, pflanzt und erntet. Gemüse und Früchte werden sorgsam bevorratet für Winter und Frühling. Geweckt, gefrostet, getrocknet, gezuckert, gesalzen, je nachdem es das Erntegut verlangt.
So geht es tagaus, tagein, Jahr um Jahr. Früher – ja, sie reiste sehr gern. Das ist vorbei. Die Mutter ist sehr alt, bedarf der Pflege.
Sie hat für meinen Jungen gesorgt, jetzt will ich für sie dasein, sagt Bommel. Altersheim kommt nicht in Frage. –
Wir stehen auf und gehen. Es ist kühl geworden. Schwarzblauer Himmel, Sterne da und dort, Wind.
Ich habe Angst vorm Sagen und will doch ihre Antwort: Hat es sich gelohnt, dieses – spröde, strenge Leben? –
Ihre Antwort kommt schnell: Ich habe das oft bedacht. Ja, ja, es gab schöne Stunden. Das Kind, die Stille im Haus, der kühle Wald und meine Reisen. Doch. –
Sie nickt Bestätigung. Dann, zögernd: Ein Kummer ist da. Mein Junge. Er ist Einsiedel wie ich. Ob es mein Beispiel war oder sein Leben auf Baustellen hier und anderswo? Seine Erfahrungen mit Frauen, solche, die in Bauwagen kommen? Wer weiß. – Fest steht, er will keine Familie. Da lag meine ganze Hoffnung. Enkelkinder. Das also auch nicht. –
Einen langen Augenblick wirkt sie wie verloren in diesem Wald aus hohen silbergrauen Buchenstämmen. Schnell entzieht sie sich dieser Stimmung. – Die Kolleginnen in meinem Betrieb sind wichtig, ja! Außerhalb der Arbeit sieht man sich nicht. Wir wohnen zu weit auseinander. Jede in einem anderen Dorf. Ich möchte

arbeiten, solange wie möglich. Freizeit ist schön und gut, aber ohne die Arbeit, ohne die Kolleginnen – nee!
Aus ihrem Hosensack holt sie eine Taschenlampe, leuchtet den Pfad aus, damit wir nicht stolpern. Am Waldrand steht ein Fahrrad. Es gehört Bommel.
Aus den unergründlichen Hosentaschen fummelt sie Lederriemen, befestigt den Korb, dann schließt sie das Vorhangschloß auf, verstaut das beträchtlich große Schlüsselbund in jenen Unergründlichen, drückt mir die Hand, lacht, leuchtet mich an und sagt mir (mir!), was für ein besonderer Tag dies war. Winkt und fährt davon. Der Hund saust ein Stück samt Leine mit ihr, dann trollt er sich zurück an meine Seite. Ich stehe und denke, wie stark diese Frau ist, wie heiter.

ALTWEIBERSOMMER.
Spinnengewebe über Gesicht und Arme. Tautropfen glänzen im Silberfiligran der Netze, die Spinnen zwischen Blumen und Gräsern webten, um einzufangen, wovon sie ihr Leben fristen. Lebensfrist.
Lauthals krakeelt der Laubfrosch im Apfelbaum.
Steinpilzzeit, Zeit der Knoblauchschwindlinge, Brunftzeit, Erntezeit, Zeit zu leben.
Lebenszeit.

Es ist Herbst. Reife in Farben und Früchten.
Die Weisheit des Sommers.
Ich nehme die Klammern von der Wäscheleine, decke den Lavendelstrauch ab (für den Nachfolger). Die Nachfolge – sie ist gesichert. Weder Brennessel noch Beton wird den Ort verwüsten. Das ist bedacht. Und doch bleibt die quälende Frage: Darf man seine Seele verkaufen?! –
Dies ist mein Ort. –
Ich verstaue den Sommer im Kofferraum. Gemeinsam wuchtet der Mann mit mir die Läden hoch vor die Fenster. Er darf es nicht und will es doch leisten.
Dies ist mein Ort. Ich muß ihn verlassen.
Ich sehe ihn an, meinen Freund. Sein Befinden verlangt diesen Preis. Weiß er, wie teuer er mir ist, weiß er's?! –
Ich halte meine Notizen fest im Arm, nehme mit mir, was wichtig war, ist. Hoffe ich, wünsch ich.
Und der Wind? –
Ich wollte die Zeit anhalten. Meine Zeit, hier.
Ein Versuch, der nicht gelingt. Raushalten macht klein.
Zeit nutzen. Ja. Sich einmischen. Die Wahrheit unter den Entstellungen aufsuchen, sie benennen, wo und wann immer das möglich ist. Ein Versuch, der unternommen werden muß. Immer wieder. Das ist es.
Wir sehen uns an. Abschied.
Ich schließe das Haus, rufe den Hund, wende mich nicht, gehe.

Anne Dessau

Spurensuche

Sechs Biographien ungewöhnlicher Frauen

Band 12893

Sich einmischen kann tödlich enden, sich raushalten ebenfalls. Nicht mehr und nicht weniger erfahren die Frauen in diesem Buch. Biographien ungewöhnlicher Frauen werden erzählt. Ihre Lebenszeichen waren auch Zeitzeichen. Ihr Leben und Arbeiten hat Zeitgeschichte mitbestimmt. Geschichten von Frauen, die nur am Rande der Geschichtsschreibung vermerkt sind und die trotzdem für Turbulenzen sorgten, sind hier beschrieben. Denn auch oder gerade die Außenseiter der Gesellschaft können den Verlauf der Historie beeinflussen. Und es wird von Frauen die Rede sein, die den Mechanismen der Macht ausgeliefert waren, die wehrlos und ungehört vernichtet wurden. Frauenschicksale von der Kaiserzeit bis zur Gegenwart, hundert Jahre Geschichte, von 1890-1990, sollen sinnlich erfahrbar gemacht werden durch Lebensbilder von Frauen, deren Lebenswege außergewöhnlich waren.

Fischer Taschenbuch Verlag

fi 508 / 7

Marie Lammers

Lebenswege in Ost- und Westdeutschland

Frauen aus einer
Stettiner Schulklasse erzählen

Band 13065

Zehn Frauen, die während des Zweiten Weltkriegs gemeinsam eine Stettiner Schule besuchten, erzählen aus sechzig wechselvollen Jahren ihres Lebens. Ihre Geschichten sind eng verwoben mit dem politischen Geschehen von der »Machtergreifung« Hitlers bis zur Wiedervereinigung Deutschlands. Die Frauen berichten, wie sie Krieg und Vertreibung erlebten und sich in eine neue Gesellschaft eingliedern konnten: in Ost- oder Westdeutschland. Wir gewinnen Einblick in die Verhältnisse in beiden deutschen Staaten. So entstand ein Buch, das gegenseitiges Verstehen möglich macht.

Fischer Taschenbuch Verlag

fi 803 / 7